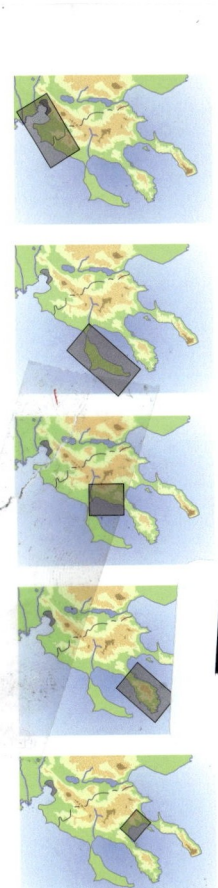

Thessaloníki
Thessaloníki - Chalkidikí

Kassándra

Kassándra - Sithonía

Sithonía

Sithonía - Ágion Óros

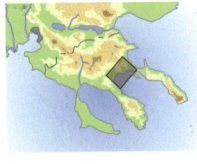

Ágion Óros
Insel Amolianí
Berg Áthos

Das Gebirgsland

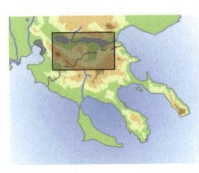

Die Ostküste

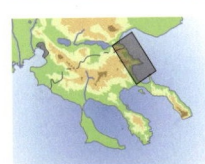

Text und Recherche: Andreas Neumeier
Fotos: Andreas Neumeier
Titelfotos: Andreas Neumeier
Lektorat: Angela Nitsche, Dagmar Tränkle
Redaktion und Layout: Veronica Schön-El Baioui
Karten: Matthias Patrzeck, Kim Vanselow, Arne Rohweder (Panoramakarte S. 80/81)
Covergestaltung: Karl Serwotka

Über den Autor

Andreas Neumeier, Jahrgang 1966, studierte Germanistik, Anglistik und Psychologie in München und Wolverhampton/England. Nach dem Berufspraktikum in Wolverhampton Studium der griechischen Sprache und Landeskunde am Institut für Byzantinistik und Neugriechische Philologie der Universität München.
Heute Leiter des Textbüros und Bildarchivs ANE Edition.

Die in diesem Reisebuch enthaltenen Informationen wurden vom Autor nach bestem Wissen erstellt und von ihm und dem Verlag mit größtmöglicher Sorgfalt überprüft. Dennoch sind, wie wir im Sinne des Produkthaftungsrechts betonen müssen, inhaltliche Fehler nicht mit letzter Gewissheit auszuschließen. Daher erfolgen die Angaben ohne jegliche Verpflichtung oder Garantie des Autors bzw. des Verlags. Beide übernehmen keinerlei Verantwortung bzw. Haftung für mögliche Unstimmigkeiten. Wir bitten um Verständnis und sind jederzeit für Anregungen und Verbesserungsvorschläge dankbar.

ISBN 3-89953-256-2

© Copyright Michael Müller Verlag, Erlangen, 1997, 2000, 2003, 2006. Alle Rechte vorbehalten. Alle Angaben ohne Gewähr. Printed in Italy.

Aktuelle Infos zu unseren Titeln, Hintergrundgeschichten zu unseren Reisezielen sowie brandneue Tipps erhalten Sie in unserem regelmäßig erscheinenden Newsletter, den Sie im Internet unter www.michael-mueller-verlag.de kostenlos abonnieren können.

4. aktualisierte und überarbeitete Auflage 2006

CHALKIDIKI

Andreas Neumeier

INHALT

Chalkidikí erleben! 10

Traditionen im Umbruch 15
Die Familie und das öffentliche Leben 15
Glaube und Kirche 16
Feste und Feiertage 17

Wirtschaft 18

Landschaft und Klima 21

Umweltbewusstsein 22

Pflanzen- und Tierwelt 23

Geschichte 30
Vor- und Frühgeschichte 30
Kolonisierung und Blüte der Chalkidikí 30
Perser, Athener und Spartaner herrschen über die Chalkidikí 31
Makedonische Epoche/Hellenismus 32
Römische Epoche 33
Byzantinische Epoche 33
Osmanische Herrschaft und griechischer Freiheitskampf 35
Griechenland vom 20. Jahrhundert bis heute 36

Anreise 38
Mit dem Flugzeug 38
Auf dem Landweg über den Balkan 40
Mit Auto, Motorrad, Bahn oder Bus nach Italien 40
Fährverbindungen Italien – Griechenland (Igoumenítsa) 42
Ankunft in Igoumenítsa und Weiterreise in Richtung Chalkidikí 43

Unterwegs auf der Chalkidikí 44
Mit Auto und Motorrad 44
Mit dem Bus 44
Mit dem Fahrrad 45
Wandern 46

Wissenswertes von A bis Z 47
Baden 47
Camping 48
Diebstahl 49
Filmen und Fotografieren 49
Geld 50
Gesten 51
Grußworte 51
Information 51
Landkarten 52
Medizinische Versorgung 53
Mietfahrzeuge 55
Notruf 57
Öffnungszeiten 58
Parken 58
Post (Tachidromío) 58
Reisedokumente 59
Radio 59
Taxi 60
Telefonieren 60
Toiletten (Tualéta) 61
Übernachten 61
Uhrzeit 63
Zeitungen (Efimerítha) 64
Zoll (Thassmós) 64

Essen und Trinken 66

Igoumenítsa	74
Routen von Igoumenítsa nach Thessaloníki	75
Zwischenstopps auf der Reise zur Chalkidikí	76

Metéora-Klöster	78	Berg Olymp/Litóhoro	83
Kalambáka und Kastráki	82	Díon (Ausgrabungsstätte)/Pieria	83

Thessaloníki (Saloníki)	84
Ausflüge von Thessaloníki	111

Vergína	111	Pélla	112

Von Thessaloníki auf die Chalkidikí ... 115

Ágia Triáda	116	Néa Kallikratía	122
Angelohóri und		Petrálona	123
Angelohóri Beach	116	Tropfsteinhöhle von Petrálona	
Nea Michanióna	117	(Kókkines Pétres)	123
Epanomí	118	Néa Moudaniá	124

Kassándra ... 126

Néa Potídea	126	Im Süden von Kassándra	148
Aktí Sáni	130	Bergdorf Foúrka	150
Néa Fokéa	132	Néa Skióni	152
Áfitos	134	Ánemi Beach	153
Kallithéa	136	Móla Kalíva und Umgebung	153
Kriopigí	138	Kalándra	153
Kassandrinó	140	Posídi und Umgebung	154
Políhrono (Políchrono)	141	Foúrka	154
Haniótis (Chaniótis)	144	Skála Foúrkas	155
Pefkohóri (Pefkochóri)	146	Sivíri	156
Palioúri/Hroússou	147	Kassándria	158

Zwischen Kassándra und Sithonía ... 159

Ágios Mámas	159	Psakoúdia Beach	165
Das antike Ólinthos	159	Vatopédi und Umgebung	165
Polígiros	163	Metamórfosi und	
Gerakiní	164	Metamórfosi Beach	166

Sithonía ... 167

Nikíti (Nikítas)	169	Kriarítsi Beach und	
Südlich von Nikíti	172	Klimatariá Beach	192
Parthenónas	176	Skála Sikiás/Valtí Beach	193
Néos Marmarás	176	Sikiá	194
Pórto Karrás	179	Sárti	195
Toróni	187	Zwischen Sárti und Vourvouroú	196
Pórto Koufó	189	Vourvouroú und Umgebung	198
An der Südspitze von Sithonía	190	Órmos Panagiás	200
Bucht von Kalamítsi		Ágios Nikoláos	201
und Umgebung	191		

Zwischen Sithonía und Ágion Óros 202

Pirgadíkia 203
Ierissós 204
Néa Róda 206

Ágion Óros 206

Tripití und Umgebung 207
Ouranoúpoli 208

Insel Amolianí 214

Berg Áthos, die Mönchsrepublik 217

Einreiseformalitäten 218
Unterwegs auf dem Áthos 220
Wandern auf dem Áthos 220
Als Gast in einem Áthos-Kloster 221
Geschichte 223
Die Klöster und Orte auf Áthos 225

Das Gebirgsland der Chalkidikí 234

Stratoníki und Stágira 235
Megáli Panagía 236
Arnéa 236
Galátista 238
Kloster Ágios Anastasías Farmakolítrias 238

Die Ostküste der Chalkidikí 239

Stratóni 239
Zwischen Stratóni und Olimbiáda/das antike Stágira 240
Olimbiáda (Olympias) 242
Weiter nach Norden und in Richtung Thessaloníki 245

Etwas Griechisch 246
Sach- und Personenregister 251
Geographisches Register 255

Wanderungen

Wanderung 1 Von Aktí Sáni zum Feuchtbiotop 129
Wanderung 2 Von Kriopigí nach Kassandrinó 139
Wanderung 3 Von Políhrono zum Schildkrötensee *Mavrobara* 142
Wanderung 4 Auf dem Höhenwanderweg von Ágios Paraskeví zum Bergdorf Foúrka 150
Wanderung 5 Von Nikíti nach Ágios Nikólaos 171
Wanderung 6 Adlerhorst-(Rad-)Tour bis Pórto Karrás 181
Wanderung 7 1000 Buchten entlang der Westküste bis Tristínika (1. Etappe) 183
Wanderung 8 Luftmatratzen und Kultur von Tristínika nach Pórto Koufo (2. Etappe) 185
Wanderung 9 Zur Áthos-Grenze 213
Wanderung 10 Rundweg auf der Halbinsel Liotópi/das antike Stágira 243

Kartenverzeichnis

Chalkidikí Übersicht	vorderer Umschlag
Thessaloníki	hinterer Umschlag
Amolianí	214/215
Antikes Stágira/Wanderung 10	243
Bergland und Ostküste	237
Dodóna	77
Haniótis	145
Kassándra	127
Kloster Zygos	211
Metéora-Klöster	80/81
Mönchsrepublik Áthos	219
Néos Marmarás	177
Ólinthos	159
Pélla	113
Polígiros	163
Sithonía	168
Von Igoumenítsa bis Thessaloníki	74/75
Wanderung 1	130
Wanderung 2	139
Wanderung 3	143
Wanderung 4	151
Wanderung 5	172
Wanderung 6	182
Wanderung 7	185
Wanderung 8	186
Wanderung 9	213
Westküste	118/119

Zeichenerklärung für die Karten und Pläne

- Hauptverkehrsstraße
- Nebenstraße
- Wanderweg
- Bebaute Fläche
- Grünanlage
- Gewässerfläche
- Schloßruine
- Klosterruine
- Badestrand
- Berggipfel
- Höhle
- Aussicht
- Torbogen
- Campingplatz
- allgemeine Sehenswürdigkeit
- Hafen
- Turm
- antike Sehenswürdigkeit
- Kloster
- Kirche
- Leuchtturm
- Bushaltestelle
- Taxistandplatz
- Information
- Post
- Museum
- Tempel
- Parkplatz
- Krankenhaus
- Telefon
- Bank
- Tankstelle
- Einkehrmöglichkeit
- Wanderung mit Nr.

Alles im Kasten

Die Chalkidikí im Überblick	12
Waldbrände	24
Der Olivenbaum	26
Die Mademochoria	35
Thessaloníki, die ewige Zweite	87
Paulus in Thessaloníki	100
Moni Lazariston	105
Der Bronzekrater von Derveni	107
Griechischer Wein…	121
Das antike Potídea	128
Aalfang à la Fokéa	133
Kampf der Giganten	140
Naturschutzgebiet Mavrobara	144
Kultur-Sommer auf Kassándra	158
Pórto Karrás: Grand Resort oder elitäre Zaunschau?	180
Die Theokratische Republik Áthos	218
Vom Leben als Mönch	224
Eine moderne Revolte	226
Áthoswein dank Perestroika	230

Danksagungen

Mein Dank gilt *Katerina Agapaki* von der Griechischen Zentrale für Fremdenverkehr in München. Meine besondere Sympathie und mein Respekt gilt den Griechinnen und Griechen, die durch ihre Unterstützung bei der Recherche mitgewirkt haben.

Vielen Dank für Tipps und Informationen an: Fritz Joast, Virgen; Karl Leiner, St. Ulrich/Pillersee; Waltraud Mairhofer, Bregenz; Andrea und Bernd Goller, Pfullingen; Holger Zschau, Veitshöchheim; Ilias Samaras, Thessaloniki; Olivia Schuhmacher, Bochum; Astrid und Rudolf Polzer, Bischofsgrün; Mark Becker, Bochum; Petra Mahr, Nürnberg; Susanne Jäckle-Weckert, Neuenstein; Kirstin Lehner, Lichtenstein; Angelika Möhring, Erlangen; Claudia Feist, Gummersbach; F. Fiebig/P. Hellevig, Unna; Eva Schultheis, Frankfurt; Gabriele Pröhl, Wörrstadt; Katharina Büdinger, Westerstadt; Isolde Listmayer, Feldkirch/A; Egon Würsig, Remseck; Nicolas Götz, Mail; Katerina und Norbert Höger, Kassándra; Joachim Klaiber, Albstadt; Alexander Trabas, www.trabas.de; Rebecca und Michael Schloder, Stuttgart; Friedhard Hornbacher, Weilburg; Renate Schlange-Schöningen, Göttingen; Birgit Heinemann; Heidi und Martin Köster, Hamburg; Evelyn Moorahrend, Hopferau; Horst Lange, Göttingen; Hanna Weiß & Alexander Roggenkamp, Münster; Helga Petersen; Sieglinde Öhlböck, Österreich; Jörg Schmitz Roeckerath, Offenbach; Monika Schulz & Hans-Michel Lang; Karl Ochel & Christiane Hochhard-Ochel; Michael Kappelhoff, Münster; Stefan Mitterer, München; Irene & Michael Seitz, Neudettelsau; Horst Gehricke, Ohlsbach; Roland Falk, Berlin; Silke Schwedes; Per Buch.

Was haben Sie entdeckt?

Haben Sie eine versteckte Bucht entdeckt, eine freundliche Taverne weitab vom Trubel, ein nettes Hotel mit Atmosphäre, einen schönen Wanderweg? Wenn Sie Ergänzungen, Verbesserungen oder neue Tipps zum Buch haben, lassen Sie es uns wissen!

Schreiben Sie an:

Andreas Neumeier
Stichwort „Chalkidikí"
c/o Michael Müller Verlag GmbH
Gerberei 19
D – 91054 Erlangen
E-Mail: andreas.neumeier@michael-mueller-verlag.de

Einsame Buchten – es gibt sie noch

Chalkidikí erleben!

Die verschiedenartigen Regionen der Halbinsel Chalkidikí zu charakterisieren hieße, die Erde zur Scheibe zu erklären. Jeder der drei Finger, die zusammen wie ein Dreizack ins Meer hinausragen, hat seinen eigenen landschaftlichen Charakter.

Zu unterschiedlich sind die einzelnen Landstriche und doch verbinden sie einige unveränderliche Gemeinsamkeiten: Olivenhaine, Weinberge, Wildbäche, Sandbuchten, würzige Düfte in der Luft und ein sauberes Meer. Mitten in dieser Natur hat auch die Antike ihre prägenden Spuren hinterlassen. Zufluchtsorte für Romantiker gibt es gerade hier und mitten in der Zeit des Pauschaltourismus noch überall.

Wie in ganz Griechenland sind die Menschen noch tief in ihrem Land und der Religion verwurzelt. Alle sprechen dieselbe Sprache, alle fünf Sinne sind beim Gespräch beteiligt. Auch wenn sich nicht bestreiten lässt, dass mancherorts die traditionelle Gastfreundschaft in Griechenland durch den Tourismus verdeckt wurde – dem Temperament und der Freundlichkeit, die dieses Land seinen Gästen entgegenbringt, tut das keinen Abbruch.

Wandervögel und andere Naturfreunde sollten die griechische Spöttelei ignorieren, dass nur „Esel und Bauern zu Fuß unterwegs sind" – nämlich um im Wald Brennholz zu sammeln. Die Wandermöglichkeiten auf der Chalkidikí zählen schließlich zu den besten des ganzen Landes! Dabei möchten aber auch wir Ihnen nahe legen, die im Buch vorgestellten Wanderungen nicht gerade in der Mittagshitze des Hochsommers zu unternehmen. Andere wichtige Tipps und Informationen finden Sie bei den Routenbeschreibungen, nur so viel sei schon verraten: Sie finden eine prächtige Blütenpracht, duftende Pinienhaine, einzigartige Fotomotive und immer wieder gute Rastmöglichkeiten.

Chalkidikí erleben! 11

Wenn Sie sich von **schönen Orten und typischer Architektur** begeistern lassen, dann möchten wir Sie gerne zu einem Ausflug in die abgelegenen Bergdörfer der nördlichen Chalkidikí einladen. Durch den Erzbau und rege Handelsbeziehungen während der türkischen Besatzung erlebten diese Orte zu dieser Zeit eine regelrechte Blüte. Häuser, zwei- und dreigeschossig mit Fachwerk und Mauern aus Tonerde oder Stein, spiegeln den damaligen Wohlstand noch heute wider. Zahlreiche schöne Bauwerke dieser Art finden Sie beispielsweise im hübschen Bergdorf **Arnéa**, das sich bis heute dem Weberhandwerk verschrieben hat (→ S. 236). „Bandes" heißen die kunstvoll gefertigten Wandteppiche, die hier zusammen mit den „Koureloudes" (Flickenteppiche) auch für Ihr Zuhause zum Kauf angeboten werden.

Interesse an Kultur- und Kunstgeschichte? Genießen Sie am besten gleich zweimal Aristoteles. Lange Zeit konnten sich nämlich die beiden Orte **Stratoníki** in den Bergen und **Stágira** am Meer nicht einigen, welcher denn nun der Geburtsort des Philosophen ist. In Stratoníki (→ S. 235) wurde für alle Fälle ein überlebensgroßes Marmorstandbild des berühmten antiken Denkers errichtet. Das Tauziehen um den Besucherzustrom hat freilich Stágira (→ S. 235) für sich entschieden, als hier die Reste einer antiken Stadt entdeckt wurden. Freigelegt wurde neben zahlreichen Gebäudefundamenten und Rundtürmen auch die Akrópolis. Mit etwas Glück kann man bei den Ausgrabungsarbeiten zusehen und einen Spaziergang auf antikem Boden unternehmen. Gleiches gilt für die unvergleichliche Ausgrabung von **Ólinthos**, dessen klar strukturierter Stadtgrundriss in ganz Griechenland einzigartig ist. **Ungewöhnliches und Kurioses** finden Sie z. B. in den bizarren Sandsteinfelsen nahe dem lang gezogenen Küstenort **Toróni** (→ S. 187) auf der Halbinsel Sithonía. Die Bewohner sind hier nicht nur stolz auf den kilometerlangen Sandstrand, sondern auch auf ihr kulturelles Erbe. Eine alte Festungsanlage bildet gleichsam den Abschluss der Badebucht. Den dazugehörenden Hafen finden Sie dagegen nur bei eingehender Suche – nämlich mit Taucherbrille und Schnorchel unter Wasser. Eindrucksvoll präsentiert sich auch die Bucht von **Pórto Koufó** (→ S. 189), die „taube Bucht", wie sie in der Antike genannt wurde. Sie bildet nicht nur den größten Naturhafen Griechenlands, überraschenderweise hört man hier wegen der umliegenden Hügel nicht das geringste Meeresrauschen.

Zwischen Himmel und Erde – die Klöster von Metéora

Chalkidikí erleben!

> ### Die Chalkidikí im Überblick
>
> **Größe/Lage**: Die wunderschöne und eigenartig geformte Halbinsel Chalkidikí liegt im südöstlichen Teil der griechischen Region Makedonien. Mit einer Gesamtfläche von 2945 km² ist die Chalkidikí nach dem Peloponnes die zweitgrößte Halbinsel Griechenlands. Ihre Länge beträgt 110 km, die Breite 92 km. Mit 521 km Küstenlänge besitzen die drei Finger der Chalkidikí zusammen die längste Küstenstrecke aller Festlandsregionen Griechenlands.
>
> **Bevölkerung**: Die Chalkidikí zählt rund 82.000 Einwohner, von denen nur rund 6.000 Einwohner im Hauptort Polígiros leben.
>
> **Wichtige Orte**: Polígiros – wirtschaftliches Zentrum der Halbinsel mit dörflichem Charakter, bleibt weitab der Touristenstrände nahezu unbeachtet; Néa Moudaniá – ursprünglich wichtige Marktstadt mit großem Fischerhafen; Haniótis – Urlaubsort mit internationalem Zuspruch, aber durchaus mit Charme und Ambiente; Néos Marmarás – lebendiger Touristenort mit guten Einkaufs- und Übernachtungsmöglichkeiten; Ouranoúpoli – Ausgangshafen für Besuchsfahrten entlang der Mönchsrepublik Áthos und zur Insel Amolianí; Stratóni – verschlafener Küstenort und Reiseziel für Individualisten, feiner Sandstrand und kaum Infrastruktur; Olimbiáda – beliebter Badeort unweit der Ausgrabungen der antiken Stadt Stágira, die von den Sonnenhungrigen kaum wahrgenommen werden; Arnéa – traditionelles Bergdorf mit Obst- und Weinbau und dem Verkauf von Wollteppichen, durch seine Nähe zum Geburtsort von Aristoteles viel besucht.
>
> **Straßen**: Gut asphaltiert sind die Hauptrouten von Thessaloníki zu den drei Fingern der Chalkidikí und an die Ostküste. Unproblematisch auch die „Ringstraßen" auf Kassándra und Sithonía, allerdings mit unübersichtlichen und kurvenreichen Streckenabschnitten rechnen! Mit voll beladenem Pkw nicht zu befahren sind einige Küsten- und Inlandsstrecken. Mountainbiker finden hier noch viele Schotterpisten und Forstschneisen, die sich auch zum Wandern eignen.
>
> **Entfernungen ab Polígiros**: Thessaloníki 69 km, Höhle von Petrálona 51 km, Néa Moudaniá 29 km, Néa Skióni 82 km, Néos Marmarás 58 km, Toróni 80 km, Néa Róda 53 km, Stavrós 100 km.

Und natürlich eine Reihe von Badestränden für Sonnenanbeter und Wasserratten. Nicht ohne Grund besitzt die Chalkidikí das Image der Campinghalbinsel. Auf über **500 km Küste** locken zahlreiche kilometerlange Sandstrände, auch wenn es an den Wochenenden durch Tagesausflügler aus Thessaloníki etwas enger wird. Hier findet jeder sein Plätzchen, sei es die abgelegene Badebucht oder der belebte Beach mit Wassersportmöglichkeiten und Beach-Bars. Es ist unmöglich, hier nur ein paar herauszustellen. Inmitten sehenswerter Landschaft und mit einzigartigem Blick hinüber zum Gipfel des Áthos empfiehlt sich sicher die grüne **Insel Amolianí** (→ S. 214), die mit kleinen Satelliteninselchen und feinstem Sand aufwartet. Die gleiche Badequalität finden Sie auch bei **Vourvouroú** (→ S. 198) inmitten eines Labyrinths von Inseln und Sandbänken, die auch im Sommer keineswegs überlaufen sind.

Wohin auf der Chalkidikí?

Thessaloníki (Saloníki) und Umgebung

Die Hauptstadt (→ S. 84) der griechischen Region Makedonien wollen die meisten Reisenden zur Chalkidikí möglichst schnell hinter sich lassen, zu stark ist die magnetische Wirkung von Sand, Strand und blauem Meer. Eine Ahnung von der großen Vergangenheit erhält der Besucher freilich erst bei einem Spaziergang durch die quirlige Metropole. Angefangen bei der Festungsmauer mit sechs Türmen, von denen der **Weiße Turm** als Wahrzeichen der Stadt hervorsticht, weiter zum Triumphbogen, zum antiken römischen Markt und schließlich zu den frühchristlichen und byzantinischen Kirchen der Stadt und seinen Museen von internationalem Format. Saloníki war 1997 **europäische Kulturhauptstadt**, als Messestadt ist man hinsichtlich der Quartiere seit jeher bestens gerüstet. Gleichzeitig stellt Saloníki die Drehscheibe für den Busverkehr zu den drei Fingern der Halbinsel dar. Einladende Strände suchen Sie in der unmittelbaren Nähe der Industrie- und Handelsstadt allerdings vergeblich.

Die Westküste

Dieser Küstenstrich (→ S. 115) wird hauptsächlich von griechischen Sommerfrischlern und Wochenendurlaubern in Beschlag genommen, für ausländische Touristen sind die Strände meist nur Durchgangsstation, und die teils wild hochgezogenen Ortschaften zählen nicht zu den schönsten. Dennoch: Entlang der Überlandstrecken oder der Schnellstraße in den Süden erhält man bereits einen charakteristischen Eindruck von der Chalkidikí – goldgelbe Kornfelder, sanfte Hügel und das strahlend blaue Meer sind ständige Wegbegleiter. Unbedingt sollte man einen Zwischenstopp an der **Höhle von Petrálona** einlegen, Freunden des Weins empfehlen wir eine Besichtigung der **Tsantali-Weinkellerei** bei Ágios Pávlos.

Die Halbinsel Kassándra

Dieser westliche Ausläufer der Halbinsel (→ S. 126) ist aufgrund seiner Nähe zu Saloníki beliebtes Naherholungsziel der Städter, was eine touristisch voll erschlossene Infrastruktur mit modernen Hotels und gut geführten Campingplätzen voraussetzt. Die Sandstrände gehören zu den schönsten in Griechenland. Tavernen, Bars und Diskotheken findet man daher in den frequentierten Küstenorten wie **Aktí Sáni** oder **Ágios Nikólaos** (an der Westküste) oder **Haniótis** (Ostküste) ebenso wie ein

Fisch auf dem Speiseplan im Áthos-Kloster Prodromou

Chalkidikí erleben!

Áthos-Kloster Pandokrátoros

vielseitiges Wassersportangebot. Wirklich idyllisch und ein paar hundert Fremdenbetten abseits von der Küste laden einige ruhige Wanderwege zu Ausflügen in die urigen Bergdörfer **Foúrka**, **Kriopigí** oder **Kassandrinó** ein. Der Hauptort der Halbinsel Kassándra, **Kassándria**, wirkt außerhalb der Saison fast ausgestorben, ebenso wie das Bergdorf **Agia Paraskeví** im Süden, das sich seinen ureigensten Charakter bewahren konnte.

Die Halbinsel Sithonía

Gleich zweimal kann diese Halbinsel (→ S. 167) mit historischen Sehenswürdigkeiten aufwarten, nämlich bei **Ólinthos** und ganz im Süden bei **Toróni**. Dazwischen liegt eine Reihe traumhaft schöner Sandstrände. Während entlang der **Ostküste** einige Buchten v. a. ohne eigenes Fahrzeug nur schwer zu erreichen sind, kann die **Westseite** für den Familienurlaub nur empfohlen werden. Gepflegte Buchten, flach abfallende Strände, ausgezeichnete Campingplätze und dazu beste Wasserqualität. Fast durchgehend ist hier eine Küstenwanderung möglich, die weder zu Fuß noch per Mountainbike zu anstrengend wird. Wer dagegen die **Berglandschaft** erkunden will, lässt sich vom Bus im Dorf **Sikiá** absetzen und wandert von dort zur Westküste hinüber. Die besten Einkaufsmöglichkeiten gibt es im touristischen Hauptort **Néos Marmarás**, wer dagegen Land und Leute kennen lernen will, ist gut beraten, sein Quartier in einer kleineren Ortschaft zu nehmen.

Die Halbinsel Áthos

Für die Halbinsel Áthos (→ S. 217) gilt: keine Hühner und keine Frauen! So steht es zumindest auf den Hinweistafeln, denen zufolge der Eintritt zur **Mönchsrepublik** für Frauen ausnahmslos verboten und für Männer nur nach Voranmeldung genehmigt wird. Aber auch bei den angebotenen Ausflugsfahrten entlang der Küste kann man die schönsten Klöster gut sehen. Vergleichsweise leicht zu erreichen ist dagegen die „Wanderinsel" **Amolianí** – ein Service-Shuttle startet mehrmals täglich von dem wenige Kilometer weiter nördlich von Ouranoúpoli gelegenen Fährhafen **Tripití**.

Der Norden

Der Teil des Landes, in dem erfahrungsgemäß die wenigsten ausländischen Urlauber anzutreffen sind (→ S. 234). Wer jedoch glaubt, das chalkidische Hinterland hätte nichts zu bieten, der irrt gewaltig. Zwar haben sich die meisten der kleinen **Bergdörfer** seit Jahrhunderten kaum verändert, doch gilt das in gleicher Weise für die Herzlichkeit der Menschen.

Die Ostküste

Im Windschatten der Tourismusbranche liegt derzeit noch die Ostküste (→ S. 239) zwischen **Néa Róda** und **Stavrós**. Die Ortschaften entlang der Küste sind geprägt von Ruhe, Beschaulichkeit und der Herzlichkeit ihrer Bewohner. Selbst im Hochsommer zeigen sich die Strände nur an den Wochenenden bevölkert, die Zahl der Unterkünfte nimmt in dieser Region merklich ab, und mancherorts bleiben sogar die Gefriertruhen der Eisverkäufer in der Hochsaison leer. Auf internationale Reisebusse stoßen Sie höchstens beim Ort **Olimbiáda**, dessen Badebuchten höchste Anziehungskräfte auf Sonnenhungrige ausüben. Gleich daneben liegt auf einem Felsvorsprung das Ausgrabungsgelände der antiken Stadt **Stágira**, das einen Ausflug lohnt.

Traditionen im Umbruch

Spötter sprechen von zwei Jahreszeiten in Griechenland, der Hoch- und der Nebensaison. Und tatsächlich ist es nicht zu verleugnen, dass der schnelle Euro vielerorts das Handeln bestimmt. Man will dem Touristen gefallen, innerhalb von 14 Tagen die geballte Ladung griechischer Traditionen anbieten und entfernt sich gerade dabei immer ein Stück weiter weg davon.

Der Wunsch, am Komfort der Moderne teilzuhaben, die Mitgliedschaft in der EU und nicht zuletzt der Tourismus sind wohl die Hauptgründe der Veränderungen. Sicher ist es angenehm, seine Speisen von deutschen Speisekarten zu bestellen oder sein Bier in gekühlten Weißbiergläsern serviert zu bekommen. Aber lobten wir nicht einst die traditionelle Küche, die noch einen Blick in die Kochtöpfe zuließ? Buletten, Kassler Rippchen und Wiener Schnitzel stehen heute auf der Karte, griechische Musik ist den englischen Charts gewichen, und Prosiebensatrtl2 flimmert allerorts von den Mattscheiben. Und während nur 2 km entfernt in einem Gebirgsdorf die chalkidische Bevölkerung nebst zahlreich angereister Auslandsverwandtschaft mit Mariä Himmelfahrt einen ihrer höchsten Feiertage begeht, fällt unten gerade der Ausgleich für den Hamburger SV.

Mit 1 PS in die Berge

Die Familie und das öffentliche Leben

Die Sicherheit des **sozialen Netzes** bietet in Griechenland noch immer die Familie, nicht der Staat. Nicht selten leben drei Generationen zusammen unter einem Dach, wobei die weitgehend uneingeschränkte Macht traditionell beim Vater liegt. Die absolute gegenseitige Unterstützung ist jedoch nur ein Aspekt dieser Lebensform.

Traditionen im Umbruch

Immer ein freundliches Wort für seine Gäste: Bruder Ioánis im Metéora-Kloster Ágia Triáda

Noch heute kommt es vor, dass sich nicht die Tochter, sondern ihr Vater den Ehemann aussucht. Und sogar erwachsene Söhne, die selbst schon verheiratet sind, haben sich noch immer nach ihm zu richten. In den letzten Jahren ist jedoch an die Stelle der **Großfamilie** mehr und mehr die Kernfamilie getreten. Die Industrialisierung und die Möglichkeit, in Touristenorten Geld zu verdienen, sorgten für eine gewisse Landflucht. Lediglich in den Dörfern in Regionen, die hauptsächlich von der Landwirtschaft leben, sowie auf den Inseln sind heute noch Großfamilien anzutreffen.

Kaum eine Institution hat sich aber so gut in die Modernen hinübergerettet wie das **Kafeníon**. Die Kaffeehäuser sind aus dem griechischen Leben nicht wegzudenken. Auch heute noch debattiert hier ausschließlich der männliche Teil der Bevölkerung über Gott und die Welt, spielt mit den Kugeln seines Kombolói, trinkt seinen Mokka mit einem großen Glas Wasser oder schlürft seinen Ouzo. Während irgendwo im Eck des Kafenions der Fernseher läuft, spielen die Griechen mit stoischer Ruhe – hin und wieder aber auch recht lautstark – **Tavli**, jenes uralte Brettspiel, das weltweit unter dem Namen Backgammon Karriere gemacht hat.

Auch die **Vólta**, das allabendliche Flanieren, darf im gesellschaftlichen Leben nicht fehlen. Man wählt vor allem am Wochenende die beste Kleidung und zeigt sich, zumindest mit der ganzen Familie. Der Mann hat die goldene Uhr angelegt, die Frau ist auffällig geschminkt und auch die Kinder sind fein herausgeputzt. Ein Gespräch hier, ein Plausch dort. Nicht selten wird die Uferpromenade oder die Hauptstraße mehrmals abgegangen, daran beteiligen sich nicht nur die Erwachsenen, sondern auch die Jugendlichen. Kontakte zu Freunden und Verwandten werden gepflegt, man will sich von der besten Seite zeigen.

Glaube und Kirche

Die griechische Bevölkerung steht nach wie vor nahezu geschlossen hinter der orthodoxen Kirche. Nicht vergessen ist bis heute die bedeutende Rolle, die sie während der Jahrhunderte langen **türkischen Besatzung** als Hüterin der griechischen Sprache und Kultur und Keimzelle des Widerstands spielte.

Die **Liturgie** der heutigen griechisch-orthodoxen Kirche unterscheidet sich auffällig von katholischen oder evangelischen Gottesdiensten. Die Predigt des Papás (Priester) spielt eine untergeordnete Rolle, den eigentlichen Leitfaden bildet stattdessen der Wechselgesang ohne jegliche Musikbegleitung. Auch nichtorthodoxe Besucher sind stets willkommen. Im Kirchengebäude, dessen Kuppel das Firmament symbolisiert, während das übrige Gebäude den **Eingang zum Himmel** darstellt, verschmelzen Glaube und Architektur zu einer Einheit. Während die sonntägliche Messe dem Fremden mehr oder weniger eintönig vorkommt, ist der Besuch einer Taufe, Hochzeit oder einer Kirchweihfeier mit feucht-fröhlichem Ausklang ein unvergessliches Erlebnis. Der wirkliche Höhepunkt im religiösen Leben der Griechen ist jedoch das unvergleichlich lebendig gefeierte **Osterfest**.

Feste und Feiertage

Griechen lieben ihre Feste und zum Feiern findet sich schließlich immer ein Grund. Neben den nationalen Feierlichkeiten sind es vor allem die **Panigiri-Feste** (ausgesprochen „Panijiri"). Mit der wörtlichen Übersetzung von Panigiri (pan = alle, giros = im Kreis herum) ist denn auch schon alles gesagt. Aber nicht nur das: Wenn in einem Ort Kirchweih gefeiert wird, kommen auch die Freunde und Bekannten aus dem Nachbarort, die Verwandten aus Deutschland, die Familie aus Thessaloníki und …

Das Prozedere ähnelt sich: Die Ikone der Schutzheiligen oder des Namenspatrons wird feierlich aus der Kirche getragen und im Freien aufgestellt. Nach einem Gottesdienst werden die Marktstände geöffnet und die Grills mit Souvlaki und Mais bestückt. Die Musikkapelle spielt auf. Der anfangs geordnete Volkstanz mündet in einem unüberschaubaren Reigen von Jung und Alt, und auch ausländische Besucher werden in die Reihe der Tänzer aufgenommen. Wenn die Feierlichkeiten irgendwann gegen Morgen beendet sind, keimt schon die Vorfreude auf das nächste Dorffest.

Landesweite Feiertage

1. Januar, Neujahr: in Griechenland statt Weihnachten der Tag der Geschenke.
6. Januar, Epiphanie: Erscheinungsfest, gefeiert wird Jesu Taufe im Jordan und damit seine erste öffentliche „Erscheinung" als Licht im Dunkel der Welt.
25. März, griechischer Unabhängigkeitstag: Nationalfeiertag zur Erinnerung an den 1821 begonnenen Kampf gegen die Türken (→ „Geschichte", S. 35).
Ostern: großes Fest, das immer noch nach alter griechisch-orthodoxer Tradition gefeiert wird. Ein Erlebnis! Da anders als in der Westkirche nach dem Julianischen Kalender gerechnet wird, weichen die Termine teils beträchtlich ab. Die nächsten Ostersonntage fallen in Griechenland 2006 auf den 23. April, nur eine Woche nach dem deutschen Osterfest; 2007 wird gemeinsam am 8. April gefeiert, im Jahr 2008 ist das griechische Osterfest am 27. April (bei uns am 23. März).
1. Mai: Frühlingsfest und Tag der Arbeit.
15. August, Mariä Entschlafung: Gedenken an den leiblichen Tod Marias. Die eigentliche Himmelfahrt findet für die orthodoxe Kirche erst drei Tage später statt.
Pfingsten: ebenfalls ein bewegliches Fest, 50 Tage nach Ostern. Besonders gefeiert wird in den Agía-Triáda-Kirchen (Dreifaltigkeitskirchen).
28. Oktober, Ochi-Tag: nationaler Feiertag in Erinnerung an das „Nein" der griechischen Regierung zu Mussolinis Ultimatum im Jahr 1940 (→ „Geschichte", S. 36).
25./26. Dezember, Weihnachten: in den meisten Familien mit einem Festessen gefeiert.

Lokale Feierlichkeiten

23. April, Ágios Geórgios: Geweiht ist dieser Tag dem Drachentöter und gefeiert wird u. a. in Ólinthos, Eleochoria, Nea Flogita, Sárti, Galátista und auf der Insel Amoliani.
21. Mai, Konstantin und Eleni: Der römische Kaiser machte das Christentum zur Staatsreligion, und seine Mutter Elena fand bei einer Wallfahrt nach Jerusalem das Heilige Kreuz. Feiern in Ouranoúpoli und dem Hauptort Polígiros.
29. Mai, Thessaloniki und ganz Nordgriechenland betrauern den Verlust der **Hauptstadt des Glaubens** (gemeint ist der Fall Konstantinopels 1453). Großer Gottesdienst in der Dimitrios-Kathedrale.

Wirtschaft

Fischer vor der Küste Sithonías

24. Juni, Geburt Johannes des Täufers: fällt glücklicherweise fast mit dem **Sommeranfang** zusammen und wird deshalb gleich 10 Tage lang in Néa Kallikratía gefeiert. Johannisfeiern und -feuer auch in Néa Potídea, Néos Marmarás auf Amolianí, in Áfitos und Sikiá.

29. Juni, Heilige Apostel: Auf seiner Wanderung über die Chalkidikí kam Paulus auch durch das Dorf Ormiliá, und das wird gefeiert mit einem zweitägigen Fest nebst Tanzgruppen und Kesselfleisch.

5. Juli, Agios Athanasios: feuchtfröhliches Feiern in Paleochóri.

7. Juli, Agía Kiriakí: Festlichkeiten finden statt in Olimbiáda, Vrastama und Gerosplatanos. In Olimbiáda wird zusätzlich das **Muschelfest** gefeiert – mit Brot und Retsina gratis.

20. Juli, Profítis Ilías: Dem Propheten Elias sind u. a. alle Kirchen auf Berggipfeln geweiht, beispielsweise in Polígiros, Stratóni, Paleochóri, Foúrka, Sikiá oder Petrálona.

26. Juli, Agia Paraskeví: Das Fest zu Ehren der Märtyrerin können Sie mitfeiern in jedem Bergdorf der Halbinsel Kassándra, das den Namen der Heiligen trägt, außerdem auch in Kriopigí, Metagitsi oder Galátista.

27. Juli, Agios Panteleimon: Feier zu Ehren des Arztes u. a. in Néos Marmarás, in Taxiarchis, Kallithéa und natürlich in Agios Panteleímonas.

29. Juli, Peter und Paul: das Fest zu Ehren der Wanderapostel beispielsweise an der Paulus-Quelle in Nikiti oder Néa Fokéa.

Ende Juli, Sardinenfest: Zum Dank für die hervorragende Lage des boomenden Fischerhafens wird in Néa Moudaniá ein gesamter Fang spendiert (bis zu 80 Zentner Fisch) – und dazu fließt Retsina kostenlos.

29. August, Johannes Enthauptung: eigentlich ein trauriger Anlass, doch weil Johannes seinen Platz im Himmel bereits sicher hatte, wird gefeiert in Néos Marmarás, Agia Paraskeví und Agios Pródromos.

2. September, Kirchweihfest in Ágios Mámas, das über 10 Tage lang gefeiert wird.

15. September, Ágios Nikíti: Schutzpatron des Ortes Nikíti.

Wirtschaft

Der größte Beitrag der Chalkidikí zur griechischen Wirtschaft sind ihre **Erzvorkommen** (Kupfer, Chrom, Mangan, Silber, Gold, Schwefelkies), am bedeutendsten ist dabei der **Magnesit**, der in großen Mengen und in sehr guter Qualität gefördert

Wirtschaft 19

wird. Das Mineral, das in der Nähe von Gerakina und Vavdos abgebaut wird, wird größtenteils exportiert und dient zur Metallveredelung, Isolierung und für feuerfeste Verkleidungen.

Zu den charakteristischen **landwirtschaftlichen Produkten**, die die Halbinsel hervorbringt, zählen besonders das Olivenöl, das im Süden und Westen der Chalkidikí gewonnen wird, und die ergiebigen Baumwollpflanzen. Daneben Honig in allen Varianten (z. B. mit eingelegten Walnüssen oder Honigwaben) sowie berühmte Weine wie der Agioritiko von Tsantalis bzw. Boutaris oder die beliebten Rotweine aus der Produktion der Reeder- und Hoteliersfamilie Carras sind beliebte Exportgüter und nette Mitbringsel für zu Hause.

Der **Tourismus** ist sicher die größte Wachstumsbranche der letzten Jahre. Viele Bewohner der Chalkidikí, die sich zuvor ausschließlich mit Landwirtschaft oder Fischfang beschäftigt haben, nützen inzwischen die Chance, die der Fremdenverkehr nun auf Kassándra und Sithonía bietet.

Einen deutlichen **Rückgang der ausländischen Gäste** durch den Balkankrieg kann man jedoch nicht übersehen und auch der teure Euro ist ein entscheidender Hemmfaktor. Betroffen sind davon vor allem kleinere Campingplätze, denen dadurch das Geld für nötige Investitionen fehlt. Die Spirale schraubt sich nach unten, wenn die Beschäftigten nicht mehr bezahlt werden können, die Sanitäranlagen nicht gewartet werden und der Müll am Strand liegen bleibt. Zahlreiche Plätze sind deshalb inzwischen geschlossen, nur wenige konnten von der E. O. T. übernommen werden. Einen Boom sollten die Olympischen Spiele 2004 dem gesamten Land bescheren, die Realität gestaltete sich jedoch anders: Selbst auf der Hochburg-Insel Santoríni wehten Zeitungen durch die menschenleeren Straßen. Das Tourismusministerium beeilte sich und räumte einen regionalen Rückgang – sozusagen als Kollateralschaden – von 3–8 % ein, die Betreiber von Campingplätzen und kleineren Hotels

Vitamine vor der Wanderung in die Áthosregion

bezifferten die Einbrüche dagegen auf bis zu satte 60 %. Für 2005 gab es bei Drucklegung noch keine Zahlen. Andererseits gibt es aber Stimmen in der Branche, die dem eine positive Seite abgewinnen können und auf eine Verbesserung der Dienstleistungen und der touristischen Infrastruktur bauen. Dass daran hart gearbeitet wird, zeigt beispielsweise der Ausbau des Straßennetzes, die Verbesserung bei den Busverbindungen, Veranstaltungshinweise für Urlauber, Beschwerdestellen für Urlaubsgäste bei schlechter Unterbringung und eine spürbar strengere Umweltpolitik. Merklich steigt auch wieder die Zahl der seriösen Angebote in den Katalogen der Reiseveranstalter, die den sanften Tourismus, Wander- und Sportreisen sowie Familienurlaub anbieten.

Außenhandelsdefizit und Steuermoral: Mehrere Kauf-griechisch-Kampagnen sind in den letzten Jahren ziemlich wirkungslos verpufft. Dem Griechen gefallen nun einmal ausländische Autos, moderne Videorekorder und Fernsehgeräte, Kühlschränke, Stereoanlagen oder Kosmetika. Alles Güter, die in Griechenland nicht produziert werden. In den Supermärkten findet man sogar Schafkäse aus Deutschland! Hinzu kommt, dass fast 50 % aller Griechen freiberuflich tätig sind (Landwirte, Tavernenbesitzer, Kaufleute, Hoteliers usw.) und es mit der Steuer nicht so genau nehmen oder das erwirtschaftete Geld über sog. „Offshore-Companies" auf der Insel Zypern parken. Steuerhinterziehung ist fast ein Volkssport in Griechenland. Man schätzt, dass nur jeder dritte Euro ordnungsgemäß versteuert wird.

Es existiert eine **Schattenwirtschaft**, der es so schlecht nicht gehen kann. Fast jeder Grieche hat nicht nur einen, sondern zwei oder sogar mehrere Jobs. Wer morgens bei der Weinlese hilft, handelt abends mit Videorekordern, Automechaniker haben auf den Ferieninseln einen Mofaverleih, der freundliche Ober in der Taverne verkauft tagsüber Obst und Gemüse vom eigenen Feld. Es sollen an dieser Stelle nicht die hohen **Arbeitslosenzahlen** (in manchen Regionen über 20 %), die geringen Löhne (Bauarbeiter verdienen pro Tag nur etwa 20 €) oder das extreme Wohlstandsgefälle zwischen Touristenorten und ländlichen Regionen verschwiegen werden, aber man darf nicht vergessen, dass Griechen in der Regel clevere Geschäftsleute sind.

Landschaft und Klima

Der Blick der Chalkidier ist seit jeher auf das Ägäische Meer gerichtet. Wie ein riesiger Brückenkopf ragt die Halbinsel hinaus ins Blau, Teil eines uralten Faltengebirges, das einst Europa mit Kleinasien verband. Die mitteleuropäischen vier Jahreszeiten sind hierher nicht ohne weiteres übertragbar. Es ist angebrachter, von drei Vegetationsperioden zu sprechen.

Plattenverschiebungen und Vulkanausbrüche im Jungtertiär zertrümmerten dies Gebirgskette, die zunächst im Meer versank, später aber wieder angehoben wurde. Dabei entstanden durch Überflutung auch die tief eingeschnittenen Buchten des **Kolpos Kassandras** und des **Kolpos Agiou Orous** mit ihren beliebten Stränden. Die Ausläufer der **Áthos-Gebirgskette** bilden heute die Inseln Límnos und Lesbos vor der türkischen Küste.

Die große Ausdehnung der Chalkidikí – von Néa Kallikrátia an der Westküste bis Stratóni im Osten sind es immerhin 101 Straßenkilometer – gibt dem Inneren der Halbinsel ein gemäßigt kontinentales Klima, während die Küsten von typischen Mittelmeerklima geprägt sind. Dadurch entsteht das für die Chalkidikí so typische **Klima**, das seine Besucher zu schätzen wissen und das für dicht bewachsene Bergzüge im Wechsel mit fruchtbaren Ebenen sorgt. Vor allem die Winter sind regenreich, stürmisch und empfindlich kühl. Nicht selten fällt auch Schnee, der in den Bergen manchmal bis März/April liegen bleibt.

Nach der **winterlichen Regenperiode** beginnen Anfang März bereits die Obstbäume auszutreiben. Daran schließt sich dann die farbenprächtigste Zeit des Jahres an. Selbst dort, wo die Sommerurlauber sonst am Strand ihre Handtücher ausbreiten, ist der Sand überzogen von Blütenteppichen und niedrigen Gewächsen. Und im Gegensatz zum Süden des Landes bleibt diese Blütenpracht etwas länger erhalten, denn richtig warm wird es hier erst im Juni und Juli.

	Tageshöchstwerte	Tagestiefstwerte
Blüte- und Reifezeit von März bis Mai	18–22 °C	10–14 °C
Trockenzeit von Juni bis Oktober	26–32 °C	18–22 °C
Regenzeit November bis Februar	13–15 °C	4–10 °C

Daher ist es auch verständlich, dass zumindest die Campingplätze in der Regel nicht vor Mai geöffnet sind, und die Urlaubssaison (sieht man einmal vom griechischen Osterfest ab) erst danach beginnt. Eine relativ lange **Sommerperiode** entschädigt dann aber für den kalten Winter. Bis hinein in den Oktober ist es zumindest tagsüber angenehm warm, und auch die Wassertemperaturen tun dann dem Badevergnügen noch keinen Abbruch. Dafür werden aber die Tage schon wieder deutlich kürzer und die Nächte kühl und feucht. Dann kann es auch immer wieder zu kurzen Regenschauern kommen, und eine Jacke gegen die kräftigen Winde mit 6–7 auf der Beaufort-Skala sollte man immer dabeihaben.

Durch die Anbindung an das makedonische Festland und den dennoch ausgeprägten Inselcharakter mit hohen Gebirgszügen regnet es im Sommer häufiger als in anderen Landstrichen Griechenlands. Leichte Bewölkung oder kurze Gewittergüsse kommen immer mal wieder vor. Meist ist der Himmel jedoch wolkenlos blau, und während der Mittagszeit klettert das Quecksilber nicht selten auf 30–35 °C. Ein frischer Wind vom Meer sorgt in den Küstenregionen jedoch dafür, dass sich diese Temperaturen gut ertragen lassen. Bei anhaltenden Trockenperioden erhöht sich auch die **Waldbrandgefahr** (→ S. 24). Bitte denken Sie daran, wirklich alles zu unterlassen, was zu Bränden führen kann (offenes Feuer, weggeworfene Zigaretten, Glasscherben und Dosen usw.).

Umweltbewusstsein

Schlicht und ergreifend: Es ist noch nicht weit her damit. Zwar gibt es das Baumsterben oder ähnliche Katastrophen auch in Griechenland, aber die Einheimischen ignorieren mit südländischer Unbeschwertheit die Bedrohung ihrer Umwelt.

Der Kellner wirft schwungvoll die Kronkorken auf die Straße, wo sie sich in den aufgeweichten Asphalt bohren, Abwässer werden noch immer ungeklärt ins Meer geleitet, der Tankstellenbesitzer lässt schnell mal in einer flüchtig ausgehobenen Grube Autoreifen und Ölkanister verschwinden, und am Straßenrand häufen sich die Abfälle nicht nur deutscher Touristen. Ebenso wird Müll unkontrolliert an Stränden und in der freien Natur „entsorgt" und führt dann bei vielen zu dem beliebten Schluss: Wo schon was liegt, kann man gleich noch was dazuschmeißen.

Leidiges wie unverständliches Thema: Unberührte Landstriche werden ohne Rücksicht auf ökologische Erfordernisse bebaut und zersiedelt, was beispielsweise auch auf die Trassenführung neu angelegter Straßen zutrifft. Glücklicherweise ist die Chalkidikí von Industrieanlagen bisher verschont geblieben – hier kann man wirklich noch frei durchatmen.

Auch wenn das Thema Umweltschutz nicht gerade als Steckenpferd der griechischen Regierung gilt, so lässt sich doch langsam eine **Verbesserung** ausmachen: Umweltverschmutzung ist zentrales Thema in den Schulen. Ganze Schulklassen ziehen immer wieder mal los und reinigen Strände und Wälder von Müll und Treibgut. Seit 1987 werden nur noch **Hotels** subventioniert, die mit einer Kläranlage verbunden sind. Neubauprojekte für Hotels ohne eigene Kläranlage werden nicht mehr genehmigt. Gerade in zahlreichen Hotels und Campinganlagen wird auf die Verwendung von umweltschonenden Putz- und Waschmitteln großer Wert gelegt.

In allen größeren Städten Griechenlands gibt es mittlerweile spezielle Container

Strand bei Kriarítsi

für die **Mülltrennung**, und auch an vielen Stränden stehen bereits Container, auch wenn die „Trefferquote" noch gering ist.

Durch Waldbrände vernichtete Flächen werden nach Aufrufen in der Bevölkerung zum Pflanzen von kleinen Bäumchen **wiederaufgeforstet**. Solche Gebiete sieht man auf der Chalkidikí besonders im Süden der Halbinseln Kassándra und Sithonía, deren Wälder in der Vergangenheit von gewaltigen Flächenbränden heimgesucht wurden.

Brüssel legte den amtlichen Nachweis vor: Griechenlands Küstengewässer erfüllen zu 99,9 % die Kriterien für **bedenkenlosen Badespaß**. Wir raten dennoch weiterhin, das Baden in unmittelbarer Nähe größerer Städte wegen der möglichen Einleitung von ungefilterten Abwässern nach Möglichkeit zu vermeiden.

Treibgut – leidiges Übel manch abgelegener Strände

Pflanzen- und Tierwelt

Die Halbinsel ist aufgrund ihres Wasserreichtums und der damit verbundenen Pflanzenvielfalt ein idealer Lebensraum für Vögel, Reptilien und Amphibien. Die Zeiten, als Alexander der Große auf Großwildjagd ging, wie es auf Mosaiken dargestellt wurde, sind freilich längst vorbei.

Besonders bezaubernd präsentiert sich das dem Besucher im Frühjahr, das hier im Vergleich zu den südlichen Landesteilen manchmal bis gegen Ende Mai auf sich warten lässt. Was dann jedoch wächst und blüht, das sprengt jede Vorstellungskraft. Und vor allem Wanderer dürfen sich dann freuen auf herzhafte Düfte und ein hüfthohes Blumenmeer. Vereinfacht gesagt, findet man drei verschiedene Vegetationstypen vor: Wälder, Macchia und eine Reihe von Kulturpflanzen.

Die häufigsten Baumarten

Aleppokiefer: hoch aufschießender Nadelbaum, den Pinien verwandt. Beliebt und begehrt ist vor allem das Harz ihrer Rinde, das mit keilförmigen Blechen und Vorratsbehältern aufgefangen wird. Es verleiht dem **Retsina** seinen typischen und unverwechselbaren Geschmack.

Eukalyptus: stammen eigentlich von der südlichen Halbkugel, aber Koalabären suchen Sie vergeblich. Die ölhaltigen Bäume, leicht zu erkennen an der tapetenartig abblätternden Rinde und den langen fingerartigen Blättern, benötigen wahre Wassermassen und sind sehr leicht brennbar.

Esskastanien: Besonders in Hochregionen zu finden. Im Gebirgsmassiv des Olymp und am Holomont wächst die Esskastanie, die im Oktober reif ist. Wenn es kühler wird, zieht abends der Duft gebrannter Maroni durch die Bergdörfer.

Platanen: Die wuchtigen, bis zu 30 m hohen Bäume wachsen mit Vorliebe in der Nähe von Bach- und Flussläufen. Mit ihren weit ausladenden Ästen sind sie beliebte Schattenspender bei Tavernen.

Zypressen: spitzkegelig aufragende Nadelbäume, die vor allem gutes Holz und ätherisches Öl liefern. Für die antiken Griechen symbolisierten die Bäume mit ihren tiefen Wurzeln die Verbindung zwischen Himmel und Erde.

Waldbrände

Jedes Jahr sind davon gleich mehrere Regionen Griechenlands betroffen, auch die Waldgebiete der Chalkidikí bleiben davon kaum verschont. Und wenn es brennt, dann meist gewaltig. Die knochentrockenen Äste und Stämme der betagten Bäume sind ein gefundenes Fressen für die Feuerwalze, und oft können die Bewohner schwer zugänglicher Regionen nur hilflos zusehen oder selbst zur Säge greifen.

Über die Brandursache wird meist kontrovers diskutiert. War es eine reflektierende Cola-Büchse, die achtlos weggeworfen wurde, eine zerbrochene Glasflasche, die wie ein Brennglas wirkte, oder waren gar Brandstifter am Werk? Es ist hinlänglich bekannt, dass große Flächen mutwillig abgefackelt werden, um Wirtschaftsflächen in Bauland umzuwandeln. Für die Besitzer ist ein solcher Brand oft der Bankrott. Perversität am Rande: Wer gut versichert ist, kann fette Kasse machen, denn entscheidend ist nicht die betroffene Fläche, sondern die Dauer des Brands.

Inzwischen wurden überall spezielle Brandschutzschneisen in die Wälder geschlagen, und in der trockenen Jahreszeit wacht die Feuerwehr Tag und Nacht an exponierten Stellen. Die Warnschilder allerorten und das grundsätzliche Verbot von offenem Feuer (auch am Strand!) sollte man ernst nehmen, denn die Strafen sind drastisch, von den Brandfolgen ganz zu schweigen!

Der typische Macchiabewuchs

Agave: Ende des 15. Jh. von den Spaniern aus der Neuen Welt nach Europa importiert. Die meist am Boden aufliegenden Blattrosetten entwickeln nach 20–60 (!) Jahren eine Blüte und sterben danach ab. Die gegen Hitze und Trockenheit unempfindlichen blaugrünen, fleischigen Blätter findet man sogar an steilen Felsklippen.

Feigenkaktus: mit seinen breiten fleischigen Blättern ein enormer Wasserspeicher. Die leckeren rotgelben Früchte werden durch Hunderte lästiger Stacheln geschützt. Tipp: Mit einer Zeitung (mehrlagig) vorsichtig die Frucht abtrennen, mit scharfem Messer oben und unten einen Deckel abschneiden. Danach längs aufschneiden und den Mantel wegklappen, ohne die Stachelknospen zu berühren. Innen gelbliches Fruchtfleisch, die Kerne kann man getrost mitessen.

Ginster: robustes Strauchgewächs mit Dornen und leuchtend gelben Blüten. Im Juli und August ein Augenschmaus entlang der Straßen.

Oleander: mit weißen und rosa Blüten, vor allem in wasserreichen Gebieten beheimatet. Häufig blühen die sonnenliebenden Pflanzen sogar in unmittelbarer Meeresnähe.

Olivenbaum, tragende Kraft der griechischen Wirtschaft

Wichtige Kulturpflanzen

Baumwolle: Besonders auf der Chalkidikí wächst die „Wawáiki-Pflanze", bevorzugt auf flachen Hügeln und in sonnenbeschienenen Tälern. Ein Meer aus Weiß und Rosa. Die fruchtbare Blüte ist erst weiß, dann rosa und entwickelt sich schließlich zur Fruchtkapsel mit den baumwolltypischen Fasern. Die Ernte der kostbaren kelchförmigen Früchte erfolgt Mitte September.

Feigenbaum: Meist stehen die weit ausladenden Bäume allein oder in kleinen Gruppen. Reif sind die tropfenförmigen Früchte, wenn sie sich außen dunkelgrün bis lila verfärben. Schale aufreißen und das tiefrote Fruchtfleisch nach außen klappen – zu viel des Guten fördert allerdings Durchfall.

Granatapfel: nicht jedermanns Geschmack. Hinter der harten Schale verbirgt sich geleeartiges, süßes Fruchtfleisch, das die Samenkörner umgibt. Reifezeit im September. Achtung beim Pflücken: Die Äste haben dicke Stacheln, und in den Bäumen siedeln sich gerne Wespen an.

Mandel- und Walnussbaum: häufig in der Umgebung von Bergdörfern zu finden. Was viele nicht wissen: Sowohl die Mandel wie auch die Walnuss wird von

Granatäpfel

dickem Fruchtfleisch umhüllt, aus dem die eigentliche Nussschale erst herausgepellt werden muss. Meist erst gegen Ende des Sommers reif – schmecken vorher bitter bis ungenießbar. Die meisten Einheimischen sehen es nicht gerne, wenn Urlauber gleich mit Plastiktüten zum Ernten kommen.

Tabak: Auch diese Pflanze aus der Gattung der Nachtschattengewächse sieht man auf der Chalkidikí. Nach zweimonatigem Wachstum werden die Blätter geerntet, gebündelt und mehr oder weniger schnell getrocknet. Zum Teil werden sie auch fermentiert, wodurch ein Teil des Nikotins in unschädliche Stoffe umgewandelt wird. Der Nikotinanteil des getrockneten Blatts beträgt etwa 1–2 %. Inzwischen wird die Ernte auf den meisten Feldern von polnischen Gastarbeitern durchgeführt. Deren Antwort auf die Frage nach dem Bestimmungsort des Tabaks: „Marlboro, USA".

Der Olivenbaum

Der Ölbaum wächst anspruchslos auf kargstem und bergigstem Boden, sogar dort, wo kilometerweit kein Wasser zu sehen ist und jeder andere Anbau unmöglich wäre. Über Jahrhunderte weg hat er sich behaupten können: Mit seinen tiefen Wurzeln hält er jedem Sturm stand, und Ziegen und Schafe finden an den Blättern keinen Geschmack. Mit rund **130 Mio. Bäumen** gehört die Olivenkultur zu den wichtigsten Zweigen der griechischen Landwirtschaft. Laut Statistik verbraucht jeder Grieche 18 kg Olivenöl pro Jahr, nicht nur fürs Essen, auch als Medizin. Die Verwendungsmöglichkeiten reichen von der Verarbeitung zu Margarine oder Seife bis hin zum Brenn- und Schmieröl.

Geerntet wird übrigens von Oktober bis Dezember. Weil es dafür keine Maschinen gibt, muss die ganze Familie mit anpacken. Außerdem werden ganze Scharen von Hilfskräften eingestellt. Die Oliven werden von den Bäumen geschlagen und gekämmt und in Netzen am Boden aufgefangen. Wegen der zunehmenden Landflucht und der fehlenden Arbeitskräfte müssen aber inzwischen immer mehr Bauern zuschauen, wie ihre kostbaren Oliven unter den Bäumen liegen bleiben und dort verrotten.

Welches **gewaltige Kapital** für einen Bauern hinter den knorrigen Rinden steckt bzw. welcher Verlust mit einer Brandkatastrophe verbunden ist, machen folgende Zahlen deutlich: Erst nach etwa 7 Jahren trägt der Olivenbaum Früchte, vom 40. bis zum 100. Jahr ist er am fruchtbarsten. In dieser Zeit wirft jeder Baum jährlich einen Ertrag von rund 75 kg ab.

Die Zahl der Oliven im griechischen Salat spiegelt den Wohlstand der Region wider. Und man sieht es gerne, wenn der Gast die übrig gebliebene Ölsoße des Tomatensalats noch mit Weißbrot austupft.

Säugetiere und Vögel

Säugetiere: Wilde Tiere wie Bären oder Wildschweine, die in abgelegenen Winkeln Griechenlands noch vorkommen, sind auf der Chalkidikí durch die Zivilisation längst zurückgedrängt worden. Häufiger sind dagegen Kaninchen, Rehe oder wilde Bergziegen, die sogenannten Kri-Kris. Wenngleich Griechen nicht gerade als Tierfreunde bekannt sind, die typischen **Nutz- und Haustiere** wie Esel, Hund, Schaf oder Katze gehören in jedem Ort zum alltäglichen Bild.

Vögel: Singvögel gibt es hier in großer Zahl. Vor allem freche Spatzen, die sich auf der Suche nach Brotkrümeln bis unter die Tische von Restaurants wagen, sind keine Seltenheit. Falken und Mäusebussarde sitzen vereinzelt wie regungslos auf Holzpfählen oder Straßenschildern und spähen nach Beute. Besonderer Stolz des ganzen Dorfes ist ein Storchennest auf dem Kirchendach oder Telefonmasten. Frösche und Eidechsen sichern deren Bestand ebenso wie den der Reiher. Sogar Geier kann man hin und wieder auf der Chalkidikí zu Gesicht bekommen; ihre Nistplätze liegen in den unzugänglichen Felsen um die Naturbucht von Pórto Koufó (→ S. 189).

Insekten und Spinnentiere

Insekten: Besonders schöne Wegbegleiter sind die zahlreich auftretenden Libellen und Schmetterlinge. Unüberhörbar das Konzert der Zikaden, die durch das Reiben der Flügel am Körper ihr typisches Geräusch erzeugen. Ein gewohntes Bild stellen die Heuschrecken dar, die sich bevorzugt auf heißen Wegen und Flächen aufhalten. Wichtiger Bestandteil der griechischen Wirtschaft ist die **Imkerei**. Die bunten Kästen der fleißigen Bienen sollten Wanderer mit Respekt umgehen. Leider ist der Bestand der Honigbienen durch Waldbrände in den letzten Jahren gefährdet.

Zu den weniger beliebten Erscheinungen zählen dagegen Wespen und Hornissen. Wespen errichten meist in Obstbäumen ihre Nester und sind bekanntlich sehr angriffslustig. Trotz ihrer imponierenden Größe sind dagegen

Geänderte Vorfahrtsregel im Gebirge

Hornissen eher harmlos. Sie greifen Menschen nur an, wenn sie durch wilde Handbewegungen bedroht fühlen. Nicht wahr ist es übrigens, dass 2–3 Hornissenstiche ein Kind töten.

Skorpione: Sie leben bevorzugt unter Steinen oder am Rand von Müllhaufen und wehren sich bei Verletzung ihres Reviers. Auch an Stränden sind Skorpione aktiv (z. B. unter Treibgut, Holzplanken). Ein Stich kann ein gewisses Unwohlsein auslösen, mehrere Stiche führen zu Schwindelanfällen, und der Patient sollte von einem Arzt begutachtet werden. Der sofortige Tod zählt auch hier eher zum Reich der Legende.

Lurche und Reptilien

Eidechsen, Schlangen (s. u.) und die berühmte Griechische Landschildkröte sind die häufigsten Vertreter, denen man auf Wanderungen begegnet. Oft sieht man sie auch reichlich sorglos auf dem warmen Straßenbelag. Auch Frösche und Wasserschildkröten sind auf der Chalkidikí keineswegs selten. Zahlreiche Tümpel und natürlicher Schutz im Schilfbereich sorgen für den Fortbestand. Bekanntermaßen sind beide Teichbewohner scheu und verschwinden, wenn Menschen in Sicht kommen – aber auch neugierig, und so dauert es nur wenige Minuten, bis die ersten Köpfe wieder an der Wasseroberfläche erscheinen.

Eidechsen sind ebenso neugierig. Bei Gefahr bricht zuweilen der Schwanz ab, um den Verfolger zu irritieren. Besonders sehenswerte Vertreter dieser Art sind die **Smaragdeidechsen**, die bis zu 25 cm lang werden.

Ein anhaltendes Rascheln im Gebüsch lässt meist auf eine **Griechische Landschildkröte** schließen. Sie bewegt sich oft sorglos im Schatten von niedrigen Sträuchern und zieht Kopf und Beine bei Gefahr unter ihren Panzer zurück. Schildkröten halten etwa ab November Winterschlaf und melden sich erst bei konstanten Frühlingstemperaturen wieder zurück. Sie wachsen verhältnismäßig langsam, und die Ringe auf ihrem Schild sind vergleichbar mit den Jahresringen eines Baums. Bitte beachten Sie, dass Schildkröten, die hochgehoben werden, aus Todesangst strampeln.

Schlangen

Obwohl auch Schlangen zu den Reptilien zählen, sollen sie an dieser Stelle gesondert behandelt werden, da sich viele Reisende gerade vor diesen Tieren – wenn auch meist unbegründet – besonders fürchten. Und in Schluchten und wasserreichen Regionen der Chalkidikí gibt es ziemlich viele davon. Für alle, die in der Gegend herumstreifen oder mit Zelt und Rucksack wandern wollen, ist es sicher nützlich, sich die wichtigsten Schlangen einzuprägen und vielleicht sogar ein Erkennungsbuch mitzunehmen.

In den warmen Becken und Lachen versickerter Bäche leben **Würfelnattern**, die sich von Fischen ernähren und grünbräunlich gefärbt sind. Etwas heller und kleiner sind die **Ringelnattern**, die sich hauptsächlich von Fröschen ernähren, ebenfalls weder bissig noch giftig sind und im und am Wasser leben. Man erkennt sie an den markanten gelben halbmondförmigen Stellen an beiden Seiten des Kopfs und der grauen Färbung mit schwarzen Flecken am Körper.

Wirklich **gefährlich** ist die braune **Sandviper**, zu erkennen an einer rautenförmigen, dunklen Rückenzeichnung, die sich deutlich vom beige-braunen Körper absetzt. An der Spitze der Schnauze haben Sandvipern ein kleines Horn. Daran sind sie leicht zu identifizieren, und das ist auch gut so. Ihr Biss ist giftig und ruft nach kurzer Zeit starke Kreislaufbeschwerden und Schmerzen um die Bissstelle hervor. Man sollte unbedingt zum Arzt gehen. Je nach körperlicher Konstitution kann das Gift auch tödlich sein

Weit verbreitet sind auch **Zornnattern**. Der Körper ist hellgrau bis braun mit unregelmäßigen schwarzen Querbinden. Eine Unterart, die **Gelbgrüne Zornnatter**, kommt weniger häufig vor. Ihr Kopf ist stark vom Hals abgesetzt, Schilder über dem Auge bilden eine scharfe Kante. Der Körper ist schwarz mit grünen Sprenkeln. Zornnattern sind zwar nicht giftig, aber schnell bereit zuzubeißen, wenn sie gestört oder bedroht werden. Oft versuchen sie dabei sogar, den gepackten Finger zu verschlingen. Sie sind gute Kletterer, leben in felsigem oder steinigem Gelände mit wenig Buschwerk und können ebenso blitzartig flüchten wie notfalls auch angreifen. Begegnen kann man auch der **Hufeisennatter**, die auf dem Kopf dunkle Querbinden zwischen den Augen trägt. An der Oberseite ihres Körpers befinden sich große schwarze Flecken, die von gelblichen Bändern unterbrochen sind.

Geduldiges Warten auf einen Fischleckerbissen

Zu den häufigen Arten zählen auch die **Kreuzottern**, deren Biss bekanntlich **giftig** ist. Die männlichen Tiere sind grau, die weiblichen braun gefärbt, und beide tragen auf dem Rücken eine deutliche schwarze Zackenlinie. Sie leben an praktisch allen Orten, die Deckung und geeignete Plätze zum Sonnen bieten.

Fische und Meerestiere

Selten zu sehen sind die **Meeresschildkröten**. Die an Land behäbigen Kolosse mit nicht selten 1 m Länge wählen daher eine Vollmondnacht im August zur Eiablage an langen Sandstränden. Die Eier werden sorgfältig im warmen Sand vergraben und von der Sonne ausgebrütet. Kaum sind die Jungen geschlüpft, strampeln sie auch schon auf das vermeintlich sichere Meer zu. Weil der Bestand sowohl durch Umwelteinflüsse wie auch durch Fischernetze oder das Profitdenken von Campingplatzbesitzern bedroht ist, nehmen sich zunehmend Tierschützer der Tiere an.

Stark dezimiert ist inzwischen auch der **Fischbestand der Ägäis**. Gründe sind die Überfischung und die ständig steigende Wassertemperatur. Die Preise für Sardinen, Meeräschen, Barben, Thunfisch, Hummer oder Langusten auf dem Fischmarkt sind dementsprechend hoch. Mit speziellen Zuchtbecken für Hummer und Fische, wie sie vor allem entlang der Chalkidikí-Küsten zu sehen sind, soll dieser Negativtrend aufgehalten werden.

Die größten Meeresbewohner sind die **Delfine**. Die verspielten Gesellen sind gerngesehene Begleiter bei Bootsausflügen oder Surftouren. Nicht gut auf Delfine zu sprechen sind dagegen die Fischer. Sie machen die Säuger für den Rückgang der Fischbestände und ihre ramponierten Netze verantwortlich. Ähnlich wie die noch vereinzelt vorkommenden **Mittelmeermönchsrobben** werden die Delfine deshalb geschützt.

Dodóna – ältestes Theater Griechenlands

Geschichte

Mehr Informationen zur Geschichte der Chalkidikí und der Hauptstadt Makedoniens finden Sie im Abschnitt „Thessaloníki/Geschichte" ab S. 85 und unter dem Stichwort „Geschichtliches" in vielen Ortsbeschreibungen dieses Buchs.

Vor- und Frühgeschichte

Erste Spuren menschlicher Besiedlung stammen aus der Alt- und Mittelsteinzeit, ca. 750.000–500.000 v. Chr. (→ „Tropfsteinhöhle von Petrálona", S. 123). Siedlungen nach unseren Vorstellungen entwickeln sich etwa ab dem 3. vorchristlichen Jahrtausend.
3000 v. Chr. Rasch ansteigende Siedlungsdichte im gesamten makedonischen Raum. **Pfahlbauten** teils auf Mauersockeln aus Stein mit rechteckigem oder quadratischem Fundament bis in die frühe Bronzezeit.
2000 v. Chr., 1. indogermanische Wanderung. Achaier und Ionier dringen vom Norden aus ins heutige Griechenland ein.

1200 v. Chr., 2. indogermanische Wanderung. Die Dorer dringen nach Süden vor (sog. dorische Wanderung). Die mykenische Kultur wird ausgelöscht, die Achaier werden in den Zentralpeloponnes und auf die Ionischen Inseln verdrängt. In der Folge kommt es zur ersten griechischen Besiedlung der kleinasiatischen Westküste.
1000 v. Chr. Die Monarchie in Athen wird abgeschafft (historisch nicht gesichert), Aufstieg der Aristokratie. In Zentralgriechenland und Kleinasien bilden sich zahlreiche Stadtstaaten – das politische System der **Polis** entsteht.

Kolonisierung und Blüte der Chalkidikí

800 v. Chr. Die Isolierung des chalkidischen Raums – bedingt durch die Gebirgszüge Hortiátis und Holomontas sowie die Umlagerung durch das Meer – wird durch **erste**

Handelswege beendet. **Siedler** aus den euböischen Städten Chalkís (von dem auch die Chalkidikí ihren Namen erhält) und Erétria kolonisieren die Halbinsel. Sie finden neben fruchtbarem Boden, dichten Wäldern und geschützten Hafenbuchten auch reiche **Silberlager** vor. Im Zentrum der Chalkidikí gründen die Zuwanderer aus Chalkís die Städte Chalkís, Arethousa, Torone und Singos, die Kolonisten aus Erétria errichten die Stadt Sane auf Kassándra. Auch der Zustrom vertriebener Bottiäer führt zu Neugründungen, sie lassen sich zwischen dem heutigen Ólynthos und Néa Kallikrátia nieder. Etwa gegen 600 v. Chr. fassen die seinerzeit mächtigen Korinther am schmalen Zugang zu Thermäischen Golf Fuß, durch Neugründung der Stadt Potidea können sie hier optimal die Handelswege kontrollieren (→ „Das antike Potidea", S. 128). Obwohl die meisten Städte nicht besonders groß waren, unterhielten sie nennenswerte Handelsverbindungen und kamen so zu Wohlstand. Leider führte das dazu, dass sie immer wieder Ziel von Überfällen waren. Etwa von 540–480 v. Chr. kontrollierten die chalkidischen Städte Potidea, Akanthos (Reste beim heutigen Ierissós) und Mende (bei Kalándra) den Silberhandel mit dem Westen.

Perser, Athener und Spartaner herrschen über die Chalkidikí

Die rasante **Expansion der griechischen Stadtstaaten** schafft Feinde. Im westlichen Mittelmeer werden die Karthager die über Jahrhunderte konkurrierende Großmacht sein, die griechischen Siedlungen im Osten (Kleinasien) führen dagegen zum Konflikt mit dem Persischen Reich, das seinerseits auf Eroberung aus ist.

Ab 492 v. Chr., Beginn der Perserkriege. Noch scheitert der erste Angriff der Perser unter Mardonios kläglich vor der Küste des Áthos, als dessen Flotte bei einem Sturm sinkt. Auch bei Marathon (heute Marathónas) 490 v. Chr. geht Athen als Sieger hervor. Doch während des dritten Zugs wendet sich das Blatt: Die Griechen müssen an den Thermopýlen im Hochsommer des Jahres 480 v. Chr. eine Niederlage hinnehmen, und Xerxes I. durchsticht bei Néa Róda einen nach ihm benannten Kanal, der die Umschiffung des gefürchteten Kaps überflüssig macht. Die Städte der Chalkidikí sind gezwungen, die Vorherrschaft des Perserkönigs anzuerkennen und werden noch dazu zu Tributzahlungen verpflichtet. Aufstände der Städte Ólynthos (Ólinthos) und Potidea vertreiben die Perser zwar, dafür wird das archaische Ólynthos bei einem Rachefeldzug später praktisch ausgelöscht. Die Wende bringt der glückliche Ausgang der Seeschlacht von Salamis im Herbst 480 v. Chr. Den endgültigen Sieg über das Landheer der Perser erringen die Griechen dann 479 v. Chr. bei Platäa.

Nach den Perserkriegen treten die chalkidischen Städte gezugenermaßen dem **Attisch-Delischen Seebund** unter Führung Athens bei. Die Folgezeit gilt als Epoche höchster kultureller Blüte (Bau des Parthenon, Skulpturen des Phidias, Geschichtsschreibung durch Herodot und Thukydides, Komödien des Aristophanes, Tragödien von Aischylos, Sophokles und Euripides) gleichzeitig wächst aber der innergriechische Konflikt zwischen den führenden Stadtstaaten Sparta und Athen. Als lachender Dritter wird später Makedónien aus den Auseinandersetzungen hervorgehen; bereits König Perdikkas II. (etwa 450–413) legt den ersten Grundstein für die neue Großmacht im Norden Griechenlands.

431–404 v. Chr., die Peloponnesischen Kriege. Als eher unfreiwilliger Bündnispartner werden die Städte der Chalkidikí in die Auseinandersetzungen zwischen Athen und Sparta hineingezogen und wittern Morgenluft in Sachen Autonomie. Zahlreiche Städte, u. a. das stark befestigte Potidea, verlassen den Attisch-Delischen Seebund. Die Stadt wird daraufhin von Athen belagert und muss sich schließlich der Übermacht ergeben – eines der Ereignisse, die schließlich zum Kriegsausbruch führen. Die Bewohner werden vertrieben, man siedelt Athener Bürger an, und die Stadt wird zum Bollwerk gegen die revoltierende Chalkidikí ausgebaut. Dennoch kann Athen nicht verhindern, dass sich unter der Führung des längst wieder aufgebauten Ólinthos 32 chalkidische Städte zum **Chalkidischen Bund (426 v. Chr.)** zusammenschließen. Diese Union ist zunächst politisch und wirtschaftlich motiviert und setzt auf die Gleichberechtigung aller Mitgliedsstädte.

Ein Jahr später werden u. a. die Chalkidikí-Städte Akanthos und Stágira von Sparta zum Bündnis gedrängt. Als 421 v. Chr. schließlich ein Frieden geschlossen wird (der nur 5 Jahre dauern soll), werden die zwangsverbündeten Städte als autonom erklärt, und auch die Vertriebenen dürfen wieder zurückkehren, jedoch müssen sie wieder Tribut an Athen entrichten und werden zur Neutralität verpflichtet. Der Chalikidische Bund bleibt allerdings bestehen. Der Peloponnesische Krieg endet schließlich mit der **Vormachtstellung Spartas**, das dieses Ziel allerdings nur durch Unterstützung des ehemaligen persischen Erzfeinds erreichen konnte, der im Gegenzug dafür die griechischen Besitzungen in Kleinasien annektiert.

Makedonische Epoche/Hellenismus

Anfang des 4. Jh. v. Chr. wird der Chalkidische Bund politisch, wirtschaftlich und nun mehr auch militärisch immer stärker und entwickelt sich zum schärfsten **Konkurrenten Makedóniens** in Nordgriechenland. So überfallen die Chalkidäer 379 v. Chr. die makedonische Hauptstadt Pélla, ein Übergriff, der mit der Herrschaft der Spartaner über die Chalkidikí endet. Diese können sich allerdings auch nicht lange behaupten, denn die Städte der Halbinsel erneuern erfolgreich ihr Bündnis.

359 v. Chr. besteigt der ehrgeizige Philipp zunächst nur als Vormund für seinen Neffen den makedonischen Thron. In seinem Bestreben, sich als **Philipp II.** zum Herrscher über ganz Griechenland zu machen, dehnt er seinen Einflussbereich im Osten nach Thrakien und im Süden bis nach Thessalien aus. Der Reichtum, den er durch die Eroberungen anhäuft, erlaubt es ihm, ein gut ausgebildetes Bürgerheer aufzustellen, das aufgrund seiner **neuen Kampfformation** (überlegene Reiterei, großes Fußheer mit langen Spießen sog. Phalanx) zum schlagkräftigsten seiner Zeit wird.

Anfangs scheint das Verhältnis zwischen Philipp und dem Chalkidischen Bund noch ausgewogen zu sein, 356 v. Chr. gehen die beiden Kontrahenten sogar eine Art Zweckbündnis ein, das allerdings schon 348 v. Chr. ein Ende findet. Die Chalkidikí sucht nun Hilfe bei Athen, für Philipp Grund genug, sich an den Städten zu rächen und sie größtenteils dem Erdboden gleichzumachen. Die gesamte Halbinsel gehört nun erstmals zum makedonischen Königreich.

Damit sind Philipps Ambitionen aber noch lange nicht erfüllt. In der entscheidenden Schlacht bei Chaironeia in Böotien (338 v. Chr.) werden die vereinigten Athener und Thebaner vernichtend geschlagen. Nach seinem Sieg vereinigt der König alle griechischen Staaten außer Sparta im **Korinthischen Bund (336 v. Chr.)** unter seiner Führung. Während der Vorbereitungen zum Feldzug gegen das Perserreich, seinem ehrgeizigsten Vorhaben, wird Philipp II. 336 v. Chr. auf der Hochzeit einer seiner Töchter ermordet.

336–323 v. Chr., Alexander der Große, ein Phänomen der Weltgeschichte: Nach dem gewaltsamen Tod Philipps besteigt dessen Sohn Alexander den Thron. Alexander, den sein Lehrer Aristoteles für griechische Kunst und Philosophie begeistern konnte, setzt die Vorbereitungen für den Perserfeldzug fort. Sein Ideal ist, die griechische Kultur zu verbreiten und die antike Welt unter der Führung Makedoniens zu vereinigen. Nachdem Alexander neuerliche Aufstände in Griechenland niedergeschlagen hat, überschreitet er 334 v. Chr. mit einem Heer von ca. 40.000 Mann den Hellespont. **333 v. Chr.** kommt es bei Issos zur entscheidenden Schlacht gegen die Perser unter ihrem König Darius. In den folgenden Jahren gewinnt Alexander in rascher Folge Ägypten

Blick auf die Großstadt – Philipp II.

(332 v. Chr.), das gesamte persische Großreich (331 v. Chr.) mit seinen Hauptstädten Babylon und Susa und wendet sich schließlich nach Indien. 326 v. Chr. überschreitet er den Indus. In Babylon stirbt er 323 v. Chr. überraschend während der Vorbereitung zu einem neuen Feldzug.

Neben seinen militärischen gelangen Alexander auch andere Erfolge, besonders auf wirtschaftlichem Gebiet. So war sein Herrschaftsgebiet tatsächlich ein einziger zusammenhängender Handelsraum. Er führte ein einheitliches Münzsystem ein, ließ das persische Straßennetz ausbauen und gründete weit über 50 Städte.

323–281 v. Chr., die Diadochenkämpfe: Die Jahrzehnte nach Alexanders Tod sind geprägt von den kriegerischen Auseinandersetzungen um die Führung, sie enden erst mit dem Aussterben seiner Generäle und unmittelbaren Nachfolger (den sog. Diadochen). Die letzte Schlacht der alten Garde wird 281 v. Chr. bei Kurupedion (Kleinasien) geschlagen, dann zerfallen die Diadochenreiche und drei neue, große Monarchien entstehen in Ägypten, Vorderasien und Makedonien.

Römische Epoche

Die Makedonischen Kriege, 215 v. Chr. beginnt der erste von drei Kriegen zwischen Makedonien und Rom. Nach wechselnden Erfolgen für beide Seiten, initiieren die Römer schließlich die Geschichtsschreibung spricht vom „Präventivkrieg" – den 3. Makedonischen Krieg (171 v. Chr.). Ein Desaster für Makedonien. Das Reich wird in vier selbstständige Staaten aufgeteilt, ab 148 v. Chr. schließlich ist Makedonien nichts anderes als eine römische Provinz. Schon zwei Jahre vorher war Korinth, das Zentrum des griechischen Widerstands, von römischen Truppen eingenommen, völlig zerstört und geplündert worden. Alle Kunstgegenstände waren nach Rom transportiert, die Bevölkerung war versklavt worden der Hellenismus gehört der Vergangenheit an.

Byzantinische Epoche

Ab dem Ende des 4. Jh. muss man spätestens auch vom Ende der römischen Antike sprechen. 380 wird unter dem römischen Kaiser Theodosius I. das Christentum zur Staatsreligion erhoben, 394 wird unter demselben Herrscher das Verbot aller heidnischen Bräuche erlassen, was z. B. auch das Ende der Olympischen Spiele des Altertums bedeutet.

Schöner Wohnen – Brunnen eines Innenhofes im antiken Ólinth

In den folgenden Jahrhunderten – insgesamt werden es etwa 2.000 Jahre sein – spielt Griechenland und damit die Chalkidikí nur noch eine untergeordnete Rolle im Mittelmeerraum. Nur mehr wenige Daten sind für die Folgezeit überliefert: Zu den bedeutenderen zählen das Jahr 50, als der Apostel Paulus vor den Thessalonikern predigt und hier eine Gemeinde gründet, und eine (erfolglose) Belagerung von Thessaloníki durch die Goten im Kontext der Völkerwanderung (257).

Nach der endgültigen **Teilung des Römischen Reichs 395** wird Griechenland, die Provinzen Macedonia und Achaia, dem

Geschichte

Orthodoxe Abgeschiedenheit an den Hängen des Áthos: Blick auf eine Skite am Südkap

Oströmischen Reich (d. i. Konstantinopel, das spätere Byzanz) zugesprochen

6.–9. Jh., es folgen Jahrhunderte voller **Überfälle** durch Piraten und Araber. Die Küstenregionen werden größtenteils verlassen, die Bewohner verlegen ihre Dörfer ins Hinterland, wo sie vom Meer her nicht gesehen werden können. Durch die zahlreichen Verwüstungen auf der Chalkidikí klafft auch in den Chroniken eine beträchtliche Lücke. Dies ändert sich erst wieder mit den akkuraten Aufzeichnungen der Mönche auf dem Áthos-Gebiet.

Ab 956, Einsiedler und Mönche ziehen auf den **Áthos**, der **Heilige Athanasios** gründet bereits in diesem Jahr das erste Kloster, die Megísti Lávra. Neben Geldmitteln werden den Mönchen von den byzantinischen Kaisern auch Ackerland und Wälder zur Verfügung gestellt, die den Mönchen ein autarkes Leben ermöglichen. Die Güter, die über die gesamte Chalkidikí verstreut liegen, werden zum Schutz vor Überfällen mit Türmen befestigt, um die sich in der Folgezeit zahlreiche Wohnhäuser ansiedeln. Auf den Anwesen der Mönche kommt es durch Weinbau, Bienenhaltung, Fisch- und Viehzucht sowie durch Bergbau zu einer wirtschaftlichen Blüte. Ihre Privilegien können die Mönche z. T. auch später unter osmanischer Besatzung beibehalten.

Ab 976, zahlreiche Raubzüge der Bulgaren verwüsten Teile Nord- und Mittelgriechenlands (Bulgarien war es Ende des 7. Jh. gelungen, sich aus dem Byzantinischen Reich zu lösen und erstmals zu einer führenden Balkanmacht heranzuwachsen). Erst Kaiser Basilius II. gelingt es, die Angreifer aus dem Norden zurückzudrängen, 1018 wird Westbulgarien wieder byzantinische Provinz.

1054, das große Schisma. Aufgrund des Universalanspruchs beider Kirchen kommt es zum endgültigen Bruch zwischen Ost- und Westkirche.

1081, die Normannen, die unter Robert Guiscard bereits in Unteritalien ein neues Reich gegründet haben, landen auf ihren Kriegszügen im Mittelmeer in Thessalien, können sich aber nicht im östlichen Mittelmeerraum etablieren.

Ab 1204: Gegen Ende des 4. Kreuzzugs erobern die Kreuzfahrer unter Bonifaz, Markgraf von Monferrat, Konstantinopel. Damit ist das Ende des Byzantinischen Reichs eingeleitet. Die fette Beute wird unter den Venezianern und den Kreuzfahrern aufgeteilt: Die Chalkidikí, ganz Makedonien und Thessalien fallen als **Königreich Thessaloníki** (bis 1224) Bonifaz zu.

13.–15. Jh., wechselnde Machtansprüche erschüttern wieder einmal das Gebiet des heutigen Griechenlands und die Chalkidikí.

Zum Beispiel richten sich 1308 katalanische Söldner auf Kassándra ein Hauptquartier ein, um raubend und brandschatzend auf Beutezüge zu gehen; Mitte des 14. Jh. ist fast die gesamte Chalkidikí unter der Herrschaft des Serbenführers Stefanos Dousan; 1423 wiederum geben die Venezianer, eine weitere Großmacht des östlichen Mittelmeerraums, ein Gastspiel. Sie befestigen die Kassándra als strategischen Posten, der aber schon **1430 an die Türken** fällt.

Osmanische Herrschaft und griechischer Freiheitskampf

Ab 1300, eine neue Großmacht entsteht. Unter den vielen turkmenischen Sultanaten in Kleinasien beginnen sich die **Osmanen** als eine der erfolgreichsten Dynastien der westlichen Hemisphäre durchzusetzen. Sie profitieren von ihrer günstigen geographischen Lage und der Schwäche des untergehenden Byzantinischen Reichs, beanspruchen und behaupten die Führungsrolle unter den Muslimen und dehnen sich kontinuierlich im östlichen Mittelmeerraum aus. Die entlegenen Bergregionen der Chalkidikí bieten vielen flüchtenden Christen Unterschlupf. Doch Schritt um Schritt wird ganz Südosteuropa von osmanischen Truppen besetzt: Ende des 14. Jh. trifft es die Peloponnes und Attika, **1446** ist schließlich ganz Griechenland erobert. Athen fällt erst 1456 in die Hände der Türken, genießt aber als persönlicher Besitz der Sultansfamilie eine relative Autonomie.

Nach fast **vier Jahrhunderten türkischer Herrschaft** beginnt 1821 der griechische Befreiungskampf mit einem allgemeinen Volksaufstand, 1822 gehört Athen wieder den Griechen. Dem Kampf schließen sich westeuropäische Freiwillige (u. a. Lord Byron) an, die begeistert vom Hellenismus und der Idee der Wiedergeburt Griechenlands sind. Johannes Graf Kapodistrias bildet eine Unabhängigkeitsregierung. Doch entscheidend wird erst das Eingreifen ausländischer Mächte: Die alliierte Flotte Frankreichs, Russlands und Englands vernichtet die türkisch-ägyptische Flotte in der Seeschlacht von Navaríno (Peloponnes). **Griechenland wird 1830 eine unabhängige Monarchie.** Doch erst im nächsten Jahrhundert wird die Chalkidikí wieder ein Teil des Landes werden.

1. Balkankrieg: Griechische Truppen ziehen am 8. November 1912 in Thessaloníki ein und besetzen den Berg Áthos. Die Chalkidikí wird Teil des griechischen Königreichs.

Die Mademochoria

Glücklich durfte sich schätzen, wer während der Zeit der türkischen Besatzung in einem Kollektiv arbeitete und lebte. Vorrangig in der Nähe von Stratoníki und Stágira wurde Silber und Blei gefördert und gelagert. Die Bewohner und Arbeiter eines solchen Metallbergwerks („mad-em") standen per Erlass unter dem besonderen Schutz von Konstantinopel. Dafür mussten sie die türkischen Münzstätten mit Silber versorgen, den Aufsichtsbeamten der Bergwerke und den Soldaten Unterkunft und Verpflegung zahlen.

Bis zur Mitte des 17. Jh. wurde von Konstantinopel ein Madem-Aga eingesetzt, ein Beamter, der die Ertragslage der Bergwerke beaufsichtigte. Durch ihre relative Autonomie erlebten viele Dörfer eine wirtschaftliche und kulturelle Blüte. Es entstanden Schulen, Badehäuser, Münzen, Herbergen und Märkte. Mit der Zeit wurden die Landwirtschaft und die verschiedensten Gewerbe der Dorfbewohner die Garanten für den lokalen Wohlstand: Teppichweber, Händler und andere Unternehmer übernahmen die Rolle der gegen Ende des 18. Jh. unrentabel gewordenen Bergwerke.

Nach dem missglückten griechischen Aufstand von 1821 wurden die Dörfer der Mademochoria der direkten Aufsicht des Paschas und gleichzeitigen Kadis in Thessaloníki unterstellt, der von nun an die Verfügungsgewalt über das Leben und den Besitz jedes Griechen besaß.

36 Geschichte

2. Balkankrieg: Als Gewinn erhält Griechenland Épirus, Makedónien sowie Teile Rumäniens und erreicht dadurch fast schon seine heutigen Grenzen. Auch die Inseln der Ägäis sowie Kreta fallen in dieser Zeit an Griechenland, nur der Dodekanes bleibt bis nach dem 2. Weltkrieg italienisch.

Griechenland vom 20. Jahrhundert bis heute

1922, Griechisch-türkischer Krieg: Der griechische Versuch, Istanbul und Kleinasien zu erobern und ein neues Großgriechenland zu schaffen, führte zu einer vernichtenden Niederlage. Nach dem folgenden **Vertrag von Lausanne** (1923) flüchteten 500.000 kleinasiatische Griechen in ihr Mutterland, im Gegenzug müssen 1,5 Mio. griechische Türken in der Türkei neu anfangen, das gleiche Schicksal trifft außerdem 80.000 Bulgaren in Griechenland und 50.000 griechische Bewohner Bulgariens.

Um die Vertriebenen unterzubringen und zu versorgen, enteignete der griechische Staat den Mönchsstaats Áthos um große Ländereien. Es entstanden zahlreiche Orte und Marktflecken wie Néa Fokéa, Néa Moudaniá, Néa Kallikrátia usw. Die **Integrationsprobleme** dieser Flüchtlinge sind bis in die Gegenwart spürbar und mit ein Grund für die massenweise – wenn auch in der Gastarbeiterrolle – Emigration nach Deutschland.

1936, die Militärdiktatur wurde nach einem republikanischen Aufstand durch Armeechef **General Metaxas** mit Zustimmung des Königs errichtet. Neben allen undemokratischen Erscheinungen wie Auflösung des Parlaments und der Parteien brachte die Diktatur Griechenland eine Zeit relativer Ruhe und wirtschaftlichen Aufschwungs.

Die Neutralität im 2. Weltkrieg konnte von Metaxas anfangs noch recht gut gewahrt werden. Mussolini jedoch forderte italienische Stützpunkte auf griechischem Boden und setzt ein **Ultimatum**. Am 28. Oktober 1940 wurde es durch Metaxas mit einem kategorischen „Ochi" (= Nein) beantwortet (noch heute ist der Ochi-Tag Nationalfeiertag). Die folgenden Angriffe der weit überlegenen Italiener von Albanien aus konnten die Griechen zwar zurückschlagen, doch gegen die **deutsche Invasion 1941** waren sie trotz britischer Unterstützung machtlos. Im gleichen Jahr stirbt Metaxas. Unter deutscher Besatzung kam es zu unglaublichen Exzessen. Trotz der gewaltsamen Unterdrückung bildeten sich im Verlauf des Krieges überall Widerstandsgruppen. Als die deutschen Truppen und ihre Verbündeten 1944 abziehen, ließen sie ein ausgeblutetes, wirtschaftlich ruiniertes Land zurück, das zudem politisch extrem polarisiert war. Die traurige Folge:

1945–1949, griechischer Bürgerkrieg zwischen Kommunisten und Royalisten, den letztere schließlich für sich entschieden.

Großstadttrubel mit Blick auf die historische Polis in der Millionenstadt Thessaloníki

Griechenland vom 20. Jahrhundert bis heute

Saloníkis Kirchenstolz Agía Sofía

Trotz NATO-Beitritt (1954) blieb die innenpolitische Lage des Landes lange Zeit angespannt und hinkte den demokratischen Standards Westeuropas hinterher: Kompetenzüberschreitungen des Königs (Paul I. und Konstantin II.), Armeeputsch 1967 und **Diktatur unter Papadopulos** ab Dezember 1968.

Ab 1974/75, die neue Republik: Durch ein neuerliches, kurzfristiges Eingreifen des Militärs und eine Volksabstimmung gelang die politische Wende, das Leben normalisierte sich endlich. 1980 trat das Land ein zweites Mal der NATO bei (1974 Austritt wg. Zypern-Politik des Bündnisses), 1981 wurde Griechenland Vollmitglied der EG.

Und heute? Noch immer zählt Griechenland zu den wirtschaftlichen Schlusslichtern der EU, doch zeichnet sich mittlerweile eine Trendwende ab. Trotz oder gerade wegen des Dämpfers, den die führende Tourismusbranche durch die Kriege im ehemaligen Jugoslawien, hinnehmen musste, wurden die Aufholbemühungen verstärkt (v. a. Privatisierung staatlicher Betriebe und Sanierung der Sozialkassen). Überall im Land wurden im Zuge der Olympischen Spiele 2004 wichtige infrastrukturelle Projekte umgesetzt (z. B. U-Bahn in Athen, Flughäfen von Thessaloníki, Athen, Attikí Odos und Odos Egnatia), doch gibt es ebenso Stimmen, die diese Unternehmungen als bodenlose Verschwendung kritisieren.

Einen starken Schub erhielt Salonikis Selbstwertgefühl nach dem Sturz der kommunistischen Regime in Südosteuropa. Wo einst der Eiserne Vorhang wirtschaftliche und kulturelle Verbindungen unterbrach, avancierte Thessaloníki wieder zu einem wichtigen Knotenpunkt auf dem Balkan. Und wenngleich die latente Angst vor den Türken und vor den slawischen Nachbarn geblieben ist (z. B. die Kampagne „Makedonien ist griechisch"), billig die Stadt den Zustrom von Flüchtlingen, Zuwanderern und Asylbewerbern in weitaus größerem Masse als Athen. Hauptsächlich handelt es sich dabei allerdings um Griechen aus der ehemaligen Sowjetunion und Albanien oder Wirtschaftsflüchtlinge aus Serbien und Bulgarien. Inwieweit die Europäische Union mit der Einrichtung ihrer Agentur Thessaloníki zum **Zentrum des Balkan-Wiederaufbaus** machen kann, und ob das zum Segen für die Stadt und die Region wird, bleibt noch abzuwarten.

Gutes Zeugnis: die moderne Fährflotte nach Griechenland

Anreise

Mit dem Flugzeug

Sicherlich die schnellste und bequemste Lösung. In 2–3 Stunden gelangt man aus dem regenreichen Juli-Tief unserer Breiten in die mediterrane Wärme Griechenlands.

Zentraler Flughafen für die Chalkidikí und ganz Nordgriechenland, der ganzjährig per Linienverbindung von allen großen Städten Deutschlands, Österreichs und der Schweiz angeflogen wird, ist Thessaloníki. In den Sommermonaten vergrößern außerdem Charterflüge das Flugangebot. Die Preise liegen je nach Saison und Buchungstermin bei ca. 220–460 € (retour), Last-Minute-Angebote können deutlich günstiger sein.

● *Charterflüge* Ursprünglich Bestandteil von Pauschalreisen, bei denen Flug und Unterkunft gemeinsam gebucht werden. An Stelle des Quartiers treten immer öfter günstigere Pakete wie *Fly & Drive*, *Fly & Golf*, *Campingflüge* bzw. der *Only Flight*. Mit solchen Angeboten werden aber auch die Maschinen ausgelastet, und daher empfiehlt es sich, bei Flügen zu beliebten Terminen (Ferienbeginn, Feiertage) schon mehrere Monate im Voraus zu buchen. Holen Sie am besten mehrere Angebote ein, nicht alle Reisebüros haben sich auf günstige Flüge spezialisiert.

● *Vom Flughafen Thessaloníki in die Stadt* Informationen im Kapitel „Thessaloníki" (s. S. 91).

Die Gesellschaft LTU gibt die Broschüre **Reiseratschläge für behinderte Fluggäste** heraus, in der neben Hinweisen zur Reiseplanung auch Empfehlungen für den Transfer von und zum Flughafen enthalten sind. Anfragen bei LTU/Düsseldorf, ☎ 0211/410941.

● *Transport von Sportgeräten und Fahrrädern* Bei Linienflügen teurer als bei Charter. Zudem sind die Bedingungen der einzelnen Gesellschaften unterschiedlich, das gilt auch für die Verpackungsvorschriften.

Griechische Linienfluggesellschaften

Büros in *Deutschland*:
Aegean Cronus Airlines: Am Hauptbahnhof 10, 60329 Frankfurt a. M., ✆ 069/238563-0, 📠 069/238563-20. Außerdem Niederlassungen in Köln/Düsseldorf (✆ 0211/4216840, 📠 0211/42168597), München (✆ 089/2366220, 📠 089/2366429) und Stuttgart (✆ 0711/9484092, 📠 0711/9484098), www.aegeanair.com.

Olympic Airways: Gutleutstr. 82, 60329 Frankfurt a. M., ✆ 069/970670205, 📠 069/97067207, salesfra@olympic-airways.de. Außerdem Niederlassungen in Berlin (✆ 030/8856960, 📠 030/8825756), Düsseldorf (✆ 0211/84941, 📠 0211/322184) und Stuttgart (✆ 0711/239999, 📠 0711/2474400), www.olympicairlines.com.

Büros in *Österreich*: Canovagasse 7, 1010 Wien, ✆ 01/504165;
Büros in der *Schweiz*: Talstr. 70, 8039 Zürich, ✆ 01/2113737.

▸ **Billigflüge und Last-Minute-Flüge**: Wer so reisen will, muss flexibel sein. Last-Minute-Flüge verkaufen mittlerweile fast alle Reisebüros, und in den meisten Flughäfen gibt es dafür gleich eine ganze Reihe von Schaltern. Je nach Saison und Beliebtheit eines Reiseziels werden Urlaubsreisen etwa 2–3 Wochen vor Abflugtermin verbilligt angeboten. In manchen Fällen sitzt man schon am nächsten Tag in der Maschine Richtung Süden, in der Regel liegen 7–14 Tage dazwischen. Doch selbst hier sollte man sich Zeit für einen Preisvergleich nehmen. Nicht immer erhalten Sie unter dem Begriff „Last Minute" auch wirklich ein Schnäppchen. Lassen Sie sich den Katalog zeigen, in dem Ihr Angebot steht. Einige findige Geschäftemacher versuchen nämlich, die normale Katalogreise als tolles Angebot zum alten Preis zu verkaufen.

Crashkurs für angehende Billigflieger

Planen Sie möglichst keine Anschlussflüge ein oder lassen Sie ein sehr großzügiges Zeitfenster. Billigflüge sind Punkt-zu-Punkt-Flüge, mit möglichen Verspätungen ist immer zu rechnen (und schließlich muss auch das Gepäck neu eingecheckt werden).

Früh buchen lohnt sich, wenn man bei den Spottpreisen, die man derzeit im Internet nachgeworfen bekommt, ein Ticket ergattern will. Auch die Tickets normaler Airlines haben Einheitspreise, die u. U. bei schwacher Auslastung kurz vor dem Abflug deutlich günstiger verkauft werden.

Wer kein Ticket bei seiner Wunsch-Airline abbekommt, kann seine E-Mail-Adresse registrieren lassen. Einige Gesellschaften verschenken regelmäßig Freiflüge! Unter www.ebay.com werden Flüge versteigert, www.opodo.de oder www.traveljungle.de bieten manchmal klassische Linienflüge zu deutlich reduzierten Preisen an.

Erkundigen Sie sich bei der Airline, welche Möglichkeiten der Entschädigung z. B. bei Annullierung oder Verspätung bestehen und ob Storno bzw. Änderung der Flugdaten möglich ist. Rechnen Sie bei entlegenen Flughäfen mit z. T. erheblichen Kosten für Expresszug, Taxi usw.

Der Aufpreis für Beratung im Reisebüro kostet zwischen 15 und 30 €; ein Mehrpreis, der sich unter Umständen bezahlt macht, wenn man im Internet kein Schnäppchen ergattern kann.

▸ **Internet-Angebote**: Das Netzwerk von Spar-Destinationen in Europa wird immer dichter. Angeboten werden einfache Flüge schon für 100 € (inkl. Steuern und Gebühren), manchmal liegen die Preise sogar noch darunter. Ein Internetanschluss

Billigflieger

reicht oft schon aus, um sich einen Platz in der Maschine zu ergattern. Fast alle Airlines bieten inzwischen Zahlung per Kreditkarte oder auf Rechnung an.

Auf dem Landweg über den Balkan

Von einer direkten Anfahrt über den Autoput durch die Länder des ehemaligen Jugoslawien möchten wir zum jetzigen Zeitpunkt ausdrücklich abraten.

Der Straßenzustand und die flächendeckende Versorgung mit Tankstellen und Rastplätzen sind noch nicht überall wieder gewährleistet. Dazu kommen unverhältnismäßig hohe Maut- und Versicherungskosten. Ein ähnliches Wagnis bedeutet auch der immense Umweg über Ungarn, Rumänien und Bulgarien. Die **aktuellsten Informationen** über die jeweiligen Reisebedingungen durch Slowenien, Kroatien, Jugoslawien und Mazedonien erfahren Sie bei den Reisebüros und Automobilclubs (Information am besten erhältlich über das Auswärtige Amt, www.auswaertiges-amt.de, und über den ADAC, Tourist-Service, ✆ 089/76766006 oder für Mitglieder im Internet unter www.adac.de).

Mit Auto, Motorrad, Bahn oder Bus nach Italien

Die Reiseziele für Chalkidikí-Urlauber heißen zunächst Venedig Ancona, Bari oder Brindisi. Je nach angesteuertem Fährhafen ergibt sich eine Vielzahl von Möglichkeiten zu einem interessanten Zwischenstopp in einer der weltberühmten italienischen Städte.

▸ **Anreise mit dem eigenen Fahrzeug**: Die gängigste Route für Auto- und Motorradfahrer führt über München nach Innsbruck, von dort über die Brenner-Autobahn (Vignettenpflicht in Österreich) weiter nach Bozen und Verona und dann weiter in den Süden. Größter Vorteil: Man ist sowohl bei der Hinreise als auch später auf

Mit Auto, Motorrad, Bahn oder Bus nach Italien

der Chalkidikí beweglich und flexibel – ideal also, wenn man viel und auch Abgelegenes sehen will und häufig den Standort wechselt.

• *Fahrzeugpapiere/Versicherungen* nationaler Führerschein, Fahrzeugschein, grüne Versicherungskarte (empfohlen). Ratsam ist der Abschluss einer **Reisegepäckversicherung** und eventuell auch ein **Auslandsschutzbrief**, mit dem man sich im Schadensfall beim griechischen Automobilclub **ELPA** melden kann. Für jedes neue Fahrzeug lohnt sich der befristete Abschluss einer **Vollkaskoversicherung**, da die Deckungssummen der italienischen und griechischen Haftpflichtversicherer meist sehr niedrig sind. Bikern raten wir zum Abschluss einer **Diebstahlversicherung**. Dass neue Motorräder spurlos verschwinden, ist in Großstädten wie Thessaloníki keine Seltenheit mehr. Eine gängige Methode: Das Motorrad wird einfach mit einem Lkw abtransportiert.

• *Motorradersatzteile* Nahezug chancenlos ist man, wenn in Griechenland Ersatzteile benötigt werden. Selbst in Athen und Thessaloníki gibt es nur wenige Vertragswerkstätten. Motorradspezifisches Werkzeug, Bowdenzüge, Nippel, Sicherungen, Lampen, Flickzeug und einen kleinen Ölkanister unbedingt mitnehmen!

▸ **Anreise mit der Bahn**: Die landschaftlich reizvolle Route über die Alpen zu den Fährhäfen von Venedig und Ancona ist vergleichsweise erholsam, zu den südlichen Häfen Bari und Brindisi geht es dagegen im Hochsommer durch sengende Hitze. Nicht selten haben die Züge Verspätung oder sind hoffnungslos überfüllt. Besorgen Sie sich rechtzeitig – besonders wenn Sie in der Hauptsaison fahren wollen – eine **Platzkarte**. Ebenfalls ratsam ist die Buchung im Liege- oder Schlafwagen. Da das Essen im Speisewagen teuer ist und mitunter Null-Sterne-Niveau erreicht, empfiehlt es sich, die Verpflegung (v. a. ausreichend Flüssigkeit) selbst mitzunehmen, auch Klopapier sollte man dabeihaben.

• *Beispiele für Bahnpreise* Frankfurt/M.–Venedig 157 € (Fahrzeit 13 Std.); Frankfurt–Ancona 173 € (ca. 14 Std.); Frankfurt–Brindisi (ca. 20 Std.), Preise (Stand März 2006): **einfache Fahrt** 1 Person 2. Klasse, Platzkarte 2,60 € (bei Internetbuchung 1,50 €), Liegewagen 13,40 €, Schlafwagen 39–130 € (4er-Belegung bis Einzelbelegung).

• *Autoreisezüge* Die bequeme Art der Anreise nach Italien (bis Rimini), für Auto- und Motorradfahrer. Informationen bei allen Fahrkartenausgaben und den Reisebüros mit DB-Lizenz. Auch telefonisch beim **DB Auto-Zug-Servicetelefon** unter ✆ 0180/5241224 (tägl. 8–22 Uhr) bzw. im **Internet** unter www.autozug.de.

Unübersehbar: Bushaltestelle auf Chalkidikí

> **Denken Sie schon bei der Reiseplanung daran**: Die Chalkidikí und der Nordwesten Griechenlands sind nicht an das griechische Bahnnetz angeschlossen. Von der Hafenstadt Igoumenítsa nach Thessaloníki fährt einmal am Tag jeweils vormittags ein Direktbus (ca. 8 Std., ca. 35 €). Darüber hinaus verkehren täglich Busse über Ioánina nach Thessaloníki. Abfahrt jeweils am zentralen Busbahnhof.

42   Anreise

▶ **Anreise mit dem Bus:** Die Deutsche Touring bietet mit ihren **Europabussen** ganzjährig Fahrten von verschiedenen Städten in Deutschland nach Thessaloníki (Direktlinie nach Brindisi und weiter per Fähre nach Igoumenítsa). Die Rückfahrkarten kosten z. B. für die Strecke München–Thessaloníki 169 €, für die Strecke Düsseldorf–Thessaloníki zahlt man 204 € (Stand 03/2006), hinzu kommen noch die Fährkosten und eine Bearbeitungsgebühr von 5 €. Vergleichen Sie, ob Sie mit einem Charterflug nach Saloníki nicht billiger wegkommen.

● *Information & Buchung* **Deutsche Touring GmbH**, Am Römerhof 17, 60486 Frankfurt, ✆ 069/79030, ✆ 7903219, www.deutsche-touring.com; Zweigstellen u. a. in Hamburg, Köln und München. Vertretungen der Deutschen Touring-Gesellschaft in Griechenland: **Igoumenítsa**, Hafenagentur Revis, ✆ 26650/22158; **Thessaloníki**, Bus & Atlantic Tours, Aristoutelous-Str. 10, ✆ 2310/238378.

Igoumenítsa

Fährverbindungen Italien–Griechenland (Igoumenítsa)

Der Krieg auf dem Balkan hat den Fährlinien zwischen Italien und Igoumenítsa zu einem ausgesprochenen Boom verholfen. Neben dem Flugzeug ist das Schiff derzeit die empfehlenswerteste und sicherste Art der Anreise nach Griechenland.

Grundsätzlich ist es ratsam, möglichst **frühzeitig zu buchen**! Der Versuch, ohne Reservierung einen Platz für ein Fahrzeug auf der Fähre zu bekommen, ist vor allem in der Hauptreisezeit nahezu chancenlos. Wer es riskiert, muss damit rechnen, mit seinem Pkw oder Campingbus noch immer an der Mole zu stehen, wenn das Schiff längst ohne ihn abgefahren ist.

Weiterreise in Richtung Chalkidikí

Für die **Buchung** wenden Sie sich entweder an die entsprechende Agentur oder an Ihr Reisebüro, wo sich die eine oder andere Frage zu Platzverfügbarkeit, Preisen u. Ä. möglicherweise besser klären lässt.

● *Information* Einen ausführlichen Übersichtsplan mit allen Fährverbindungen zwischen Italien und Griechenland erhalten Sie bei folgender Adresse: Ikon Reiseagentur GmbH, Schwanthaler Str. 31/1, 80336 München, ✆ 089/5501041, ✆ 089/598425, Sales@ikon-reiseagentur.de. Für viele Griechenland-Urlauber gilt der jährlich aktualisierte Plan als Fährbibel, zumal auch noch innergriechische Schiffsverbindungen aufgelistet sind. Ausführliche **Prospekte** zu allen Fährlinien gibt es zudem in allen Reisebüros.

● *Fährpreise* Die in der unten stehenden Tabelle aufgelisteten Durchschnittspreise (Stand 03/2006) für die einfache Überfahrt nach Igoumenítsa beziehen sich auf die **Hochsaison** (in der Regel 22. Juli bis 04. - Sept.); bei gleichzeitiger Buchung von Hin- und Rückfahrt gibt es **Ermäßigungen**. Der Preis für Motorräder liegt einfach zwischen 36 € (Ancona–Igoumenítsa) und 44 € (Venedig–Pátras).

Blick von der Brücke bei Néa Potidea

Fährhafen	Deckpassage	Pullman	4-Bett-Kabine innen	Pkw (bis 5,50m)
Venedig	73 €	100 €	167 €	114 €
Ancona	74 €	1003 €	168 €	118 €
Bari	68 €	81 €	129 €	79 €
Brindisi	60 €	73 €	94 €	70 €

Durchschnittliche Preise nach Igoumenítsa in der Hauptsaison (einfach), Stand 03/2006

Ankunft in Igoumenítsa und Weiterreise in Richtung Chalkidikí

Alles Wissenswerte zur Fahrt in Ihr eigentliches Urlaubsziel finden Sie ab S. 47. Selbstverständlich begleitet Sie dieses Buch auch zu den bekannten und weniger bekannten Sehenswürdigkeiten zwischen Igoumenítsa und der Chalkidikí. Legen Sie eine Pause ein in **Dodóna**, dem ältesten Orakel Griechenlands (→ S. 76), bewundern Sie die einzigartigen **Metéora-Klöster** (→ S. 78), besuchen Sie die Kultstadt Dion (→ S. 83), und klettern Sie vielleicht später auf den sagenhaften Götterberg **Olymp** (→ S. 83). Gut eingestimmt erreichen Sie schließlich **Thessaloníki** (→ S. 84).

Unterwegs auf der Chalkidikí

Mit Auto und Motorrad

Die wichtigen Hauptverbindungsstraßen sind bestens ausgebaut. Gut geteerte Straßen führen zu allen Dörfern der drei Finger. Lediglich abseits der Hauptstraßen muss man mit Straßenschäden rechnen.

Die Griechen fahren temperamentvoll, aber umsichtig. Gefährlich wird es allerdings, wenn bei Tempo 80 in einer unübersichtlichen Kurve plötzlich ein Eselskarren auftaucht (häufig in ländlichen Regionen)!

> Informationen und Adressen zu allen Transportmitteln nach und innerhalb Griechenlands finden Sie auch im Internet unter **www.travelling.gr**. Wer keinen Zugang hat, kann sich vielleicht per **Videotext** schlau machen: SAT 1 ab Tafel 400, RTL ab 250, Pro7 ab 800.

Speziell Biker sollten sich darauf einstellen, dass der Asphaltbelag durch die Hitze weich wird. Die Folge: extreme **Rutsch- und Sturzgefahr**, besonders in den Kurven. Die Hitze sollte Sie außerdem nicht dazu verleiten, sich in Shorts und T-Shirt, also ungeschützt, auf das Motorrad zu setzen. In Griechenland existiert **Helmpflicht!**

- *Notruf* Wichtige Telefonnummern für den Fall einer Panne → Wissenswertes von A bis Z/Notruf, S. 57.
- *Mietfahrzeuge* Adressen und Informationen → Wissenswertes von A bis Z, S. 55.
- *Tanken* Zapfsäulen mit **bleifreiem Benzin** stellen den Normalfall dar. Nur in abgelegenen Bergdörfern sollte man sich nicht darauf verlassen.

Geschwindigkeitsregelung in Griechenland

	Pkw	Wohnmobil	Motorrad bis 125 ccm/ ab 125 ccm
auf Schnellstraßen	110 km/h	80 km/h	70/110 km/h
außerhalb von Ortschaften	90 km/h	80 km/h	70/90 km/h
innerorts	50 km/h	50 km/h	40 km/h
auf Autobahnen	120 km/h	80 km/h	70/120 km/h

Eine Übertretung der zulässigen Höchstgeschwindigkeit um 20 km/h wird mit 40 € geahndet. Mit Radarkontrollen muss man v. a. in und um Athen und Thessaloníki rechnen. Durch internationale Abkommen können übrigens Bußgelder künftig auch im Heimatland des Verkehrssünders eingetrieben werden, sofern der Betrag bei 40 € oder darüber liegt.

Achtung: Per Gesetz dürfen Sie Ihr Fahrzeug in Griechenland nicht verleihen! Mobiltelefonieren ist in Griechenland nur mit Freisprechanlage erlaubt.

Mit dem Bus

Egal, an welchem Punkt man sich in Griechenland befindet, ein Bus fährt immer, er ist weiterhin das Transportmittel Nr. 1 im Land.

Nicht nur zwischen kleinen Orten bestehen Verbindungen, auch auf den großen Überlandrouten von Athen zur Westküste (Igoumenítsa) oder in Richtung Norden (Thessaloníki) kommt man gut voran. Die Preise sind verhältnismäßig niedrig. Die Busse sind oft nicht die modernsten, aber doch recht komfortabel, auf Langstre-

Zentraler Bahnhof von Thessaloníki mit Busanschluss zur Innenstadt

cken meist mit Klimaanlage ausgestattet. Bei längeren Strecken legen die Busfahrer in unregelmäßigen Abständen eine Pause ein, meistens an einer Taverne.

Alle wichtigen **Busverbindungen** zwischen Thessaloníki und den größeren Orten der Chalkidikí finden Sie auf S. 90/91.

Will man unterwegs zusteigen, so kann man auch an der Straße ein Zeichen geben. Für die Gepäckbeförderung wird ein kleiner Aufpreis verlangt. Verpflegung für unterwegs nicht vergessen.

- *Busbahnhöfe* sehr viel Hektik, meist schmutzig. Oft ist ein kleines Café angeschlossen, wo man auch Reiseproviant besorgen kann. Normalerweise werden die Fahrpläne eingehalten!
- *Busfahrplan* Die Griechische Zentrale für Fremdenverkehr G.Z.F. gibt jährlich einen recht umfangreichen Busfahrplan für ganz Griechenland heraus, der auf Anfrage auch kostenlos zugeschickt wird (Adressen → Information, S. 51).
- *Fahrkarten* Fahrgäste müssen Ticket bzw. Platzreservierung in der Regel in einem Verkaufsbüro am Busbahnhof besorgen.
Bei Kurzstrecken (z. B. auf der Chalkidikí) bezahlt man zuweilen auch im Bus. Also einfach hinsetzen und warten, bis der Schaffner auftaucht.

Zur Orientierung: grüne Busse – Überlandbusse, blaue und gelbe Busse – Stadtverkehr.

Mit dem Fahrrad

Eine wirklich lohnende Alternative. Man „erfährt" die Landschaft wesentlich intensiver. Radverleiher sind allerdings fast allerorten noch unbekannt, anspruchsvolle Mountainbiker bringen ihren Drahtesel deshalb besser selbst mit.

Das Gebiet der Chalkidikí ist verhältnismäßig hügelig. Man muss also körperlich fit sein, und das Rad sollte mindestens eine Fünfgangschaltung haben. Bedenken Sie außerdem: In den Sommermonaten ist es tagsüber extrem heiß, und zwischen 10 und 18 Uhr ist es fast unmöglich, längere Strecken zurückzulegen. Deshalb sollte man immer schon frühmorgens (bei Sonnenaufgang) aufbrechen oder erst am späten Nachmittag unterwegs sein.

Wandern

Griechen benutzen im Allgemeinen ihre Beine nur selten, eher schon reiten sie auf einem Esel oder fahren mit dem Auto. Und ins Gebirge geht man nur, um Holz zu holen, sagt der Bauer auf Kassándra.

Dabei bietet die Chalkidikí in mancherlei Hinsicht ein ideales Wanderterrain. Durch die unmittelbare Nähe zum Meer weht nicht selten eine erfrischende Brise – oder es lockt gleich der abkühlende Sprung ins saubere Wasser. Im Gegensatz zu manch anderen Region in Griechenland ist man dem Wandern gegenüber sehr aufgeschlossen. In den letzten Jahren entstanden sogar auf allen drei Fingern der Chalkidikí mehr oder weniger lange **Wanderwege**, die mit festem Schuhwerk und stabiler Kondition für Jung und Alt gleichermaßen zu meistern sind. Zu loben ist das Bemühen der Chalkidikí-Hotel-Association, Teile der Chalkidikí als Wanderregion mit entsprechender Beschilderung zu erschließen.

Bemerkenswerterweise profitieren die Naturliebhaber dabei von den Feuerschutzschneisen, die durch die Wälder geschlagen wurden. Die Trassen mitten durch den Wald bieten an einigen Stellen keinen schönen Anblick, sie aber zur Brandbekämpfung mit Spezialfahrzeugen unerlässlich. Rechnen Sie jedoch immer mit unliebsamen Überraschungen, z. B., dass der Weg durch einen Felsabbruch versperrt wurde oder der Regen eine Trasse unpassierbar gemacht hat.

Ausgezeichnete Wanderwege auf Chalkidikí, in der Regel bestens markiert

Wie lange und wie oft man wandern will, hängt von der individuellen Kondition ab. Bedenken Sie bitte, dass vor allem in den Sommermonaten die Sonne oft gnadenlos herunterbrennt und jeder noch so kleine Hügel bei diesen Temperaturen zum unüberwindlichen Hindernis wird. Generell gilt: So wenig wie möglich alleine wandern, zumindest aber sollte eine verlässliche Kontaktperson immer wissen, wo Sie unterwegs sind (voraussichtliche Route und Dauer an der Rezeption hinterlassen). Und wie gesagt: Der nächste Sandstrand ist nie weit entfernt.

Wissenswertes von A bis Z

Baden 47	Öffnungszeiten 58
Camping 48	Parken 58
Diebstahl 49	Post (Tachidromío) 58
Filmen und Fotografieren 49	Reisedokumente 59
Geld 50	Radio 59
Gesten 51	Taxi 60
Grußworte 51	Telefonieren 60
Information 51	Toiletten (Tualéta) 61
Landkarten 52	Übernachten 61
Medizinische Versorgung 53	Uhrzeit 63
Mietfahrzeuge 55	Zeitungen (Efimerítha) 64
Notruf 57	Zoll (Thassmós) 64

Ärzte/Apotheken → Medizinische Versorgung, S. 53

Autoverleih → Mietfahrzeug, S. 55

Baden

Chalkidikís Strände zählen zu den **schönsten Griechenlands**! An der gesamten Küste finden Badeurlauber Kiesbuchten mit glasklarem Wasser, auf den Halbinselfingern *Kassándra* und *Sithonía* sogar dünenartige, feinsandige Strände. Obwohl die Chalkidikí das Naherholungsgebiet von Thessaloníki ist, findet man auch im Hochsommer noch abgelegene Küstenstriche. Es gilt folgende Faustregel: je schwieriger die Anfahrt, desto unberührter die Bucht.

Wissenswertes von A bis Z

▶ **Die blaue Umweltflagge** wird jedes Jahr an Badeorte verliehen, die sich besonders um die Umwelt, eine hohe Wasserqualität und guten Service (wie z. B. Erste Hilfe am Strand) bemühen. Meist kann man sich auf diese Auszeichnung verlassen, wobei es durchaus noch Strände gibt, die sie ebenfalls längst verdient hätten. Was man auch sieht: Statt der Umweltflagge weht deutlich sichtbar und täuschend ähnlich die Europaflagge!

Wassertemperaturen Ø (°C):	
April	16
Mai	17
Juni	21
Juli	26
August	26
September	24
Oktober	18

▶ **FKK**: Bei diesem Thema sind die Griechen wenig kompromissbereit. Generell ist Nacktbaden verboten. In den touristischen Hochburgen ist das Oben-ohne-Baden jedoch schon an der Tagesordnung und wird toleriert. Frauen müssen aber damit rechnen, dass sie von erwartungsvollen Griechen nicht nur angestarrt, sondern auch angemacht werden. Weiter enthüllen sollte man sich auf keinen Fall. Nicht selten reagieren v. a. ältere Griechen sogar böse auf hüllenlose Touristen.

Camping

Einfach irgendwo in freier Natur zu zelten, ist auf Chalkidikí wie in ganz Griechenland verboten, was allein wegen der Brandgefahr verständlich ist. Wer jedoch nur seine Isomatte und den Schlafsack ausrollt, um am Strand zu nächtigen, bleibt in der Regel unbehelligt. Problematisch wird es dagegen, wenn man sein Zelt aufbaut, sich der Unrat häuft oder gar ein Feuer gemacht wird. In einem solchen Fall greift die Polizei rigoros ein. Es drohen drastische Geldstrafen.

Es besteht eigentlich auch gar keine Notwendigkeit wild zu zelten, denn generell ist das Angebot an guten Campingplätzen in Nordgriechenland sehr vielfältig. Probleme gibt es z. T. nur mit den sanitären Einrichtungen (WCs verstopft, Wasserspülung defekt, kein Toilettenpapier, keine heißen Duschen, lange Warteschlangen). Gut ausgestattet sind inzwischen die meisten Zeltplätze mit einer Taverne, einem Super-/Minimarkt und einige mit Kinderspielplatz. Tavernen und Einkaufsmöglichkeiten werden häufig mit dem Ende der Sommerferien in Griechenland (Mitte Sept.) geschlossen.

Anmerkung: Obwohl wir hier äußerst penibel recherchieren, ist gerade das Segment Camping sehr schnell Änderungen unterworfen. Für Ihre Erfahrungen mit den angegebenen Saisonöffnungszeiten, dem Zustand der sanitären Anlagen etc. sind wir deshalb immer dankbar.

● *Information/Reservierung* Die G.Z.F. gibt jedes Jahr einen umfassenden Übersichtsplan über alle griechischen Zeltplätze heraus: „Camping greece selected". Darin aufgelistet sind etwa 130 Plätze (mit Beschreibung, Karten und Piktogrammen), die von der E.O.T. geprüft wurden. Abzufragen auch übers Internet unter www.camping-in-greece.gr.

● *Preise* Mit folgenden Mindest-Richtpreisen in der Hauptsaison (Stand 2006; ohne MwSt. und Nebenkosten) müssen Sie ungefähr rechnen: Erwachsene 5,50–6 €, Kinder 3–3,50 €, Pkw 3–3,50 €, Wohnwagen 4–5,50 €, Wohnmobil 5,50–8 €, Zelt 3,50–4,50 €. In manchen Fällen wird nur ein Stellplatz (Auto und Zelt) berechnet. In der Vor- und Nachsaison sind die Preise deutlich niedriger. Die offizielle Preisliste muss für die Gäste sichtbar an der Rezeption aushängen.

● *Ermäßigungen* 20 % Rabatt (Juli/August 10 %) erhält man auf den 22 griechischen Plätzen der **Sunshine Camping Group**,

Áthos-Mönche vor der Reise ins weltliche Ouranoúpoli

wenn man nachweisen kann, dass man bereits auf einem Platz dieser Organisation übernachtet hat. Neben der Sunshine Camping Group gibt es noch weitere Campingplatzketten in Griechenland.

● *Öffnungszeiten* Leider öffnen (v. a. viele kleinere) Zeltplätze erst Ende Mai/Anfang Juni ihre Tore und schließen bereits Anfang Oktober wieder. Wer im Frühjahr oder Herbst unterwegs ist, sollte sich darauf einstellen.

Diebstahl

Ehrlichkeit ist eine Tugend, die in der griechischen Gesellschaft ganz oben steht. Das Problem Diebstahl existiert kaum, zumindest ist Griechenland von italienischen und spanischen Verhältnissen weit entfernt. Behalten Sie trotzdem Gepäck und Wertgegenstände im Auge. Das gilt besonders für Ortschaften und Küstenabschnitte mit viel Tourismus (v. a. auf den Inseln) sowie in Großstädten. Bei unseren Recherchen ist uns kein Diebstahl zu Ohren gekommen, wohl aber Geschichten über professionelle Abtransporte von Motorrädern mit Lkws in Athen und Thessaloníki.

● *Reisegepäckversicherungen* Kleingedrucktes beachten, denn nicht alles ist automatisch versichert (z. B. Fotoausrüstung, Kontaktlinsen, Lederjacken), u. U. nicht einmal das Gepäck, wenn es aus dem Auto gestohlen wurde.

Diplomatische Vertretungen → Thessaloníki/Information, S. 88

Filmen und Fotografieren

Das Filmen und Fotografieren militärischer Anlagen ist verboten, Schilder warnen vor dem Gebrauch der Kamera. Bei archäologischen Stätten und in Museen darf **ohne Stativ und Blitzlicht** jederzeit geknipst bzw. gefilmt werden, manchmal muss man dafür jedoch eine extra Eintrittskarte lösen.

50 Wissenswertes von A bis Z

Von Null auf 2033 m über dem Meer – der allesüberragende Áthosgipfel

Geld

Die Landeswährung ist seit dem 1. Januar 2002 auch der Euro, nur dass der Cent hier *Lepto* heißt. Insofern fällt für Deutsche und Österreicher der Geldumtausch weg. Schweizer müssen auch weiterhin ihre Franken wechseln.

▸ **Banken**: in der Regel Mo–Do 8.00–14.00 Uhr und Fr 8.00–13.30 Uhr geöffnet, in Touristenzentren auch häufig nachmittags oder sogar in den frühen Abendstunden.

▸ **Zahlungsmittel**: Am bequemsten und sichersten ist zweifellos das Abheben am **Geldautomaten** mit *Maestrocard* und Geheimnummer, was in den meisten Städten und allen größeren Küstenorten bequem möglich ist. Ansonsten können *Reiseschecks* in Banken überall problemlos in Euro umgetauscht werden (Pass mitnehmen). Mit Kreditkarten kommt man in touristischen Orten gut zurecht, lediglich in Geschäften und Restaurants in Bergdörfern (und generell z. T. an Tankstellen) gibt es Engpässe, denn dort ist man nur in seltenen Fällen auf alle Arten von Kreditkarten eingestellt.

▸ **Geldwechsel (für Schweizer)**: Da der Umrechnungskurs zwischen Franken und Euro nach wie vor schwankt und die Banken unterschiedliche Gebühren verlangen, lässt sich nicht generell sagen, ob ein Geldwechsel in Griechenland oder zu Hause günstiger ist. Als Gebühren fallen zumindest 1–2 % des eingelösten Betrags an.

Reiseschecks: Werden hauptsächlich von *American Express, Thomas Cook* oder *Visa* angeboten. Man muss sie vor der Reise bei der heimischen Bank einkaufen; dabei kassiert das Institut eine Kommission von 1 % des Werts, darin enthalten ist auch die Versicherung. Bei der Einlösung in Griechenland werden Gebühren in Höhe von etwa 1–2 % fällig. Bei Verlust oder Diebstahl voller Ersatz bei den Büros der Scheckgesellschaften (die nächsten befinden sich in Thessaloníki), in besonders eiligen Fällen auch per Kurier. Dazu muss jedoch die Kaufquittung vorgezeigt werden, die deshalb unbedingt getrennt aufbewahrt werden sollte.

Kreditkarten: Gängige Karten wie z. B. American Express, Visa- und Eurocard werden in größeren Hotels, Fahrzeugvermietungen, Souvenirgeschäften, sowie einigen Restaurants zumindest in den Fremdenverkehrszentren akzeptiert. Allerdings sollte man sich nicht ausschließlich darauf verlassen. Nicht nur in kleineren Orten und Dörfern nützt einem die Plastikkarte recht wenig. Wer mit der Kreditkarte Bares holt, bezahlt am Bankschalter 4 %, am Geldautomaten 3 % des abgehobenen Betrags. Vorteil: Kreditkarten bieten ihren Besitzern häufig noch Zusatzleistungen, z. B. Mietwagenversicherung usw. Erkundigen Sie sich bei verschiedenen Anbietern. Bei Verlust der Karte diese unbedingt international sperren lassen, damit man nicht für möglichen Schaden haftet.

Die frühere **telegrafische Geldanweisung** hat ausgedient, an ihre Stelle ist der Western-Union-Service getreten. Damit wird der Geldtransfer mittlerweile innerhalb weniger Stunden von einer deutschen Postfiliale oder Bank zur griechischen Empfängerbank abgewickelt, die Gebühren liegen bei 4 % des überwiesenen Betrages (Minimum 20 €, Maximum 200 €). Western-Union-Partnerbanken gibt es in Griechenland in größeren Orten bzw. Städten; Adressen der an den Service angeschlossenen griechischen Banken direkt bei *Western Union*, ℡ 0180/3030330.

Geldabheben mit dem **Postsparbuch** ist im Ausland nicht mehr möglich. Stattdessen kann eine sog. **Postbank Card** beantragt werden, auf die man den benötigten Geldbetrag einzahlt. Abheben können Sie damit weltweit an allen Geldautomaten, die mit dem Visa-Plus-Symbol gekennzeichnet sind. Die ersten vier Vorgänge im Kalenderjahr sind kostenfrei. Eine Liste aller Orte mit entsprechenden Automaten finden Sie im Internet unter www.VISA.de/karteninhaber..

> Bei **Verlust der Maestro-Karte** können Sie Ihre Karte bei der Zentralen Verlustmeldungsstelle in Deutschland unter folgender Telefonnummer (ab Griechenland) sperren lassen: ℡ 0049/69/740987 oder 0049/180/5021021 (rund um die Uhr).

Gesten

Griechen benutzen die Mittel **nonverbaler Kommunikation** wesentlich häufiger als Deutsche. Es gibt eine Vielzahl von Hand- und Kopfbewegungen, die dem Gegenüber eine Menge vermitteln.

Beispiele: Kopf schütteln = Ich habe nichts verstanden. Kopf nach hinten und dabei Augenbrauen hochziehen = Nein, auf keinen Fall! Kopf leicht zur Seite neigen = Ich habe verstanden.

Grußworte

Man begrüßt sich mit „Kaliméra" (Guten Morgen bzw. Guten Tag), „Kalispéra" (Guten Abend) oder „Jássas" (Hallo – zu mehreren Personen) bzw. „Jássu" (Hallo – zu einer Person), sofern man sich näher kennt. Die gebräuchlichsten Verabschiedungsfloskeln sind „Sto kaló" (alles Gute), „Adío" oder „Chérete" (Lebe wohl) und am Abend „Kaliníchta" (Gute Nacht).

Um einem Missverständnis vorzubeugen: Wenn der Grieche „nai" (gesprochen „nä") sagt, meint er ja; nein dagegen heißt „ochi".

Information

Ansprechpartner Nr. 1 ist die Griechische Zentrale für Fremdenverkehr, die **G.Z.F.**, in Griechenland unter der Abkürzung **E.O.T.** zu finden (= Ellinikós Organismós

> **Tipp**: Außer an die E.O.T. kann man sich bei Problemen auch an die **Touristenpolizei** wenden. Sie erreichen die Touristikí Astinomía in Thessaloníki unter ℡ 171, ℡ 2310/522587 und ℡ 2310/517000 sowie in Polígiros, der „Hauptstadt" der Chalkidikí, unter ℡ 23710/23496 und 21649.

Wissenswertes von A bis Z

Tourismoú). Sie unterhält in Deutschland vier Büros, in Österreich sowie der Schweiz jeweils eines.

- *Deutschland* **60311 Frankfurt**, Neue Mainzer Str. 22, ✆ 069/22578270, ✆ 069/25782729, info@gzf-eot.de.
20149 Hamburg, Neuer Wall 18, ✆ 040/454498, ✆ 040/454404, info-hamburg@gzf-eot.de.
10789 Berlin, Wittenbergplatz 3a, ✆ 030/2176262-63, ✆ 030/2177965, info-berlin@gzf-eot.de.
80333 München, Pacellistr. 5, ✆ 089/222035-36, ✆ 089/297058, info-muenchen@gzf-eot.de.
- *Österreich* A-**1010 Wien**, Opernring 8, ✆ 01/5125317-8, ✆ 5139189, grect@vienna.at.
- *Schweiz* CH-**8001 Zürich**, Löwenstraße 25, ✆ 01/2210105, ✆ 01/2120516, eot@bluewin.ch.
- *Griechenland* Griechische Zentrale für Fremdenverkehr (E.O.T.) **Thessaloníki**: Das brandneue Büro befindet sich in der Tsimiski-Str. 136 (wenige Schritte vom Weißen Turm entfernt). Man spricht englisch, Auskünfte sind präzise und vorbildlich. Neben Informationen und einem Gratis-Stadtplan von Saloníki gibt es weitere Broschüren zu Regionen in Nordgriechenland und natürlich zur Chalkidikí.
Zentrale Tourismusbehörde von Makedonien (kein Prospektversand): Georgikis-Scholis-Str. 46, 55134 Thessaloníki, ✆ 2310/4710-35/-47, ✆ 2310/472080, eot-thes@otenet.gr; außerdem E.O.T.-Zweigstelle am Flughafen von Thessaloníki, ✆ 2310/425011.

> **Griechenland-Informationen im Internet**
> **www.griechenland.de**: Website mit Literaturtipps, Wetterbericht und Pinboard zum Erfahrungsaustausch.
> **www.gtpnet.com**: Offizielle Site der *Greek Travel Pages* in englischer Sprache. Man erhält detaillierte Informationen zu allen innergriechischen Schiffsverbindungen und aktuelle Fahrpläne.
> **www.culture.gr**: Umfangreiche, wenngleich sehr einfach aufgemachte Seite des griechischen Kulturministeriums mit Basisinformationen zu allen nennenswerten archäologischen Stätten, historischen Monumenten und Klöstern. Dazu Telefonnummern und Öffnungszeiten, nicht alle aktuell.
> **www.griechenlandinformation.de**: Website des griechischen Presse- und Informationsbüros in Hamburg. Ständig im Aufbau, was aber bereits vorhanden ist, hat einen sehr hohen Informationsgehalt.
> **www.griechenland-hellas.de**: Die Website der Griechischen Zentrale für Fremdenverkehr (G.F.Z.) mit Informationen zu Sehenswürdigkeiten, Festivals, Museen etc. Außerdem Links zu Fluggesellschaften und Reiseveranstaltern.
> **www.hellasproducts.net**: Site mit zahlreichen Urlaubstipps, Adressen und Links.
> **www.de-di.de**: Von allgemeinen Griechenland-Infos über Links bis hin zu einer Ecke für Homepagebastler.

Krankenhäuser → Medizinische Versorgung, S. 53

Landkarten

Es existiert eine ganze Reihe von Karten zu Griechenland und zur Chalkidikí, die leider durch häufige Änderungen nicht alle aktuell sind. Ab und an entpuppt sich die auf der Karte eingezeichnete Asphaltstraße später als holprige Staubpiste. Recht brauchbar für einen groben Überblick, zudem kostenlos, sind die Karten in den bunten Farbbroschüren der Griechischen Zentrale für Fremdenverkehr (→ Information, S. 51). Sie werden auf telefonische Anfrage zugeschickt. Das gilt auch für den Stadtplan von Thessaloníki.
ADAC-Mitglieder erhalten von ihrem Automobilclub ebenfalls kostenlose Landkarten und Informationsmaterial. Die Angaben sind in der Regel verlässlich, da sie regelmäßig überarbeitet werden.

freytag & berndt, Chalkídiki und Thessaloníki, 1:200.000: Zuletzt 2000 aufgelegt, generell zu empfehlen, nur sind nicht alle Verbindungswege eingezeichnet. Jedoch mit Kulturführer und Freizeitkarte; Beschriftung mit lateinischen und griechischen Buchstaben. 7,50 €.

Road Edition Nr. 2, Makedónien, bzw. Nr. 3, Epirus/Thessalien (Anreise), 1:250.000: Brauchbare Karten zu diesen griechischen Regionen (z. B. mit Angabe von Tankstellen). Außerdem gibt es zahlreiche Karten der wichtigsten Bergregionen wie dem Ólymp oder dem Áthos (Maßstab 1:50.000) und eine Sonderkarte zur Region Chalkidikí. Kaufen kann man die Karten vor Ort in einigen Buchhandlungen und Tankstellen für 7,50 €.

Road Editions Chalkídiki (Halkidiki), 1:150.000: Wie auch die übrigen Blätter der Reihe auf den Militärkarten der griechischen Armee basierend und laufend aktualisiert. Auf der Rückseite Stadtplan von **Thessaloníki** mit Straßenverzeichnis in griechischer und lateinischer Schrift. 7,50 €. Unsere Empfehlung!

Medizinische Versorgung

Die medizinische Versorgung ist in Thessaloníki und in nahezu allen größeren Urlaubsorten an der Küste gut. Auch die Verständigung bereitet in der Regel keine Schwierigkeiten, da die meisten Ärzte im Ausland studiert haben und somit eine Fremdsprache beherrschen.

> Arzt = Jiatrós (γιατρός), Augenarzt = Ofthalmíatros (οφθαλμίατρος), Frauenarzt = Gjinekológos (γυναικολόγος), HNO = Otorinolaringológos (ωτορινολαρυγγολόγος), Kinderarzt = Päthíatros (παιδίατροσ), Zahnarzt = Othontíatros (οδοντίατρος), Krankenhaus = Nosokomío (νοσοκομείο).

▶ **Apotheken**: Eine „Farmákio" (φαρμακείο) finden Sie in jedem größeren Ort – sie ist durch ein Malteserkreuz (rotes Kreuz auf weißem Grund) gekennzeichnet. Beim Kauf von Arzneimitteln sollte man sich die Anwendung erklären lassen, falls keine Neugriechischkenntnisse vorhanden sind. **Medikamente**, die man ständig braucht, bereits zu Hause besorgen (gilt z. B. auch für Kontaktlinsenreiniger, die nur in Großstädten erhältlich sind). Ansonsten sind Arzneimittel billiger als bei uns.

• *Information* **Apotheken-Nachtdienst** in Thessaloníki, ℡ 108 bzw. in der Tageszeitung oder als Aushang in den Apotheken.

• *Öffnungszeiten* meist Mo und Mi 8.30–15.30 Uhr, Di, Do und Fr 8.30–14 Uhr und 17–20 Uhr.

▶ **Zum Arzt mit der EHIC (European Health Insurance Card)**: Die EHIC soll bis Ende 2005 den Auslandskrankenschein in allen EU-Ländern abgelöst haben. Sie ist nur gültig für die Notfallversorgung und die fortlaufende Versorgung bei schweren chronischen Krankheiten. Sie gilt ausdrücklich nicht, wenn sich jemand bewusst für eine Behandlung im EU-Ausland anstatt in Deutschland entscheidet. Die Karte gilt für einen längeren Zeitraum als der Krankenschein, das Ende ist auf der Karte selbst vermerkt (bisher mussten Auslandskrankenscheine für jeden Urlaub neu beantragt werden). Außerdem ist es nach Auskunft der Barmer Ersatzkasse ab 1. Juli 2005 möglich, mit der EHIC-Karte direkt zum Arzt vor Ort zu gehen, jedoch nur zu Ärzten, die der IKA (vergleichbar mit der AOK) angeschlossen sind, und das sind nicht sehr viele; die Wartezimmer sind dementsprechend überfüllt. Viele IKA-Stellen verfügen auch über eine ambulante Station, in der man sich direkt an Ort und Stelle untersuchen lassen kann. Das Umtauschen des Auslandskrankenscheins bei einer Krankenkasse vor Ort soll somit entfallen.

IKA-Niederlassung in Thessaloníki, 15–17 Odos Aristoteles.

Wissenswertes von A bis Z

▶ **Zum Arzt ohne Auslandskrankenschein:** Sicherlich ist es kein Fehler, aller Bürokratie aus dem Weg und direkt zu einem Arzt zu gehen. Die Gebühren griechischer Ärzte sind moderat, für einen Besuch muss man mit etwa 30–40 € rechnen. Im Krankenhaus zahlen Ausländer nur einen Pauschalbetrag von etwa 20 € pro Tag. Gegen eine detaillierte Quittung (Apódixi) des behandelnden Arztes, die sowohl Diagnose als auch Art und Kosten der Behandlung beinhalten sollte, können Sie versuchen, bei Ihrer Krankenkasse zu Hause eine Rückerstattung zu bekommen. Dies wird von den einzelnen Kassen jedoch unterschiedlich gehandhabt. Detaillierte Auskünfte erhalten Sie bei Ihrer Krankenkasse. Sinnvoll ist eventuell der Abschluss einer zusätzlichen **Auslandskrankenversicherung**, die viele private Versicherungsgesellschaften mehr oder weniger preisgünstig anbieten. Darin ist z. B. auch ein aus medizinischen Gründen nötig gewordener Rückflug – zumindest auf dem Papier – eingeschlossen, den die gesetzlichen Krankenkassen nicht bezahlen.

▶ **Chalkidikí Health Service:** Unter diesem Namen haben sich auf der Chalkidikí zahlreiche Arztpraxen zusammengeschlossen. Ein **24-Stunden-Notdienst** in Kallithéa ist die zentrale Leitstelle: ✆ 23740/25166 und ✆ 23740/24852, ✆ 23740/25055.

Der Chalkidikí Health Service bietet einen 24-Stunden-Notdienst in der Gemeinschaftspraxis oder Hotelbesuche, sorgt bei Bedarf für die Überweisung in die Klinik (Transport mit Ambulanz oder Taxi) oder den Transfer von Patienten von und zum Flughafen. Im Notfall organisiert er auch die Heimreise nach Absprache mit der Versicherung.

Ärzte des Chalkidikí Health Service **Áfitos, Néa Fokéa, Kassándria, Foúrka, Siviri**: Dr. N. Frountzos (Internist), ✆ 23740/23731 und 91560, mobil 694/568047. Dr. A. Giovos (Internist), ✆ 23740/23490 und 23480, mobil 694/348822.
Kassándria: Dr. Papadopoulou/M. Kaneli (Kinderarzt), ✆ 23740/23900 und 23177, mobil 694/358339.
Kriopigí, Polichrono: Dr. Grambowska/I. Gavrilidou (Allgemeinmedizin), ✆ 23740/52792 und 22584, mobil 694/355025.
Haniótis: Dr. G. Koutsouras (Allgemeinmediziner), ✆ 23740/53157 und 53468, mobil 694/456956.
Pefkohóri, Palioúri: Dr. I. Issa (Internist), ✆ 23740/61851 und 61850, mobil 693/292233.
Moudania, Potidea: Dr. D. Kesoglou (HNO), ✆ 23740/23541 und 22000, mobil 693/382153. Dr. N. Triantos (Augenarzt), ✆ 23740/22401 und 22402, mobil 694/532809.
Ormiliá, Gerakiní: Dr. D. Vasilopoulou (Allgemeinmediziner), ✆ 23710/41450 und 41061.
Néos Marmarás: Dr. E. Logotrivi (Allgemeinmed.), ✆ 23750/72233, mobil 694/393998.

▶ **Krankenhäuser:** Sie entsprechen besonders in ländlichen Gegenden keineswegs dem Gewohnten, und oft geht es recht chaotisch zu. Wenn möglich, sollte man in ernsteren Fällen nach Thessaloníki fahren.

Krankenhaus-Nachtdienste Welche Einrichtung gerade mit dem Nachtdienst an der Reihe ist, erfahren Sie unter der Durchwahl ✆ 108.

▶ **Gesundheitsvorsorge:** In den ersten Tagen extrem aufpassen mit Sonnenbrand – Sonnencreme mit starkem Schutzfaktor am besten zu Hause kaufen, in den Urlaubsorten gibt es meist nur schwache Mittel und stolze Preise. Beim Baden in Felsbuchten können **Badeschuhe** sehr gute Dienste leisten, bei Höhlenausflügen ist eine **Taschenlampe** von Nutzen, bei Wanderungen ein **Sonnenhut**. **Seeigelstacheln** sind schmerzhaft. Ringelblumensalbe und ein Pflaster drauf schafft Abhilfe, nach ein bis zwei Tagen lösen sie sich wie von selbst. Wenn die Möglichkeit besteht, dennoch zum Arzt gehen. Für **Insektenstiche** auf jeden Fall entsprechende Mittel mitnehmen, zudem vorbeugenden Schutz.

Auch Amor geht zuweilen mit auf Reisen. Angesichts der Aidsgefahr ist der Schutz mit **Kondomen** unabdingbar. Verlangen Sie in der Apotheke *Capota* oder *Prophilaktiká*.

Mietfahrzeuge

Eine gute Möglichkeit, die Chalkidikí kennen zu lernen, die sich zudem immer größerer Beliebtheit erfreut. Man ist unabhängig von den Busabfahrtszeiten, kann die Ausflüge zu kleinen Dörfern oder abgelegenen Stränden genießen, ohne ständig schon auf die Uhr zu schielen. Im Vergleich zu vielen anderen Gegenden in Griechenland ist das Mietfahrzeug auf Chalkidikí durchaus erschwinglich, besonders mit mehreren Personen und längerer Mietdauer.

Fahren Sie in jedem Fall vorsichtig! Bitte beachten Sie, dass es für Griechen durchaus üblich ist, auch nachts auf der Straße zu spazieren. Rechnen Sie jederzeit mit entgegenkommenden Fahrzeugen, die die Kurve schneiden, oder mit plötzlich auftretenden Hindernissen (z. B. Ziegen oder Schildkröten auf der Fahrbahn). Vor unübersichtlichen Kurven ist es in Griechenland üblich zu hupen. Außerhalb von Ortschaften sind die Straßen zum Rand hin nicht immer befestigt – oftmals geht es noch dazu steil hinunter.

Meist Zeichen für einen Verkehrsunfall mit tragischem Ausgang: Kapellen am Straßenrand

▶ **Vor Vertragsabschluss**: Prüfen Sie unbedingt den Zustand des Fahrzeugs vor dem Unterzeichnen. Machen Sie idealerweise eine Probefahrt, und testen Sie das Brems- und Lenkverhalten, die Beleuchtung und die Reifen (Druck, Profil und Ersatzreifen). Kontrollieren Sie die Tank- und Kühlerfüllung sowie dem Ölstand, erkundigen Sie sich nach der benötigten Benzinsorte. Das **Mindestalter** für das Entleihen von Autos liegt bei 21 (z. T. 23) Jahren, zudem muss der Mieter den Führerschein seit über einem Jahr besitzen. Für **Schäden** am Fahrzeug haftet man im Allgemeinen selbst – nur die Haftpflicht ist im Preis eingeschlossen. Was vom Fahrer zu verantworten ist, kann leicht zur Streitfrage werden, auch deshalb ist eine genaue Inspektion bei der Übernahme ratsam. Beim Lesen des Mietvertrages außerdem darauf achten, ob der Vermieter überhaupt eine Haftpflicht abgeschlossen hat (gilt besonders bei billig angebotenen Fahrzeugen).

Mietverträge sind nur in Englisch und oft so abgefasst, dass der Mieter für sehr vieles haftbar gemacht werden kann. Fast immer muss man bestätigen, dass das Fahrzeug bei der Übernahme vollständig in Ordnung war, und sich gleichzeitig verpflichten, es im selben Zustand zurück zu bringen.

▶ **Versicherung**: Bei manchen Verleihern gibt es die Haftpflichtversicherung nur bis zu einer bestimmten Höhe. Die Alternative heißt Vollkasko mit Eigenbeteiligung. Die Eigenbeteiligung kann durch eine Zusatzversicherung von 10–15 € pro Tag (je nach Wagentyp und Firma) beseitigt werden. Vom Versicherungsschutz ausgeschlossen sind bei Pkws grundsätzlich Fahrgestell, Unterboden und Reifen – prüfen Sie diese Teile daher vorher sorgfältig.

▸ **Zweiräder:** Neben den bereits erwähnten Fahrzeugeigenschaften sollten Sie auf die Kettenspannung achten. Tragen Sie unbedingt entsprechende Kleidung. Die Temperaturen verleiten leider manch einen dazu, ohne Hemd oder gar ohne Helm loszufahren. Auch in Griechenland besteht **Helmpflicht**. Die Vermieter sind also verpflichtet, den Helm mitzuliefern.

Fahrrad und Mountainbike: Einzelne Campingplätze bieten ab ca. 9–12 € pro Tag Räder an. Scheint sich jedoch nicht durchzusetzen, weil die meisten ihren eigenen Drahtesel mitbringen! Achten Sie in jedem Fall auf das Licht. **Achtung:** Auf einigen (Berg-)-Straßen liegt das ganze Jahr über Rollsplitt.

Mofa: ca. 15–18 € pro Tag. Es gibt Maschinen mit Automatikschaltung (leicht zu bedienen), die besonders für Neulinge gut zu fahren sind. Nachteil ist die schwache Motorisierung; fährt man zu zweit, so kann man fast sicher sein, dass man bei jeder größeren Steigung die letzten Meter schiebt. Schwerwiegender, dass auch die Bremsen oft nicht genügend Zug haben und bei einigen Fahrzeugen die Vorderradaufhängung ausgeleiert ist. Mofas tanken meist Zweitaktgemisch. Benötigt wird Führerscheinklasse M.

Moped/Roller: ab 15–20 € pro Tag, je nach Hubraum. Dank der soliden Reifen auch für Pistenstrecken ganz gut geeignet. In Griechenland fahren Maschinen von 50–100 ccm, wobei die höheren Kubikzahlen leistungsmäßig den Motorrädern nahe kommen, die Bremsen aber für derlei Belastung nicht ausgelegt sind – speziell bei etwas höherer Geschwindigkeit. Geschaltet wird meist halbautomatisch (ohne Kupplung). Führerscheinklasse A1.

Motorräder: ab 20–25 € pro Tag. Straßenmaschinen werden selten angeboten, meist nur leichte Geländemotorräder zwischen 125 und 250 ccm, die für Schotterpisten gut geeignet sind. Für Neulinge sind diese Enduros zu „hochbeinig", wer dagegen schon etwas Erfahrung hat und seine Gashand zügeln kann, fährt mit ihnen jedoch sicherer als mit kleinen Maschinen, da hier die Bremsen der Motorleistung entsprechen. Manchmal gibt es Zweitaktmaschinen zu mieten, günstiger sind jedoch Viertakter, bei denen wie beim Auto der Motor mitbremst. Führerscheinklasse A.

▸ **Autos:** Die Tarife sind je nach Wagentyp sehr unterschiedlich. Für einen Kleinwagen (z. B. Uno, Swift, Corsa) zahlt man in der Hochsaison pro Tag 30–50 € (inkl. gefahrener Kilometer). Ein kleiner Geländewagen kostet etwa 55 €, ein großer 70 € pro Tag. Wenn man ein Auto über einen längeren Zeitraum mietet, kann man mit **Rabatten** rechnen. Besonders in der Vor- und Nachsaison lohnt es sich zu handeln.

Auf der Chalkidikí finden sie in nahezu jedem größeren Touristenort eine Autovermietung sowie natürlich am Flughafen von Thessaloníki. Wer sich am Ort bei kleineren Verleihern erkundigt, kann eventuell Geld sparen. Wenn möglich, sollten Sie die Fahrzeuge in den Hauptvertretungen mieten, ansonsten fallen bis zu 25 % Vermittlungsgebühr zu Lasten

Auf Beach-Suche

der Mieter an. Manche Großvermieter bieten in Verbindung mit dem Flugticket bei Anmietung innerhalb von 48 Stunden nach Ankunft am Urlaubsflughafen bis zu 50 % Rabatt. Erkundigen Sie sich bei der Flugbuchung.

▸ **Wohnmobile und Caravans**: Die Möglichkeit, von Deutschland aus ein Wohnmobil **ab Thessaloníki** zu mieten, bietet die Firma **A.U.E.R. – Rent GmbH** in D-92658 Floß. Die Fahrzeuge werden in Griechenland nur 2 Jahre gefahren und dann durch ein neues Modell ausgetauscht. Vermietet werden Hymercamp Swing 544 und 644, die 5 bzw. 6 Personen bequem Platz bieten.

• *Preise* **Wohnmobile** ca. 118 €/Tag in der HS; die Fahrzeuge sind gegen einen Aufpreis von ca. 30 € mit Kochset, Bettzeug, Bettwäsche, Geschirr und Besteck für 6 Personen ausgestattet. **Wohnanhänger** ca. 41 €/Tag in der Hauptsaison.

• *Information* A.U.E.R. – Rent GmbH, Neustädter Str. 1, 92685 Floß, ✆ 09603/903280, ✆ 09603/9032891, www.hymer-auer.de.

Notruf

Hilfe in Notfällen bekommt man unter folgenden Rufnummern:

> Erste Hilfe (SOS) und Polizei-Notruf ✆ **100**, für Ausländer ✆ **112.**

Feuerwehr: Thessaloníki, ✆ 2310/429701; Polígiros, ✆ 23710/22789. Für den Notruf wählen Sie die ✆ 199.

Polizei: Der Notruf ist in allen Städten unter der Nummer ✆ 100 zu erreichen. In der näheren Umgebung von Thessaloníki und Athen gilt die ✆ **109**. Weitere Polizeistationen: Néa Moudaniá, ✆ 23730/22100 und 21111; Kassándria, ✆ 23740/22204; Ágios Nikólaos, ✆ 23750/31111; Néos Marmarás, ✆ 23750/71111; Ouranoúpoli, ✆ 23770/71203, Thessaloníki, ✆ 2310/511861.

Rettungsdienst: Thessaloníki, ✆ 2310/530530.

Sanitätsstationen: Ágios Nikólaos, ✆ 23750/31789; Kassándria, ✆ 23740/22222; Paleohóri, ✆ 23720/41472.

Krankenhaus: Polígiros, ✆ 23710/24021; Néa Moudaniá, ✆ 23730/22222, Zentralkrankenhaus in Thessaloníki, ✆ 2310/211221.

Touristenpolizei: Thessaloníki, ✆ 2310/171, 2310/522587 und 517000; Polígiros, ✆ 23710/23496.

ADAC-Notrufarzt: täglich 8–20 Uhr, in der Hauptsaison 7–23 Uhr, ✆ 0049/89/767676.

Deutschsprachiger Notrufdienst: wurde vom ADAC zusammen mit dem griechischen Automobilclub ELPA eingerichtet. Die Nummer in Thessaloníki (✆ 2310/412290) ist vom 1.6. bis zum 30.9. geschaltet, der Anschluss in Athen (✆ 210/7775644) ist ganzjährig erreichbar.

Pannenhilfe: Es hilft kostenlos die griechische Straßenwacht ELPA, sofern es sich um eine kleine Panne handelt. Auch mit Auslandsschutzbrief müssen die Kosten für das Abschleppen zunächst bar bezahlt werden; die Rechnung kann dann beim eigenen Automobilclub eingereicht werden. Die

Freizeitschnorchler auf der Suche nach der tiefsten Stelle in der Lagune von Vourvouroú

gelben Fahrzeuge können unter ✆ 104 angefordert werden. In Athen und in Thessaloníki sind die Zentralen rund um die Uhr besetzt (man spricht englisch).

ELPA/OVELPA (griech. Automobilclub):
Thessaloníki, Vass. Olgas & Egeou 228, ✆ 2310/4263-19/-20; Athen, Messogion-Str. 2, 11527 Athen, ✆ 210/7488800.

> **Tipp**: Wenden Sie sich bei Problemen zunächst an ELPA, dort hilft man Ihnen gerne weiter, z. B. zur nächsten Vertragswerkstatt, wenn ein Ersatzteil fehlt.

Öffnungszeiten

Die **Ladenöffnungszeiten** wurden 2005 landesweit neu festgelegt. Danach kann jeder Ladeninhaber sein Geschäft wochentags flexibel zwischen 8 und 21 Uhr und samstags zwischen 8 und 20 Uhr öffnen (in Touristenorten sind die Geschäfte in der Praxis aber oft länger geöffnet). Ansonsten gelten die folgenden Öffnungszeiten:

Apotheken: Mo und Mi 8.30–15.30 Uhr, Di, Do und Fr 8.30–14 Uhr und 17–20 Uhr; an Urlaubsorten gibt es Abweichungen.
Banken: meist Mo–Do 8.30–14 Uhr und Fr 8.30–13.30 Uhr (in Touristenorten oft sogar nachmittags bzw. bis in die frühen Abendstunden).
Souvenirläden: nicht selten durchgehend geöffnet, dafür im Winter geschlossen.
Museen und **Archäologische Ausgrabungsstätten**: Leider sind die Öffnungszeiten nicht einheitlich, sie ändern sich sogar während der Saison. Zudem sind die Öffnungszeiten wegen Einsparungsmaßnahmen derzeit landesweit im Umbruch. Meist wählen die Angestellten den Montag als freien Tag – die Museen sind dann den ganzen Tag geschlossen. Laut Auskunft der G.Z.F. gelten folgende Öffnungszeiten: **Archäologische Ausgrabungsstätten** werktags 9–17 Uhr (Sommer 19 Uhr), Sonn- und Feiertage 10–15 Uhr (Sommer 17 Uhr), Mo geschlossen; **Museen** werktags 8–13 Uhr und 15–18 Uhr, Sonn- und Feiertage 10–18 Uhr, Mo geschlossen. Spezielle Infos bei den jeweiligen Ortschaften im Reiseteil des Buches.
Für **Klöster und Kirchen**: uneinheitlich, Informationen im Reiseteil.
Postämter haben zumindest zwischen 9 und 14 Uhr geöffnet. In den Großstädten dagegen durchgehende Öffnungszeiten.

Parken

Wer in Großstädten **falsch parkt**, bekommt Ärger. In besonderen Fällen (z. B. Feuerwehrzufahrt) wird einfach das Nummernschild abgeschraubt! Damit verbunden ist eine hohe Geldstrafe (bis zu 110 €), und es kann lange dauern, bis das Kfz-Kennzeichen wieder zur Stelle ist oder die angebrachte, leuchtend gelbe Parkkralle wieder entfernt ist. Sollten Sie betroffen sein, wenden Sie sich an die nächste Polizeidienststelle. Vor allem in Pátras und Igoumenítsa sollte man aufpassen, denn die Fähren warten nicht. Die Alternative heißt **Parkhaus**. Die Gebühren sind wesentlich niedriger als in Deutschland.

Polizei (Astinomía) → Notruf, S. 57

Post (Tachidromío)

Es gibt in fast jedem griechischen Dorf über 500 Einwohner ein **Postamt**, das wenigstens von 9 bis 14 Uhr geöffnet hat (In den Großstädten auch durchgehend).

Porto: Die Gebühren für Karten und Briefe ändern sich schnell. Bitte erfragen Sie den neuesten Stand auf der Post oder am Kiosk, wo man ebenfalls „Grammatósima" (Briefmarken) bekommt (kleiner Aufpreis). Ferner ist zu beachten, dass in der Hauptreisezeit Briefe stets schneller als Postkarten transportiert werden!

Noch Fragen?

Postlagernde Briefe: Man kann – falls ohne feste Adresse – trotzdem Post empfangen. Vom Absender ist dabei der Vermerk „Poste restante" anzubringen. Adressieren sollte man solche Sendungen immer an das „Main Post Office" (Hauptpostamt). In der Regel werden sie dort bis zu 2 Monaten aufgehoben.

Reisedokumente

Für Deutsche, Österreicher und Schweizer genügt bei der Einreise nach Griechenland der **Personalausweis**. Wer über Jugoslawien oder Makedónien anreist, benötigt einen Reisepass und muss sich vorher eingehend nach etwaigen Visa-Bestimmungen erkundigen. Kinder benötigen einen eigenen **Kinderausweis** (ab 10 Jahren mit Passbild) oder müssen unter 16 Jahren im Pass der Eltern eingetragen sein. In keinem Fall darf der Reisepass einen Stempel der türkischen Republik Nordzypern enthalten.

Autofahrer benötigen außerdem **Führerschein, Fahrzeugschein** und die **grüne Versicherungskarte** (nachträglich an der Grenze ausgestellter Versicherungsnachweis kostet ca. 40 €).

> **Tipp**: Es ist ratsam, **Kopien** von Pass und Führerschein mitzunehmen – und unbedingt gesondert aufzubewahren. Bei Verlust der Originale gelangt man damit bei der Botschaft schneller zu neuen Papieren.

Radio

Die staatliche griechische Rundfunkanstalt ERT „Ära" (Mittelwelle 792 kHz) sendet täglich um 16.30 Uhr Nachrichten in deutscher Sprache.

Wesentlich umfangreicher sind die Sendungen der Deutschen Welle: stündliche Nachrichten, Wetterberichte, Reisenotrufe oder Bundesliga live. Monatliches Programmheft anfordern bei: Deutsche Welle, Hörerpost, Raderberggürtel 50, 50968 Köln, ✆ 0221/3890, ✉ 3893000.

Taxi

Im Vergleich zu daheim noch vergleichsweise billig. Man unterscheidet zwei Taxitypen: solche, die nur in der Stadt verkehren (= **Taxi**), und andere, die auch entlegenere Regionen anfahren (= **Agoreón**). Letztere besitzen kein Taxameter, hier gelten Festpreise für bestimmte Strecken, die eingesehen werden können. Aber auch in den Stadttaxen wird oft der Taxameter nicht angeschaltet, sondern ein fester Fahrpreis veranschlagt. Sie sollten das jedoch vorher mit dem Fahrer absprechen, um später keine Überraschungen zu erleben.

- *Beschwerdestelle* Sollte es mit einem Taxifahrer Problem geben, können Sie sich an folgende Adresse wenden. Ipourgion Metaforon kai Epikinonion, Xenofontos Street 13, 10191 Athen.
- *Taxi-Preise* Folgende Tarife wurden vom Transportministerium festgelegt (Feb. 2005): Grundpreis 0,85 €, Mindestgebühr 1,75 €, Fahrten im örtlichen Einsatzgebiet des Taxis (5–24 Uhr) 0,30 €/km, Fahrten außerhalb oder von 24–5 Uhr 0,56 €/km, Wartezeit 7,90 €/Std., Abfahrt vom Flughafen, vom Busbahnhof oder Hafen 0,80 €, pro Gepäckstück über 10 kg 0,30 € Aufschlag, Taxiruf 1,50 € bzw. Reservierung 2,50 € Aufschlag. Bei Fahrten zwischen 24 und 5 Uhr gilt der doppelte Grundtarif.
- *Taxis in Thessaloníki* Megas Alexandros, ✆ 2310/866866; Makedonia, ✆ 2310/550500; Lefkos Pirgos, ✆ 2310/214900; Radio-Taxi Mercedes, ✆ 2310/525000.

Telefonieren

Telefonieren ist in den wenigen noch vorhandenen Büros der **O.T.E.** (Organísmos Tilepikinoníon tis Ellados) am bequemsten: zuerst telefonieren und dann bezahlen. Dort, bei der Post, in Supermärkten und an fast allen Kiosken kann man auch die Karten für die **öffentlichen Kartentelefone** erwerben. Die Telefonkarten gibt es in den Ausführungen 4 € und 8 €. Kartentelefone gibt es mittlerweile an jeder Straßenecke. Das Telefonieren ins Ausland funktioniert völlig problemlos. Man kann sich auch anrufen lassen, die Nummer steht auf der Bedienungsanleitung des Apparats. Auslandsgespräche sind auch von Hotels, Tavernen und verschiedenen Kiosken (rotes, manchmal graues Telefon) möglich, aber wesentlich teurer als von der O.T.E. oder vom Kartentelefon aus.

Großer Beliebtheit erfreuen sich auch die sogenannten *Prepaid Calling Cards*, die es an den Kiosken von verschiedenen Anbietern gibt (3 €, 5 €, 6 €, 13 € und 23 €). Sie können national, international und mit Mobiltelefonen verwendet werden. Einfach Pincode freirubbeln und die Telefonnummer mit der Vorwahlnummer auf der Karte eingeben und den Anweisungen der freundlichen Blechstimme am anderen Ende folgen.

Mit Abstand am teuersten ist das **Mobiltelefonieren** von Griechenland nach Deutschland, auch wenn man sich anrufen lässt: Die Auslandsgebühren zahlt immer der Empfänger. Der Anrufer zahlt nur die normalen Entgelte für den Anruf auf das deutsche Handy, eine Weiterleitung nach Griechenland zahlt der Empfänger des Anrufs.

Auch das Abfragen der Mailbox kann sehr teuer werden. Informieren Sie sich daher vor der Reise bei Ihrem Anbieter. Die meisten Mailboxen können manuell auf „absolute Umleitung" (im Gegensatz zur „bedingten") umgestellt werden, sodass keine Extrakosten für den Empfänger entstehen.

Telefonieren während der Autofahrt ist nur mit **Freisprechanlage** gestattet.

- Wer *innerhalb Griechenlands* telefonieren will, muss die Vorwahl – seit der Umstellung im Herbst 2002 ein Bestandteil der Telefonnummer – immer mitwählen. Jede Provinz oder Stadt hat ihre eigene Vorwahlnummer.

- *Internationale Vorwahlnummern:* **Deutschland** ✆ 0049, **Österreich** ✆ 0043, **Schweiz** ✆ 0041, **Griechenland** ✆ 0030 – danach wählt man die Ortskennzahl des gewünschten Orts, jedoch ohne die Null, dann die Rufnummer. Weitere wichtige Telefonnummern finden Sie bei den Abschnitten zu den jeweiligen Ortschaften.

Toiletten (Tualéta)

Die sanitären Einrichtungen in den Tavernen, Bahnhöfen oder Zeltplätzen sind leider nicht immer empfehlenswert. Sie sind nicht selten verstopft, verdreckt, einfach verschlossen oder es fehlt zumindest Klopapier.

Was viele Urlauber nicht wissen, ist, dass Abfälle und das Toilettenpapier (!) **nicht in die Toilette** geworfen werden, sondern in den bereitstehenden Papierkorb. Nur so ist die Verstopfung der dünnen Abflussrohre zu vermeiden. Stellen Sie sich darauf ein, dass Sie manchmal auch auf südländische Hocktoiletten treffen.

Übernachten

▶ **Hotels (Xenodochío) und Pensionen (Pansijón):** Sie sind in Griechenland gemäß ihrer Ausstattung in sechs Kategorien eingeteilt: Lux (AA), A, B, C, D, E. Die Klassifizierung erfolgt durch die G.Z.F. Eine Preistafel mit den von der Griechischen Zentrale für Fremdenverkehr offiziellen Preisen muss in jedem Hotelzimmer aushängen. In den meisten Hotels, ausgenommen Pensionen der Kategorie D und E, verfügen die Zimmer über Duschen. Zum Zeitpunkt der Recherche wurde für die Hotels (beginnend in Saloníki) das international bekannte Sterne-System (5 Sterne =

Liebevoll gestaltete Privatpension

Wissenswertes von A bis Z

Luxuskategorie, 4 Sterne = A-Kat. etc.) eingeführt, das sich aber längst noch nicht etabliert hat. Im Buch finden Sie daher mit Ausnahme der Hotels in Saloníki die Klassifizierung „Lux" bis „E-Kat." Mit folgenden **Preisen** müssen Sie etwa rechnen (Stand 2005):

Luxus-Kategorie: Dieses Prädikat tragen auf Chalkidikí nur die großen Hotels mit allen Einrichtungen wie Tennisplätzen, eigenem Strand, Wassersport, mehreren Restaurants und Bars, Disco, Aircondition usw. Die Preise in diesen Zentren des Edeltourismus liegen je nach Saison zwischen 250 und 380 € für das DZ.

A-Kat.: Ebenfalls für höchste Ansprüche; in Ausstattung und Service etwas einfacher als *first class*, teilweise aber durchaus zu vergleichen. Preise fürs DZ je nach Saison 90–150 € (Halb- oder Vollpension möglich).

B-Kat.: Durchwegs gehobene Häuser mit gutem Komfort und Service. Oft alteingeführte Hotels, die seit Jahren von Reiseveranstaltern gebucht werden. Die neu erbauten Häuser der B-Kat. sind oft erfreulich modern, mit guten sanitären Anlagen und gepflegter Atmosphäre. Bei einigen wenigen B-Hotels muss man sich aber wundern, wann oder wie sie zu der Klassifizierung kamen. DZ je nach Saison ab 90–150 € (Halbpension möglich).

C-Kat.: Die normalen Durchschnittshotels; hier gibt's schon ziemliche Qualitätsunterschiede – von sehr gut bis ungepflegt und vernachlässigt. Preise fürs DZ je nach Saison 45–70 €. In der Regel Zimmer mit eigenem Bad, manchmal aber auch nur abgetrennte Duschkabinen im Zimmer. Halbpension meist nicht möglich.

D-Kat.: einfache „Billig-Hotels" – mal blitzsauber, mal läuft eine Schabe durchs Zimmer. Nicht immer mit Bad, dafür oft mehr persönliches Flair als in den Häusern der besseren Kategorien. Auch hier kann man erfreuliche und unerfreuliche Entdeckungen machen. Preise fürs DZ je nach Saison 35–65 €.

E-Kat.: Billig-Absteigen – hauptsächlich bei Rucksacktouristen beliebt. Ein Dach überm Kopf, Dusche am Gang, hier kommt es sehr auf den Besitzer an und wie er sein Haus in Schuss hält. Normalerweise sind sie aber in einem passablen Zustand. Vor allem in den größeren Städten findet man sie häufig in „historischen" Häusern, die lange keine Renovierung mehr erlebt haben. Preis fürs DZ je nach Saison 25–50 €.

• *Aufschläge* Aufschläge werden in der Regel auch für besondere Anlässe verlangt, z. B. bei Messen (Thessaloníki), Theaterfestivals (Thássos) oder Weinfesten

• *Abreise* Die Zimmer müssen – wenn nicht anders vermerkt – **bis 12 Uhr geräumt** sein, sonst kann der Besitzer für diesen Tag die Hälfte des Übernachtungspreises verlangen.

• *Preisangaben im Buch* Die DZ-Preise gelten immer für 2 Personen ohne Frühstück, sofern nicht ausdrücklich etwas anderes erwähnt ist. Häufig werden Aufschläge erhoben, wenn ein zusätzliches drittes Bett benutzt wird.

• *Reservierung* schriftlich direkt beim Hotel oder bei der Griechischen Hotelkammer: Hellenic Chamber of Hotels, 24 Stadiou, 10564 Athen, ✆ 210/3225449, grhotels@otenet.gr., odysseas.gnto.gr.gr/hotels/. Zimmervorbestellung ist besonders für die Hauptsaison (Ostern; Juni bis Sept.) empfehlenswert.

• *Bei Beschwerden* ist die **Touristenpolizei** die erste Anlaufadresse. Seit 1992 werden Hoteliers, die ihr Haus überbuchen und die Gäste nicht mehr anderweitig unterbringen können, kräftig zur Kasse gebeten. Um dem Nachdruck zu verleihen, haben die Griechische Hotelkammer XXE (✆ 2310/27188) und die G.Z.F./E.O.T. (✆ 2310/27188) **Beschwerdetelefone** für Urlauber eingerichtet. Laut Gesetz müssen die schwarzen Schafe der Branche mit Geldstrafen bis zu 10.000 € rechnen.

• *Frühstück* Die Übernachtung mit Frühstück ist in Griechenland eher unüblich (→ Essen und Trinken, S. 70).

▶ **Apartments/Ferienwohnungen:** Die wichtigste Art der Unterkunft für den Individualreisenden. Sie ist heutzutage in fast jedem Ort zu finden. Die Apartments sind mit Kühlschrank, Bettwäsche, Handtüchern, kleiner Küche und Geschirr ausgestattet. Ideal für Familien. Die Preise sind unterschiedlich und richten sich stark nach Region und Urlaubsmonat (ca. 60–80 €/Tag). Viele Anbieter teilen den Preis nur

Fischerboot mit Hummerreusen in Néos Marmarás

auf Anfrage mit oder bieten die Unterkunft nur bei einem Mindestaufenthalt von einer Woche an.

- *Internet-Information* unter www.fe-wo.de; www.fewo-direkt.de; www.fewo.org; www.ferienwohnungen.de.
- *Informationen/Buchung* Die **Griechische Fremdenverkehrszentrale** in Deutschland, Österreich und der Schweiz hält eine Liste bzw. Broschüre mit allen Griechenland-Reiseveranstaltern bereit. Darin werden alle Agenturen aufgeführt, die Ferienwohnungen/-häuser auf der Chalkidikí vermitteln. Ein Anruf bei den jeweiligen Reiseveranstaltern genügt, und man bekommt Prospekte zugesandt.

▶ **Campingplätze** → Camping, S. 48
▶ **Privatzimmer**: Fast überall finden Sie Schilder mit den Aufschriften „room to rent", „room to let" oder „Zimmer frei". Für ein Doppelzimmer müssen Sie je nach Saison, Lage und Ausstattung im Durchschnitt mit 20–30 € rechnen. Erwarten Sie nicht den größten Komfort. Der Raum ist manchmal nur mit Feldbetten oder Matratzen ausgestattet. Nicht selten fehlt auch ein Schrank. Für das Duschen wird meistens ein kleiner Aufpreis verlangt. Schauen Sie sich erst das Quartier an, bevor Sie zusagen!

Uhrzeit

In ganz Griechenland gilt die Osteuropäische Zeit (OEZ), sie ist der MEZ um eine Stunde voraus. Da es in Hellas wie bei uns eine **Sommerzeit** gibt, bleibt die Zeitdifferenz von 60 Min. immer bestehen. Wenn also in Deutschland die Tagesschau beginnt, ist es in Griechenland bereits 21 Uhr.

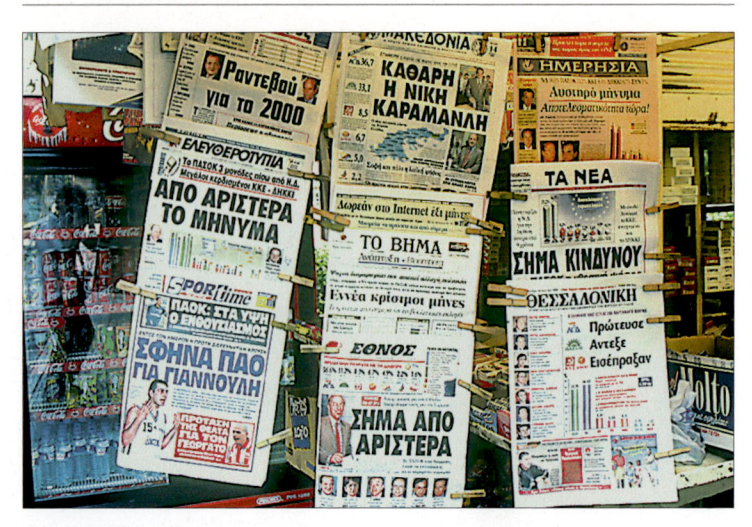

Medialer Regenbogen

Zeitungen (Efimerítha)

In den größeren Touristenorten bekommt man die wichtigsten deutschsprachigen Zeitungen und Magazine. Die Tageszeitungen sind jedoch – u. U. mit Ausnahme von Thessaloníki und Athen – mindestens einen Tag alt und zudem fast doppelt so teuer wie in Deutschland. Kostenlos erhältlich ist auf Chalkidikí der Veranstaltungskalender „This Summer".

Zoll (Thassmós)

Mit dem EU-Binnenmarkt ergaben sich sehr liberale Bestimmungen über die Freimengen im Reisegepäck. Grundsätzlich wird nun auch die Mehrwertsteuer im Erwerbsland, d. h. beim Kauf der Waren fällig. Bei der Ausreise sind weder Zölle noch sonstige Steuern zu entrichten. Bedingung dafür ist, dass alle gekauften Produkte nicht gewerbsmäßig genutzt, beispielsweise weiterverkauft werden. Bei den unten aufgeführten Mengen stellen die Behörden den persönlichen Bedarf nicht in Frage. Auch ein Überschreiten dieser Richtmengen stellt kein Problem dar, wenn Sie glaubhaft machen können, dass die Waren ausschließlich zum Eigenverbrauch bestimmt sind.

- *Empfohlen werden nach EU-Richtlinien* 1,5 l alkoholische Getränke über 22 %, 4 l alkoholische Getränke unter 22 %, 300 Zigaretten; 150 Zigarillos; 75 Zigarren; 1 kg Tabak und 1 kg Kaffee.

- *Antiquitäten/Waffen* Die Einfuhr von Waffen ist nicht erlaubt. Die Ausfuhr von Antiquitäten und Kunstgegenständen ist grundsätzlich verboten. Nachbildungen von Exponaten aus den Museen Griechenlands (z. B. aus Souvenirläden) können dagegen ausgeführt werden.

Geduldiges Transporttier im Schatten

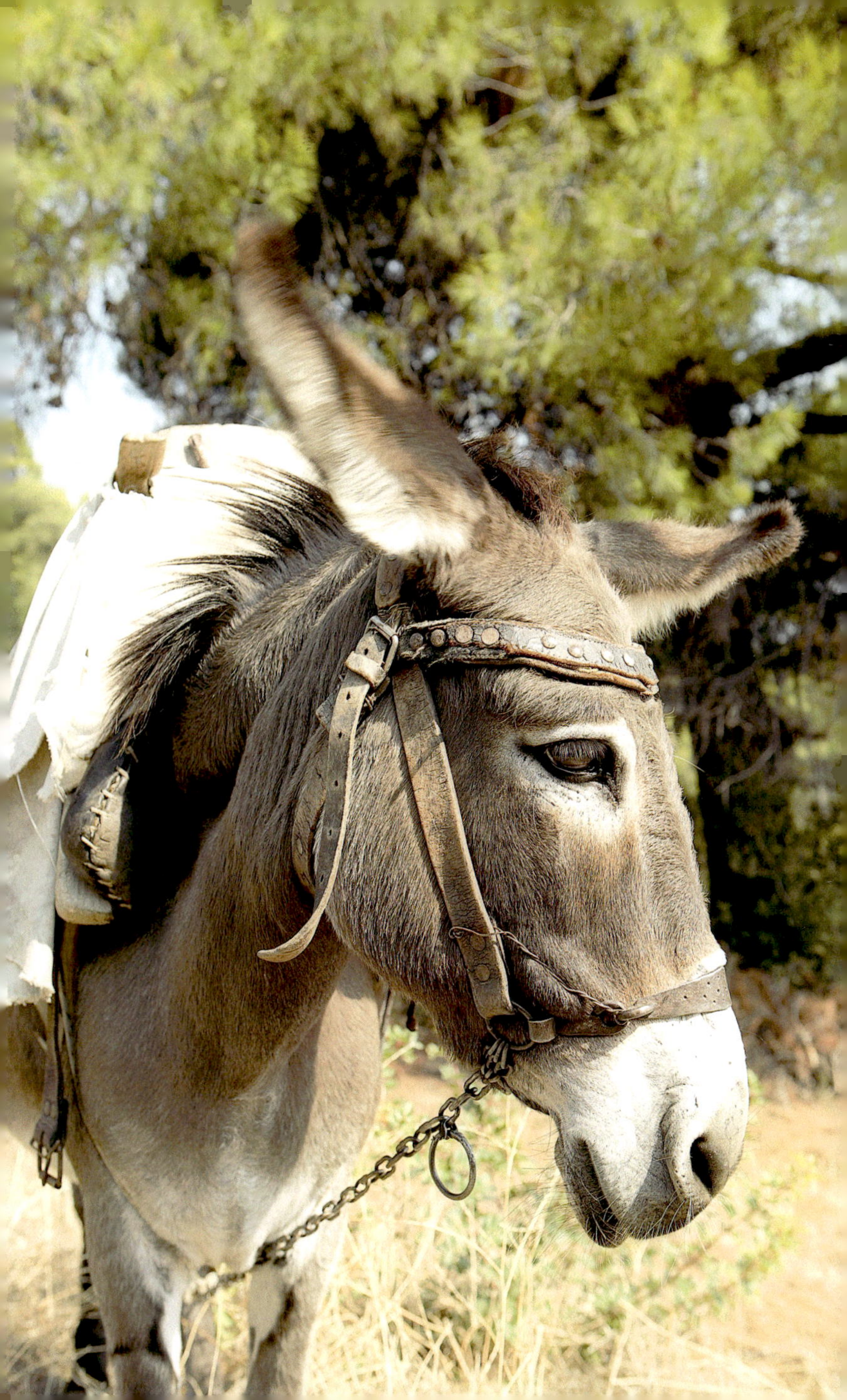

Café auf Amoliani

Essen und Trinken

Die Natur sorgte schon immer gut für die Chalkidikí. So produzieren die Bauern eine Vielfalt an wohlschmeckenden Gemüsen und würzigen Kräutern. Und zu alledem gesellt sich neben einer Vielzahl von Fleischsorten noch ein reichhaltiges Angebot aus dem Meer.

Ganz ehrlich, ein Traumziel für Gourmets ist Griechenland trotzdem nicht. Kräftige, nahrhafte Hausmannskost in einfachen Tavernen ist angesagt. Dafür findet man aber vielerorts noch die ungewöhnliche Herzlichkeit der Wirtsleute, die den Gast in die Küche führen und in die Töpfe schauen lassen.

Mit einigen Gepflogenheiten der griechischen Küche kommen Urlauber im Allgemeinen nicht so gut zurecht. Dazu zählt, dass viele Speisen lauwarm auf den Tisch kommen, weil sie schon Stunden vorher zubereitet und später nur noch warm gehalten werden. In touristischen Regionen wird das Essen mittlerweile stets heiß serviert. Für manchen Gaumen werden die Gerichte mit zu viel Öl und Knoblauch oder einfach zu scharf zubereitet. Ebenfalls bemängelt wird die relativ kleine Auswahl – immer nur Souvláki und Pommes

Allen Kritikern zum Trotz gibt es jedoch eine Vielzahl griechischer Speisen, die sich auf der ganzen Welt großer Beliebtheit erfreuen. Denken Sie nur an Mussaká, Gíros im Teigfladen (Pítta), Tsatsíki oder die eben erwähnten Souvláki-Spieße.

In den Küstenort, also direkt an der „Quelle", werden Sie sicher begeistert sein von den ausgefallenen, wenn auch manchmal teuren Fischgerichten. Zu den Spezialitäten zählen Muscheln (in den unterschiedlichsten Variationen), gegrillte Scampi oder fritierte Tintenfische. Obligatorisch für jeden Chalkidikí-Urlauber ist eine „Psáro piatéla" (gemischte Fischplatte) – nicht ganz billig, aber zweifelsohne ein besonderer Genuss.

- *Bezahlen* Für Gedeck und Brot wird ein geringer Betrag berechnet, der aber nicht immer auf der Speisekarte steht. Ist man mit Freunden unterwegs, so sollte die Rechnung („to logariasmó") immer für den ganzen Tisch verlangt werden.
- *Essenszeit* Gegessen wird sowohl mittags als auch abends etwa eine Stunde später als in Mitteleuropa. Im Sommer werden oft bis Mitternacht noch Hauptgerichte serviert, denn in Griechenland sind die Abende lang.
- *Preise* Zwar ist das Essen in den letzten Jahren deutlich teurer geworden, dennoch kostet es ca. ein Drittel weniger als zu Hause. Zwei Personen zahlen für eine Mahlzeit mit Getränken etwa 25–30 €.
- *Trinkgeld* hat nicht den gleichen Stellenwert wie bei uns. Das Restgeld wird bis auf die letzte Münze zurückgezahlt, so lange der Gast nicht von sich aus die Rechnung aufrundet. Vergessen Sie bitte auch nicht den kleinen Jungen, der beim Service mit geholfen hat. Trinkgeld ist zumeist sein einziger Lohn.

Die Lokale

Schlicht und ohne Schnickschnack sind die griechischen Tavernen: ein paar Stühle und Tische im weiß gekalkten Speiseraum oder in einer mit Weinreben bewachsenen Pergola. Fast alle Restaurants sind Familienbetriebe. Das Angebot richtet sich nach dem eigenen Anbau oder dem örtlichen Markt. **Tavérna** (Taverne) und **Estiatório** (Restaurant) unterscheiden sich heute nur noch unwesentlich; Letzteres war früher das bessere Lokal mit der größeren Auswahl. Vor allem in Küstenorten stößt man auf die **Psarotavérna**, das spezialisierte Fischlokal. In einer **Psistariá** wird vor allem gegrilltes Fleisch angeboten, Lamm, Rind, Hähnchen und natürlich die berühmten Souvlakis. Den Besuch einer **Ouzerí** sollten sie auf keinen Fall auslassen. Hier gibt es zu jeder Tageszeit eine große Auswahl an Mezédes (verschiedene leckere Kleinigkeiten), zum Lieblingsgetränk der Griechen.

Einen starken Aufwärtstrend erleben – zumindest in Touristenorten – auch die **Fastfood-Lokale** sowie die **Pizzerien**. Die Griechen sind auf dem besten Weg, die Pizza und Pasta voll in ihre Küche zu integrieren.

Das **Kafeníon** ist eine der wichtigsten gesellschaftlichen Einrichtungen in Griechenland. Jedes noch so kleine abgelegene Bergdörfchen hat mindestens ein solches Kaffeehaus. Meist heißt Kafeníon nicht mehr als ein paar Tische und Stühle in einem schmucklosen Innenraum und ein paar Sitzplätze an der Straße. Für griechische Frauen ist der Besuch tabu, sie treten höchstens als Bedienung in Erscheinung. Touristinnen dagegen werden akzeptiert. Im Kafeníon bekommt man neben Getränken manchmal auch ein einfaches Frühstück (Brot, Butter, Marmelade oder ein Omelett).

Wer Süßes mag, wird im **Sacharoplastíon** (Konditorei) fündig. Neben Eis und Blätterteiggebäck gibt es auch Kuchen und das unglaublich süße Baklavá.

Vorspeisen (Orektiká)

Als **Aperitif** vielleicht zuerst einen Ouzo, den bekannten, starken Anisschnaps. Mit Eiswürfeln oder Wasser verdünnt, verfärbt er sich milchig, man kann ihn aber auch pur trinken. In Nordgriechenland gibt es häufiger Tsípouro, einen Tresterschnaps mit Aromastoffen, wie z. B. Vanille und Anis. Dazu gibt es die zahlreichen **Mezédes**. Das sind Appetithappen, wie z. B. Käsewürfel, Tomaten- und Gurkenscheiben, Scampi, Schnecken, Oliven, Melonenstückchen, Muscheln, kleine Fische und vieles mehr: leckere Kleinigkeiten, je nachdem, was gerade günstig auf dem Markt zu haben war.

Chtapódi saláta – Oktopussalat, **Dolmadákia** – gerollte Weinblätter, mit Reis und Gewürzen gefüllt; **Gígantes** – dicke weiße Bohnen in scharfer Gemüse-Tomaten-Sauce; **Melitsanosaláta** – Auberginensalat, dabei werden die gegrillten Auberginen durch ein Sieb gedrückt und danach zu Salat verarbeitet; **Taramosaláta** – rötlich-orangefarbener Fischrogensalat (meist vom Karpfen); **Tsatsíki** – Knoblauchjoghurt mit Zwiebeln und Gurken; **Tonnosaláta** – Thunfischsalat.

Hauptgerichte

▸ **Fleisch (Kréas)**: Rind- und Schweinefleisch muss zum großen Teil importiert werden. Die natürlichen Gegebenheiten Griechenlands sind für die Haltung von Rindern und Schweinen wenig geeignet. Dafür gibt es mehr als genug Schafe. Lamm- oder Hammelfleisch sollten Sie unbedingt einmal versuchen. Auf raffinierte Zubereitung wird kein Wert gelegt, deftig sollte es sein, reichlich, herzhaft und nicht zu fett. Aber Vorsicht – lassen Sie sich keinen Hammel-Opa servieren: je jünger das Tier, desto besser!

Gíros (ausgesprochen „Jíros"): Im Gegensatz zum türkischen Döner Kebap verwendet man nicht Hammel-, sondern Schweinefleisch. Es wird in dünne Scheiben geschnitten, über Nacht in Olivenöl eingelegt, mit Zwiebeln, Oregano und Pfeffer gewürzt und an einem senkrechten Grillspieß gegart. Serviert als Tellergericht oder als Snack mit Zwiebeln Kräutern, Tomaten und Tsatsíki sowie Ketchup oder Senf in einem zusammengerollten Teigfladen, der **Pítta**.

Keftédes: „Meat balls", sprich Frikadellen, Hackfleischbällchen, -klopse o. Ä. Wie bei uns zubereitet, nur manchmal etwas schärfer gewürzt (auch **Bifteki** genannt).

Kotosoúvli: Hähnchenfleisch am Spieß.

Makarónia me kíma: Spaghetti mit Hackfleischsoße.

Moussaká: Auflauf aus Auberginen, Hackfleisch, Kartoffeln (oder Nudeln), mit einer Béchamelsauce überbacken. Er wird in großen Mengen meist mit viel Olivenöl zubereitet und den ganzen Tag über warm gehalten.

Paidákia: mit Oregano gewürzte Lammkoteletts, die meist über Holzkohle gegrillt, gelegentlich auch in der Pfanne gebraten werden. Je zarter und magerer die Lammkoteletts, desto besser.

Pastítsio: Nudelauflauf aus Hackfleisch und Tomaten, mit Bechamel-Sauce überbacken.

Souvláki: das Nationalgericht, jedem Griechenland-Reisenden bekannt. Aromatische Fleischspieße vom Hammel oder Schwein, mit Oregano gewürzt und über Holzkohle gegrillt.

Souzoukákia: ähnlich wie Keftédes, aber in länglicher Form und mit Tomatensauce. Den türkischen Einschlag spürt man daran, dass das Hackfleisch mit Kümmel oder Kumin gewürzt ist.

Stifádo: Eine Spezialität, die man wegen der wenigen Rinder leider nur allzu selten bekommt – zartes Fleisch mit leckerem Zwiebelgemüse, u. a. mit Zimt gewürzt.

Sofritó: Rindfleisch in heller Knoblauchsauce; ebenfalls eine leckere Spezialität, die nur selten auf der Speisekarte zu finden ist.

Arní – Lamm, **Brizóla** – Kotelett, **Chirinó** – Schwein, **Katsíka** – Ziege, **Kimá** – Hackfleisch, **Kotópoulo** – Hähnchen, **Moschári** – Kalb, **Sikóti** – Leber, **Wódi** – Rind.

▸ **Fisch (Psári) und anderes Meeresgetier**: auf Chalkidikí meist teurer als Fleisch, da die Fanggründe der Ägäis zum großen Teil leer gefischt sind. Die Flotten müssen nun weit hinausfahren, bis vor die türkische oder afrikanische Küste, zudem sind die Schiffe vergleichsweise klein und veraltet. So stammt ein nicht unbeträchtlicher Teil der Fische aus EU-Partnerländern.

Der **Preis** für Psári (Fisch) wird zumindest bei Spezialitäten auf den Speisekarten meist pro Kilo oder pro 100 Gramm angegeben.

Barboúni: Rotbarbe (Red mullet), verbreiteter und sehr geschätzter Speisefisch, den man in allen Fischtavernen erhält.

Garídes: Garnelen (Scampi), oft auch als Vorspeise serviert.

Gópa: das preiswerteste Fischgericht. Die in Mehl gewendeten winzigen Ochsenfischchen werden in Öl herausgebacken. Wenn sie klein genug sind, kann man sie mit Kopf und Schwanz essen.

Gewürze und Dressings

Kalamarári: Tintenfischarme, die in Scheiben geschnitten, paniert und in Öl frittiert werden.
Oktapódi/Chtapódi: Der Oktopus muss nach dem Fang viele Male auf einen harten Untergrund geschlagen werden, damit das Fleisch weich wird. Gilt v. a. für ältere Exemplare. Danach wird er auf dem Grill gebraten und mit Zitrone serviert.
Sardélles: Sardellen, werden mal gegrillt, mal gebraten serviert.
Xifías: Schwertfisch, sehr lecker. Die meterlangen Prachtexemplare werden säuberlich in dicke Scheiben geschnitten.
Eine besondere Spezialität ist die **Psárosoupa**, eine nahrhafte Fischsuppe, die allerdings nur in ausgesprochenen Fischtavernen erhältlich ist.
Astakós – Hummer; **Gardiá** – Langusten; **Kéfalos** – Meeräsche; **Marídes** – Sardellen/Sprotten; **Mídia jemistá** – gefüllte Muscheln; **Tsipoúra** – Meerbrasse.

Beilagen (Gemüse, Suppen und Salate)

Briám: ein leckerer Eintopf aus Gemüse und Kartoffeln.
Choriátiki: Der beliebteste Salat ist natürlich der bekannte griechische Bauernsalat. Er besteht aus Tomaten, Gurken, grünen Salatblättern und Oliven; das Ganze wird gekrönt von einer aromatischen Scheibe **Feta** (Schafskäse).
Chórta: Wildgemüse, das in Aussehen und Geschmack am ehesten mit Löwenzahn vergleichbar ist.
Fassoláda: Suppe aus weißen Bohnen mit viel Sellerie und Karotten.
Fassólia: grüne Bohnen, manchmal mit Knoblauch-Kartoffel-Püree.
Jemistá: mit Reis und gehackten Pfefferminzblättern gefüllte Tomaten oder Paprika.
Melitzánes: Auberginen, sehr beliebt, in Öl gebraten. Um den bitteren Geschmack zu neutralisieren, legt man die Frucht vorher in Salzwasser.
Òkra: Die fingerlange grüne, bohnenähnliche Frucht erfordert eine aufwendige Zubereitung. Um zu verhindern, dass die schleimartige Flüssigkeit im Inneren beim Kochen austritt, muss man beim Putzen und Säubern sehr vorsichtig sein.
Angoúria – Gurke; **Arakádes** – Erbsen; **Fassoliá** – Bohnen; **Gígandes** – große weiße Bohnen (Saubohnen); **Karóta** – Karotten; **Kolokíhti** – Kürbis; **Patátes** – Kartoffeln oder Pommes frites; **Rísi** – Reis; **Piperjés** – Paprika; **Spanáki** – Spinat; **Tomátes** – Tomaten.
Angoúrosalata – Gurkensalat; **Láchano salata** – Krautsalat; **Maroúli** – Kopfsalat; **Tomáta saláta** – Tomatensalat.

Gewürze und Dressings

Essig: wird nur in kräftigen Salaten, z. B. Rote-Bete- oder Krautsalat verwendet, aber auch zum Abschmecken von Tsatsíki, Skordaliá usw.
Minze: Man verwendet sie häufig zum Würzen von Hackfleisch; sie verleiht eine besondere Schärfe.
Olivenöl: Da die Griechen ihr Essen öfter kalt oder lauwarm genießen, kocht man sehr viel mit Olivenöl – es wirkt nämlich konser-

Delikatesse auf der Leine

vierend. Es ist frei von Cholesterin und damit gesünder als tierische Fette.
Oregáno: Der wild wachsende Majoran zählt zu den Lieblingsgewürzen der Griechen. Fast in allen Grillgerichten enthalten.
Pinienkerne: dienen oft zur Verfeinerung von Reisgerichten.

Zimt: nicht nur in Süßspeisen, sondern auch in Tomatensauce und Fleischgerichten zu finden.
Zitrone: verfeinert Fisch und Fleisch, außerdem ersetzt sie häufig den Essig.
Daneben wird auch gerne mit Basilikum, Bohnenkraut, Rosmarin, Salbei und Thymian gekocht.

Käse (Tirí)

Féta: Der gesalzene Weichkäse aus Schaf-, Ziegen- oder Kuhmilch wird sehr vielseitig verwendet, z. B. in Aufläufen, Gebäck, Salaten oder einfach als Beilage.
Kasséri: weicher Hartkäse, der als Brotbelag dient, aber auch in der Pfanne herausgebraten wird.

Kefalotíri: Der gesalzene Hartkäse ist vergleichbar mit dem Parmesan und eignet sich gut zum Reiben.
Mizíthra: quarkähnlicher, ungesalzener Frischkäse, besitzt ein herzhaftes Aroma.
Saganáki: frittierter Käse, heiß serviert, manchmal auch am Tisch flambiert.

Brot (Psomí)

Das A und O einer Mahlzeit. Es wird immer serviert, selbst wenn bereits kohlenhydratreiche Speisen wie Nudeln oder Kartoffeln bestellt wurden. Bei vielen Familien auf dem Land gehört das Brotbacken zur Tradition; die großen, weiß gekalkten Backöfen in den Höfen sind nicht zu übersehen.
Choriátiko –dunkles Bauernbrot; **Aspro psomí** oder **Lefko psomí** – Weißbrot; **Paximádi** – zwiebackähnliches Brot.

Nachspeisen/Süßes (Gliká)

Bougátsa: hauchdünnes Blätterteiggebäck mit einer Füllung aus Ziegen- oder Schafkäse, wahlweise auch mit Vanillesauce oder Quark. Eine sehr empfehlenswerte **Spezialität der Chalkidikí**.

Baklavá: süße Bätterteigroulade, gefüllt mit Mandeln und Nüssen, mit Honig übergossen. Ursprünglich aus der Türkei.
Chalvá/Halvá: knusprig-süßes Gebäck aus Honig und Sesamkörnern und/oder Mandeln.
Galatoboúreko: leckeres Blätterteiggebäck mit Grieß-Creme-Füllung.
Lukoumádes: In heißem Öl ausgebackene Teigkugeln werden mit Honig überzogen. Besonders lecker!
Risógalo: Milchreis, nur selten zu haben.
Yaoúrti me méli: Joghurt mit Honig, eine Spezialität. Auf Wunsch mit Nuss- oder Mandelsplittern. Wenn Sie sich wundern, warum die griechische Joghurt besser als der deutsche schmeckt, riskieren Sie mal einen Blick auf den Fettgehalt.

Obst (Froúta)

Achládi – Birne; **Banána** – Banane; **Fraoúla** – Erdbeere; **Karídi** – Walnuss; **Karpoúsi** – Wassermelone; **Kerásia** – Kirschen; **Mílo** – Apfel; **Pepóni** – Honigmelone; **Portokáli** – Orange; **Rodákino** – Pfirsich; **Síko** – Feige; **Stafília** – Trauben; **Veríkoko** – Aprikose.

Frühstück (Proinó)

Gemütlich mit der Familie am Frühstückstisch zu sitzen ist für die Griechen völlig unbekannt. Man beginnt den Tag im Allgemeinen mit einem Tässchen Kaffee. Ent-

Seit der Antike ein Begriff: Rebensaft von der Chalkidikí

sprechend ist das Frühstück in Hotels selten obligatorisch, und wer es ausdrücklich mitgebucht hat, muss mit einem bescheidenen Angebot rechnen. Frühstücksbuffets gibt es nur in Häusern der oberen Kategorien. Wer sein **Müsli** braucht, sollte vorsorgen und es im Gepäck verstauen!

Man geht also besser gleich ins Kafeníon oder in die Taverne. Viele Betreiber haben sich auf die schon morgens hungrigen Mitteleuropäer eingestellt.

Avgó – Ei; **Froúta** – Früchte; **Gála** – Milch; **Gála sokoláta** – Kakao; **Karídia** – Nüsse; **Omeléta** – Omelette; **Yaoúrti me méli** – Joghurt mit Honig.

Getränke

▸ **Wasser (Neró)**: Für Griechen seit jeher eine Kostbarkeit. Früher war es üblich, im Restaurant zum Essen und zum Kaffee Wasser gereicht zu bekommen. Leider wird das immer seltener. Viele Griechen halten es für eine Verschwendung, eine ganze Karaffe voll Wasser auf den Tisch zu stellen, die die Touristen dann nur halb austrinken.

▸ **Kaffee (Kafé)**: Wer den typisch griechischen Kaffee, ein starkes, schwarzes Mokkagebräu in winzigen Tassen, möchte, muss ausdrücklich „Kafé ellinikó" oder „Greek coffee" verlangen. Die Griechen haben sich an die Ausländer schon so gewöhnt, dass sie im Zweifelsfall immer Nescafé mitteleuropäischer Art servieren. Und bloß nicht „türkischen Kaffee" bestellen!

• *Kafé ellinikó* **elafrí** = schwach; **métrio** = mittelstark, mit Zucker; **varí glikó** = sehr süß; **skéto** = ohne Zucker; **varí glikó me polí kafé** = sehr süß und sehr stark.

• *Nescafé* **sésto** = heiß; **frappé** = kalt und geschüttelt mit Schaum; **skéto** = schwarz; **me sáchari** = mit Zucker; **me gála** = mit Milch.

- **Tee (Tsái):** In den Dörfern bekommt man oft den schmackhaften Bergtee (Tsái tou wounó). Sonst werden Teebeutel serviert, Zucker und Zitrone liegen bei.
- **Limonade:** Wer „Lemonáda" bestellt, bekommt Zitronenlimonade; Orangenlimonade heißt „Portokaláda". Beide sind recht zuckerhaltig.
- **Wein (Krasí):** Mit Ausnahme des berühmten Retsínas sind die griechischen Weine recht lieblich. Erst in den letzten Jahren bemüht man sich mehr um trockene Sorten, um größere Exportchancen zu haben.

Die allgemeine Bezeichnung für Rotweine ist **Mávro** („Schwarzer"), und viele sind unwahrscheinlich dunkel. Hauptanbaugebiete des trockenen Mávro sind Thessalien, das westliche Makedónien, die Chalkidikí und die Region südlich von Serre. Für extrem süße und schwere Rotweine bekannt ist Límnos, aber auch Patras, die Heimat des auch bei uns geschätzten „Mavrodáphne".

In den meisten Tavernen gibt es Flaschen- und offene Weine. Letztere sind preiswerter, oft schmecken sie auch besser. Offener Wein wird kiloweise verkauft (1 kg entspricht 1 l). Verlangen Sie Wein „apó to varéli" (vom Fass).

Áspro krassí = Weißwein; **Mávro** (oder Kókkino) = Rotwein. Wer seinen Wein trocken liebt, bestellt ihn **ksíro**.

Retsína: Warum die Griechen ihren Wein mit dem Harz der Aleppokiefer versetzen, ist ein Rätsel. Ein Grund ist sicher, dass Harz konservierende Eigenschaften besitzt, weswegen es bereits vor 3.000 Jahren dem Wein zugesetzt wurde. Aber das Verfahren hat noch andere Vorteile: Zum einen ist der etwas säuerliche Geschmack durstlöschend, zum anderen behaupten Retsína-Fans steif und fest, dass Harz das Aroma des Weines verfeinere. In ländlichen Regionen sagt man dem geharzten Wein sogar Heilkräfte nach. Wie auch immer, die Griechen stehen zu ihrem Retsína. Man trinkt ihn hauptsächlich zum Essen, übrigens nicht nur pur, sondern auch verdünnt mit Wasser, Cola oder Soda.

- **Bier (Bíra):** Es steht fest, dass das Bier dem Wein den Rang abgelaufen hat. Vor allem zum Essen wird jenes Getränk, das einst König Otto I. vor etwa 150 Jahren aus Bayern mitbrachte, dem klassischen Retsína vorgezogen. Löwenbräu (München), Amstel und Heineken (Holland), Henninger (Frankfurt) und Karlsberg (Dänemark) haben in Griechenland Niederlassungen. Die Meinungen zur Bierqualität gehen jedoch weit auseinander. Auf Anfrage versicherte übrigens die Brauerei Löwenbräu, ihr Bier werde auch in Griechenland nach dem „Bayerischen Reinheitsgebot" hergestellt.

In jüngster Zeit gibt es auch drei griechische Brauereien, Álpha, Mýthos und Vergína, deren Erzeugnisse sich hinter denen der ausländischen Anbieter nicht zu verstecken brauchen.

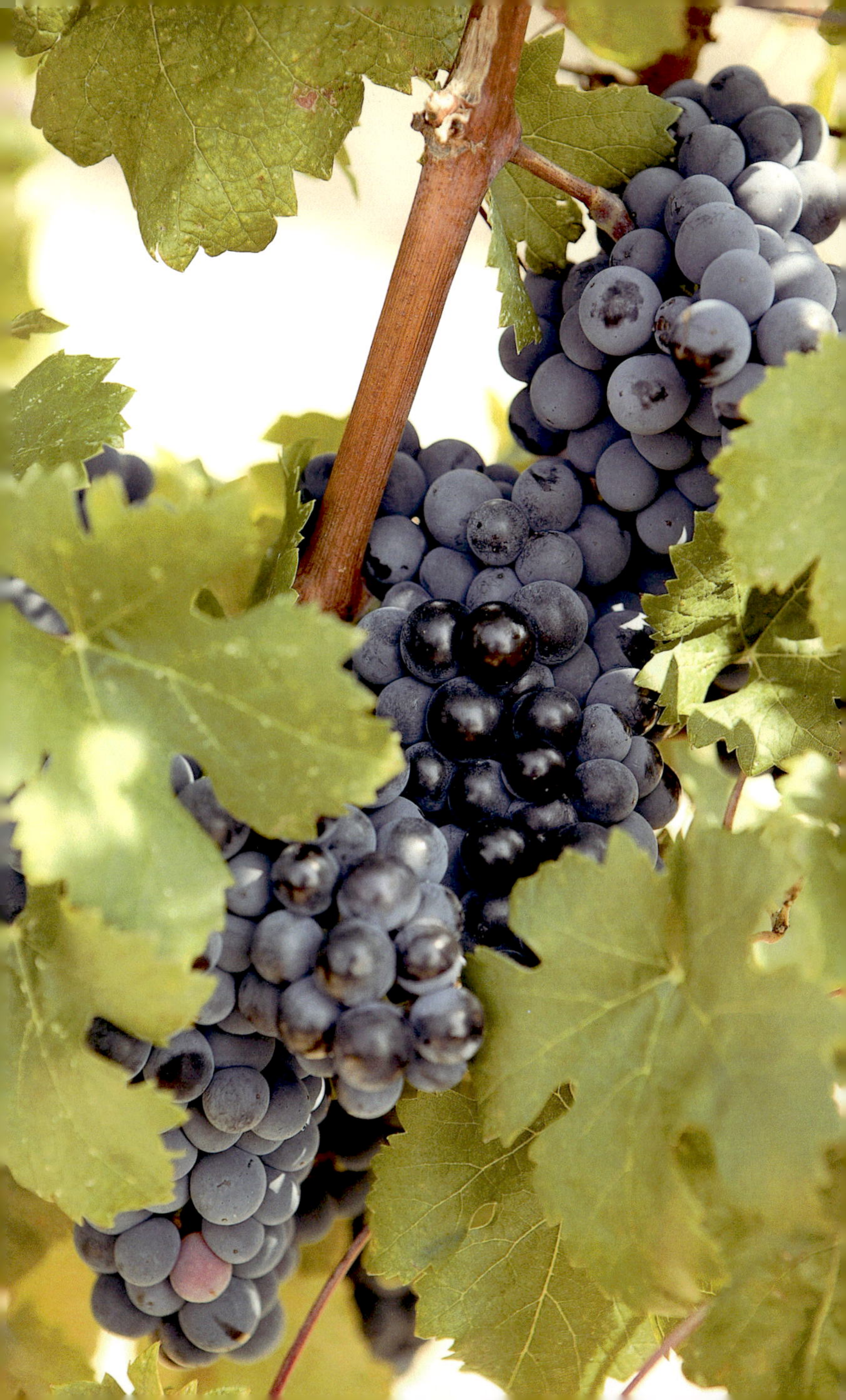

Igoumenítsa

Igoumenítsa ist eine wichtige Hafenstadt vis-à-vis von Kórfu auf dem griechischen Festland. Für viele Ankömmlinge aus Italien die erste Station in Griechenland. Igoumenítsa hat sich voll und ganz auf den Durchgangstourismus eingestellt.

Direkt nach Verlassen des Zollhafens trifft man entlang der Hauptstraße auf Dutzende von Straßencafés und Imbissständen sowie auf eine unüberschaubare Anzahl von Reisebüros. Für die meisten Urlauber ist dieses Hafenpanorama die einzige bleibende Erinnerung, da sie schnell ihre Reise fortsetzen.

Trotzdem ist Igoumenítsa nicht unattraktiv. Vor allem wenn man an wolkenverhangenen Tagen mit der Fähre anlegt, präsentiert sich eine imposante Kulisse. Hinter der weitgezogenen kesselförmigen Bucht steigen die kahlen Hänge des Ori-Pargas-Gebirges an. Igoumenítsa ist eine vergleichsweise junge Stadt ohne große, aber mit bitterer Vergangenheit: Deutsche Truppen legten nach ihrem Abzug im Jahr 1944 die Stadt in Schutt und Asche. Igoumenítsa musste neu aufgebaut werden.

> **Wichtiger Hinweis**: In Igoumenítsa gibt es nach dem kompletten Neubau einer Hafenanlage für den Fährverkehr drei ausgeschilderte Häfen. Für die Autofähren ist der neue **südliche Hafen** am Ortsende von Bedeutung.

• *Anfahrt & Verbindungen* Igoumenítsa ist Anlaufpunkt der **Fähren** aus Venedig, Ancona, Bari und Brindisi. Ebenso legen einige Fähren von Patras Richtung Italien in Igoumenítsa einen Stopp ein, um Passagiere aufzunehmen.
Die Stadt ist an **kein Bahnnetz** angeschlossen. Wer nicht über ein eigenes Fahrzeug verfügt, ist auf den **Bus** angewiesen. Vom Busbahnhof im Ortszentrum täglich mehrmals Verbindungen nach Préveza, Ioánina, Párga oder Árta sowie nach Thessaloníki und Athen. Informationen und Preisauskunft: ✆ 26650/22309.

• *Übernachten* Man hat sich auf die vielen Durchreisenden eingestellt. Entlang der Hafenpromenade und Querstraßen weisen etliche Reklametafeln den Weg zu **Hotels** und **Pensionen**. Zudem gibt es im südlichen Teil der Stadt den Zeltplatz **Camping Sole Mare** mit viel Schatten, einer gemütlichen Taverne am Meer, überalterten sanitären Einrichtungen und reichlich Straßenlärm. Pro Person 6 €, Auto und Zelt jeweils 4 €; ✆ 26650/22105.

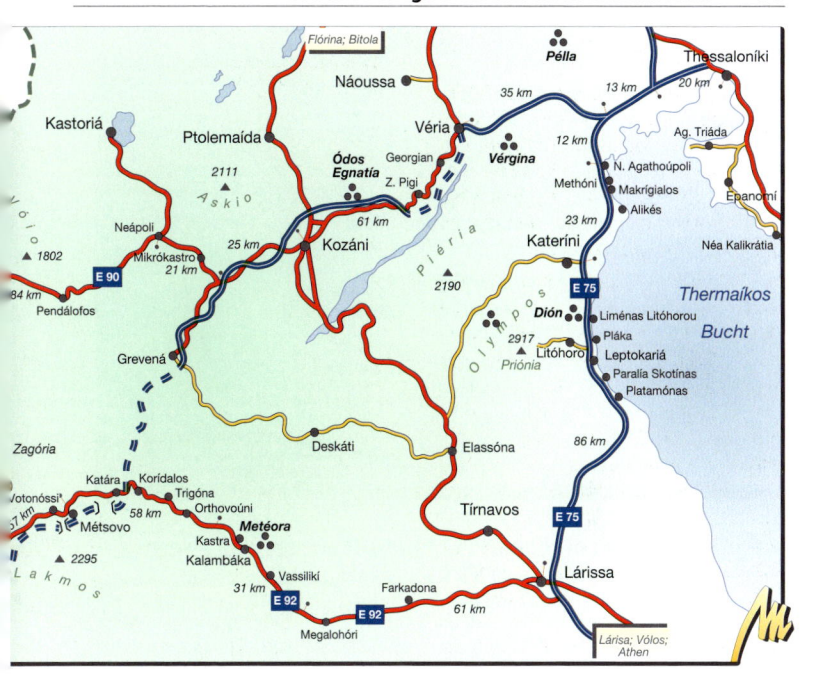

Routen von Igoumenítsa nach Thessaloníki

Eine autobahnähnliche Schnellstraße als Ost-West-Verbindung windet sich gleich nach der Stadt hinauf in die ungemein imposante Gebirgslandschaft in Richtung Chalkidikí. Die endgültige Verbindung mit der Autobahn Athen – Thessaloníki ist leider noch immer nicht geschafft (siehe Kasten S. 76). Nur etappenweise wird die neue Strecke für den Verkehr freigegeben.

Die **nördliche Strecke** führt in einem weiten Bogen entlang der Grenze zu Albanien über 197 km von Ioánina nach Kozáni bzw. nach weiteren 64 km ab Véria über die Autobahn direkt nach Thessaloníki. Unterwegs ist ein Abstecher zum Naturschutzgebiet Prespa möglich (bitte erkundigen Sie sich beim ADAC nach der derzeitigen Situation in dieser unmittelbaren Nähe zu Albanien).

Aufgrund der Naturschönheiten (Metéora-Felsen und Olymp-Massiv) und der antiken Ausgrabung von Dodóna und Díon ist jedoch die **südliche Route** unbedingt empfehlenswert, sie ist nur wenige Kilometer länger. Haben Sie den Katára-Pass erst einmal passiert, der sich 50 km nach dem Ioánina-See auf 1700 m Höhe hinaufschraubt, so geht es in östlicher Richtung weiter zu den Metéora-Klöstern. Nach dem Ort Kalambáka führt uns die Route durch die thessalische Tiefebene bis zum Autobahnanschluss bei Lárissa. Etwa auf der Hälfte der restlichen 135 km bis Saloníki grüßt links der fast immer wolkenverhangene Olymp, der Sitz der Götter.

Für Zwischenstopps in Vérgina (siehe S. 111) oder Pélla (siehe S. 112) geht es zunächst auf der Egnatía Ódos weiter in Generalrichtung Thessaloníki.

Egnatía Ódos – die größte griechische Baustelle aller Zeiten

Mit 680 Straßenkilometern wird die Egnatía-Schnellstraße in Zukunft Igoumenítsa im Westen mit der äußersten Landesgrenze im Osten verbinden – die endgültige Fertigstellung allerdings zieht sich. Seit November 2005 ist zwar eine Strecke von insgesamt 419 km für den Verkehr freigegeben, gerade die restlichen Teilstücke haben es aber in sich: Die fehlenden Streckenabschnitte liegen vor allem im Epirus-Gebirge, wo gigantische Brücken die Täler durchpflügen und zahlreiche Tunnels sich wie doppeladrige Wurmlöcher durch das Gebirgsmassiv fräsen. Die meisten der insgesamt 74 Tunnels mit einer Gesamtlänge von 100 km werden im Gebiet des Epirus und in Westmakedonien benötigt. Weitere 205 Brücken, 100 Über- und 235 Unterführungen mit einer Gesamtlänge von 40 km sind notwendig, 70 verschiedene Subunternehmer sind an dem Unternehmen Egnatía Ódos beteiligt. Durchgehend befahrbar wird die Strecke freilich erst in einigen Jahren sein, für einige Teilstücke ist bisher nämlich noch nicht einmal die Finanzierung gesichert.

Es bleibt nicht aus, dass dieser Eingriff in der Natur Spuren hinterlässt, auch wenn die Baufirma eine über 90%ige Umwelt-Verträglichkeitscharta nachweisen kann. Förster erzählten uns von Bären, die durch Baufahrzeuge getötet wurden, an einigen Stellen hat das breite Asphaltband den Wildwechsel völlig aus dem Gleichgewicht gebracht, und nicht zuletzt mussten ganze Flussläufe umgelenkt werden.

Informationen zum aktuellen Stand der Bauarbeiten unter www.egnatia.gr.

Zwischenstopps auf der Reise zur Chalkidikí

Etwa 22 km südlich von Ioánina in einem schmalen, fast 5 km langen Tal befindet sich das älteste Orakel Griechenlands, **Dodóna**. Zu besichtigen sind heute die Fundamente diverser Tempel sowie Überreste einer Basilika aus dem 5. Jh. n. Chr.

Zwischenstopps auf der Reise zur Chalkidikí 77

Dodóna
Der älteste Tempel in Griechenland

❶ Stadion
❷ Saal mit Säulenreihen
❸ Haus der Priester
❹ Pritaneion (Schatzhaus)
❺ Antiker Tempel der Dione
❻ Christliche Basilika
❼ Heilige Halle
❽ Neuer Tempel der Dione
❾ Tempel des Herakles und Altar
❿ Reste von Befestigungsmauer
⓫ Tempel der Themis und Altar
⓬ Römisches Gebäude
⓭ Tempel der Aphrodite

Glanzstück der Anlage ist jedoch das imposante Theater, das ehemals 18.000 Menschen Platz bot und damit genauso groß war wie das weitaus bekanntere Amphitheater in Epídauros. Über eine schmale, kurvenreiche, aber gut geteerte Strecke geht es hinauf zur Ausgrabung. Mit eigenem Fahrzeug folgen Sie von Ioánina der Straße in Richtung Filipiáda, nach ca. 5 km erfolgt die Abzweigung in die hüglige Landschaft.

Öffnungszeiten täglich 8–17 Uhr, So bis 15 Uhr; Eintritt 2 €, ermäßigt 1 €, ✆ 26510/82287.

Zwischen Ioánina und den Metéora-Klöstern (bei Kalambáka): In ihrem weiteren Verlauf führt die Strecke (zumindest noch bis zur Fertigstellung der Egnatía Ódos) durch Hochgebirge, und die Kurbelei ist für den Fahrer recht anstrengend. Dennoch ist die Landschaft sehenswert und abwechslungsreich, zwischen den weit geschwungenen Bergtälern und kargen Schotterfeldern findet man immer wieder kleine Bergdörfer. Hat man den Katára-Pass einmal erreicht, geht's auf der anderen Seite ähnlich wieder hinunter, bis in der Ferne die grandiose Kulisse der Metéora-Felsen aus dem Dunst aufsteigt. Planen Sie für die Strecke Ioánina – Kalambáka mindestens einen halben Tag ein.

Metéora-Klöster

Zweifellos nicht nur eine der schönsten Szenerien Griechenlands, sondern sogar der Welt! Wer erstmals die einzigartige Formation der stalagmitisch aufragenden dunklen Felsen sieht, ist tief beeindruckt.

Das grandiose Panorama der himmelhohen riesigen Steinsäulen und bizarren Felsnadeln des „Steinernen Waldes" am Rand der thessalischen Tiefebene ist in der Tat unvergesslich – und wohl der herrlichste und weltabgeschiedenste Platz, den man in Europa finden konnte, um die Klöster zwischen Himmel und Erde zu errichten. Während noch bis ins erste Drittel unseres Jahrhunderts die Mönche in Körben und Netzen zu ihren Unterkünften hinaufgehievt werden mussten, führt heute eine gut ausgebaute Asphaltstraße zwischen den Felsen entlang.

Die **Geschichte** der Klöster beginnt damit, dass sich auf den 200–300 m hohen Felsen im 9. Jh. Einsiedler in die Schluchten abseilen, um dort in Höhlen und Felsspalten ihre Gebetsstellen zu errichten. Erst gut 300 Jahre später, im 12. Jh., wird der Grundstein zum ersten Klosterbau, dem Kloster des Hl. Stephanos, gelegt. Die ersten größeren Anlagen entstehen aber erst im 14. Jh. auf den Felsen. Heute sind von den insgesamt 24 lediglich noch vier Klöster bewohnt, und insgesamt kann man noch sechs besuchen.

Metéora – der besondere Anreisetipp

● *Besichtigung* Um einen Blick in die Klöster zu werfen, wird **angemessene Kleidung** verlangt. Männer dürfen keine Shorts tragen, und auch die Schultern müssen bedeckt sein. Für Frauen ist ein Rock verpflichtend, mit freien Schultern ist der Eintritt verboten. Doch die Mönche haben sich auf den Tourismus eingestellt, immerhin können sie das wenige Eintrittsgeld (ca. 2–4 €) gut brauchen. Abgewiesen wird keiner – stapelweise liegen Decken parat, um einen Rock zu imitieren oder sichtbare Haut zu verhüllen.

Wer es einrichten kann, sollte bereits um 9 Uhr morgens mit der Besichtigung der Klöster beginnen. Trotz der riesig anmutenden Felsen kann man in der Tat jedes Kloster mit dem eigenen Auto anfahren. Von den jeweiligen Parkplätzen muss man kaum mehr als 20 Min. zu Fuß gehen. Ein Besuch der Metéora-Klöster lohnt sich auch zu Fuß oder per gemietetem Mofa von Kalambáka (→ S. 82) aus.

● *Busverbindung* Abfahrt jeweils in Kalambáka: 9 Uhr Kloster Metamorphosis, 10.30 Uhr Metamorphosis; Agios Stephanos 12 Uhr, 13.30 Uhr und 18.30 Uhr.

● *Panoramakarte* Die auf S. 80/81 abgebildete Karte erhalten Sie beim **Karto-Atelier Arne Rohweder** (Forchstr. 101, CH-8127 Forch, ✆/℡ 0041/1980/2454) zum Preis von 8,80 €/ 16,80 sfr oder vor Ort in Kalambáka und Kastráki.

▸ **Kloster Ágios Nikoláos**: das erste Kloster an der Straße zu den Metéora-Felsen, etwa 1 km außerhalb von Kastráki. Man kann das hohe Alter – über 500 Jahre – förmlich riechen, so gezeichnet und fast schon bröselig sind manche Holzbalken und Wände

Ikonenmalerei – eines der traditionellen Handwerke Griechenlands

des Gebäudes. Bis 1960 blieb das Kloster sich selbst überlassen, erst dann machten sich Restauratoren daran, die angegriffenen Wandmalereien zu konservieren. Neben den düsteren Wandgemälden, den verschachtelten Holzkonstruktionen und abenteuerlichen Treppen ist vor allem der Ausblick von der „Terrasse" beeindruckend.
Öffnungszeiten täglich (außer Fr) 9–15.30 Uhr, ✆ 24320/22375.

▸ **Kloster Rousanoú**: etwa 2 km außerhalb von Kastráki. Jeder, der die Metéora-Felsen besucht, kommt unmittelbar unterhalb des Klosters vorbei. Das Kloster ist seit 1989 wieder bewohnt und kann besichtigt werden. Im Vorraum der kleinen Kirche befinden sich Wandmalereien mit Darstellungen von Märtyrerszenen.
Öffnungszeiten täglich 9–17 Uhr, ✆ 24320/22649.

▸ **Kloster Ágia Triáda**: wegen seiner exponierten Lage besonders auffällig. Der Felsen ist 565 m hoch und sieht aus der Ferne aus, als wäre er nicht zu besteigen, viel zu steil fallen die Wände ab. Aus diesem Grund diente dieses Kloster auch als Kulisse für den James-Bond-Film „In tödlicher Mission". Die Hauptkirche (Katholikon) wurde im Jahre 1476 erbaut, das Vestibül erst 1689. In der Hauptkirche (gleicht eher einer Kapelle) sind einige Ikonen zu besichtigen. Freuen Sie sich auf den etwas kauzigen, sehr kurzsichtigen, aber außerordentlich freundlichen Bruder Ioánis, der Sie am Eingang begrüßt.
Öffnungszeiten täglich (außer Do) 9–12.30 und 15–17.30 Uhr, ✆ 24320/22220.

▸ **Kloster Varláam**: Erst 1923 wurden die 195 Stufen in den Felsen gehauen, um die Mönche und die Besucher auf dem engen Fußweg sicher nach oben zu bringen. Bis dahin wurde man im Netzkorb nach oben gezogen. Und auch heute noch gelangen die Lebensmittel über die Seilwinde ins Kloster. Das auffälligste Gebäude des Klosters ist sicher die im kretischen Stil ausgemalte Hauptkirche, die laut Überlieferung im Jahr 1548 in 20 (!) Tagen erbaut wurde.
Öffnungszeiten täglich (außer Do) 9–16 Uhr, ✆ 24320/22277.

Agios Demetrios
DEMETRIOU
Ipapantis
FTELIAS
MEGALO METEORO
(GREAT METEORO)
615 m
VARLAAM
595 m
PLATIS LITHOS
Ipsilotera
IPSILOTERA
VARLAAM
ROUSSANOU
KABANA
Agia Moni
Drakospilia
KRENI
PETRA
AGIOS NIKOLAOS
ANAPAFSAS
Plakes Kalarda
Hani Paleokrani
Prodromos
AGION
PNEVMA
Filake Monachon
SFIKA/SFIGA
PALEOKRANIES
600 m
SUORLOTI
Pantokrator
KAFKASIOS
DOUPIANI
KUMARIES
Doupiani
Agion Pnevma
ADRACHTI
Agios
Georgios
Mandilas
ROKA
Panagia
CHALASMA
Panagia
Doupiani
Camping Boufidis
PIXARI
Agios
Nikolaos
KASTRAKI
300 m
PETROS PAULOS
Agios Antonios
Agios Grigorios
Agios Christomas
MARMARO
Panagia
Panagia
AMBARIA
DRAGASES
Camping
Vrachos Kastraki
Ioannina 133 km
Igoumenitsa 199 km
Camping
Meteora Garden
Pinios - River
Hospital

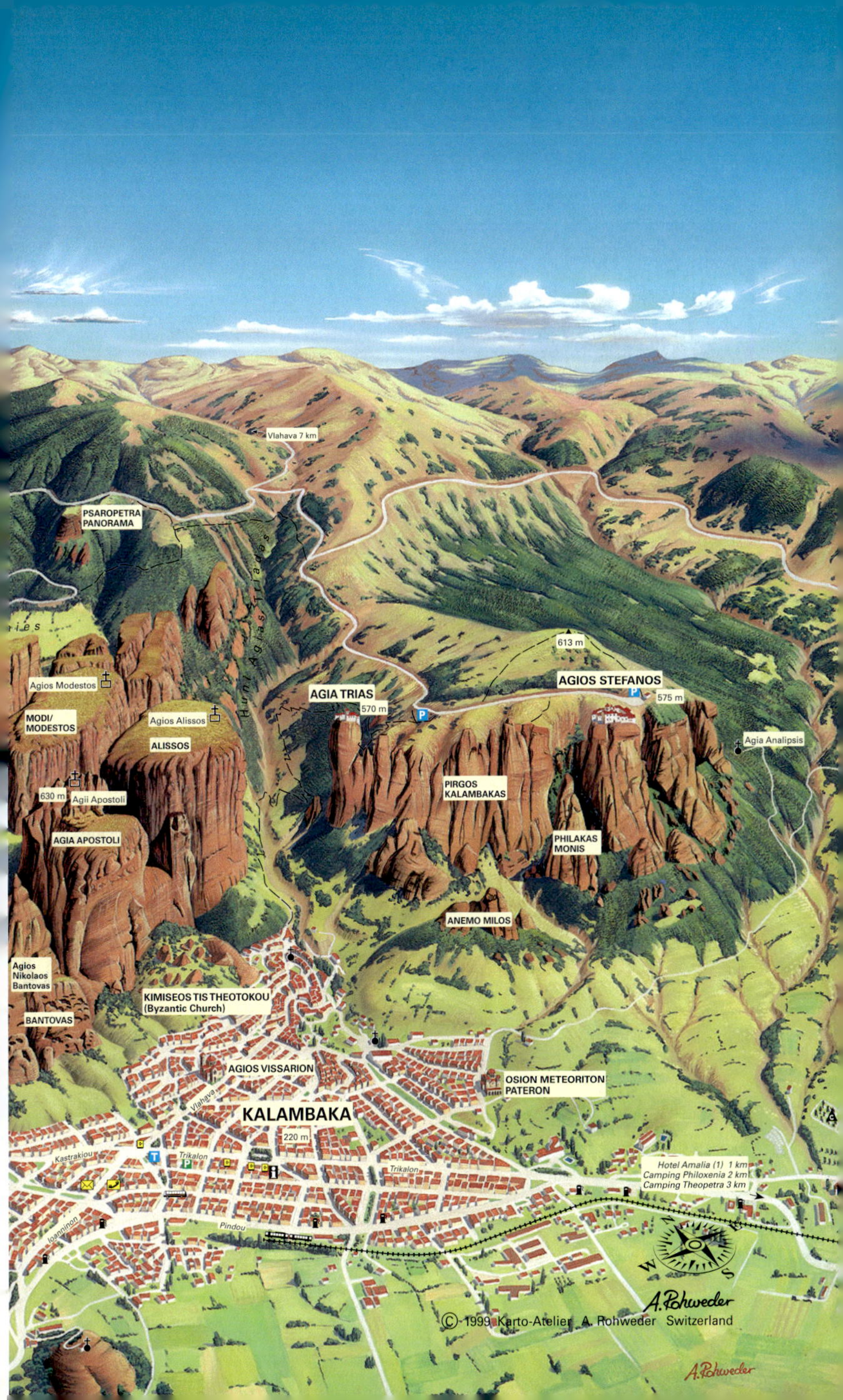
Vlahava 7 km
PSAROPETRA PANORAMA
Hunt Agias Triadas
613 m
AGIOS STEFANOS
575 m
AGIA TRIAS
570 m
Agios Modestos
MODI/ MODESTOS
Agios Alissos
ALISSOS
630 m
Agii Apostoli
AGIA APOSTOLI
Agia Analipsis
PIRGOS KALAMBAKAS
PHILAKAS MONIS
ANEMO MILOS
Agios Nikolaos Bantovas
BANTOVAS
KIMISEOS TIS THEOTOKOU (Byzantic Church)
AGIOS VISSARION
OSION METEORITON PATERON
Vlahava
KALAMBAKA
220 m
Kastrakiou
Trikalon
Trikalon
Hotel Amalia (1) 1 km
Camping Philoxenia 2 km
Camping Theopetra 3 km
Ioanninon
Pindou
W
S
A. Rohweder
© 1999 Karto-Atelier A. Rohweder Switzerland
A. Rohweder

▶ **Kloster Metamórphosis (Megálo Metéoron):** Das größte und vielleicht imposanteste Kloster der Metéora-Felsen. Die ganze Anlage scheint früher eine Stadt für sich gewesen zu sein: Werkstätten, Weinfässer, ein Marktplatz, Küchenräume – hier hatten ehemals mehr als 100 Mönche Platz. Wer sich im Kloster genauer umsehen will, sollte gute Nerven haben – Wandmalereien und Fresken zeigen sehr eindrucksvoll und ausführlich die Darstellungen von Märtyrerqualen. Interessant auch das Museum mit zahlreichen Kruzifixen, Grabtüchern, Dokumenten, Ikonen und aufwendigen Stickereien.
Öffnungszeiten täglich (außer Di) 9–17 Uhr, ✆ 24320/22278.

Kalambáka und Kastráki

Mit 8000 bzw. 2000 Bewohnern schmiegen sich die beiden überschaubaren Orte an die gewaltigen Metéora-Felsen. Ideale Ausgangspunkte für den Besuch der weltberühmten Klöster. Als wichtiger Verkehrsknotenpunkt auf der Fahrt von Ost nach West ist Kalambáka eher lebendig, Kastráki im Hochtal zwischen den Felsen wirkt dagegen eher verschlafen.

• *Busverbindung* Kalambáka wird von Thessaloníki (ca. 9 €), Tríkala (ca. 3,50 €), Ioánina (ca. 6,50 €), Volos (ca. 14 €) und Kozáni (ca. 6 €) mehrmals täglich angefahren.

• *Übernachten* Hotel Amalia (A-Kat.), ca. 4 km außerhalb von Kalambáka in Richtung Lárissa. Sehr ruhig gelegen, weitläufige Zimmer mit Blick auf einen gepflegten Innenhof. Swimmingpool, um nach den anstrengenden Tageswanderungen zu entspannen. Frühstücksbuffet, Abendessen à la carte (30 €/Person). DZ ab 210 €. Anfahrt problemlos mit Taxi ab Kalambáka. ✆ 24320/72216, ✆ 24320/72457, www.amalia.gr. **Tipp!**

• *Camping* Vráchos Kastráki, sehr empfehlenswerter Familienbetrieb. Liegt gegenüber den Metéora-Felsen (200 m), knapp 1 km außerhalb von Kalambáka am Beginn der Ortschaft Kastráki. Ganzjährig geöffnet. Am Eingang Bushaltestelle mit Verbindung (mehrmals tägl.) zu den Klöstern. 5 €/Person, Auto 3 €, Zelt 3,50 €. Wer mit Michael-Müller-Reiseführer unterwegs ist, erhält 10 % Rabatt. ✆ 24320/22293, ✆ 23134. Vorzeigecampingplatz!

Der Thron der Götter – fast immer in Wolken

▶ **Weiter über Lárissa zum Olymp:** Wie ein langes Band zieht sich die Verbindungsstrecke von Kalambáka über 90 km bis hinüber zum Autobahnanschluss nach Lárissa. Keineswegs unattraktiv, aber durch den Mangel an Abwechslung kann die Landschaft vor allem für den Fahrer doch recht ermüdend werden. Auf der neu ausgebauten Autobahn geht es schließlich flott voran, bis 66 km weiter nördlich das höchste griechische Bergmassiv – der Olymp – den Besucher grüßt.

Berg Olymp/Litóhoro

Der Thron der Götter – knapp 40 km lang und fast 30 km breit erhebt sich das gewaltige und weitverzweigte Massiv von Meereshöhe bis auf 2917 m. Es trennt dabei die fruchtbaren Ebenen von Makedonien und Thessalien.

Der optische Eindruck könnte kaum grandioser sein! Lediglich 20 km vom Meer entfernt ragen die Olymp-Gipfel Mýtikas (2917 m), Skolió (2911 m), Stefáni (2909 m, Zeusgipfel), Agios Antonios (2815 m), Skála (2785 m) und Profítis Ilías (2786 m) gen Himmel.

Die Götter hätten sich kein besseres Plätzchen in Griechenland aussuchen können. Leider sind die extreme Höhe und das nahe Meer dafür verantwortlich, dass ihre Residenz ganz oben fast immer mit Wolken verhangen ist. Selbst wenn beim Aufstieg der Himmel klar ist, von Wolken nicht die geringste Spur zu sehen ist und auch die Temperaturen einladen, ist Vorsicht geboten! Seit jeher ist der Olymp als Wetterecke gefürchtet.

Litóhoro ist ein kleiner Ort am Fuße des Olymp, 5 km von der Küste sowie von der Bahnlinie und Autostraße Thessaloníki–Athen entfernt. Hier bekommen Sie alle Informationen zur Besteigung des Götterberges. Im Ort wohnt auch der offizielle Olymp-Bergführer Kostas Zolotas, der Englisch und Deutsch spricht.

- *Anfahrt & Verbindungen* Die Abzweigung nach Litohóro erfolgt von der **Autobahn Lárissa – Thessaloníki** etwa auf Höhe der Ortschaft Gritsá (beschildert). Nach Thessaloníki sind es etwa 90 km, von Lárissa gut 70 km und nach Athen rund 400 km. Mautpflichtig.

  Bus: 7-mal täglich von Thessaloníki nach Litohóro, etwa 8 €. Nach Kateríni verkehren die Busse stündlich, ca. 3 €. Die Haltestelle befindet sich direkt im Ortszentrum von Litohóro, kleiner Busbahnhof.

- *Information & Adressen* **Griechischer Bergsteigerverband** (E.O.O.S.), Karagiorgi Servias 7, 10563 Athen, ✆ 210/3234555.
  Kostas Zolotas (Bergführer), 60200 Litóhoro, ✆ 23520/81329.
  Olymp-Schutzhütte „A", 60200 Litóhoro, ✆/✆°23520/81800.

Díon (Ausgrabungsstätte)/Pieria

Díon, die heilige Stadt der Makedonier und eng verbunden mit dem sagenhaften Alexander dem Großen, liegt direkt am Fuße des Olymp, in Pieria, von der Autobahn Thessaloníki–Lárissa etwa 7 km entfernt.

Den Namen verdankt der Ort seinem Schutzgott, dem olympischen Zeus, in dessen Tempel *Alexander der Große* prunkvolle Feiern abzuhalten pflegte, bevor er zum Feldzug aufbrach. Die Ehrfurcht vor der Kultstätte ließ ihn auch in weiter Ferne daran denken, reiche Opfergaben an den Tempel in der Heimat zu senden. Bekannteste Gabe ist das berühmte Regiment, gebildet aus 25 kupfernen Statuen des Bildhauers *Lysippos*.

Seine Glanzzeit hatte das Heiligtum im 5. Jh. v. Chr. Unter *König Archelaos* erblühte die Stadt zu einem kulturellen und geistigen Zentrum der Makedonier.

Was hier ausgegraben wurde, ist wirklich eine Besichtigung wert. Interessanterweise findet man auch (noch) weit und breit keine Touristen. Zu sehen sind eine komplette Stadt, Unmengen von Statuen und Mosaike in einer Größe von bis zu 5 mal 10 m (!). Außerdem zwei offene Theater, das Odeon und zahlreiche Heiligtümer. Vor allem der Nordtrakt der öffentlichen Bäder ist noch gut erhalten geblieben.

- *Öffnungszeiten/Eintritt* Museum: Mo 12.30–19 Uhr, Di–So 8–19.30 Uhr; Ausgrabungen: tägl. 8–19 Uhr (Winter verkürzt, besser vorab anrufen). Eintritt 3 €, für Studenten frei. ✆ 23510/53206.

> Weitere sehenswerte archäologische Stätten, nämlich **Pélla** und **Vérgina**, lassen sich mit der Fahrt von Igoumenítsa nach Chalkidikí über die *Egnatía Ódos* kombinieren oder lohnen einen eigenen Ausflug von Thessaloníki aus. Die Beschreibung finden Sie ab S. 111ff.

Thessaloníki (Saloníki)

Man liebte und pries sie, belagerte und plünderte sie, man besang und malte sie: Könige und Herrscher, Fremde und Landsleute, Intellektuelle, Künstler und Händler, Angreifer und Eroberer, Mazedonen und Thraker, Genuesen und Venezianer, Franzosen, Deutsche und Russen, Juden, Armenier und Muslime – sie alle hinterließen ihre Spuren in dieser Stadt, die 1997 zur europäischen Kulturhauptstadt gekürt wurde.

Wie ein Amphitheater schmiegt sich die legendäre Metropole an den Thermaischen Golf, steigt vom Meer hinauf zum Fuß des Hortiátis, dehnt sich weit über ihre starken Mauern und stattlichen Türme hinaus aus. Eine Stadt, reich an Kirchen, Klöstern, prächtigen Bauten, Triumphbögen, Badehäusern und antiken Märkten. Mit knapp 1 Million Einwohner ist die Hauptstadt der griechischen Provinz Makedonien gleichzeitig die zweitgrößte Stadt Griechenlands und eines der bedeutendsten Wirtschaftszentren ganz Südosteuropas. Textilverarbeitung, Maschinenherstellung, Lederwaren, Tabakveredelung, Raffinerien und Stahlwerke. Junge Leute sind hier in Scharen unterwegs. Hier nämlich – und nicht etwa in Athen – findet man die größte Universität des Landes und des gesamten Balkans.

Wer mit dem Zug in Saloníki ankommt und sich nur flüchtig die Gegend um den Bahnhof ansieht, wird enttäuscht sein. Hektischer Großstadtverkehr, monotone Hochhäuser, schachbrettartig angelegte Straßen, Hitze und dicke Luft. Wer sich jedoch zwei oder drei Tage Zeit nimmt und Thessaloníki in aller Ruhe durchstreift, erlebt angenehme Überraschungen. Es ist die unvergleichliche Mischung aus zahlreichen kleinen Plätzen mit etlichen, z. T. stilvollen Cafés, aus alten Gebäuden, die so gar nicht recht zwischen die Hochhäuser passen, aus vielen Grünanlagen und breiten Boulevards, besonders am Meer.

Nicht nur am Wochenende sind die Straßen voll mit Menschen jeden Alters. In manchen Stadtteilen, vor allem in den Querstraßen in Hafennähe, hat man zeitweise den Eindruck, in Paris zu sein, während das Treiben auf dem Markt nordwestlich vom großen Aristoteles-Platz dagegen fast schon orientalisch anmutet. Das Leben spielt sich hauptsächlich in den Straßen ab, die bunten Auslagen der Geschäfte sind anziehend und fotogen. Langweilig wird es einem hier wohl kaum werden. Auch die Museen locken mit einigen wertvollen Schätzen, und die Straßencafés laden zu einem erfrischenden Drink, einem kühlen Eis oder einfach zum Verweilen ein.

Lohnenswert ist ein Besuch der Altstadt mit ihren verwinkelten Gassen und den zahlreichen Häusern in türkischer Bauweise. Eine ganze Reihe sehenswerter Kirchen machen den Spaziergang zum Vergnügen. Von der Anhöhe bei der ehemaligen Stadtmauer bietet sich ein grandioser Blick über die ganze Stadt und den Thermaischen Golf. Romantisch Veranlagte spazieren im Abendlicht die pompöse Uferpromenade entlang und genießen den Blick auf den Weißen Turm oder das Reiterstandbild Alexanders des Großen.

Alexander der Große – Unikum der Weltgeschichte

Thessaloníki/Geschichte

Im Jahr 316 v. Chr., so ist überliefert, schließt König Kassandros, einer der Nachfolger Alexanders des Großen (Diadochen), 26 kleinere Ortschaften zu einer zusammen. Die neue Stadt nennt er Thessaloníki nach seiner Frau, einer Schwester Alexanders des Großen. Binnen kurzer Zeit entwickelt sich Thessaloníki nicht zuletzt wegen der günstigen Lage zu einer wichtigen Handelsstadt mit Kriegshafen. Auch die schachbrettartige Anordnung der Hauptstraßen stammt aus dieser Zeit. Ihre Bedeutung nimmt noch zu, als 168 v. Chr. die Römer Makedonien besetzen und Thessaloníki zur Hauptstadt der Provinz Macedonia erklären. Kurz darauf ist Thessaloníki wichtiger Etappenpunkt an der Römerstraße Via Egnatia (griech. Egnatía Ódos), dem Hauptverkehrs- und Handelsweg zwischen Rom und Byzanz, die 130 v. Chr. fertig gestellt wird. Auch kulturell gewinnt die Stadt zunehmend an Einfluss. Für kurze Zeit, unter Kaiser Galerius nämlich, wird die makedonische Hauptstadt sogar Kaiserresidenz des Römischen Reiches. 58 v. Chr. wird Cicero aus Rom verbannt und geht ins Exil nach Thessaloníki, bis er wieder begnadigt wird.

In den ersten nachchristlichen Jahrhunderten wurde die Stadt unter römischem Einfluss mehr und mehr ausgebaut. Mit Erfolg verteidigte man sich gegen Angriffe der Goten, Awaren und Slawen. 904 allerdings müssen sich die Einwohner Thessaloníkis den Sarazenen geschlagen geben. Die Eindringlinge plündern nach dreitägiger Belagerung die Stadt und versklaven insgesamt 22.000 Griechen. 1185 fallen die sizilianischen Normannen über die makedonische Hauptstadt her, plündern und verwüsten sie. Nach dem vierten Kreuzzug, bei dem Konstantinopel (Byzanz) in die Hände der Kreuzritter fällt, wird 1204 Saloníki Sitz eines kurzlebigen fränkischen Königreichs unter Bonifatius, Markgraf von Montferrat. Nach einem anschließenden griechischen Intermezzo gehört die Stadt ab 1246 wieder zum Byzantinischen Reich.

Thessaloníki (Saloníki)

> Der **Apostel Paulus** gründete 50 n. Chr. in der Stadt eine der ersten christlichen Gemeinden Europas. Seine Reden sind als die zwei Briefe an die Thessalonicher überliefert (siehe auch S. 100).
> Hier ein kleiner Auszug aus dem 2. Brief (1, 6–8): „Es wird in Betracht gezogen, dass es von Seiten Gottes gerecht ist, denen, die euch Drangsal bereiten, mit Drangsal zu vergelten. Euch aber, die ihr Drangsal erleidet, wird er Ruhe schenken, wenn sich Jesus, der Herr, vom Himmel offenbart, mit seinen mächtigen Engeln in loderndem Feuer."
> Im August 1917 wurde Thessaloníki durch einen Großbrand fast völlig zerstört.

1387 haben erstmals die Türken das Sagen. Während dieser Jahre der Türkenherrschaft werden zahlreiche Kirchen zu Moscheen umgebaut. Der Großteil der griechischen Bevölkerung verlässt die Stadt, wird getötet oder in die Sklaverei geschickt. Sultan Murad II. lässt zugleich 20.000 aus Spanien vertriebene Juden einwandern. 1423 besetzen Venedig und Genua die Stadt, ehe 1430 die Türken Thessaloníki erneut erobern. Erst der wirtschaftliche Aufschwung Mitte des 18. Jh. zieht wieder viele Griechen an.

Thessaloníki beteiligt sich bereits an den ersten Befreiungskämpfen gegen die Türken (1821). Aber die Aufstände werden blutig niedergeschlagen. Bis 1912 können sich die Türken noch behaupten, erst dann wird Thessaloníki und mit ihm ganz Makedonien an das neue griechische Königreich angeschlossen.

Im August des Jahres 1917 zerstört ein Großfeuer die malerische Innenstadt von Thessaloníki samt ihrer Schätze aus vielen Epochen. Knapp 50.000 Menschen werden durch diesen Brand obdachlos. Das Elend in der Stadt wird noch größer, als durch den Lausanner Friedensvertrag von 1923 1,6 Millionen griechischstämmige

Badespaß in der Großstadt

Menschen aus Kleinasien nach Griechenland umgesiedelt werden und viele davon sich in Thessaloníki niederlassen.

Während im 1. Weltkrieg das alliiertenfreundliche Saloníki sogar eine Expeditionsarmee der Gegner des Deutschen Reiches landen lassen kann, ist es im 2. Weltkrieg vier Jahre lang von Deutschland besetzt – mit schrecklichen Folgen. Nachdem Thessaloníki über Jahrhunderte ein bedeutendes Zentrum des Judentums gewesen war, die jüdische Gemeinde durch Auswanderung, Zwangsverschickungen und andere traurige Ereignisse aber schon reichlich dezimiert war, wurden die letzten 42.000 Juden von Mitte März bis Mitte Mai 1942 von den deutschen Besatzern nach Auschwitz deportiert.

Erst 1997, als Thessaloníki Kulturhauptstadt Europas war, wurde in einem ehemals jüdischen Viertel ein Mahnmal errichtet, das an die einst blühende jüdische Gemeinde erinnert. Vergeblich sucht man ein solches Denkmal bisher auf dem Gelände der Universität, die auf einem 450 Jahre alten jüdischen Friedhof errichtet wurde. Die griechischen Bauherren verwendeten als Baumaterial z. T. Grabsteine, die deutschen Besatzer übertrafen diese Schändung noch, indem sie aus den Grabsteinen ein Schwimmbad für Offiziere anlegten.

Thessaloníki, die ewige Zweite

Wenn es griechische Stadt gibt, die die zweite Geige seit eineinhalb Jahrtausenden würdevoll zu spielen weiß, so ist es Thessaloníki. Zunächst waren es die oströmischen Kaiser in Konstantinopel, dann die Sultane der später Istanbul heißenden Stadt, die Saloniki zur Stellvertreterin der Metropole am Bosporus machten. Wie schwer muss es der traditionsreichen Handelsstadt später gefallen sein, sich dem kleinen Athen unterzuordnen, das im Vergleich nicht mehr als eine verschlafene Kleinstadt war.

Thessaloníki steht noch immer in der Tradition von Byzanz und ist deshalb aufs Engste mit der orthodoxen Kirche verbunden. Als „fromme Patrioten" werden die Bürger Saloníkis gerne bezeichnet, und tatsächlich standen 90 % der Griechen auf der Seite ihrer orthodoxen Brüder in Serbien, als die Nato gegen Jugoslawien ins Feld zog. Verstärkt wird diese religiöse Tradition nicht zuletzt durch die Nähe des Áthos-Staates und den Sitz des Pilgerbüros in Thessaloníki.

Information/Adressen & Telefonummern

• *Information* Das brandneue Büro der **Griechischen Zentrale für Fremdenverkehr (E.O.T.)** befindet sich seit September 2005 in der Tsimiski-Str. 136 (wenige Schritte vom Weißen Turm entfernt), gut zu erkennen am breiten Schriftzug auf der Fassade. Das junge Personal ist nett und zuvorkommend. Man spricht englisch, Auskünfte sind präzise und vorbildlich. Neben Informationen und einem Gratis-Stadtplan zu Saloníki gibt es weitere Broschüren zu Regionen in Nordgriechenland und natürlich zur Chalkidikí. Öffnungszeiten tägl. 9–21 Uhr. ✆ 2310/221100,

✆ 2310/221380, the_info_office@gnto.gr. Ferner ist eine **Zweigstelle im Flughafen** (16 km südlich vom Zentrum) eingerichtet, ✆ 2310/471170 und 425011.

Zudem unterhält die **Touristenpolizei**, u. a. zuständig bei Problemen mit der Zimmersuche, zwei Büros: Dodekanisou-Str. 15, ✆ 2310/554870-1.

Pilgerbüro Heiliger Berg Athos: Egnatía-Str. 109 (neu!), 54635 Thessaloníki, ✆ 2310/252578, geöffnet Mo–Fr 9–14 Uhr, Sa 10–12 Uhr.

Thessaloníki (Saloníki)

- *Notrufnummern* **Krankenwagen** ✆ 2310/530530; ELPA-Straßendienst ✆ 104; **Feuerwehr** ✆ 199 (Notruf) und ✆ 2310/429701; **Polizei** ✆ 100 (Notruf) und ✆ 2310/511861; Ippokration-Krankenhaus ✆ 2310/892000.

- *Automobilclubs* **ADAC**, bei Notfällen ✆ 2310/412290. **ELPA** (Büro), Vassilissis-Olgas-Str. 228, ✆ 2310/426319-20.
- *Diplomatische Vertretungen* **Deutsches Generalkonsulat**, 4a, Karolou-Diehl-Str., 54623 Thessaloníki, ✆ 2310/251120 und 251130; ℻ 2310/240393, gkthessaloniki@internet.gr.
Österreichische Botschaft und Konsulat, 4, Vassilissis Sofía Ave., 10674 **Athen**, ✆ 210/7257270, ℻ 210/7257292. athenob@bmaa.gv.at.
Schweizer Botschaft und Konsulat, 2, Iassiou-Str. (Nähe Syntágma), 11521 **Athen**, ✆ 210/7230364-6, ℻ 210/7249209, vertretung@ath.rep.admin.ch.
- *Mietwagen* Alles Wichtige zum Thema Leihwagen finden Sie auf S. 55; die nachstehende Liste erhebt keinen Anspruch auf Vollständigkeit.
Auto europe, 93 Ethnikis-Antistasseos-Str. (Kalamaria), ✆ 2310/459745; **Agenda**, 35 Angelaki-Str., ✆ 2310/270277; **Atlas Car Rental**, 311 Egnatias-Str., ✆ 2310/325845; **Avis**, ✆ 2310/227126, Flughafen ✆ 2310/473858. **Budget Rent A Car**, 15 Angelaki-Str., ✆ 2310/229519; Flughafen ✆ 2310/471491; **Europcar**, 5 G.-Papandreou-Str., ✆ 2310/826333; **Eurodollar Rent A Car**, 157 Ethnikis-Antistaseos-Str., ✆ 2310/456630; **Hertz**, 1, Nikis-Str., ✆ 2310/224906, Flughafen ✆ 2310/473952. **Kosmos**, 157 Eth.-Antistasseos-Str. (Kalamaria), ✆ 2310/456630-1; **Panmacar (Autorent)**, 6 Politechniou Avenue, ✆ 2310/520607; **Sixt**, 35 G.-Papandreou-Str., ✆ 2310/427888, Flughafen ✆ 2310/427933; **Status**, ✆ 2310/303456.
- *Sprachkurse* Ausländische Studenten können an der **Universität** während der Sommermonate die griechische Sprache lernen. Die Kurse dauern 4 Wochen (tägl. 4 Std.). Auskünfte erteilt u. a. das **Goethe-Institut** am Nikis-Boulevard 15.
- *Post* **Hauptpostamt**, Tsimiski-Str. 23, etwas nördlich vom Aristoteles-Platz.

Anfahrt/Verbindungen

- *Auto* Wer nicht durch Saloníki fahren will (z. B. mit Wohnwagen oder Wohnmobil), kann die Großstadt auf der **Ring Road** umgehen. In der Innenstadt sind Parkmöglichkeiten dünn gesät. Am Anfang von Thessaloníki auf der zweispurigen Ausfallstraße von Kalithea sind **gebührenpflichtige Parkplätze** ausgewiesen, auf denen der Wagen für einen Tag abgestellt werden kann (ca. 3 €). In der näheren Umgebung befinden sich Bushaltestellen, von hier geht es bequem in die Innenstadt. Zurück entweder mit Bus oder Taxi.
Eine **hochmoderne Parkgarage** mit 1000 Stellplätzen („Central Parking") mit Lift, der die unbemannten Fahrzeuge vollautomatisch auf ihr Parkdeck befördert, gibt es seit 2004 nahe dem Fernsehturm in der Tsimiski-Str. (links nach ca. 150 m). Es können Fahrzeuge bis zu einer Höhe von 1,95 m eingestellt werden. Die Fahrzeuginsassen verlassen den Pkw, das Fahrzeug wird mit einer Hebevorrichtung „abgeholt", bei Rückkehr zahlt man die Parkgebühr, gibt die Karte ab und in kürzester Zeit steht der Wagen einstiegsbereit. Gebühr z. Zt. 3 €/Stunde, jede weitere Std. 2 €. Ein Superdeal bei der Parknot in der Innenstadt! Die Ordnungshüter in Thessaloníki verstehen keinen Spaß. Falsch geparkte Autos werden zwar nicht immer abgeschleppt, dafür aber entfernt man, manchmal mit Gewalt, die Nummernschilder. Nicht nur, dass man mindestens 60 € berappen muss, viel schlimmer sind die Suche und die Behördengänge, um das Kfz-Zeichen wiederzubekommen. Auch die berüchtigte Parkkralle kommt zum Einsatz.
- *Bahn* Von Thessaloníki geht es 7-mal tägl. nach Athen (7 Std. Fahrzeit, auch Nachtzüge; einfach 14,20 €, IC 33 €, ICE 45,20 €), 4-mal nach Flórina (4,70 €) und 3-mal nach Kozáni (5,30 €).

> **Tipp**: Die angebotenen Expressverbindungen sind in der Regel ebenso unpünktlich wie die regulären Züge, nicht selten bis zu 1 ½ Std.! Wer z. B. einen Flug in Athen erreichen muss, hat mit den Bussen bessere Chancen.

Alle **Fernzüge sind platzkartenpflichtig**, eine Reservierung muss in der Hochsaison bereits mehrere Tage zuvor erfolgen, am besten schon bei der Ankunft in Griechenland.

Anfahrt/Verbindungen 89

Der **Bahnhof** ist im Vergleich zu den Athener Bahnhöfen riesig groß. Hier finden Sie die Gepäckaufbewahrung, ein Telegrafenamt, eine Poststation sowie ein O.T.E.-Büro. Die Auskunft in der Bahnhofshalle ist nicht immer besetzt. Gut sind die **Sanitäranlagen** im Bahnhof. Sehr saubere Toiletten, man kann sogar duschen.
Fahrplanauskünfte per Tonband unter ✆ 145, außerdem O.S.E. Thessaloníki, ✆ 2310/517517-8.
• *Bus* Alle **Überlandbusse** (ausgenommen die zur Chalkidikí, s. u.) fahren vom **neuen Busterminal Macedonias Stathmós Leoforíon KTEL** (westl. an der Peripherie) ab. Unter anderem vom *Bahnhof*, *Platía Dimokratías* und dem *Weißen Turm* fährt die Buslinie 78 alle 30–45 Min. zum Busterminal bzw. zum Flughafen (0,50 €). Taxipreis: Zentrum–Busterminal Macedonias 4–5 €, von Fahrten mit dem Taxi zum Airport wird von offizieller Stelle abgeraten (Betrügereien).
Mit den Bussen der KTEL-Linie bestehen u. a. Verbindungen nach **Athen** (4- bis 6-mal tägl., etwa 7 ½ Std., einfach 30 €, Plattform 13), **Pátras** (4-mal tägl., ca. 8 Std., 32,40 €, Plattform 12), **Vólos** (8-mal tägl., ca. 5 ½ Std., 13 €, Plattform 24), **Kalambáka/Metéora** (6-mal tägl., ca. 4 Std., 14,50 €, Plattform 17) und **Édessa** (etwa stündlich zwischen 7 und 21 Uhr, 6,20 €, Plattform 17).
Fahrplanauskünfte per Tonband unter ✆ 142 und bei KTEL Thessaloníki, ✆ 2310/595411-21.
Die **Busse zu den Vororten** fahren am Bahnhofsvorplatz ab. Busse innerhalb der Stadt und der Pendelbus zwischen Busterminal und Flughafen (# 78) kosten derzeit 0,50 €, wenn man die Tickets im Bus kauft. Fahrkarten werden auch an den Kiosken verkauft (0,45 €) und müssen im Bus entwertet werden.

> Zur **Akropolis/Altstadt** startet an der *Platía Eleftheriás* die Buslinie 23, aussteigen an der Endstation „Terma".

Die **Busse zur Chalkidikí** starten im östlichen Teil der Stadt, nämlich in der Karakassi-Str. 68 am Chalkidikí-Busbahnhof („Praktorion Chalkidikís") im Ortsteil Charialou (Nähe Martiou-Str. 25). Es gibt jedoch eine Zubringer-Busverbindung (Linie 10, 0,50 €) vom Bahnhof aus. Hier kann auch in begrenzter Menge und kostenlos Gepäck deponiert werden (am Bahnhof kostet es dagegen ca. 3 €/Tag). Weitere Buslinien von/zur Innenstadt sind die Linien 33 und 39, beide führen über den Aristoteles-Platz.

Seit 2005 im neuen Look: der Fernsehturm von Saloníki

Buspreise (Stand 12/2005), einfach: Áfitos 7,80 €, Ágios Nikólaos 9 €, Agios Paraskeví 10,20 €, Agios Pavlos 4,50 €, Arnéa 6,70 €, Dionissiou Beach 5,60 €, Foúrka 9 €, Haniótis 9 €, Ierissós 9 €, Kalithea 7,80 €, Kassándra 7,80 €, Kriopigí 9 €, Nea Flogita 5,60 €, Néa Fokéa 6,70 €, Nea Iraklia 4,50 €, Néa Kallikratía 4,50 €, Néa Moudaniá 5,60 €, Nea Plagia 5,60 €, Néa Potídea 6,70 €, Néa Róda 9 €, Néos Marmarás 6,70 €, Ouranoúpoli 9 €, Paleohóri 6,70 €, Palioúri 10,20 €, Pefkohóri 10,20 €, Polígiros 5,60 €, Políhrono 9 €, Possidi 9 €, Sárti 14 €, Sikiá 14 €, Sivíri 9 €, Sozopoli 5,60 €, Stratóni 7,80 €.
Fahrplanauskünfte bei KTEL Chalkidikís, ✆ 2310/316555, 316565 und 316575.

Thessaloníki (Saloníki)

Busverbindungen (Stand Frühjahr 2006)

Thessaloníki: Von und nach Sithonía & Ouranoúpoli

Polígiros	ab Thessaloníki 8x (5.45–20 Uhr)	nach Thessaloníki 9x (6.30–20 Uhr), sonn- und feiertags 6x
Gerakiní –Metamórphosi – Nikiti	ab Thessaloníki 12x (6–19 Uhr)	nach Thessaloníki 8x (6.45–20.15 Uhr), sonn- und feiertags 7x
Ágios Nikólaos	ab Thessaloníki 3x (11.15–18.30 Uhr)	nach Thessaloníki 4x (6.15–18.45 Uhr), sonn- und feiertags 3x
Sárti/Sikiá –	ab Thessaloníki 6x (7.30–19 Uhr)	nach Thessaloníki 5x (5–17.30 Uhr), sonn- und feiertags 4x
Kalamítsi – Porto Koufó – Toróni	ab Thessaloníki 6x (7.30–19 Uhr)	nach Thessaloníki 5x (5.15–17.45 Uhr), sonn- und feiertags 4x
Néos Marmarás	ab Thessaloníki 8x (6–19 Uhr)	nach Thessaloníki 7x (6–19.30 Uhr), sonn- und feiertags 6x
Vourvouroú – Armenisti	ab Thessaloníki 4x (8.45–18.30 Uhr)	nach Thessaloníki 3x (11.15–18.15 Uhr)
Ouranoúpoli – Néa Róda – Ierissós – Stratóni – Paleohóri – Arnéa	ab Thessaloníki 7x (6.15–18.30 Uhr)	von Ouranoúpoli 7x (5.30–18.15 Uhr), von Néa Róda 7x (6x) (5.40–18.25 Uhr), von Ierissós 7x (6x) (5.50–18.35 Uhr), von Stratóni 7x (6x) (6.–18.45 Uhr), von Paleohóri 7x (6x) (6.30–19.15 Uhr), von Arnéa 7x (6x) (6.40–19.25 Uhr).

Von Thessaloníki nach ... (Kassándra)

Palioúri	15x (5.45–21 Uhr), davon 8x Express	Agios Paraskeví – Néa Skióni – Kalándra – Foúrka –Sivíri - Kassandríno	3x (8.30–17.30 Uhr)
Pefkohóri- Hanióti – Políhrono - Kriopigí	19x (5.45–21 Uhr), 15x Express	Néa Moudaniá	27x (5.40–21 Uhr)
Kallithéa – Áfitos- Néa Fokéa – Néa Potídea	27x (5.45–22 Uhr), 20x Express	Posídi – Foúrkas Beach – Sivíri Beach	9x (6.45–18.45), 8x Express
Kassándra	16x (5.45–21 Uhr), 7x Express	Dionisou Beach – Nea Flogita – Nea Plagia – Sozopoli	14x (7.30–18.45 Uhr)
	7x (5.40–9 Uhr)	Nea Iraklia	5x (6.15–19 Uhr)
		Néa Kallikratía – Ágios Pavlós	28x (5.45–22 Uhr)

Nach Thessaloníki von ... (Kassándra)

Palioúri	15x (5.45–21 Uhr), davon 8x Express	Kassándra	19x (5.30–21.30 Uhr)
Pefkohóri	17x (5.50–21.10 Uhr), 9x Express	Agia Paraskeví – Néa Skióni – Kalándra	3x (7–18 Uhr)
Hanióti	16x (5.55–21.15 Uhr), 9x Express	Foúrka – Kassandríno	3x (7.30–18.30 Uhr)
Políhrono	16x (6–21.20 Uhr), 9x Express	Foúrka Beach – Sivíri	11x (6.45-21 Uhr), 10x Express
Kriopigí	16x (6.10–21.25 Uhr), 9x Express	Néa Moudaniá	29x (6–22 Uhr)

Übernachten 91

Kallithéa	27x (5.35–21.30 Uhr), 17x Express	Nea Flogita – Nea Plagia – Sozopoli	8-mal (12–20.30 Uhr).
Áfitos (Áthitos)	27x (5.40–21.35 Uhr), 15x Express	Néa Kallikratía – Agios Pavlos	28x (6.30–22.30 Uhr)
Néa Fokéa	27x (5.45–21.40 Uhr), 15x Express	Nea Iraklia	5x (6.45–19.30 Uhr).
Néa Potídea	27x (6–22 Uhr), 15x Express	Possídi	11x (6.45-21 Uhr), 10x Express

• *Flugzeug* Der **Thessaloníki Makedonia Airport** befindet sich etwa 16 km südlich vom Stadtzentrum (gut beschildert). Planen Sie für die Anfahrt mindestens 1 Std. ein, Staus im Berufsverkehr und Baustellen sind die Regel.
Busverbindung: alle 30 Min. mit der Linie 78 (pendelt zwischen Flughafen, Stadtzentrum und Busterminal/Überlandbusse; 0,50 €).
Bei *Taxifahrten* am besten einen Festpreis ausmachen (ca. 7–10 €), es gibt einige schwarze Schafe.
Internationale Flüge: Thessaloníki wird nonstop von Amsterdam, Berlin, Brüssel, Düsseldorf, Frankfurt, Köln/Bonn, London, München, Stuttgart, Wien und Zürich angeflogen (→ Anreise mit dem Flugzeug, S. 38).
Innergriechische Flüge: Der Airport bietet Direktverbindungen nach Athen, Aktion/Préveza, Alexandroúpoli, Chaniá, Chíos, Heraklion, Ioánina, Kefaloniá, Kórfu, Límnos, Mytilini, Rhodos, Samos, Sitia, Skýros und Zakýnthos.
• *Schiff* Verbindungen mit **Fähren (11)** v. a. in den Sommermonaten (Juli–Sept.) nach Piräus sowie zu den Inseln Kreta (Heraklion), Lésbos, Límnos, Náxos, Páros, Santoríni, Síros und Tínos. **Fahrplan- und Preisauskünfte** im Hafenamt Thessaloníki, ℡ 2310/593129 und 531505 und in allen Reisebüros.
• *Taxi* Taxis sind in Saloníki **blau**. Die Preise im Stadtverkehr sind günstig, für spezielle Strecken müssen Sie mit erhöhten Tarifen rechnen (Fahrer fragen): Flughafen–Stadtzentrum ca. 7–8 €, Flughafen–Bahnhof ca. 8–10 €, Stadtzentrum–Bahnhof ca. 3,50 €, Stadtzentrum–Kastro (Obere Stadt) ca. 3,50 €. Gepäck über 10 kg ca. 0,30 €, 24–5 Uhr doppelter Preis. Weitere Informationen zu Taxigebühren und Reservierung finden Sie unter Wissenswertes auf S. 60.

Übernachten (siehe Karte Umschlag hinten)

Zahlreiche Hotels in allen Preisklassen sowohl für Touristen als auch Geschäftsreisende. Im Windschatten der Olympischen Spiele 2004 haben auch die Hotels in Thessaloníki die Preise erhöht. Mit entsprechender Renovierung und verbessertem Angebot sind einige Hotels in der Kategorie angehoben worden. Thessaloníki ist griechische Messestadt Nr. 1, vor allem vom 1. bis 20. September ist es schwierig, ein billiges Quartier zu bekommen. Auch in der ersten Märzwoche, wenn die „Phioxenia", die einzige Touristikmesse Griechenlands, stattfindet, sind Engpässe die Regel. Gleiches gilt, wenn Aris Thessaloníki seine Heimspiele im Basketball-Europapokal austrägt. Achtung: Während der Messen können die Preise um 50 % steigen!

• *Hotels* Preisgünstige und saubere Quartiere finden Sie in den kleinen Seitenstraßen rund um den Aristoteles-Platz. Im Folgenden eine kleine Auswahl. In der Komninon-Str. sind Parkplatzprobleme die Regel.
**** Hotel City (22), großer, aber einfallsloser Bau im Stadtzentrum. Im Inneren freundlich und modern gestaltet, auch die Zimmer (zuletzt renoviert 2001). Zimmer mit Lärmschutzfenstern, Internetanschluss, Safe, Minibar, Radio, TV und Balkon. DZ mit Dusche/WC ab 80–235 €. Komninon-Str. 11, ℡ 2310/269421, ℡ 2310/274358, www.cityhotel.gr.
*** Hotel A.B.C. (6), direkt neben dem Messegelände am belebten „Springbrunnenplatz" Platia Sindroivaniou. Dennoch keine Lärmbelästigung, die Fenster sind bestens schallisoliert. Alle Zimmer neu renoviert, aber die Einrichtung ist noch immer etwas altbacken. DZ/Frühstück ab 91 €, EZ ab 69 €, Internetbuchung bis zu 30 % günstiger. 41 Angelaki-Str., ℡ 2310/265421-5, ℡ 2310/276542, www.hotelabc.gr.
*** Hotel Luxembourg (24), schöner alter Bau mit hohen Decken und kleinen Balkonen. Schmaler Eingang (Treppe). Erwarten Sie sich von der Ausstattung nicht allzu

Thessaloníki (Saloníki)

viel, EZ (WC/Dusche auf dem Flur) 70–90 €, DZ ab 85 €, Frühstück 7,50 € extra. Komninon-Str. 6, ☏ 2310/278449, ℻ 2310/252605.

** Hotel Amalia (11), direkt am Bazar. Man kann dem dortigen Trubel besonders am Vormittag kaum ausweichen. Hoher Bau mit kleinen Zimmern, Aircondition. Alle Räume mit Bad und Dusche. Personal sehr freundlich. DZ ohne Frühstück ab 70–84 €, Frühstück 6 €, Ermou-Str. 33, ☏ 2310/268321-5, ℻ 2310/233356.

** Hotel Tourist (14), älterer Bau mit Marmoraufgang und sauberen, aber schlichten Zimmern. Wegen der Zentrumslage muss man sich leider auf Straßenlärm einstellen (v. a. samstags). Ansonsten macht das Haus einen gemütlichen Eindruck; freundliches Personal, TV-Raum. Das Publikum kommt aus aller Herren Länder. DZ (Dusche/WC) inkl. reichhaltigem Frühstücksbuffet 92–95 €. Mitropoleos-Str. 21, ☏ 2310/276335 und 284768, ℻ 2310/276335.

● *Hotels für gehobene Ansprüche* ******* Hotel Electra Palace (25)**, vornehmes Hotel am zentralen Aristotélous-Platz mit seinen vielen Cafés. Viele Sehenswürdigkeiten und die Shoppingmeile sind von hier aus bequem zu erreichen. Das Haus wurde kürzlich nach 7-monatiger Generalrenovierung wieder eröffnet. Zimmer nobel und modern eingerichtet, ISDN-Telefon, Sat-TV, Minibar, Safe. EZ ab 160 €, DZ ab 170–320 €, 5a Platía Aristotélous, ☏ 2310/294000, ℻ 2310/294001, www.electrahotels.gr.

***** Hotel Makedonia Palace (13), eines der führenden Hotels Thessalonikis. Internationales Publikum; hier steigen nicht nur reiche Geschäftsleute aus dem Nahen Osten, sondern ebenso Politiker ab. Unbedingt ein Zimmer mit Blick aufs Meer buchen, der Ausblick über den Thermäischen Golf ist eindrucksvoll. Weiterer Luxus: Badezimmer mit Telefon. DZ 320–360 € pro Nacht. Leoforos Megalou Alexándrou (Nähe Weißer Turm), ☏ 2310/897197, ℻ 2310/897211, www.grecotelcity.gr.

**** Capsis (29), nur einen Katzensprung von der berühmten Egnatia-Str. entfernt. Nach dem Essen im Dachgarten-Restaurant werden griechische und internationale Evergreens gespielt. Safe, TV mit Radio, Internet (nicht alle Zimmer), Minibar, Aircond. DZ/Frühstück ab 211 €, EZ ab 161 €, 18 Monastiriou-Str., ☏ 2310/521321, ℻ 2310/510555, www.capsishotel.gr.

*** Hotel Metropolitan (23), in der Nähe des Völkerkundemuseums. Übergroße Empfangshalle, im Stil der 70er Jahre. Viele Geschäftsreisende, wenig Touristen. Zimmer groß, dunkelbraune Holzmöbel, vom Stil eher antiquiert und wenig gemütlich. Guter Service. DZ mit Dusche und Frühstück ab 127–140 €. Vassilissis-Olgas-Str. 65, ☏ 2310/824221-8, ℻ 2310/849762, www.metropolitan.gr.

*** Hotel Queen Olga (19), größerer, schon älterer Bau mit 148 Zimmern am südöstlichen Teil der Uferpromenade. Zimmer mit Balkon und Blick über die Bucht von Thessaloníki. Räume sind mit schlichten Holzmöbeln ausgestattet. TV-Raum, Bar, Lift usw. Zimmer mit Blick aufs Meer verlangen. Relativ ruhig. EZ ab 60–90 €. DZ mit Dusche ab 80–130 €, Frühstück 12 € extra. Vassilissis-Olgas-Str. 44, ☏ 2310/824621/-29, ℻ 2310/830550.

● *Jugendherberge* Großes Gebäude **(7)**; im 1. Stock für Frauen und im 2. für Männer. Insgesamt 65 Betten, Übernachtung in 8-, aber auch in 4-Bett-Zimmern. Kalte, aber saubere und kostenlose Duschen im Keller (18–22 Uhr). Jugendherbergsausweis ist nötig, nur ab und zu wird ein Auge zugedrückt. 1. März bis 30. Nov. geöffnet. Anmeldung vor 10 Uhr und nach 19 Uhr. Ab 24 Uhr ist das Haus geschlossen. Übernachtung ca. 9 €, kein Frühstück. 44 Alex.-Svolou-Str. (Parallelstraße zur Egnatiá), ☏ 2310/225946. Vom Bfh. mit Bus Nr. 10.

● *Camping* Thessaloníki besitzt **keinen Zeltplatz**. Die nächste Anlage ist gut 10 km entfernt am Strand von Asprovólta. Wer mit dem Auto unterwegs ist, in Richtung Flughafen halten. Gut beschildert.

Essen & Trinken *(siehe Karte Umschlag hinten)*

Die Auswahl ist sehr vielfältig, man is(s)t schließlich in einer Großstadt. Die Angebote reichen von Gyros-Buden und Souvlaki-Ständen über Fischlokale bis hin zu chinesischen und italienischen Restaurants. Besonders um die Hauptstraße Egnatía (führt vom Hbf. zum Galerius-Bogen) findet man eine Vielzahl von kleinen und preisgünstigen Lokalen. Zudem gibt es in den **Markthallen** einige Minilokale mit ausgefallenen Gerichten, z. B. Knoblauchfrikadellen mit gekochten und eingeleg-

Essen & Trinken 93

ten Peperoni, aber auch Souvlaki-Spieße mit den unterschiedlichsten Fleischsorten oder die berühmte Kneipe „O Pétros" mit leckerem Tintenfisch.

Patsatsidika: Patsa ist eine traditionelle griechische Suppe mit Innereien vom Rind oder Schwein. Die Patsatsidika genannten Suppenrestaurants sind meist schlicht eingerichtet und bieten neben der Patsa auch noch andere kleine Gerichte an. Die Patsa wird von den Griechen gerne nach einer langen Nacht genossen – sie soll angeblich gut für den Magen sein. Die Mehrzahl der Gäste kommt dementsprechend erst gegen vier oder fünf Uhr.

Bouzoukia: Hier wird nach Livemusik gesungen, auf den Tischen getanzt und man bewirft sich mit Nelken. Meist startet das Programm gegen Mitternacht, und erst gegen 2 Uhr geht's so richtig ab. Anstelle des Eintritts wird ein Mindestverzehr verlangt, der sich je nach Haus zwischen 20 und 40 € belaufen kann. Tische müssen im Voraus reserviert werden, Getränke gibt es nur flaschenweise. An den Wochenenden geht es bis Tagesanbruch rund.

● *Tavernen* **To Tsinari (8)**, eine ausgesprochen empfehlenswerte Taverne im Westen der Oberstadt nahe der Stadtmauer (Alexandrou-Papadopoulou-Str.). Sie ist im Gassengewirr nur schwer zu finden, deshalb durchfragen. Die freundliche Besitzerin spricht nur Griechisch und lässt Gäste meist direkt in die Töpfe schauen. Spezialitäten: leckere Vorspeisen, gefüllte Meerestiere, überbackene Kartoffeln, Fisch in allen Varianten.

Dichos Onoma (17), sehr klein, dafür eine jener typisch griechischen (und verräucherten) Tavernen, in denen man noch auf Holzstühlen sitzt. Fleisch- und Fischgerichte (z. B. Kalamares), alles zu günstigen Preisen. Die Karte ist allerdings griechisch. Analipseos-Str. 43 (Nähe Markou Botsari/Ecke Delfon), ✆ 2310/858767.

Taverne Chiotis, einfache Taverne mit Tischen direkt an der ehemaligen Stadtmauer. Gereicht wird griech.-türkische Hausmannskost wie Kokorétsi, Kébap, Gourounopoúlou Giaourloú („Joghurtfleisch") und dazu Wein vom Fass. Am östl. Ende der Stergiou Polidorou-Str. unterhalb der Kirche.

Ta Aderfia (9), ganzjährig geöffnet, viel Platz auf 2 Stockwerken. Sitzplätze auch im Freien. Meist gut besucht, weil am bekannten Navarino-Platz gelegen. Fleischspezialitäten, z. B. das Kalbfleischgericht Chanoumaki, sind besonders empfehlenswert. Nicht zu verachten ist auch der Retsina vom Fass. Platia Navarino 9 (im Zentrum), ✆ 2310/266432.

To Kastro Tis Kiras (1), etwas versteckt hinter der Stadtmauer der Akrópolis in einem 2-stöckigen Backsteinhaus. Man geht die Treppe hinauf und findet einen Raum mit vornehmem Ambiente (Kerzenlicht und leise Musik). Eine Reihe von warmen und kalten Vorspeisen, ansonsten vorwiegend Salate und Fleischgerichte. Etwas teurer, aber durchaus empfehlenswert. Der Atmosphäre etwas abträglich sind die Plastikstühle im Freien. Stergiou, Polidorou (Oberstadt/Stadtmauer), Mo geschl., ✆ 2310/202828.

● *Restaurants* **Bechzinar**, geht über 2 Stockwerke in einem alten Speicherhaus. Oben bequeme Sessel und ein alter Ofen. Spezialitäten: gefüllter Tintenfisch oder Peinirli (eine Art Pastete mit Fleisch- und Käsefüllung). Katounia 11–13, Ladhadhika (Hafengegend), ✆ 2310/531102.

Stain (27), Saloníkis Edeladresse mit noblem Ambiente und Klavierbegleitung. Bei schönem Wetter werden auch draußen Tische aufgestellt. Kalapothaki 2 (Zentrum), ✆ 2310/283196. So Ruhetag.

O Blachos Taverne (3), urgemütlich gelegen inmitten einer alten Häuserzeile, alte Baststühle innen und außen. Hauptsächlich bodenständige Hausmannskost (Tagesgerichte). Dim.-Polikritou/Al.-Papadopoulou-Str. Nur gut 50 m entfernt das **Café Ouzerie Tsinari** und das urige **Café Aidrio (4)**. Beide liegen an einem kleinen Platz mit Kopfsteinpflaster, und weil sich in diese verwinkelte Ecke kaum Touristen verirren, sind die Griechen meist unter sich.

Olympos Náoussa (30) , eines der ältesten Restaurants der Stadt an der Promenade in Hafennähe. Besondere Atmosphäre durch nahezu unveränderte Inneneinrichtung. 2 große Räume bieten bequem Platz für 180 Personen. Leoforos Nikis 5, ✆ 2310/275715.

● *Ouzerien* Früher gab es in den Ouzerien hauptsächlich den typisch griechischen Anisschnaps Ouzo, zu dem kleinere Häppchen und Vorspeisenteller gereicht wurde. Heute ist der Unterschied zu Tavernen kaum mehr erkennbar.

Ouzerie-Taverna Metanastis (2), auf der Akropoleos-Straße nahe dem Paleologa-Tor durch die Stadtmauer und gleich darauf

94 Thessaloníki (Saloníki)

Stars und Sternchen beim berühmten Kulturprogramm in Saloníki

rechts halten. Liegt direkt an der Stadtmauer mit dem Schrei der Eule anstelle von Straßenlärm. Gemütliche Sitzplätze außen auf einer Art Terrasse. Liegt unweit der Bushaltestelle Platanos.

Aristotelous-Ouzerie (26), in einem kleinen engen Hinterhof gelegen. Ein paar Tische im Freien, innen typisches Kaffeehausmobiliar. Einige empfehlenswerte Meeresfrüchte (z. B. Soupies Jemistés, mit Schafskäse gefüllter Tintenfisch). Aristotelous-Str. 8 (im Zentrum), ✆ 2310/233195. So Ruhetag.

Aproopto (10), griechisch-französische Küche, Spezialität des Hauses sind Pellkartoffeln mit Joghurtsauce und diverse Aufläufe. Wenn es drinnen zu eng wird, kann man sich an einen der Tische in der Fußgängerzone setzen. In-Treff der Einheimischen, Reservierung empfehlenswert. Zevxidos-Str. 6 (Zentrum), ✆ 2310/263732.

1900 (5), nicht ganz einfach zu finden, liegt in der Altstadt in der Nähe der Profitis-Ilias-Kirche. Dem Namen entsprechend kann man einige alte Stadtansichten von Saloníki um die Jahrhundertwende bewundern, und auch die Einrichtung orientiert sich ganz an dieser Zeit. Damit die Gäste sehen, was sie erwartet, sind einige der Köstlichkeiten appetitlich auf einem Tablett angerichtet (z. B. Auberginensalat, Kraut- und Krabbensalate, Oktopus- und Tintenfischsalate). Klious-Str. 30 (Oberstadt), ✆ 2310/275462.

Mikro Kafé, Pub mit 2 Theken, viele junge Leute, ruhige Atmosphäre. Verschiedene Biersorten und härtere Sachen. Bogatsiko-Str. 12, ✆ 2310/229996.

> **Süßer Tipp**: Eine Spezialität von Saloníki ist eine dreieckige Waffel mit Karamellkremfüllung für ca. 1,50 €. Die Kalorienbombe heißt **Trigona** (Dreieck) und man bekommt sie beispielsweise im Laden in der Dimitris-Gounari-Str. 13.

Cafés/Bars (siehe Karte Umschlag hinten)

Schöne große und schattige Kaffeehäuser gibt es am Aristoteles-Platz. Spezialität sind ausgefallene Eisbecher, allerdings etwas teuer. Interessant auch die Cafés in der Parkanlage gegenüber dem Weißen Turm. Viele der Cafés in der Nähe des Fernsehturms sind hauptsächlich von Studenten besucht. Einzigartiges Ambiente,

Veranstaltungen/Shopping/Sport

denn oft sind sie bis unter die Decke gefüllt mit Spielen. Suchen Sie sich nicht am Hauptplatz einen Tisch, sondern in den Seitenwegen; dort ist es wesentlich gemütlicher. Hier eine kleine Auswahl:

Café Grotesque (12), gemütlich und nur etwa 100 m vom Weißen Turm. Gute griechische Popmusik, Barkeeper und Discjockey in einer Person. Pavlou-Mela-Str. 4, ✆ 2310/240604.

Café Karpousi (16), die „Wassermelone" ist vergleichbar mit dem Münchner Hofbräuhaus: Hier tanzen die Griechen zu volkstümlicher Musik auf den Tischen. Traditionelle Cafébar in altem Outfit. Pr.-Koromila-Str. 36/Ecke Lassani.

Café Sante (15), lateinamerikanische Musik, schummriges Licht und dazu das Ambiente eines Antiquitätenladens. Vor allem abends ist hier einiges los. Mitropoleos-Str. 70/Ecke Mitr.-Iossif-Str.

Café Thermaikos (20), unweit der deutschen Botschaft in der Karolou-Diel-Str. und nahe der Promenade. Laute Trash-/Hard-Beat-Musik. Dazu werden Bilder und Filme an die Wand projiziert.

Café Leoforos Nikis 35 (21), gute Studentenadresse mit leiser Musik, meist berstend voll. Schlauchartiger Raum mit vielen Bildern von Thessaloníkis Künstlern. Name ist gleichzeitig Adresse.

Café Ethnik (18), allein der Blick hinein ist den Weg wert. Auf 2 Stockwerken indische Heiligenbilder, Ketten, Götterstatuen und Musik. Oben werden die Getränke mittels eigenartiger Aufzugkonstruktion geliefert. Besucher ohne das entsprechend flippige Outfit fallen auf, sind aber willkommen. Ab und zu wird auch guter Reggae aufgelegt. Koromila-Str. 1, ✆ 2310/272940.

Auffällige Reihe von Cafés und Bars in der **Katouni-Straße**/Ecke Tsimiski. Ein ganzer Straßenzug wurde fotoreif restauriert, viele bunte Fassaden und traditionelle Häuser. Bemerkenswert auch das **Café Kouidi (28)** (schräg gegenüber von den eben genannten), bei dem Teile der Stadtmauer einbearbeitet wurden. Und die Preise sind mit 3–4 € für den Kaffee vernünftig. Politechniou-Str. 57, ✆ 2310/555490.

Internetcafés: *Internet Club*, Mitropoleos-Str. 105, ✆ 2310/250260; *Matrix*, Melenikou-Str. 37, ✆ 2310/968120; *Blue Screen*, Mitropoleos-Str. 39, ✆ 2310/215137; *Meganet*, Platía Navarínou 5, ✆ 2310/250331; *Kazablanca*, Kanári-Str. 30, ✆ 2310/910235.

Veranstaltungen/Shopping/Sport

● *Messen* Das **Messegelände** mit den etwas futuristisch anmutenden Gebäuden befindet sich nordöstlich vom Weißen Turm, direkt neben dem Archäologischen Museum. Höhepunkte der Messesaison sind die **Internationale Handelsmesse** (1.–20. Sept.) und die internationale Tourismusausstellung **Philoxénia** im November.

● *Feste & Veranstaltungen* **Dimitria-Festspiele**: Sept.–Nov. mit zahlreichen künstlerischen Darbietungen wie Tänzen und Theatervorstellungen bis hin zu Ausstellungen über Urlaubsziele in ganz Griechenland; sie sind dem Schutzheiligen der Stadt gewidmet. Informationen im Kulturbüro der Stadt, Theofilou-Str. 25, Oberstadt; ✆ 2310/228243, www.dimitra2004.gr.

Im November wird das **Festival des griechischen Films** veranstaltet. Informationen: Olympion (Cinema-Komplex), Aristotélous-Platz 10, ✆ 2310/378400, www.filmfestival.gr. Der September ist in Thessaloníki der Monat des Tanzes (**International Month of Dance**) mit griechischen und u. a. französischen, israelischen und italienischen Tänzen (Informationen ✆ 2310/822200). Ein weiterer Höhepunkt ist das **griechische Schlagerfestival** im Oktober, von September bis November hat das **Ethno Jazz Festival** einen festen Programmplatz (Informationen ✆ 2310/281068). Weitere Veranstaltungen des Nordgriechischen Nationaltheaters und des Staatsorchesters Thessaloníki finden im **Moni Lazariston** (siehe S. 105) statt.

● *Shopping* Thessaloníki gilt als Sporthauptstadt Griechenlands. Dementsprechend ist das Angebot in den **Sportgeschäften**. Vor allem amerikanische Marken sind im Vergleich zu daheim deutlich billiger. Die meisten Sportgeschäfte, Läden mit Designerkleidung sowie Silber- und Goldschmuck befinden sich in der Tsiminski-Str., der parallel verlaufenden Egnatia-Str. und den angrenzenden Seitenstraßen.

Ebenfalls sehr günstig ist **Mode** aus Frankreich und Italien sowie **Markenjeans** (Levis, Wrangler usw.). Man legt in Thessaloníki Wert auf gepflegtes Aussehen. Wer auf dem **Markt** einkaufen will, sollte auf die Qualität achten.

• _Baden_ In Thessaloníki gibt es so gut wie keine Möglichkeit. In der Bucht ist es sogar gefährlich, ins Wasser zu gehen. Abwasser und Fäkalien werden einfach ins Meer geleitet. Der nächste gute Badeort südlich von Thessaloníki ist aber fast 40 km entfernt: **Agios Trias.**

Sehenswertes in Thessaloníki

Das Angebot an Sehenswürdigkeiten ist riesig: Kulturbegeisterte, Geschichtsinteressierte und Kirchenliebhaber, Parkgänger und Museumsfreunde kommen dabei voll auf ihre Kosten!

Aufgrund der **ununterbrochenen Besiedlung** von der hellenistischen Frühzeit bis heute sind von den antiken Bauten der Stadt höchstens noch einige Grundmauern zu sehen. Nach und nach werden einige davon freigelegt und restauriert. Die meisten der erhaltenen Baudenkmäler stammen dagegen aus römischer und byzantinischer Zeit.

Besondere Beachtung verdient die **Áno Póli**, die erhöht gelegene Altstadt. Ihre z. T. hervorragend renovierten Häuser türkischer Bauart und ihre verwinkelten Gassen werden noch heute von der gut erhaltenen Stadtmauer umschlossen. Lohnenswert ist freilich auch ein Bummel durch die zahlreichen Straßen, die zwischen der **Uferpromenade** und der parallel verlaufenden **Agiou-Dimitriou-Straße** verlaufen. Nahezu in jeder Straße geht man an einer alten Kirche vorbei, die den Großbrand von 1917 überstanden hat oder neu aufgebaut wurde. Wegen der angrenzenden Hochhäuser scheinen die Kirchlein gar nicht so recht in das Stadtbild zu passen, wirken aber trotzdem sympathisch – historische Farbkleckse in einer modernen Großstadt.

Rund um den Weißen Turm

Lefkou Pirgou, der Weiße Turm, ist das imposante Wahrzeichen von Thessaloníki und natürlich Fotomotiv Nr. 1. Der im 15. Jh. erbaute Turm steht am Ende der Nikis-Straße direkt an der Uferpromenade und ist nicht zu übersehen. Er hat eine Höhe von 30 m und schloss die Festungsmauer zum Meer hin ab. Während der Osmanenherrschaft wurde er als Wohnfestung und später als Gefängnis benutzt und „Blutturm" genannt, weil Sultan Mohammed hier 1826 zahlreiche Janitscharen hinrichten ließ. In späteren Jahren ließ ein anderer türkischer Sultan den Turm weiß tünchen, um die Bluttat vergessen zu machen. Seit dem Umzug des Byzantinischen Museums in ein eigenes Museum beherbergt der Turm Ausstellungen von Skulpturen, Fresken und Mosaiken. Zu sehen gibt es außerdem Münzen, Waffen, byzantinische Kunst, Geschichtstafeln usw. Allein das Innere des Gebäudes mit der breiten Wendeltreppe, den dunklen Holzbalken und den Schießscharten ist eine Besichtigung wert.
Öffnungszeiten tägl. (außer Mo) 8.30–15 Uhr. Eintritt 2 €. ✆ 2310/267832. Leser schreiben uns in fast regelmäßigen Abständen, dass der Turm immer wieder geschlossen ist. Bitte erkundigen Sie sich in der Tourist-Information (siehe Saloníki/Information) nach dem aktuellen Stand. Erreichbar ist der Weiße Turm mit den Buslinien 3, 5, 6, 33 und 39.

Die **Janitscharen** waren die 1329 aus christlichen Kriegsgefangenen zusammengestellte und später auch durch Türken aufgefüllte Elitearmee der osmanischen Sultane. Im Jahr 1733, als Saloníki noch nicht über seine Mauer hinausgewachsen war, stellten 800 Janitscharen die Stadtwache. Nach der Revolte im Jahr 1826 wurden die Anführer ermordet und die Truppe aufgelöst.

Unübersehbares Wahrzeichen – der weiße Turm

Parks: Um den Turm herum locken Bänke im Schatten gestutzter Büsche und direkt gegenüber gibt es eine beliebte Anlage mit etlichen größeren Cafés und angelegten Kieswegen. Besonders am Abend werden freie Sitzplätze knapp. Man flaniert von einem Café zum anderen, trifft Freunde und Bekannte, unterhält sich im Stehen, trinkt seinen Ouzo oder bestellt den Kindern ein Eis.

● *Essen & Trinken* Als Spezialität gilt der **Tsipouro**, ein starker Tresterschnaps mit Anisaroma, dazu gibt es etwa 10 Kleinigkeiten (Peperoni, Käse, Salami, Weinblatt usw.) für knapp 4 €. Ebenfalls zu empfehlen sind die gepressten (allerdings sehr fettigen) **Sandwiches** mit viel Käse und Schinken.

Uferpromenade: Optisch wirklich sehr reizvoll, sehr breit und mehrere Kilometer lang präsentiert sie sich dem Betrachter. Die Verantwortlichen haben sicher ihren Urlaub in Südfrankreich verbracht. Zahlreiche Bänke laden zum Verweilen ein. In dem bunten Treiben flanieren vor allem an den Wochenenden Großfamilien im Abendlicht auf und ab, Kinder laufen mit Riesenballons herum und es duftet nach gegrillten Maiskolben. Zum Zeitpunkt der Recherche (Ende 2005) wurde der gesamte Bereich der Promenade weiträumig um den Weißen Turm saniert, der Plattenbelag wurde herausgerissen und die Mole neu befestigt. Die Arbeiten dürften allerdings erst Mitte 2006 abgeschlossen sein.

Die Stadtmauer

Die starke Befestigung des inneren Altstadtviertels führte ehemals vom Weißen Turm in nördliche Richtung den Hang hinauf zur Zitadelle, von dort nach Westen, um dann beim heutigen Vardari-Platz wieder zum Meer hin abzuzweigen. Eine weitere Mauer am Meer entlang schloss dann den Verteidigungsring, der die Form eines Trapezes hatte. Für den Bau wurden große Felsblöcke und Überreste römischer Bauten verwendet. Von den zahlreichen polygonalen, rechteckigen

Gemütlicher Bummel durch die Altstadt mit Blick auf die Millionenstadt

oder runden Wehrtürmen aus früherer Zeit existieren noch **sieben Türme** auf der 8 km langen Strecke, von denen natürlich der Weiße Turm am besten erhalten ist. Überreste des Mauerwerks findet man noch im nördlichen Teil der Stadt auf dem Akropolishügel und bei dem Gelände der Universität (Panepistimiou-Str.). Die Mauer selbst war bis zu 10 m hoch. Es ist nicht sicher, ob die Mauer in hellenistischer Zeit oder früher erbaut wurde. Fertiggestellt wurde die Befestigungsanlage unter König Theodosios (375–395).

In der oberen Altstadt

Aus zwei Gründen sollte man die Besichtigung der Altstadt oben beginnen – erstens ist der Anstieg bei der Hitze zu anstrengend, zweitens hat man einen besseren Ausblick. Mit Bus oder Taxi hinauf zum **Eptapirgio** (geöffnet Di–So 8–18 Uhr), dann geht es auf einer Art Trampelpfad am nordöstlichen Anna-Palaiologina-Tor durch die Stadtmauer. An der Mauer etliche Souvenirgeschäfte und Tavernen, aber auch eine große **Aussichtsplattform**. Ein bisschen von Montmartre am Meer, der Blick über die Stadt ist wirklich beeindruckend, wenn nicht gerade eine Dunstglocke darüber liegt. Innerhalb der Mauer verläuft ein Teil der Eptapirgiou-Straße, die südlich auf das Vlatádon-Kloster zuführt.

• *Busverbindung* Wem der Weg hinauf zu beschwerlich ist, der kann die **Linie 23** nehmen (ab Eleftherias-Platz). Das Ticket muss man vorher am Kiosk kaufen (0,50 €). Der Bus fährt durch ein Tor der noch gut erhaltenen Stadtmauer hindurch. Dort aussteigen (Station *Platanos*) oder acht Stationen weiter bis zur Endstation *Terma* fahren.

Die Häuser, an denen man auf dem weiteren Weg in Richtung Unterstadt vorbeikommt, sind z. T. alt, manche sogar unbewohnt. Eine Reihe alter Häuser gibt es noch in der Dimitris-Poliorkitou-Str., zu der man gelangt, wenn man vom Vlatádon-Kloster zur Kirche Agia Ekateríni weitergeht. Leider hat man einige **typisch**

In der oberen Altstadt 99

türkische Bürgerhäuser schon bald abgerissen, um sich so der unbeliebten Vergangenheit zu entledigen. Als europäische Kulturhauptstadt musste Saloníki jedoch in den sauren Apfel beißen und einige von den Türken erbaute Stadthäuser restaurieren.

Unterwegs viel fürs Auge und den Fotoapparat. Es herrscht Inselstimmung. Man passiert viele kleine Gärten mit Gemüsebeeten und Blumen, winzige Balkone, aber auch größere Terrassen sowie eine Anzahl von Reparaturwerkstätten für Autos, Mopeds, Nähmaschinen und Rasenmähermotoren. Die Wäsche hängt in den engen Gassen zwischen den Häusern, Katzen und Hunde liegen einträchtig im Schatten nebeneinander. Ältere Griechen haben es sich an einer Ecke auf alten Holzstühlen gemütlich gemacht. Eine Frau gießt die Blumen im großen, aufgeschnittenen Olivenölkanister. Doch die Bewohner dieses Ortsteils von Thessaloníki bleiben unter sich. Die Touristen ziehen zwar vorbei, staunen und bleiben bewundernd hier und da stehen, aber sie übernachten hier nicht.

Vlatádon-Kloster: inmitten der Altstadt gelegen – das einzige der ehemals 20 Klöster Thessaloníkis, das heute noch erhalten ist. Gegründet wurde es zwischen 1351 und 1371 von Dorotheos Vlates, der zu dieser Zeit Metropolit von Thessaloníki war. Aufgrund seiner Nähe zum Tor, das zur Zitadelle führte, kontrollierte das Kloster den Zulauf des Trinkwassers vom Hortiátis-Berg. Neben der schönen Aussicht hinunter zum Meer und über die Stadt hat das Kloster noch eine wertvolle **Sammlung alter Handschriften** zu bieten. Die Wandbemalung zeigt letzte Beispiele der hiesigen Schule, bevor die Stadt 1430 endgültig von den Türken erobert wurde. Die Beton-Anbauten um das Katholikon wirken auf den ersten Blick etwas befremdlich. Sehenswert dagegen die Ikonostase im Katholikon des Klosters; die Ikonen und Wandmalereien wurden von den Türken mutwillig zerstört und mit gezielten Gewehrsalven geradezu durchsiebt (auch an diesen Anblick muss man sich erst gewöhnen). Lohnenswert ist auch ein Spaziergang im schattigen **Klosterhof**

Klosterkirche Taxiarchon

zwischen Zypressen und Pinien und begleitet vom lautstarken Gekrächze einiger Pfauen, die in einer großzügigen Voliere untergebracht sind. Es wimmelt von Katzen.
Öffnungszeiten tägl. 7.30–11 Uhr und 17–18.30 Uhr, Eintritt frei, ℡ 2310/209913.

Klosterkirche Taxiarchon: Sie ist aus einer Basilika mit Holzdach in der ersten Hälfte des 14. Jh. entstanden. Man betritt den Hof durch ein Bogentor von der Akropoléos-Straße aus, die sich in Richtung Eptapirgiou hinaufschlängelt. Sehenswert ist das überdachte Taufbecken im Hof mit bemalter und frisch restaurierter Kuppel. Trotz der breiten Marmortreppe zum erhöht gelegenen Haupteingang der heutigen Kirche führt der „eigentliche" Haupteingang hinunter in die kleine Kapelle mit sehenswerten Ikonen. Hier befand sich einst die Krypta, in der die Mönche bestattet wurden, darunter auch der von den Türken getötete Mönch Rafael, der später heilig gesprochen wurde. Seine Gebeine ruhen in den Katakomben der Kirche.
Öffnungszeiten Zu besichtigen sind die Kirche und die ehemalige Krypta vor oder nach Gottesdiensten, das Tor zum Innenhof ist tagsüber in der Regel geöffnet.

Paulus in Thessaloníki

Seit dem späten ersten Jahrhundert vor Christus war Thessaloníki Heimat zahlreicher Juden, die vermögend waren und damit schnell einen Platz in der guten Gesellschaft der Stadt fanden. Begegnungsstätte der jüdischen Gemeinde war eine Synagoge in der Nähe des Hafens. Als der Apostel Paulus im Rahmen einer seiner Missionsreisen nach Thessaloníki kam, so berichten die Apostelbriefe, traf er sich hier mit hohen Vertretern der jüdischen Gemeinde und diskutierte mit ihnen Passagen aus der Heiligen Schrift. Einige schlossen sich ihm daraufhin an, auch verschiedene Frauen aus höheren Kreisen der Stadtgesellschaft folgten diesem Beispiel. Wie lange sich Paulus in der Stadt aufhielt, ist nicht klar. Gesichert ist nur, dass es ihm gelang, eine christliche Gemeinde zu gründen. Paulus' Dankbarkeit für die Standhaftigkeit im Glauben ist im ersten Brief an die Thessalonicher (1. Thess 1:6–9) ausgedrückt: *„Und ihr seid unserm Beispiel gefolgt und dem des Herrn und habt das Wort unter großer Bedrängnis angenommen mit der Freude, die der heilige Geist schenkt. So seid ihr ein Vorbild geworden für alle Gläubigen in Mazedonien und Achaja. Denn von euch aus ist das Wort des Herrn nicht nur nach Mazedonien und Achaja gedrungen, sondern an allen Orten ist euer Glaube an Gott bekannt geworden, sodass wir darüber nichts mehr zu sagen brauchen."*

Sein Aufenthalt war jedoch alles andere als stressfrei: Die Juden in Thessaloníki trieben einige verdächtige Personen auf den Marktplatz, um sie dem versammelten Pöbel zur Schau zu stellen. Einige liefen zum Haus des konvertierten Jason und trieben ihn vor die Stadtmauern. Die Hoffnung, hier auch des Apostels Paulus habhaft zu werden, wurde nicht erfüllt. Er konnte sich in Sicherheit bringen und verließ die Stadt auf Schleichwegen, sozusagen geduckt von Haus zu Haus. Es gibt Grund zur Annahme, dass er bei seiner überstürzten Flucht die Stadt an der Stelle durch einen geheimen Ausgang verlassen hat, wo später das Vlatadon-Kloster gegründet wurde.

Ósios Davíd-Kapelle (ehem. Latomos-Kloster): Mitten in der Oberstadt, die mit unzähligen verwinkelten, engen und steilen Gassen stellenweise wie ein Labyrinth anmutet, am nördlichen Ende der Agias-Sofias-Straße. Von der **früheren Kreuz-**

kuppelkirche und dem damaligen Katholikon des Latomos-Klosters – förmlich in den Felsen des Hügels hineingebaut – sind nur noch zwei Drittel erhalten. Der Name „Latomos" geht vermutlich zurück auf die zahlreichen Steinbrüche in der Gegend. Wundern Sie sich nicht, wenn Sie auf den Kirchhof treten: Auf den ersten Blick kommt man sich vor wie am Eingang zu einem Privatgrundstück mit liebevoll gepflegtem Blumengarten und Glockenturm. Der Zustand des Mauerwerks und der Mosaike ist in der feuchten „Grotte" sehr kritisch, weshalb die Kapelle immer wieder restauriert werden muss. Zuletzt geschah das 2004, dabei wurde sie mit einem brandneuen Chorgestühl versehen. Sehenswert im Inneren die kunstvollen Ausschmückungen mit Wandmosaiken und -malereien (5.–12. Jh.). Beachtenswert das Bildnis „Christus ohne Bart auf einem Regenbogen" mit zwei Propheten und den Evangelistensymbolen aus dem 5. Jh. sowie die Darstellung der Jugend und Taufe Jesu (12. Jh.) in

Kathedrale Ágios Dimítrios, benannt nach dem Schutzheiligen der Stadt

der Apsis. Diese Fresken sind das einzig zufällig erhaltene Kunstwerk in Thessaloníki aus dieser Epoche. Zufällig, weil die Türken die Mosaike mit weißer Farbe übertüncht hatten – und fast wie einen zusätzlichen Schutz haben sie auch noch (gut sichtbar) den Haupteingang des Gotteshauses zugemauert.

• *Öffnungszeiten* tägl. (außer So) 9–12 und 16–18 Uhr (Sommer bis 20 Uhr). Der Eintritt ist offiziell frei, wer sich von der alten Haushälterin das Innere der Kirche zeigen lässt (sie spricht ein charmantes deutsch-französisch-italienisch-griechisches Kauderwelsch), wird danach freundlich-bestimmt zu einer 1 €-Spende aufgefordert. Fotografieren im Inneren ist nicht erlaubt! ✆ 2310/221506. Ein Stück Nostalgie: Auf dem Weg zur Kapelle sind in den schmalen Gassen z. T. noch die alten Wasserrinnen in der Mitte des Gehweges zu sehen.

Ágios-Dimítrios-Kathedrale: Neben der Agia Sofía stellt diese fünfschiffige Basilika mit dem breiten Vorplatz an der Hauptstraße Agiou Dimítriou sicher den prächtigsten Kirchenbau Saloníkis dar. Der Überlieferung nach wurde die Basilika im 5. Jh. von einem gewissen Leontius, Präfekt von Illyrien, über einer Krypta aus dem 4. Jh. mit mehreren römischen Thermalquellen gebaut, in denen der Heilige Dimitrios (Schutzheiliger der Stadt) im Jahr 304 den Märtyrertod starb. Die große und schön ausgestattete Kirche war zwischen 1493 und 1912 Moschee. Sie wurde bei der Brandkatastrophe von 1917 fast gänzlich zerstört, aber zwischen 1926 und 1948 wieder nach alten Plänen aufgebaut. Auf der Westseite der Kirche zeigt eines der Mosaike, das vom Feuer verschont wurde, Dimitrios in Militäruniform und von Engeln umgeben.

Im rechten Seitenschiff führen unterhalb des Altarraums zwei Treppen hinunter zum 1917 freigelegten Grab des Heiligen. Die Krypta gelangte erst beim Neubau der

Thessaloníki (Saloníki)

Straße unter das Straßenniveau. Es handelt sich dabei um den Ostteil des ehemaligen römischen Bades, der durch eine Apsis mit fünf Fenstern zur Kapelle umgebaut wurde. In einer Nische steht der Marmorschrein mit sieben Säulen, deren Kapitelle aus der Zeit des Theodosius stammen.

Öffnungszeiten **Krypta** Mo 12.30–19 Uhr, Di–So 8–20 Uhr, Eintritt frei, ✆ 2310/270008 und 968843.

Der 29. Mai ist in Thessaloníki und in ganz Nordgriechenland ein Trauertag. Schulen und Geschäfte bleiben geschlossen, in den Straßen weht die griechische Flagge und unaufhörlich läuten die Kirchenglocken. An diesem Tag betrauern die Griechen den Verlust der „Hauptstadt des Glaubens" (nämlich Konstantinopel 1453). Mit ernster Mine fährt der Metropolit in seinem schweren Mercedes 230 SL vor, um anschließend den Gottesdienst in der Dimitrios-Kathedrale abzuhalten.

Römische Bauten in der Altstadt

Etwa aus der Zeit um 300 v. Chr. stammen die Bauten, die unter dem römischen Kaiser Galerius (→ „Thessaloníki/Geschichte", S. 85) im Ostteil der heutigen Altstadt errichtet wurden. Reste des **Palasthofs (Atrium)** wurden am Navarinou-Platz ausgegraben und dürften bald zur Besichtigung geöffnet sein. Man legte hier bisher zahlreiche Mauerreste mit Säulengängen und Mosaikfußböden frei. Südwestlich davon lag das **Oktagon**, ein Saal mit achteckigen Außenwänden, vermutlich der Thronsaal. Den gesamten Bereich südöstlich des Oktagons nahm das **Hippodrom** ein. Es wird vermutet, dass die Pferderennbahn eine Gesamtfläche von fast 35.000 m²

Nach langjährigen Restaurierungsarbeiten endlich wieder ohne Stützkorsett: der Triumphbogen des Galerius

Rotonda

umfasste. Reste davon sind heute freilich nur noch unter den Kellern der Wohnhäuser zu entdecken.

Kamára (Triumphbogen des Galerius): Den noch gut erhaltenen Bogen mit vier übereinander liegenden Reihen von Basreliefs finden Sie nördlich vom Weißen Turm an der Egnatía-Straße. Erbaut wurde dieser Triumphbogen im Jahre 303 anlässlich der Siege des römischen Kaisers Galerius über die Perser. Die zahlreichen Reliefs beschreiben die ruhmreichen Schlachten des Kaisers gegen den Perserkönig Narsetes. Von den ehemals vier Pfeilern, deren zwei Bögen von einer Kuppel überspannt wurden, sind heute nur noch die beiden westlichen erhalten. Auf dem Bogen im Nordosten sind Szenen aus dem Feldzug gegen Adiabene und die Armenier dargestellt. Der letzte Bogen zeigt, wie sich die Besiegten Galerius unterwerfen. Unter der Kuppel führte der Prozessionsweg hindurch, der den Palast des Kaisers mit der Ágios-Geórgios-Rotonda verband.

Die frisch restaurierten Bögen sind jederzeit zugänglich; ein beliebter Treffpunkt für Pärchen und natürlich begehrtes Fotomotiv.

Rotonda (Ágios Geórgios)

Der Rundbau war vermutlich das **Mausoleum des Galerius**. Der äußerlich schlichte Bau aus dem Jahr 306 n. Chr. wurde unter der Regierung von Kaiser Theodosius in eine christliche Kirche umgewandelt. Als das Gebäude den Türken kurze Zeit auch als Moschee (mit Namen Hortak Efendi Camisi) diente, errichtete man ein freistehendes **Minarett**. Übrigens das einzig erhaltene der Stadt! Weil neben der Rotunde die kleine **Kirche des Heiligen Georg** liegt, ist auch der Rundbau unter diesem Namen bekannt. Heute dient er als Universitätskirche und als **Museum für frühchristliche Kunst**. Von 1988–1999 wurde die Rotonda gründlich renoviert, nachdem sie beim Erdbeben von 1978 schwere Schäden davongetragen hatte und ist

jetzt wieder für Besucher geöffnet. Im Garten sind türkische Grabdenkmäler, Sarkophage u. a. aufgestellt.
Öffnungszeiten tägl. (außer Mo) 8–17 Uhr, Eintritt frei, ✆ 2310/968860.

Römische Agorá (Forum)

Zwei große Plätze, unweit der vielbefahrenen Egnatía-Straße und nordöstlich der Panagía-Chalkeon-Kirche am heutigen Platia Dikastrion, bildeten im 2. und in der ersten Hälfte des 3. Jh., das städtische Zentrum des römischen Thessaloníki, das erst 1966 freigelegt wurde. Ursprünglich standen auf diesem Forum vier doppelte Säulenhallen, deren Überreste gefunden wurden (Ostseite). Mittels einer prunkvollen Treppe waren die beiden Plätze miteinander verbunden. Der nördliche Teil des **spätantiken Markts** ist inzwischen größtenteils freigelegt. Ausgegraben wurden beispielsweise die südliche und die östliche Stoa, die unterirdisch lagen und während der byzantinischen Zeit als Zisterne fungierten. Derzeit finden wieder umfangreiche Grabungen statt. Gut zu sehen ist das **kleine Theater**, auch Odeion genannt. Zu besichtigen gibt es dort auch einen gut erhaltenen Mosaikboden der **östlichen Stoa**. Sehr beeindruckend die Ausgrabungen der **südlichen Stoa** mit den gewaltigen unterirdischen Gewölben.
Öffnungszeiten tägl. 8–15 Uhr, Eintritt frei.

Weitere sehenswerte Kirchen

Dódeka Apóstoli (Ágii Apóstoli): Nördlich vom Vardari-Platz. Von außen schmuckloser Ziegelbau aus dem 14. Jh. mit auffälliger, turmähnlicher Kuppel. Die Kirche ist von der Art her eine komponierte Viersäulenkirche mit eingeschriebenem Kreuz, Narthex und Säulenumgang. Im Inneren ist die Kirche reich verziert mit Mosaiken und Wandmalereien aus der Epoche der **Paläologen** (letzte Dynastie des Byzantinischen Reiches, 13.–15. Jh.). Abgebildet sind unter anderem in der Kuppel Christus als Pantokrátor, darunter die zehn Propheten und die vier Evangelisten Matthäus, Markus, Lukas und Johannes. In der Südwölbung befinden sich Bilder von der Geburt und Taufe Christi, im westlichen Teil ist der Tod Marias und im Norden die Kreuzigung und Auferstehung Christi dargestellt.
Öffnungszeiten tägl. 8.30–11.30 und 17–19 Uhr, Eintritt frei, ✆ 2310/537915.

Agía Ekateríni: Die kreuzförmige Kirche aus dem 13. Jh. liegt westlich der Ágios-Dimítrios-Kathedrale in der Ious-&-Sahtoúri-Straße. Die Kirche repräsentiert den Beginn der spätbyzantinischen Architektur. Der schöne byzantinische Ziegelbau mit einer Haupt- und vier kleineren Kuppeln wurde während der Türkenherrschaft ebenfalls als Moschee genutzt. Im Inneren lassen sich noch Fragmente von Wandmalereien (Szenen aus dem Evangelium, Bischöfe und die Kommunion der Apostel) erkennen und Mosaike aus der Entstehungszeit der Kirche. Die Fresken im zentralen Pendentif zeigen Wundertaten Christi und weitere Heiligenfiguren.
Öffnungszeiten tägl. 7–11.30 und 17.30–19 Uhr, Eintritt frei, ✆ 2310/225580.

Ágios Nikólaos Orphanós: Nordwestlich der Universität gelegen. Aus rötlichem Ziegelstein im 14. Jh. erbaut, mit schöner hölzerner Eingangstür. Ehemals war die Kirche das Katholikon eines Klosters, das der serbische König Uros hier gründete, um Waisenkindern eine Heimat zu geben. Hier findet man die am besten erhaltenen und **schönsten Fresken in Thessaloníki**. Sie zeigen die Wundertaten und die Passion Christi sowie Szenen aus dem Leben des Heiligen Nikolaus. Seit dem 17. Jh. gehört die Kirche zum Kloster Vlatádon.
Öffnungszeiten tägl. (außer Mo) 8.30–14.45 Uhr, ✆ 2310/214497.

Weitere sehenswerte Kirchen 105

Profítis Ilías: Die im 14. Jh. (1360–1384) erbaute Kirche liegt unmittelbar nordwestlich der Kathedrale Ágios Dimítrios. Auffälligstes Merkmal ist der arkadenähnliche Vorbau. Ihr Grundriss in Form eines dreiblättrigen Kleeblatts erinnert an die auf Áthos üblichen Kirchenanlagen. Auch hier findet man diese Form der drei Apsiden mit winzigen Kapellen, die die weite Mittelkuppel tragen. Die Wandmalereien, die allerdings starken Schaden genommen haben, stammen aus der zweiten Hälfte des 14. Jh. Bemerkenswert ist auch die Bauweise der Außenmauer: ein regelmäßiger Wechsel von rechteckigen Steinblöcken mit waagrechten Lagen aus Ziegelstein. Kacheln bilden verschlungene Geflechte und Dreiecke.
Öffnungszeiten tägl. (außer Mo) 8.30–14.45 Uhr, ✆ 2310/214497.

Panagía Chalkéon: An der Ecke Egnatía/Aristotélous-Straße, nördlich vom Aristotéles-Platz, steht die Kirche der „Muttergottes der Kupferschmiede", so die Übersetzung. Das Hauptschiff wurde einer Inschrift zufolge im Jahr 1028 fertig gestellt und einem hohen Würdenträger des Kaiserhofes gewidmet. Die Kuppel der Kirche stammt dagegen vermutlich erst vom Ende des 11. Jh. Auffällig ist die typische Form einer Kreuzkuppelkirche mit quadratischem Grundriss, wobei vier Säulenbögen die Kuppel tragen. Sehenswert sind vor allem die zahlreichen Fresken, die nahezu das gesamte Innere der Kirche verzieren. Abgebildet sind das Jüngste Gericht im Narthex (Vorhalle), die Himmelfahrt Christi in der Kuppel, das Abendmahl, Christi Geburt sowie zahlreiche Heilige.
Öffnungszeiten tägl. 7.30–12 Uhr, ✆ 2310/272910.

Moni Lazariston

Ursprünglich ein Klosterkomplex, der 1886 von den *Brüdern vom heiligen Vioncenz von Paul* errichtet wurde und 1980 als Baudenkmal geschützt wurde. Nach Sanierung und einem kompletten Umbau wurde das Moni Lazariston 1997 im Rahmen des Programms zur Europäischen Kulturhauptstadt als Kulturzentrum wiedereröffnet. Auf 20.000 m² finden seither in Konzertsälen mit 200 bzw. 657 Plätzen Theatervorstellungen, Konzerte und Ausstellungen statt. Besondere Klasse besitzen die Vorstellungen des Nationaltheaters Nordgriechenland und des **Staatsorchesters Thessaloníki**, wobei dessen 100 Musiker fester Bestandteil des Kulturzentrums sind.

- *Informationen* zum Programm des Kulturzentrums und Veranstaltungen des Staatsorchesters vor Ort, Kolokotróni-Str. 21, Stavroúpoli, ✆ 2310/589185, www.monilazariston.gr.
- *Anfahrt* Das Kulturzentrum liegt im nordwestlichen Stadtteil Stavroúpoli, an der Kolokotróni-Straße, die als Stichstraße von der breiten Lagada Ave. abgeht. Orientierungshilfe (vom Zentrum kommend) ist das auffällige Militärcamp Pavlos Melas auf der gegenüberliegenden Seite der Lagada.

Agía Sofía: Die der „heiligen Weisheit" geweihte Kirche ist vielleicht die **schönste Kirche** von Saloníki. Sie zählt zu den wenigen authentischen Kirchen in Kreuzkuppelform, die der Nachwelt bis heute unzerstört erhalten geblieben sind. Gebaut wurde sie im 8. Jh. auf den Resten einer Basilika aus dem 5. Jh., von der ein kleiner Apsidenraum und der Bischofssitz übrig geblieben sind. Die Kirche besitzt ein nicht nur kunsthistorisch interessantes Kuppelmosaik aus dem Jahr 885, das hervorragend erhalten ist. Es zeigt die Himmelfahrt Christi und die Apostel, Maria und zwei Engel am Kuppelfuß. Aus der Zeit nach dem Bau der Agía Sofía sind bis in die Mitte des 11. Jh. in Thessaloníki keine Bauwerke übrig geblieben, sodass die Agia

Sofia als einzig erhaltenes Bauwerk aus diesem Zeitraum eine herausragende Stellung genießt. Die Außenform wurde im 16. Jh. verändert, als die Türken hier eine Moschee einrichteten. Auch die Agía Sofía wurde beim Erdbeben von 1978 stark in Mitleidenschaft gezogen. Der gesamte umzäunte Vorplatz der gelb-sandsteinfarbenen Kirche ist ein willkommener Platz für eine kurze Rast.

Öffnungszeiten tägl. 7–13 und 17–19 Uhr, ☏ 2310/270253.

Türkisches Bad (Bey Hamami)

Der Koran nennt den Gläubigen eine Reihe von Säuberungsvorschriften. Die Türken von Thessaloníki erfüllten sie einst im Bey Hamami. Diese „Paradiesbäder" liegen an der Egnatía-Straße, direkt gegenüber dem Aristoteles-Platz. Es handelt sich dabei um das erste Badehaus der Stadt, es wurde 1444 erbaut. Die Trennung des **Doppelbads** in einen Bereich für Frauen und einen für Männer wurde erst später eingebaut. Der Eingang zum Männerbad, der größer und reicher dekoriert ist, liegt an der Egnatía-Straße, während der kleine, unauffälligere Eingang für die Frauen sich an der Nordseite befindet. Die Räume in beiden Abschnitten waren in traditioneller Weise gestaltet. Ein großer, kühler Vorraum führt zu einer erhitzten Kammer, die wiederum in noch heißere kleine Zellen unterteilt ist. Östlich, in Kontakt mit beiden Heißluftkammern liegt die lange, schlauchförmige Heißwasserzisterne mit unterirdischem Zulauf. In der Mitte der Wände des Männer- und Frauenbades waren Marmorbecken angebracht, niedrige Marmorbänke boten Sitzmöglichkeit. Mittels eines ausgeklügelten Systems wurde das Wasser in der Zisterne erhitzt und als Dampf und heiße Luft in die Baderäume geleitet. Dadurch wurden der Marmorboden erhitzt. Vertikale Einschnitte in der Wand saugten den entstehenden Rauch ab und wärmten somit gleichzeitig die Mauern.

Öffnungszeiten Die Bäderanlage kann mittlerweile besichtigt werden, sie ist Mo–Fr von 8–14.30 Uhr geöffnet, Eintritt frei.

Markt

Der berühmte Markt von Thessaloníki befindet sich nordwestlich vom Aristoteles-Platz an der Ermoú-Straße. Die Stände sind in einem Labyrinth von Hallen und Gässchen untergebracht. Bis 14 Uhr herrscht ein munteres Treiben, und man hat fast das Gefühl, auf einem orientalischen Bazar zu sein. Zu kaufen gibt es nahezu alles. Neben Kleidung vorwiegend Obst, Gemüse und Fleisch. Beispielsweise ein Stand für Oliven in allen Größen, Farben und Formen, gleich daneben ein Fischstand und nicht weit davon entfernt eine Zoohandlung mit zahlreichen, laut schreienden Affen.

Bronzekrater von Derveni

• *Essen & Trinken* Über den Markthallen befindet sich das stilvolle **Tavernen-Café Kentriki Stoa** mit einzigartigem Blick, dazu ruhige Musik, man sitzt unter Fallschirmen. Unten haben die **Ouzeri Kaiti** und gleich daneben die einfache **Taverne Mikrobolos Smirni** geöffnet. Viel Atmosphäre – es riecht nach Fleisch, Fisch und Käse und nur ein paar Meter weiter streiten sich die Katzen um die letzten Reste.

Museen

Archäologisches Museum: Das 1960 gebaute und 1980 erweiterte einstöckige Gebäude liegt direkt neben dem **Messegelände** am großen Hanth-Platz, vielleicht 600 m Luftlinie vom Weißen Turm entfernt. Die Sammlung beherbergt Funde aus ganz Nordgriechenland, darunter Vasen, Kupferschmuck, Waffen, Werkzeuge, Grabbeigaben und Münzen aus den unterschiedlichsten Epochen. In einem Saal werden auch Skulpturen aus Stein und Marmor gezeigt.

Die Räume sind angenehm kühl, und die Ausstellungsstücke sind auf Englisch beschriftet. Wegen der Fülle der Exponate möchten wir Ihnen den Kauf eines Führers empfehlen. Man bekommt die

Exponate im Archäologischen Museum

Guides (in Farbe, preisgünstig und sehr anspruchsvoll) am Eingang. Die ehedem wichtigsten Stücke, nämlich die aus den Gräbern Philipps II. und Alexanders des Großen in **Vergína**, wurden inzwischen an ihren Fundort zurückgebracht. Im Folgenden ein kurzer Überblick über die Aufteilung der Räume, wie sie sich dem Besucher bisher präsentierten. Das Museum wurde zum Zeitpunkt der Recherche (Ende 2005) komplett umgebaut, die Raumaufteilung wird, wie im Schema dargestellt, geändert. Die bisherigen Themenschwerpunkte sollen darin einfließen.

> **Der Bronzekrater von Derveni** (330–320 v. Chr.)
>
> Ein seltenes Meisterstück. Das reichhaltige Dekor des klobigen Behälters, der das Auge des Betrachters einzig auf die Ornamente lenkt, bildet die Verherrlichung des Gottes Dionysos und seine Allmacht über die Natur wie auch über Leben und Tod nach. Die Hauptseite des Kraters stellt den Iéros Gamós („Heilige Ehe") des Dionysos mit Ariadne dar. Auf der Rückseite befindet sich eine orgiastisch anmutende Tanzszene.

Saal 1: Architektonische Teile eines **ionischen Tempels** aus dem 6. Jh. v. Chr., die in Thessaloníki gefunden wurden.

Säle 2 und 3: Archaische, klassische und hellenistische **Skulpturen** aus Thessaloníki und anderen Regionen Makedoniens.

Saal 4: **Geschichte der Stadt** von prähistorischer Zeit bis in die Spätantike. Ausgestellt sind prähistorische Grabungsfunde sowie Funde aus archaischen und klassischen Häusern und Grabstätten. Der hellenistischen Periode entstammen zahlreiche Elemente aus dem damaligen Stadtbild sowie fünf feine Beispiele von makedonischen Gräbern und diverse Grabbeigaben. Aus der römischen Periode sind Exponate aus verschiedenen Heiligtümern, der Agora, dem Palastkomplex des Galerius und aus Grabfunden außerhalb der Stadtmauern zu sehen.

Säle 5 und 6: Römische Skulpturen und Votive wie auch Grabreliefe aus Fundstellen und Notgrabungen.

Saal 7: Grabarchitektur. Rekonstruktion der Frontseite eines makedonischen Grabes aus *Agia Paraskevi* mit der originalen Marmortüre und dem Giebel. Das bemalte Totenbett und eine weitere Türe wurden in einem makedonischen Grab in *Nea Potídea* (Chalkidikí) entdeckt.

Saal 8: Sindos-Saal. Funde aus 121 Gräbern aus der archaischen und frühklassischen Periode. Die reiche Sammlung von Goldschmiedearbeiten erlaubt einen einzigartigen Einblick in die frühere Kunstfertigkeit. Die Sindos-Funde beleuchten den damaligen Totenkult und sind Belege für den Glauben der Menschen an ein Leben nach dem Tod.

Saal 9: Das Gold Makedoniens. Die Verarbeitung und der Gebrauch von Gold in Form von Schmuck, Verzierung und Münzherstellung und die Technologie des Goldabbaus im antiken Makedonien werden detailliert dargestellt und beschrieben. Gold- und Silberfunde aus dem 6.–2. Jh. v. Chr.

Die Nekropolen Makedoniens liefern reichhaltig Anschauungsmaterial. Goldene Efeugehänge aus Sevasti, Diademe aus Sedes oder Halsketten vom Evropos u. v. m. sind in Vitrinen mit entsprechender Beleuchtung eindrucksvoll ausgestellt. Besonderes Highlight ist der Derveni-Krater, ein fast 1 m hoher Krug aus feinster Bronzearbeit.

Saal 10: Vorzeitliche Besiedlung im Raum Thessaloníki. Gezeigt wird die Vorgeschichte Thessaloníkis und Makedoniens und wie sie durch die Arbeit der Ausgräber im 20. Jh. ans Tageslicht gelangte. Im Mittelpunkt stehen Organisation und Entwicklung der Siedlungen.

Manolis Andronikos-Saal: Ausstellung über makedonische Münzpräge vom 6. Jh. v. Chr. bis 148 v. Chr.

• *Öffnungszeiten* Di–So 8–19.30 Uhr, Mo 13–19.30 Uhr, Eintritt 4 €, Kinder, Jugendliche (bis 18) und Studenten mit Internat. Ausweis frei (das *Kombinationsticket* mit dem Museum der Byzantinischen Kultur kostet 6 €), Hanth-Platz/Manoli Andronikou-Str. 6, ℡ 2310/830538. Das Museum wurde zum Zeitpunkt der Recherche renoviert, es kann in der Folge zu Veränderungen in der oben beschriebenen Saaldarstellung kommen.

Museum der Byzantinischen Kultur: Eröffnet 1994 in einem Gebäude, das von der Fachwelt als feinstes Beispiel für „öffentliche Architektur im Griechenland der vergangenen Jahrzehnte" gepriesen wird. Wir würden sagen: Ein Rohbau, der mangels Farbe nie ganz fertig geworden ist, aber sehen Sie selbst ...

Das Museum liegt gegenüber dem Archäologischen Museum an der breiten Leoforos Stratou (wenige Meter östlich vom Hanth-Platz mit dem Fernsehturm). Über die Qualität der Dauerausstellung zur byzantinischen Kultur, die elf Galerien umfasst, dürfte es keine Meinungsverschiedenheiten geben – nicht umsonst wurde das Haus als das beste Museum Europas 2005 ausgezeichnet! Die ausgestellten Gegenstände stammen überwiegend aus Nordgriechenland (Makedonien und Thrakien) sowie natürlich aus Thessaloníki selbst und repräsentieren die Kunst und Kultur der frühen byzantinischen Epoche (4.–7. Jh.) bis zur post-byzantinischen Periode im 19. Jh. Zwei Ausstellungen zeigen die dem Museum gestifteten Privatsammlungen von *Dori Papastratou* und *Dimitrios Ikonomopoulos*. Ein kurzer Überblick über die Ausstellungsräume:

Galerie 1: Frühchristliche Kirche. Gewidmet der Gestaltung und Ausschmückung der Kirchen während der ersten Jahrhunderte nach dem Durchbruch des Christentums. Gezeigt werden Säulenkapitelle und Mosaike, im Mittelpunkt stehen u. a. ein marmorner Hochaltar und ein Marmorbogen mit Tier- und Pflanzenmotiven aus der Agios Dimitrios-Kirche, die beide vom Feuer 1917 verschont blieben.

Galerie 2: Frühchristliche Städte und private Anwesen. Bietet einen Einblick in die Organisation und das ökonomische Leben der Städte und zeigt Exponate, die von Haushaltsgeräten über Einrichtungsgegenstände bis zu Kleidungsstücken reichen. Eindrucksvoll ein nachempfundener Empfangsraum (*triclinum*) eines Hauses mit Mosaikboden und Wandmalereien.

Museen

Monumentale Altarwand im Museum der Byzantinischen Kultur

Galerie 3: Totenkult und Paradies der Christenheit. Elemente der christlichen Bestattungstradition. Ausgestellt sind Grabkammern mit reichhaltiger Dekoration, Grabtafeln und zahlreiche fragile Grabbeigaben.

Galerie 4: Vom Bildersturm zur Pracht der makedonischen Dynastie. Spannt den Bogen von der Periode des Bildersturms im 8./9. Jh. bis hin zu mittelbyzantinischer Architektur, Malerei, Bildhauerei und Töpferkunst. Herausagenden Stücke sind die *Marienikone Dexicratoussa* (1200) und eine kunstvoll verzierte Bibel aus dem frühen 12. Jh.

Galerie 5: Die Dynastien der byzantinischen Kaiser. Hauptsächlich Informationstafeln über Kaiser Heraklios (610–641) bis hin zu Konstantin XI. Paleologos (1449–1453). Ausgestellt sind Münzen, die einen Hauptanteil bei der Verbreitung imperialer Propaganda darstellten.

Galerie 6: Byzantinische Festungen. Eine Vielzahl von Festungsanlagen, die der Kontrolle der Zugänge und dem Schutz der Ländereien und der Bewohner dienten, wurde an der Römerstraße Via Egnatia zwischen Thessaloníki und Konstantinopel errichtet. Ein trockenes Kapitel wird mit Hilfe von Displays, Küchengefäßen, Kleidungs- und Schmuckfunden sowie Informationen und Illustrationen zu Waffen und Belagerungstechniken zum Leben erweckt.

Galerie 7: Zwielicht über Byzanz. Das byzantinische Zeitalter neigt sich seinem Ende zu. Die beiden Schläge gegen Konstantinopel – der vierte Kreuzzug 1204 und die endgültige Einnahme durch die Osmanen 1453 – sind die letzten Meilensteine einer Epoche. Hier werden Grabungsfunde aus dem gesamten Altstadtgebiet Salonikís gezeigt. Grandios die ausgestellte Christus-Ikone „Die Weisheit Gottes" aus der 2. Hälfte des 14. Jh. mit einer Höhe von fast 1,5 m sowie die goldbestickte Epitaphdecke „Grablegung Christi" (1300). Im Obergeschoss befindet sich eine Ausstellung zu glasierter Töpferkunst.

Galerien 8 und 9. Repräsentative Ausstellung von Kupferstichen aus allen griechischen und vielen europäischen Zentren dieser Kunstform. *Dori Papastratou* vermachte dem Museum 1993 ihre umfangreiche Privatsammlung mit Werken wie *Geköpfter Johannes der Täufer* (Venedig 1798), Stichen vom heiligen Berg Athos oder der Originalvorlage der Druckikone Axion Estin (1810). *Dimitrios Ikonomopoulos* spendete dem Museum 1987 seine umfangreiche Kollektion von 1460 Ikonen, darunter z. B. die

Großikone *Ag. Athanasios* (15. Jh.). Daneben war Ikonomopoulos begeisterter Sammler von Münzen, Töpferei und Miniaturobjekten, die zum Teil ausgestellt sind.

Galerie 10: Post-byzantinische Periode – nach dem Fall von Konstantinopel. Ein Display über das Erbe des byzantinischen Reiches nach dem Niedergang Konstantinopels bildet den Auftakt. Spektakulär sind die ausgestellte Riesenikonostase, die eine ganze Wandseite des Ausstellungsraums für sich beansprucht, und die seidengestickte Tunika des Bischofs von Melnik, Ioannikios (1745–53).

Galerie 11: Die Vergangenheit schätzen lernen. Ausleitung aus dem Ausstellungsprogramm mit einer ca. 6 x 6 m großen Darstellung eines Bodenmosaiks und der Computersimulation der Rekonstruktionsarbeiten am Beispiel eines Amphorenfundes.

• *Öffnungszeiten* Mo 13–18.30 Uhr, Di–So 8–18.30 Uhr (1. Nov. bis 30. April: Mo 10.30–17 Uhr, Di–So 8.30–15 Uhr). Eintritt 4 €, Kinder, Jugendliche (bis 18) und Studenten mit Internat. Ausweis frei (das *Kombinationsticket* mit dem Archäologischen Museum kostet 6 €). Das Museum ist vorbildlich behindertengerecht eingerichtet. Für den Rundgang sollte man ca. 2–3 Std. einplanen. Stratou-Str. 2, ✆ 2310/868570, www.mbp.gr. Ans Museum angeschlossen ist ein gemütliches **Café** mit vernünftigen Preisen. Zu erreichen mit den Bussen 10, 11, 12, 31 und 39.

Volkskundemuseum von Makedonien und Thrakien: Ausstellungsstücke aus den letzten 250 Jahren. Zum Beispiel liebevoll nachgebaute Häuser und Bauernhöfe aus den unterschiedlichen Regionen Griechenlands und von den Inseln (in der Eingangshalle). Ferner antike Webstühle, unterschiedliche Trachten und alte Fotos. Alles wird äußerst informativ präsentiert. Untergebracht ist das Museum seit 1972 im alten Regierungsgebäude, das 1906 von Giako Modiano erbaut wurde. Zwischendurch beherbergte es eine Priester- und später eine Militärschule.

Öffnungszeiten tägl. (außer Do) 9–14 Uhr, Eintritt: 1 €, ✆ 2310/830591. Leicht zu übersehendes Gebäude im südöstlichen Teil der Stadt in der Vassilissis-Olgas-Straße 68, 200 m von der Uferpromenade entfernt. Zu erreichen mit den Bussen 5, 6, 33 und 78.

Museum des Makedonischen Kampfes: Seit 1982 in dem neoklassizistischen Gebäude in der ersten Parallelstraße zur Nikis-Straße (Uferstraße) untergebracht. Ausgestellt sind Gegenstände aus der Zeit der Befreiungskriege zwischen 1878 und 1912, u. a. Trachten, Waffen sowie Fotos und Zeichnungen der Kämpfer.

Öffnungszeiten Di–Fr 9–14 Uhr, Sa 10–14 Uhr, So und Mo geschlossen, Eintritt frei. Proxenou-Koromila-Str. 23, ✆ 2310/229778. Zu erreichen mit den Bussen 3, 5, 6, 12 und 39.

Türkische Botschaft: Unauffälliges Gebäude mit braunen Fensterläden in der Agiou-Dimitrou-Str. (nordwestlich von der Rotonda). Was viele nicht wissen: In der Botschaft ist zugleich auch ein Museum untergebracht, denn hier wurde Kemal Atatürk 1891 geboren. Zu sehen gibt es Uniformen, Schriftstücke, Bilder und Kleider.

Man freut sich über jeden Besucher. Kemal, Sohn des Fahrers des Botschafters, übernimmt die Führung. Er ging auf die Deutsche Schule in Thessaloníki, daher seine Sprachkenntnisse. Eintritt frei.

Universität

Das Hochschulgelände liegt unmittelbar neben den Messehallen. Die **Aristoteles-Universität** wurde erst 1926 gegründet, zählt aber mit gut 30.000 Studenten zu den führenden des Balkans. Sie machte sich vor allem bei archäologischen Ausgrabungen auf der ganzen Welt einen Namen. Im Sommer werden auch **Sprachkurse** angeboten (→ Adressen, S. 88).

Ausflüge von Thessaloníki

Thessaloníki ist eng mit der Familie Alexanders des Großen und mit seinem Vater Philipp II. von Makedonien verbunden. Als die Residenz des makedonischen Königshauses im Provinzort Pélla lag, war Thessaloníki noch ein unbedeutendes Nest. Der Einfluss, den Alexander und sein Vater auf die gesamte Region einschließlich der Chalkidikí-Halbinsel ausübten, begegnet dem heutigen Besucher vielerorts. Pélla – unscheinbare Stadt und doch einst Machtzentrum für einen Großteil der bekannten Welt – und die grandiose Entdeckung der Königsgräber wie auch die Grabkammer Philipps II. in Vergina mit den außergewöhnlichen Grabbeigaben sind Beispiele dafür. Seit einigen Jahren sind die schönsten Funde wie goldene Bestattungsschreine, Kränze aus hauchdünnen goldenen Eichenblättern und goldene Beinschienen aus den Gräbern Philipps II. und seiner Frau aus dem Archäologischen Museum in Thessaloníki wieder an ihren Fundort zurückgekehrt.

Die Nähe zu Thessaloníki und die günstigen Verkehrsan- und -verbindungen machen den Ausflug nach Vergína (rund 70 km südwestlich von Thessaloníki) und Pélla (35 km nordwestlich von Saloniki) fast zum „Pflichtprogramm". Beide Orte sind entweder zügig über die Autobahn oder bequem über landschaftlich lohnenswerte Überlandstrecken zu erreichen.

Vergína

Gut 10 km südlich von Véria befindet sich dieses vielleicht interessanteste Ausgrabungsgebiet Nordgriechenlands. Dort wurden in den letzten Jahrzehnten erstmals ungeplünderte makedonische Grabstätten gefunden.

Seit Anfang der 50er Jahre beschäftigte sich der griechische Archäologe *Manolis Andronikos* mit dem Gedanken, dass die alte makedonische Hauptstadt **Aigaí** nicht bei Édessa, wie in früheren Jahren vermutet, sondern in der Nähe von Vergína zu suchen sei. Und er sollte mit seiner Annahme Recht haben. 1977 fand man drei nebeneinander liegende Gräber, von denen das kleinste bereits vor Hunderten von Jahren ausgeplündert worden war. Erhalten waren dagegen die Wandmalereien des Malers Nikomachos.

Aber erst der nächste Fund sorgte für Schlagzeilen. Hinter einer zweiflügeligen Marmortür verbarg sich die Grabkammer König *Philipps II.* von Makedonien! Man entdeckte eine Vielzahl von silbernen und goldenen Grabbeigaben, darunter Vasen, Teller, Münzen und Schalen, des Weiteren Teile einer Rüstung sowie Gold- und Edelsteinschmuck. In einem kleinen Marmorsarkophag lagen unter goldenen Eichenblättern in purpurrotes Gewebe eingehüllte und fast vollständig erhaltene Knochenreste von Philipp II. Man ist deshalb davon überzeugt, dass es sich um den Sarg Philipps handelt, weil die Truhe mit einem goldenen Sonnenstern, dem Emblem des makedonischen Königshauses, bedeckt war. Bestätigt wurde die Vermutung zudem durch den Fund einer goldenen Beinschiene. Man wusste von Philipp, dass er stark gehbehindert war. In einem Vorraum fand man einen weiteren, etwas größeren Marmorsarg, der die Gebeine einer 23- bis 27-jährigen Frau enthielt. Da die Grabstätte ebenfalls mit einem goldenen Sonnenstern geschmückt war, geht man davon aus, dass es sich dabei um die Gemahlin Philipps II. handelt. Eine dritte Grabkammer, die bislang nur kurz geöffnet wurde, war Mitgliedern der königlichen

Familie vorbehalten. Hier wurden schließlich die Gebeine von Alexander IV., Sohn Alexanders des Großen, entdeckt, der zusammen mit seiner Mutter Roxane 311 v. Chr. von Kassandros in Amphípolis ermordet wurde.

Die Gräber, so schätzt man, stammen aus der Zeit von 350–325 v. Chr. Besichtigen kann man neben dem sogenannten **Palast** (Palace) oberhalb der Ortschaft auch die **Gräber** (Royal Tomb). Der gesamte Grab-Tumulus mit vier Gräbern ist zu einem hervorragend gestalteten, vollklimatisierten unterirdischen Museum umgestaltet worden und wird von hermetisch abriegelnden Panzertüren geschützt, die mit Fort Knox durchaus mithalten könnten. Die beiden Hauptgräber sind ausgezeichnet restauriert, dank der Verwendung organischer Farben ist der Fries an einem der Gräber sehr gut erhalten. Ein weiteres Grab wurde fast im Originalzustand belassen – damit vermittelt es dem Besucher einen guten Eindruck, wie die Fundorte aussahen, als sie entdeckt wurden.

Alle nennenswerten Funde wurden vor sechs Jahren aus dem Archäologischen Museum von Thessaloníki wieder hierher zum Fundort zurückgebracht. Unter anderem sind die Gebeine Philipps II., goldene Schreine mit Stern, goldene Kränze, fünf kleine elfenbeinerne Büsten der königlichen Familie sowie der einzige aus dem Altertum erhaltene Eisenpanzer, ein Helm, ein Schwert, eine Krone und ein Diadem zu besichtigen. Die Ausstellung ist durch zahlreiche Fotos und Skizzen illustriert.

Palast: Großflächiges Gelände mit Abertausenden von Heuschrecken. Optisch am markantesten ist ein Mosaik, allerdings in blassen Farben. Ansonsten ist die Anlage eher enttäuschend, deshalb der ernst gemeinte Tipp: Erst dieses Gelände besuchen und danach die unterirdische Grabanlage. Auf dem Weg vom Parkplatz zum Palast liegt links noch eine Ausgrabungsstätte mit zwei weiteren mazedonischen Gräbern. Das eine kann man kostenlos besichtigen, da es mit aufgebrochenen Marmortüren vorgefunden wurde (orientieren Sie sich am Wegweiser „Mazedonisches Grab").

Öffnungszeiten Mo 12–19.30 Uhr, Di–So von 8.30–19.30 Uhr, im Winter verkürzt, Kombi-Eintrittskarte 8 €, ✆ 23310/92347.

Königsgräber: Der Besuch der Grabanlagen kostet 8 € (beinhaltet auch den Eintritt des Palastes). Die ganze Anlage ist überdacht und sicher der imposanteste Ausstellungsraum in Griechenland. Fotografieren ist streng verboten. Gleiche Öffnungszeiten wie der Palast.

Übernachten In Vergína gibt es inzwischen eine Reihe von Pensionen und kleineren Hotels.

> **Strecke von Vergína nach Pélla:** Für Besucher mit eigenem Fahrzeug ist es empfehlenswert, nicht die Autobahn-Hauptroute zwischen Véria und Pélla zu wählen, sondern die südliche Überlandstrecke von Vergína über *Alexándria* und anschließend in nördlicher Richtung bis zur *Hauptstraße E 86* und von dort weiter bis Pélla zu fahren. Deutlich mehr landschaftliche Eindrücke.

Pélla

Etwa 40 km nordwestlich von Thessaloníki an der Staatsstraße nach Édessa liegt eine der bekanntesten Ausgrabungsstätten Griechenlands.

König *Archelaos* hatte im 5. Jh. v. Chr. Pélla zur Hauptstadt Makedoniens gemacht. Unter Philipp II. und Alexander dem Großen, die eine Vielzahl von Künstlern, Gelehrten, Dichtern und Malern nach Pélla riefen, erlebte die Stadt ihre größte

Zeit. Leider ist von den Schätzen und Reichtümern Péllas nicht mehr allzu viel erhalten. 168 v. Chr. fielen die Römer unter Konsul *Aemilius Paulus* über die Stadt her, eroberten sie, zerstörten alles und raubten das Gold der Stadt. Einer Überlieferung zufolge brauchte Aemilius Paulus einen ganzen Tag, um in Rom die gestohlenen Schätze vorzuzeigen. Eine Folge der Plünderung und Zerstörung Péllas durch die Römer ist, dass die Lage des königlichen Palasts lange Zeit nicht exakt bestimmt werden konnte. Wie großzügig aber die Stadt angelegt gewesen sein muss, beweisen Mosaikfußböden aus herrschaftlichen Villen. Unter anderem hat sich auch gezeigt, dass die Stadt bereits über ein ausgeklügeltes Wasserleitungsnetz verfügte.

Sehenswertes

Der Besuch des **Ausgrabungsgeländes** beginnt im südlichen Teil der Stadt, wo eine Reihe von Grundmauern prächtiger Häuser aus dem 4. Jh. ausgegraben wurde. Südlich der ehemaligen *Agorá* liegt das *Haus des Dionysos* mit zwei säulenbestandenen Vorhallen. Daran schlossen sich *Speise-* und *Ruheräume* an, in denen u. a. das prächtige Mosaik „Dionysos auf dem Panther" freigelegt wurde. Aus dem größeren der Speiseräume stammt das berühmte Mosaik „Löwenjagd".

Das Haus hat die Maße von gut 50 auf 100 m, besaß ehemals drei offene Aulen sowie eine weitere, zentrale Aula mit sechs ionischen Säulen an jeder Seite (zum Teil noch erhalten).

Weitere Mosaike wurden im *Haus des Raubes der Helena*, das südwestlich an die Agorá angrenzt, entdeckt. Die „Hirschjagd des Alexander und Hephaistion" ist im Museum zu besichtigen. Im Norden der Agorá befand sich das zentrale Heiligtum der Stadt, das *Metroon*, das erst im 1. Jh. v. Chr. aufgegeben wurde. Viele der gefundenen Häuser entlang der Straßen, die sich unterhalb des zentralen Platzes kreuzen, konnten lange Zeit nicht zugeordnet werden. Durch einen Zufall kamen bei einem Erdbeben Fundstücke zutage, die auf Töpferwerkstätten, „Supermärkte" und einen Parfümladen schließen lassen.

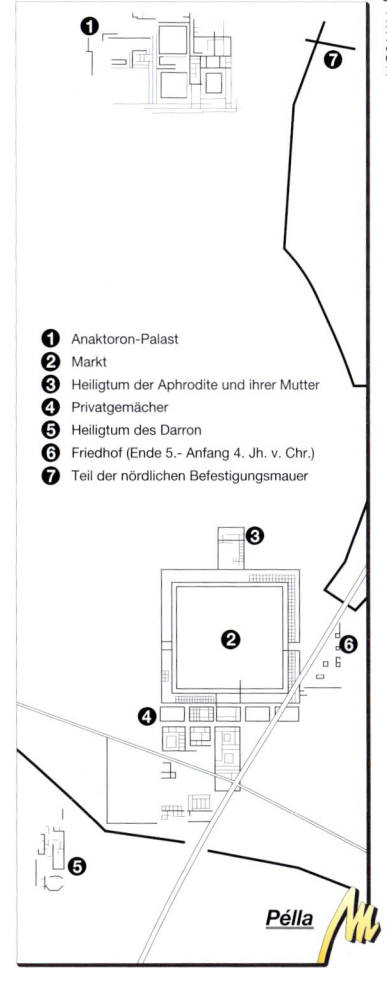

❶ Anaktoron-Palast
❷ Markt
❸ Heiligtum der Aphrodite und ihrer Mutter
❹ Privatgemächer
❺ Heiligtum des Darron
❻ Friedhof (Ende 5.- Anfang 4. Jh. v. Chr.)
❼ Teil der nördlichen Befestigungsmauer

Auch die Grabungsarbeiten am **Palast** auf der Akropolis sind derzeit voll im Gange. Durch ehemals pompöse Propyläen betrat man den Vorraum, der zwischen vier große Gebäudekomplexe führte. Westlich grenzte ein dorisches Peristyl (Säulenhof) an, das gegenüberliegende Gebäude beherbergte einen Bäderkomplex.

Im kleinen **Museum** sind die Funde aus Pélla ausgestellt, u. a. Götterstatuen von Poseidon und Athene, eine Hundeskulptur aus Marmor sowie Fragmente von Marmorsäulen, Vasen und Amphoren. Die wichtigsten Ausgrabungsfunde sind jedoch die schon erwähnten Mosaiksteinböden aus dem 3. Jh. v. Chr. Die meisten Mosaike wurden nicht an ihrem Fundort belassen, sondern sind im Museum ausgestellt.

Das bedeutendste Mosaik ist die sogenannte *Löwenjagd*. Dargestellt ist eine Szene, bei der der junge Alexander von General Kateros vor einem Löwenangriff gerettet wird. Ein anderes Mosaik im Museum zeigt einen Jüngling, der, bewaffnet mit einer Axt, einen Hirschen stellt. Die Besonderheit dieses Mosaiks ist eine Inschrift am oberen Bildrand. Sie bedeutet: „Gnosis hat es gemacht". Es ist der älteste überlieferte Name eines Mosaikkünstlers.

Ferner zeigen die aus verschiedenfarbigen Flusskieselsteinen zusammengesetzten Bilder Dionysos auf einem Panther, den Raub der Helena, ein Zentauren-Paar sowie weitere Jagdszenen. Interessante Exponate des Museums sind zudem Architekturfragmente, der Marmorkopf Alexanders des Großen und eine Münzensammlung.

Öffnungszeiten in den Sommermonaten Ausgrabungsgelände und Museum tägl. 8–19.30 Uhr (Museum Mo 12.30–19.30 Uhr), Eintritt 6 €, Kinder und Studenten frei. Beschriftung der Schautafeln leider nur auf Griechisch. ✆ 23820/31160. **Tipp**: Auf dem weitläufigen Ausgrabungsgelände gibt es keinen Schatten. Nehmen Sie sich ausreichend Getränke mit.

Pélla – der Geburtsort von Alexander dem Großen

Nachsaison

Von Thessaloníki auf die Chalkidikí

Ausgehend von der zweitgrößten griechischen Metropole Thessaloníki führt die breite Hauptstraße vorbei an Getreidefeldern und Weinkulturen, Obstgärten und Olivenhainen schnurgerade auf den Nomos (Bezirk) Chalkidikí zu, der 22 km weiter südlich bei Lákoma beginnt.

Die Chalkidikí verfügt über ein gutes Busnetz, das Thessaloníki mit allen Küstenorten und nennenswerten Dörfern im Landesinneren sowie dem Hauptort Polígiros verbindet (→ Thessaloníki/Verbindungen, S. 89ff.). Günstiger ist aber ein eigenes Fahrzeug: Die Entfernungen sind groß und die öffentlichen Verbindungen zwischen den Ortschaften mäßig. Züge verkehren auf Chalkidikí nicht.

Wer die **schnellste Verbindung** von Thessaloníki in Richtung Kassándra und weiter nach Sithonía sucht, wählt die neue, breit angelegte **Autobahn**, die sich wie ein Strich durch die Landschaft zieht.

Wer dagegen Zeit im Gepäck hat, sollte einige der kleinen Ortschaften entlang der **Küstenstraße** besuchen, die neben ihren landschaftlichen Reizen immer wieder gute Bademöglichkeiten bieten, z. B. Néa Kallikratía (→ S. 122) oder Nea Iráklia (→ S. 121).

Etwas umständlicher, aber durchaus lohnend, ist die **Hügelstrecke** am Fuß des Holomóntas-Gebirges. Zum oben erwähnten Lákoma zweigt man auf die alte Landstraße ab, die in Richtung Nea Goniá verläuft. Sie führt am Flüchtlingsort Nea Sílata vorbei und trifft dann auf die Kreuzung, die nach Petrálona weist: Die Tropfsteinhöhle lohnt einen kurzen Abstecher (→ S. 123). Nach Dionisíou zweigt die Straße zu der ebenfalls sehenswerten Ausgrabungsstätte von Ólinthos ab (→ S. 159).

Alle drei Routen führen schließlich zum Nadelöhr der Halbinsel Kassándra – dem Hafenort **Néa Moudaniá** (→ S. 124).

> **Polígiros**, die Hauptstadt der Chalkidikí am Fuß des Holomontas, finden Sie auf S. 163. Die **Westküste zwischen Thessaloníki und Kassándra** wird gleich hier im Anschluss vorgestellt. **Kassándra**, der westlichste Finger, folgt ab S. 126, **Sithonía**, der mittlere Finger ab S. 167. Alles Wissenswerte zur Mönchsrepublik **Áthos** lesen Sie ab S. 217. Ab S. 234 begleitet dieser Reiseführer in die **Dörfer des zentralen Berglands**. Es folgt ab S. 239 die **Ostküste der Chalkidikí**.

Ágia Triáda

Ein beliebter **Badeort am Thermaischen Golf**, Naherholungsgebiet der Großstädter und fast 30 km von Thessaloníki entfernt. Der Ortschaft Ágia Triáda schenkt denn auch kaum jemand Beachtung; schnell wird das Auto abgestellt und das Nötigste für den Strandbesuch aus dem Kofferraum geholt. Fahren Sie vorsichtig, Betonwellen auf der Uferstraße dienen zur Verkehrsberuhigung. An dieser Promenade befinden sich einige Souvenirläden, Pizzabäcker und Badeartikelverkäufer.

- *Anfahrt* Mit dem Auto zunächst in Richtung Flughafen, dann weiter nach Perea und dort der Abzweigung nach Ágia Triáda folgen.
- *Baden* Gute Bademöglichkeiten bieten sich entlang der etwa 500 m langen **Strandpromenade** des Orts. Der Strand (mit Sonnenschirmen) ist sauber und wirkt unter der Woche verlassen.
- *Übernachten* **Hotel Sun Beach** (A-Kat.), unmittelbar neben dem ehemaligen Camping Thermaikou. Erinnert von außen zwar eher an ein Krankenhaus, macht innen jedoch einen wohnlichen und komfortablen Eindruck. Modernes Frühstücksbuffet im **Restaurant Ilios**, das Abendessen im weiß gehaltenen **Restaurant Esperides**. Weniger toll ist das hoteleigene Swimmingpool, der direkt an der Straße liegt. Etwas hellhörige und kleine Zimmer, mit Frühstück EZ ab 120 €, DZ ab 145 €. ✆ 23920/51221-4; www.sunbeach.gr.
Hotel Nice View, „direkt am Strand, Riga-Fereou-Str. 2. Alle Zimmer mit Balkon, TV und Kühlschrank. Die netten Besitzer sprechen deutsch, eine Taverne mit gutem Essen ist direkt im Haus. Die Preise für die 20 Zimmer variieren zwischen 30 und 55 €." ✆/✆ 23920/51232. Lesertipp von Horst Lange, Göttingen.
- *Essen & Trinken* Gut gefallen hat uns die **Taverne I Oraia Thraki** an der Uferpromenade. Gute Portionen zu vernünftigen Preisen, auch Vegetarisches. ✆ 0392/51217.
Ebenfalls lobenswert **das Café-Pizza Banana Split** und die **Cafeteria Anais**, die beide etwa in der Mitte der Sandbucht liegen. Man sitzt gemütlich auf Rattanstühlen im Schatten.

Angelohóri und Angelohóri Beach

Der Weg zur äußersten westlichen Landspitze lohnt sich eigentlich nur für Sonnenanbeter, aber nicht für Wasserratten. Eine 4 km lange Stichstraße führt hinunter ans Meer.

Immer wieder fahren größere Frachtschiffe und Tanker durch die schmale Meeresenge, die nach Thessaloníki führt. Schon aus diesem Grund ist Baden hier nicht unbedingt zu empfehlen. Hält man sich am Ende der Stichstraße rechts, so gelangt man auf einen Parkplatz mit zahlreichen Stellmöglichkeiten (aber nur wenig Schatten). Hauptsächlich an den Wochenenden nutzen die Städter den schmalen Sandstrand zum Baden oder bummeln hinüber zum überraschend großen **Hafen**, der in den letzten beiden Jahren ausgebaut wurde. Hinter den Dünen befindet sich in einem riesigen Oval ein Fischzuchtbecken. Doch der einzige Bach, der das Areal mit Frischwasser beliefern sollte, ist zu einer ziemlichen Kloake verkommen.

- *Busverbindung* von Thessaloníki in unregelmäßigen Abständen zum Parkplatz von Angelohóri und zurück.
- *Übernachten/Essen & Trinken* **keine Privatunterkünfte**, wer jedoch mit eigenem Fahrzeug unterwegs ist, findet am Strand sicher ein gutes Plätzchen, um seinen Schlafsack auszurollen. Wenige Schritte oberhalb des schattenlosen Strandbereichs **zwei Tavernen**.

Nea Michanióna

Lebendiger Fischerhafen, etwa 5 km südwestlich von Ágia Triáda. Besonders an der Durchgangsstraße viele Urlauber, die sich in den Cafés, Tavernen, Geschäften oder Kafenia die Zeit vertreiben. Ein schöner Strand etwas abseits des Hafenbeckens lädt zum Baden ein, was von der „blue flag", dem Zeichen für besondere Wasserqualität, unterstrichen wird.

Abends wird im 8000-Seelen-Ort der südliche Teil der Durchgangsstraße gesperrt, damit die Ober ohne große Probleme zu den Tischen an der Uferpromenade gelangen. Das Speiseangebot im Dorf ist eher bodenständig und bewegt sich zwischen Souvlaki-Spießen, Muscheln (gelten als Spezialität), gegrilltem Mais und Fisch.

Am Hauptplatz, den ein Denkmal mit Delphinmotiven schmückt, findet von Zeit zu Zeit ein kleiner **Obst- und Gemüsemarkt** statt. Sehr schön wurde kürzlich der Uferweg gestaltet, der nördlich des Hafens beginnt. Hier liegt – abseits der Straße – auch der **einladende Badestrand** des Orts mit Beachvolleyballfeld und einem erfrischenden Wasserhahn. Das Ufer führt an dieser Stelle flach ins Meer. Ein gepflegter Kinderspielplatz und ein kleiner Park runden das Bild ab. Überwiegend junge Leute sitzen gemütlich beim Frappé im nahe gelegenen Strandcafé Skorpiós.

Interessant ist auch der Hafen, den man zu Fuß über eine breite Treppe erreicht oder mit dem Auto nach zwei Serpentinenschleifen (am Meer gute Parkmöglichkeiten im Schatten). Direkt in Sichtweite der großen Fischfangflotte werden Netze repariert und auf einem kleinen Fischmarkt teilweise wirklich exotische Meerestiere lautstark angeboten.

- *Busverbindungen* mehrmals täglich nach Thessaloníki.
- *Adressen & Telefonnummern* Am Hauptplatz **Bank** und Kartentelefon. Zur **Post** der Hinweistafel am Platz folgen. **Gesundheitszentrum** ca. 500 m nach dem Ortskern in südliche Richtung, ✆ 23920/32500; **Hafenpolizei**, ✆ 23920/36096; **Polizei**, ✆ 23920/31220; **Taxi**, ✆ 23920/31434.
- *Übernachten/Essen & Trinken* Quartiere gibt es v. a. an der Straße von Ágia Triáda. Eine Reihe von Restaurants im Uferbereich. Gut gefallen hat uns die **Taverne Arapakis** mit gemütlichen Sitzplätzen im Schatten und Blick aufs Meer und das **Café Skorpiós**.
- *Feste & Veranstaltungen* Am 25 Juni findet in Nea Michanióna jedes Jahr das **Fest der Sardinen** statt, bei dem laut Auskunft der Bewohner ordentlich gespeist und gebechert wird.

Sehenswertes in Nea Michanióna: Über dem Ort thront die ausgesprochen moderne und pompöse **Gemeindekirche** mit angrenzendem Garten. Außen und innen ist alles verschwenderisch mit hellem Marmor ausgestattet. Entlang der 300 m Fußweg vom Hafen bis zur Kirche liegen einige kleine Geschäfte und Kioske. Von oben schöne Aussicht.

Wesentlich hübscher fand ich das kleine, weiße **byzantinische Kirchlein**, das auf halber Höhe zwischen Hafen und Uferpromenade am Ende einer breiten Treppe liegt. Nicht nur der silberne Kronleuchter, sogar der Marmorstein scheint hier zu glänzen. Mit dem dunkelblauen Meer im Hintergrund stellt die Kirche ein ausgezeichnetes Fotomotiv dar.

Ausgefallene Schnappschüsse erlaubt ein **Schiffsfriedhof** im südlichen Teil der Ortschaft. Von verrosteten Fischkuttern über zerfallene Ruderboote bis hin zu vermoderten Jachten lässt sich einiges entdecken.

• *Camping/Essen & Trinken* Am Strand von **Paliouras** gibt es einige gute Stellmöglichkeiten (kein Schatten) für **Wohnmobile** mit Urlaubern aus aller Herren Länder. Sauberer Sandstrand, der im Wasser flach abfällt, einige Beachball-Spieler. Außerdem saubere Duschen und Toiletten im Strandbereich. Gut abgeschirmt hinter Schilfbewuchs standen vereinzelt Zelte am Strand. In unmittelbarer Nähe eine **Taverne** direkt an der Straße, die **Fischbar O Stelios** liegt nur gut 100 m davon entfernt am Strand.

▶ **Baden in Nea Michanióna und Umgebung**: Eine hübsche kleine Badebucht befindet sich auch direkt am Ortseingang unterhalb der Taverne Retselis. Hauptsächlich Griechen spannen dort ihre Sonnenschirme auf.

Von Nea Michanióna führt eine nur stellenweise asphaltierte Straße Richtung Süden nach Epanomí. Unterwegs gehen Stichstraßen ab zu den Stränden von **Paliouras** und **Órmos Epanomí** (→ „Epanomí/Camping", S. 119). Ein eigenes Fahrzeug erleichtert die Suche.

Epanomí

Im Lauf der letzten Jahre haben einige wohlhabende Thessaloniker die Gegend als Urlaubsrefugium entdeckt. Entsprechend rege ist die Bautätigkeit auch in Epanomí. Überall wird gesägt, gepinselt und ausgebessert. Die Landschaft sieht nach wie vor noch sehr „aufgeräumt" aus.

Neben den in traditioneller Manier erbauten Häusern entstanden hier zahlreiche neue Landhäuser mit roten Ziegeldächern, die sich gut ins Landschaftsbild einfügen. Das Kommunikationszentrum des kleinen Orts ist nach wie vor der Hauptplatz, der in der Mittagssonne allerdings völlig verlassen daliegt. Sämtliche Geschäfte sind dann verrammelt und die Hitze steht in den engen Gassen. Nur ein paar Leute halten im Schatten des Parteigebäudes der K.K.E. auf den Bänken ein Nickerchen.

Hinweis: Stellen Sie Ihr Auto nicht in den engen Gassen ab, weil es sonst für die Busse aus Thessaloníki kein Durchkommen mehr gibt.

Epanomí

- *Telefonnummern* **Apotheke**, ✆ 23920/41427. **Arzt**, ✆ 23920/41433 und 41213. **Nationalbank**, ✆ 23920/42120. **Polizei**, ✆ 23920/41440; **Post**, ✆ 23920/41340.
- *Reisebüro* Wer sich für kleinere Ausflüge (auch Bootsausflüge) interessiert, kann bei **Epanomí Tours** im Ort nachfragen.
- *Verbindung* Die **Linie Nr. 69** fährt von Thessaloníki über Epanomí bis zum Strand, die letzten paar hundert Meter zum Campingplatz müssen dann zu Fuß zurückgelegt werden.
- *Camping* In **Órmos** der riesige Zeltplatz **Camping Epanomí**, eingerichtet und unterhalten von der Griechischen Zentrale für Fremdenverkehr (E.O.T.). Über 600 Stellplätze, 2 Basketball- und mehrere Tennisplätze. Erwachsene 5 €, Kinder 4 €, Auto 3 €, Wohnmobil 5 €, Zelt 3,50–4,50 €. Mit der internationalen Campingkarte (ADAC) erhalten Urlauber 13 % Ermäßigung. ✆ 23920/41378. Auf dem Platz ist ein **Restaurant** ausgewiesen, das bei meinem Besuch allerdings geschlossen war.

▶ **Sehenswertes in der Umgebung von Epanomí:** Achten Sie kurz nach der kleinen Ortschaft **Ágios Nikólaos** auf die kleine, aber sehenswerte **Ruine** byzantinischen Ursprungs, die linker Hand unweit der Straße leicht zu erkennen ist. Das gesamte Bauwerk mit seinen beiden eckigen Türmen ist bisher von Besuchern nahezu unbehelligt. Über ein Loch im Zaun gelangt man hinein und kann in Ruhe die Mauern betrachten, die kunstvoll aus Muschelkalk und Tonscherben gefertigt wurden. Mauerreste lassen vermuten, dass die gesamte Anlage früher noch imposanter ausgesehen hat. Eine Treppe führt zu einer Tür, über der sich eine Plakette mit kunstvoll geschwungenen byzantinischen Schriftzeichen befindet. Ob die Anlage ursprünglich als Festung oder als Klosters diente, konnten mir allerdings auch Anwohner nicht sagen.

Zufällig wurden bei Kanalisationsbauarbeiten in der Umgebung gleich mehrere Grabstätten aus altgriechischer Zeit entdeckt, beispielsweise in dem Weiler **Ágios Pávlos**. Anhand der Geschichte und der Topographie der Gegend wird derzeit versucht, auf die Spur der Städte *Dikaia*, *Lipaxos* oder *Aisa* zu kommen, die schon in alten Quellen erwähnt werden. Ebenfalls beschrieben wird in alten Texten des Mönchsklosters Xenofóndos das *Horion Stomión*, vermutlich eine der allerersten Winzergenossenschaften überhaupt, die in der Gegend von Nea Kallikratía angesiedelt war. Dass die Produktion des leckeren Rebensaftes auch heute noch in guten Händen ist, dafür sorgen die hier ansässigen Großfirmen Tsantali & Co.

Auch die Bewohner der ehemaligen Siedlung Vrion und der gleichnamigen Burg Vrias (beim heutigen Dorf Vergiá) dürften mit dem Weinanbau beschäftigt gewesen sein. Immerhin wurde hierher auch der Sitz der damaligen Episkopen von „Kassandria und Vrion" verlegt. Freilich: So sehr sich die Archäologen über die Funde diverser Mauer- und Kanalisationsreste gefreut haben, die vielversprechenden Wegweiser, die auf die Ausgrabung „Toumba von Veriá" verweisen, sind mehr als überzogen. Zum einen liegen die wenigen Funde reichlich deplatziert zwischen einer Strandtaverne und einem Minimarkt, zum anderen wurden die meisten Überbleibsel längst als Baumaterial für die Flüchtlingshäuser von Nea Sílata fortgeschleppt.

Als **Badestrand** ist Veriá/Vergiá allerdings zu empfehlen. Der lange Sandstrand, der unmittelbar am Ortsrand beginnt (s. o. Ausgrabung), ist auch im Hochsommer nicht allzu überlaufen. Wer eher auf Geselligkeit steht, findet in den Sandwich-Bars, Psarotavernas oder dem Beach-Club „Africa" sicher schnell Anschluss. Hier gibt es auch einen Sonnenliegen- und Strohschirmverleih, Sportliche können sich beim Beachvolleyball austoben.

▶ **Baden in der Umgebung von Epanomí:** Der kleine, eher unscheinbare Küstenort **Nea Iráklia** verfügt über einen langen, aber nur etwa 5 m schmalen Sandstrand. Kurz bevor es nach Nea Iráklia hineingeht, überquert man ein ausgetrocknetes Bachbett, das im Sommer für Parkmöglichkeiten sorgt. Links und rechts davon erstreckt sich der Strand, der auch am Wochenende nicht allzu überlaufen ist. Schatten sucht man allerdings vergebens (Sonnenschirm mitbringen). Dafür schließen sich einige kleinere **Buchten** an, die durch skurril ausgewaschene Felsen voneinander getrennt sind, in denen z. T. aber leider einiges Treibgut angeschwemmt ist. Wenige Schritte vom „Parkplatz" entfernt liegt eine gemütliche und schattige Taverne.

Wer weitere Tavernen sucht (z. B. *Ta Kimata*, *I Amarylis*, *Kastello* oder *I Akti*), wird im eigentlichen Ort mit seiner netten, wenngleich völlig überdimensionierten Strandpromenade mit Palmen fündig. In der Verlängerung befindet sich ein weiterer, **sichelförmiger Sandstrand** (z. T. ebenfalls mit Treibgut übersät) an der 6 km langen Strecke von Nea Iráklia nach Kallikratía. Stichstraßen führen hinunter zu abgelegenen Buchten. Obwohl der Straßenbelag an einigen Stellen ausgebessert wurde, sollten Sie mit Schlaglöchern rechnen.

Ouzo-Destille

Griechischer Wein ...

... ist so wie das Blut der Erde. Der Kenner weiß es schon lange, der Laie kommt auf den Geschmack: Griechenlands Weinkultur ist nach fast 2000 Jahren wieder im Vormarsch. Der Vergleich mit den preisgekrönten europäischen Spitzenweinen zeigt, dass die „neue Weinklasse Griechenlands" langsam Früchte trägt. Allein in Nordgriechenland gibt es inzwischen acht Weinstraßen mit Weinanbau in allerbesten Lagen. Auf der Chalkidikí zieht sich die Weinstraße von der Westküste bis in den äußersten Südosten. Neben einigen kleineren Weinbauern stehen hier vor allem die Großproduzenten im Vordergrund, nämlich Domain Porto Carras (s. S. 179) und der auch in deutschsprachigen Ländern bestens bekannte Tsantali. Während Porto Carras-Weine nur in der Region um Néos Marmarás produziert werden, ist Tsantali fast in allen übrigen Weinanbaugebieten Nordgriechenlands zu finden. An den Hängen des Olymp beispielsweise gedeihen die Rebsorten Xinomavro, Krasato und Stavroto, Grundlage für die purpurroten Barrique-Weine *Rapsani* oder *Rapsani Epilegmenos* (Reservé), die drei Jahre in Holzfässern lagern. Im äußersten Thrakien bei Maronia reift der rebsortenreine rubinrote *Syrah* in kleinen Eichenbarriques heran (Berg Olymp, siehe auch S. 83).
Chalkidikí gilt als Wiege der europäischen Weinkultur, denn schon Aristoteles legte hier im 4. Jh. v. Chr. den ersten experimentellen Weingarten an. Neben dem Weingut von Porto Carras kann auch das Weinimperium von Tsantalis besichtigt werden, das seinen Sitz hier in Ágios Pávlos hat. Eine wirklich lohnenswerte Tour, bei der sowohl die Verarbeitung (im Herbst) als auch die Lagerung in Augenschein genommen werden können. Daneben können auch die schrullig wirkenden Destillen der Ouzoproduktion besichtigt werden (wie die meisten anderen Gerätschaften übrigens „Made in Germany"), die Tsantali schon lange Zeit vor der Weinproduktion weltberühmt machten.

- *Öffnungszeiten* Mo–Fr 9–14 Uhr, Sa/So in Absprache, ☏ 23990/76100, ✉ 23990/51180, webmaster@tsantali.gr.
- *Anfahrt* 35 km hinter Thessaloníki bei Ágios Pávlos abbiegen und der Parallelstraße zur Hauptverbindung Thessaloníki–Néa Moudaniá bis zum Werk folgen (von der Nationalstraße aus nicht zu übersehen).

Néa Kallikratía

Der kleine Küstenort (4400 Einwohner) liegt ganz im Westen des Bezirks Chalkidikí. Hier verbringen vorwiegend Griechen ihren Urlaub.

Das Zentrum der Kleinstadt besteht vornehmlich aus einer abgegrenzten Fußgängerzone und aus einem großen Platz mit Kreisverkehr am Hafen. Wie in vielen anderen griechischen Orten, die den Zusatz „Nea" (Neu) tragen und v. a. für griechische Flüchtlinge aus der Türkei aufgebaut wurden, scheint auch dieser Ort in aller Eile entstanden zu sein. Auffallend viele Urlauber, aber auch Aushilfskräfte aus Polen und den ehemaligen Gebieten Jugoslawiens bevölkern Néa Kallikratía, sodass englisch sprechende Urlauber meist nur verständnislos angesehen werden.

Freundlich gestaltet ist die aufgeräumte und lebendige **Hafenpromenade** mit zahlreichen Cafés (darunter sogar ein Internetcafé). Viele Rasenflächen, Palmen und Bänke ermöglichen einen stressfreien Bummel hinüber zum Hafen. Einladend ist der kleine **Park** in der Nähe des Hafens (mit schattigem Kinderspielplatz, Brunnen und mehreren Wasserhähnen), der den einen oder anderen sogar zu einem kleinen Mittagsschläfchen verführt. Fazit: Für einen längeren Aufenthalt ist der Ort weniger geeignet, für eine Fahrtunterbrechung dagegen auf jeden Fall.

Geschichtliches: Aus dem 5. Jh. v. Chr. stammt der Fund einer **Grabsäule mit Giebel**, der ein Mädchen mit einer Taube in der Hand zeigt. Fast 1000 Jahre jünger ist dagegen ein versilberter **Reliquienkasten** mit geschnitzten Darstellungen aus dem Alten und Neuen Testament. Beide Funde sind heute im Archäologischen Museum von Thessaloníki zu bewundern.

- *Information/Reisebüros* Eine gute Adresse ist das Reisebüro **Halkidiki Tours** am Yasmatzidi-Platz (nahe dem Hafen). Buchung von Ausflügen und Rundreisen möglich, Flug- und Schiffskarten, Zimmerreservierung, Autovermietung und Geldwechsel. ✆ 23730/21062 und 22426.
- *Busverbindungen* täglich bis zu 28-mal von und nach Saloníki über Ágios Pávlos.
- *Adressen & Telefonnummern/Einkaufen* In der Hauptstraße von Néa Kallikratía, die z. T. für den Autoverkehr gesperrt ist, befinden sich neben einigen Supermärkten und Souvenirläden auch die **Bank**, die **Post**, ein **Arzt** (Chrisoula Kantza, ✆ 23990/22877, gut beschildert) und der **Taxistand** (✆ 23990/23333).
- *Übernachten* Obwohl der Ort verhältnismäßig groß ist, gibt es nur wenige Hotels, darunter **Hotel Aegeon** (C-Kat.), möblierte Apartments, DZ 35–55 €. Makedonias-Str. 8, ✆ 23990/21554 und 21883.
Hotel Atlantis-Hatzialexis (D-Kat.), 12 freundlich eingerichtete Zimmer mit Aircond., TV und Kühlschrank, Kleiderreinigung (!). Daneben eine Küche zur Gemeinschaftsnutzung. Eigene Parkplätze. DZ ab 50–60 €, Frühstück 5 €. ✆ 23990/22098, ✆ 23990/21444.
Hotel Alcyonis (C-Kat.), schmal geschnittene, aber moderne Zimmer (zuletzt 2001 renoviert), Minibar, TV und Radio, Aircond., kleiner Outdoor-Swimmingpool. DZ ab 62–72 €, ✆ 23990/24040-1, ✆ 23990/22415, www.alkyonis.com.
Privatzimmer im Ort kommen auf 32–45 € für das DZ, je nach Saison und Ausstattung. Gut gefallen haben mir **Mallas Apartments** (D-Kat.), die sich in ruhiger Lage 2 Straßenzüge vom zentralen Park entfernt befinden (Hatzargirou-Str. 12). DZ/Frühstück ab 50–80 €. ✆ 23990/21280 und 22649, ✆ 23990/48482.
- *Essen & Trinken* Eher mäßiges Angebot von zahlreichen Restaurants und Tavernen, die sich am Hafen aneinander reihen.

▶ **Baden in Néa Kallikratía**: Sehr schön ist der breite **Sandstrand** des Küstenorts – allerdings etwas überlaufen und beinahe ohne Schatten. Im Norden gibt es noch einen **weiteren Sandstrand** mit einigen **Tavernen** (nicht so überlaufen, aber ebenfalls kaum Schatten). Das Wasser ist sauber, und der Strand fällt flach ab. Vom Ortszentrum sind es zu Fuß etwa 10 Min., man kann ihn auch mit dem Auto über eine Schotterpiste erreichen.

Petrálona

Kleine Gemeinde mit gerade einmal 400 Einwohnern, ca. 60 km von Thessaloníki entfernt. Der Ort wurde von griechischen Flüchtlingen aus Kleinasien gegründet und liegt 4 km östlich der Schnellstraße von Thessaloníki nach Néa Moudaniá. Oberhalb des Dorfs befindet sich am **Berg Katsíka** die berühmte **Höhle** (s. u.), deretwegen jedes Jahr Hunderte von Besuchern nach Petrálona kommen. Sie soll schon vor 700.000 Jahren bewohnt gewesen sein und wird seit 1960 intensiv erforscht. Besonderes Aufsehen erregte der hier gefundene Schädel des sogenannten **Menschen von Petrálona**.

• *Anfahrt* Die **Abzweigung von der Schnellstraße** nach Néa Moudaniá zur Höhle von Petrálona erfolgt bei der Ausfahrt Richtung Sílata und weiter nach **Eleohóra** (ca. 7 km). Der Weg zur Höhle ist zwar beschildert, aber die Abzweigung kurz vor Eleohóra kommt doch recht plötzlich und ist leicht zu übersehen. Danach geht es vorbei an Platanen und Walnussbäumen, Stoppelfeldern und bewachsenen Kalkfelsen bis zur Ortschaft Petrálona. 200 m nach dem Dorf biegt man rechts ab, der Beschilderung folgend, bis zu einem großen **Parkplatz**.

Tropfsteinhöhle von Petrálona (Kókkines Pétres)

Kókkines Pétres, die *roten Steine*, wurden 1959 von einem Dorfbewohner zufällig entdeckt, der das leise Tropfen von Wasser vernahm und eine Quelle vermutete. Die Höhle war deshalb so lange unentdeckt geblieben, weil ein Felssturz den Eingang verschüttet hatte.

In den nächsten Jahren erforschte der Geologe und Höhlenforscher Ioannis Petrolichos das mit Stalagmiten, Stalaktiten, Sälen und Säulen üppig ausgestattete Höhlenlabyrinth. Als Sensation wurde 1960 der Fund eines Schädelknochens eines etwa **30-jährigen Urmenschen** gewertet, ein Archanthropus aus dem Abschnitt zwischen dem Homo erectus und dem Homo sapiens. In zweifacher Hinsicht ein Phänomen: Die Lebenserwartung lag in jener Epoche bei nur etwa 20 Jahren; außerdem schätzten die Wissenschaftler sein Alter auf 700.000 Jahre – älter als der Neandertaler!

Die Fundstelle des Schädels wird als **Mausoleum** bezeichnet. Hier war der trockenste und wärmste Aufenthaltsplatz in der Höhle. Knochennadeln, die im Umkreis des Schädels gefunden wurden, lassen darauf schließen, dass der Urmensch zumindest einen „Pelzmantel" getragen hat.

Im Höhlenraum **Friedhof der Giganten** entdeckte man Knochen wild lebender Tier wie Wolf, Fuchs, Hund, Bär, Hyäne und Höhlenpanther. Es wird vermutet, dass die weitläufigen Verzweigungen der Höhle ein Zusammenleben der verschiedenen Tierarten ermöglichten.

Die Funde befinden sich heute in der Paläontologischen Abteilung der Universität Thessaloníki (→ S. 110).

▸ **Höhlenführung**: Der 800 m lange Rundgang dauert ca. 30 Min. Fotografieren und Rauchen sind verboten. Durch einen künstlichen Eingang gelangt man vorbei an etlichen Schaukästen in das Innere der Höhle. Es herrscht eine konstante Temperatur von 17 °C, die Luftfeuchtigkeit liegt zwischen 85 und 98 %. Die Höhle ist gut beleuchtet, glücklicherweise, denn der Weg ist nicht ungefährlich, an manchen Stellen fehlt sogar das Geländer. Bereits nach wenigen Metern öffnet sich auf der linken Seite eine beleuchtete und ziemlich beeindruckende Schlucht. Sie können hier auch den **Gang der Zwerge** – benannt nach seinen kleinen Stalagmiten – oder den **Saal der Wurzeln** besichtigen, an dem von oben Wurzeln durch die Felsen gewachsen sind. Ebenfalls sehr interessant sind aus Gips nachgebildete Menschen und Tiere sowie die **Great Hall** mit unzähligen Stalaktiten an der Decke.

▸ **Museum**: etwas abseits vom Höhleneingang. Es beherbergt zahlreiche Funde aus der Höhle. Zum Beispiel Knochen, Zähne, Werkzeuge, Fossilien und der Nachbau des Höhlenabschnitts, in dem der Schädel gefunden wurde. Alle Ausstellungsstücke sind auch auf Englisch beschriftet.

Öffnungszeiten Im Sommer bis 19 Uhr. Führung und Museum kosten zusammen 6 € (keine Ermäßigung für Studenten), dafür gibt es bei manchen Führungen englische oder deutsche Erklärungen.

Néa Moudaniá

Größerer Ort kurz vor der Halbinsel Kassándra. Néa Moudaniá wird von vielen Reisenden hauptsächlich zum Einkaufen und Essengehen angefahren. Am Hafen liegen etliche Fischtavernen.

Néa Moudaniá wurde 1922 von griechischen Flüchtlingen aus Propontis (Kleinasien) gegründet. Auf der Suche nach einer neuen Heimat landeten die Menschen hier bei *Kargi Limani* und errichteten ihre neue Stadt. Aufgrund seiner besonderen Lage oft als „Tor zu Kassándra und Sithonía" bezeichnet, erlebte der 4500-Einwohner-Ort seine Blütezeit im 19. Jh. Die Bewohner von Néa Moudaniá sind gute Seeleute oder Kaufleute. Fischerei, Weinbau, Handel und Industrie haben aus Néa Moudaniá eine fortschrittliche und wohlhabende Stadt gemacht. Vor allem durch den Hafen entwickelte sich Néa Moudaniá seinerzeit schnell zum Umschlagplatz für Erzeugnisse aus der Umgebung; der Jahrmarkt des Ortes war über die Region hinaus bekannt. Sehenswert ist die gewaltige **Kathedrale,** die gut sichtbar auf einem Hügel mitten im Ort thront und in deren Katakomben Reliquien des Hl. Rafael aufbewahrt werden. Bemerkenswert ist die Struktur der Außenmauern, die durch den Wechsel zwischen Stein- und Ziegellagen das klotzige Bauwerk mit seiner breiten Kuppel und den zahlreichen Erkern fast filigran erscheinen lässt. Auch viele Ornamente, Inschriften und Malereien sind hier zu bewundern.

Ein Denkmal am Hafen erinnert an den Aufstand gegen die Türken: Mutter und Kind symbolisieren dabei die Bevölkerungsgruppe, die am meisten Leid ertragen musste. Neben dem Fischfang bildet heute der Handel mit landwirtschaftlichen Maschinen und mit Olivenöl die Haupteinnahmequelle der Gemeinde. Ausgerechnet ein Türke, der Großgrundbesitzer Hatzi Osman, legte zu Beginn des 20. Jh. die große Olivenpflanzung an, die sich noch heute über dem Hügel des Ortes ausbreitet.

Das **Museum** unweit der nördlichen Hafenpromenade gegenüber einem kleinen Park beschäftigt sich hauptsächlich mit der Geschichte des Fischfangs (Boote, Ausrüstung etc.) und der Entstehungszeit des Ortes. Gleich nebenan ist in einem her-

Kathedrale von Néa Moudaniá

vorragend restaurierten traditionellen Fischerhaus das **Folkloremuseum** untergebracht. Zusammen mit dem Fischerboot und einer kleinen Kapelle am Eingang ist es nicht zu übersehen.
Öffnungszeiten Di–Fr 8.30–14 und 18–20 Uhr, Sa/So 10–14 Uhr. Eintritt 2 €, ermäßigt 1 €. ✆ 23730/26166.

- *Information/Reisebüro* **Moudania Tours**, 23 Platía Omonias, Néa Moudaniá, ✆ 23730/22888, ✆ 23730/65101.
- *Telefonnummern* **Bank** (Nationalbank), ✆ 23730/22411. **Polizei**, ✆ 23730/21111 und 23333, **Taxi** ✆ 23730/22303, **Busstation** ✆ 23730/21228.
- *Anfahrt & Verbindungen* Néa Moudaniá ist auf der **Schnellstraße** 62 km von Saloníki und 30 km von Polígiros entfernt.
Busse: von und nach Saloníki bis zu 29-mal täglich.
- *Bootsausflüge* Von Néa Moudaniá verkehrt einmal pro Woche eine Fähre nach **Límnos** (bis ca. 15.09.), Preis 18,40 €/Pers., Auto 53,50 €; Auskünfte im Reisebüro.
Tägl. um 8.30 Uhr fährt während der Sommermonate der Ausflugsdampfer „Agios Gerasimos" ab Ormos Panagías **zum Berg Áthos** (weitere Bootstouren siehe unter Ormos Panagías, S. 201). Wer mit dem Bus anreist, zahlt für den kombinierten Ausflug 38 €/Pers. inkl. Essen. Informationen im Reisebüro (s. o.). Weitere Ausflugsangebote: Thessaloníki 25 €, Metéora-Klöster 38 €.
- *Camping/Baden* **Ouzouni Beach**, relativ neuer Platz, ca. 5 km südlich von Néa Moudaniá auf der Landenge zwischen Festland und Kassándra. Eine schmale Stichstraße (aufgrund der unauffälligen Hinweistafel leicht zu übersehen) führt zum Meer. Sauberer Sandstrand mit klarem und flachem Wasser. Duschen am Strand. Im Lauf der letzten Jahre sind auch die kleinen Bäumchen zu guten Schattenspendern herangewachsen. Platz relativ groß mit 662 Stellplätzen, gepflegt, mit allem Komfort und zudem gegen Abend angenehm ruhig. Die Toiletten und Duschen auf dem Areal sind ausgesprochen sauber. Der Platz mit gemütlicher **Taverne** steht unter englischer Leitung. Preise verhältnismäßig hoch: Erwachsene 5,70 €, Kinder (2–10 Jahre) 3,40 €, Stellplatz 10,80 €, 2-Personen-Zelt ohne Auto 6 €; Duschen 0,10 €, geöffnet 1.5.–30.9., ✆ 23730/42100-4, ✆ 23730/42105, www.ouzonibeach.gr. Empfehlung!
- *Essen & Trinken* **Stones Club**, gemütliches Café in einem kleinen Grünstreifen, mit Minigolfanlage. Am nördlichen Ende der Promenade in der ersten Parallelstraße (gegenüber Museum).
To Kapileió, traditionelle und urige Taverne unter Strohmatten und mit grobschlächtigen

Holztischen und Stühlen am Meer. Aus dem Kassettenrecorder dudelt Rembetikomusik. Freundliche und flotte Bedienung. Mydia saganaki, Kalamare und Sardellen gehören zu den Spezialitäten. Tsipoúro und Retsina aus eigenem Anbau. In der Verlängerung der Hafenpromenade in Richtung Museum (Ag.-Georgiou-Str.). ✆ 23730/25814. Empfehlung!

• *Feste & Veranstaltungen* Im Sommer finden in Néa Moudaniá verschiedene Feste statt, wie das **Fischerfest der Sardelle** (erste 15 Tage im Juli) oder das **Fest der Panagía von Korifini** (8. Sept.). Es erinnert an die Ikone der Gottesmutter, die griechische Flüchtlinge aus Propontis mitbrachten und hier auf den Gipfel eines Hügels setzten. Bekannt ist auch die Feier der **Agion Mama**, die bei der Kapelle des gleichnamigen Ortes (4 km östl. Richtung Sithonía) stattfindet und v. a. für ihre Bratwürste berühmt ist.

> Hinter Néa Moudaniá gabelt sich die Straße: In südliche Richtung überqueren Sie nach etwa 6 km den Kanal bei **Néa Potídea**, der die **Halbinsel Kassándra** vom Festland trennt (→ s. u.). Die östliche Route führt dagegen zum Hauptort von Chalkidikí, **Polígiros** (→ S. 163), nach **Sithonía** (→ S. 167) und zum letzten Ort vor dem Heiligen Berg Áthos, **Ouranoúpoli** (→ S. 208).

Kassándra

Der westlichste der drei Finger der Chalkidikí, mit dem Festland durch eine enge Landzunge verbunden, die von einem schmalen künstlichen Kanal durchzogen wird. Aufgrund der Nähe zu Thessaloníki ist Kassándra am stärksten besiedelt und zieht die meisten griechischen und ausländischen Gäste an. Viele Ortsnamen (Néa Potídea, Néa Fokéa, Néa Skióni usw.) lassen darauf schließen, dass die Dörfer erst spät gegründet wurden.

Anfang des 20. Jh. siedelten sich zahlreiche griechische Flüchtlinge aus der Türkei auf der Chalkidikí und vor allem auf Kassándra an. Durch diesen Zuzug wurde die Halbinsel, die Jahrhunderte lang fast menschenleer war, wieder bevölkert.

Heute präsentiert sich Kassándra touristisch gut erschlossen und besitzt im Vergleich zu Sithonía und Áthos die beste Infrastruktur, glücklicherweise ohne an landschaftlichen Reizen einzubüßen. Mit Pinien und Kiefern bewachsene flache Hügel reichen hinunter bis ans Meer. **Die langen Sandstrände zählen zu den schönsten Griechenlands!** Der Regen im Herbst und Winter sowie die fruchtbaren Böden sorgen für eine üppige Vegetation und für hohe Ernteerträge. Selbst im Hochsommer leuchten die Sträucher in den unterschiedlichsten Farben, und blühender Oleander säumt kilometerweit die Straßen.

War Kassándra vor Jahren noch als Geheimtipp für einsame Sandstrände bekannt, so ist es heute mit dieser Idylle – zumindest zwischen Anfang Juli und Ende August – vorbei. Trotzdem, der westliche Finger der Chalkidikí bietet auch weiterhin unzählige Möglichkeiten für einen erholsamen und angenehmen Urlaub.

Néa Potídea

Der erste Eindruck von der Halbinsel Kassándra fällt noch etwas zwiespältig aus: Bietet sich bei der Überquerung des Kanals ein schöner Blick auf das klare Wasser und die vorgelagerte Bucht von Agios Pavlou, so relativiert sich dieses Bild spätestens, wenn man die Betonbrücke von der Seite sieht. Seit 2002 wird sie durch eine zweite Brücke ergänzt.

Die erste Abzweigung direkt nach der Brücke führt zum Strand oder – in entgegengesetzter Richtung – in den 1100-Seelen-Ort Néa Potídea, der mehr oder weniger wild den Hügel hinauf gebaut wurde. Wer sich für den nahen **Strand** entscheidet, sollte sich auf einen Urlaubergrill mittleren Ausmaßes gefasst machen. Vor allem an Wochenenden sind sämtliche Parkplätze auf der verbreiterten Kaimauer belegt, und eine unüberschaubare Zahl von Sonnenschirmen bedeckt den angrenzenden Strandbereich. Darauf hat sich natürlich auch die Gastronomie längst eingestellt: Entlang der Uferpromenade gibt es zahlreiche Cafés für jeden Geschmack sowie kleine Snackbars (u. a. Eis, Getränke, Pizzas). Wer Action liebt, kann sich Scooter oder Tretboote mieten oder sein Stehvermögen bei einer Runde Wasserski testen.

(Ein ruhigeres Plätzchen an einem kilometerlangen Sandstrand findet sich mit Sicherheit auf der Festlandseite des Kanals, wo es jedoch keine Bars gibt und man den langen Weg über die Brücke in Kauf nehmen muss.)

Schön anzusehen ist der kleine **Fischerhafen**, der an den dicht bevölkerten Strand anschließt. Von kleinen Fischerbooten bis hin zu mittleren Fabrikkuttern ist alles vertreten. In aller Ruhe bessern die Fischer ihre Netze aus oder sitzen in geselliger Runde bei Wein und gegrilltem Fisch an Deck.

Vom Hafen aus führt parallel zum Kanal über wenige hundert Meter die Straße direkt in den kleinen **Ort**. Schon nach ein paar Schritten wird deutlich, warum sich Néa Potídea auf der westlichen Seite des Hügels befindet: Fast immer weht hier eine leichte Meeresbrise, während das Ostufer im glühend heißen Windschatten liegt.

Die alten Mauern des ehemaligen **Kastells** direkt an der Straße sind z. T. überwuchert und nur noch schemenhaft zu erkennen. Vermutlich würde man ohne das Hinweisschild zur „Taverne Kastros" einfach daran vorübergehen. Die spärlichen Reste der ehemaligen Stadtmauer ragen am Haupthafen Néa Potídeas aus dem Wasser. Abgesehen von kleineren Einkaufsmöglichkeiten, einer Handvoll Tavernen und dem Blick auf die steilen Sandsteinabbrüche mit kleineren Kiesbuchten an der Ostküste hat Néa Potídea wenig zu bieten.

• *Anfahrt & Verbindungen* Wer mit dem **Auto** unterwegs ist, erreicht Néa Potídea von Thessaloníki aus über die gut ausgebaute, autobahnähnliche Schnellstraße nach etwa 80 km. Die Abfahrt erfolgt kurz hinter der Brücke (hinter einer Tankstelle).

Mehrfach täglich (bis zu 27-mal, darunter 10 Express-Verbindungen) starten **Busse** von Saloníki auf die Kassándra. Zusteigemöglichkeit in der Karakassi-Straße (✆ 2310/924444 und 924445) im Ostteil von Saloníki. Auch auf Kassándra verkehren **keine Züge**!

Das antike Potídea

Die Stadt Potídea (auch Potidéa) wird im 7. Jh. v. Chr. von den Korinthern unter ihrem Anführer Euagoras am schmalen Isthmus (natürliche Landenge) erbaut. Die Stadt kontrolliert nicht nur die Zufahrt zum westlichen und östlichen Golf, sondern auch die Handelsbeziehungen zwischen der nördlichen Ägäis und dem makedonischen Festland. Die Kolonie kommt daher rasch zu Wohlstand, und seit etwa 550 v. Chr. gibt es hier sogar eine eigene Münzstätte. Die strategisch geniale Lage der Stadt beschert ihren Bewohnern freilich zahlreiche Konflikte.

Die Teilnahme an den **Perserkriegen** auf der Seite des Perserkönigs Xerxes endet mit dessen berühmter Niederlage bei Salamis auch für Podidäa mit einem Debakel. Zwangsweise wird die Stadt als Mitglied des Attischen Seebunds zu hohen Zahlungen in das gemeinsamen Finanzsäckel verdonnert. Um die Machtverhältnisse endgültig zu klären, verlangt Athen das Ende der Handelsbeziehungen mit seinem Konkurrenten Korinth und lässt gleichzeitig die südliche Stadtmauer einreißen. Die Zahlungen an die Bundeskasse werden verdoppelt. Potídea revoltiert daraufhin 432 v. Chr. gegen Athen. Der Ort wird zwei Jahre lang belagert und schließlich eingenommen. Die Bewohner werden vertrieben und Athener Bürger angesiedelt.

Während der **Peloponnesischen Kriege** dient Potídea als zentraler Posten bei den Angriffen gegen Makedónien. So ist die Stadt zwischen 404 v. Chr. und 382 v. Chr. durch die Zwangsanbindung an Athen auch den ständig wechselnden Besitzverhältnissen unterworfen. 382 v. Chr. tritt die Stadt dem Bund der Chalkidäer bei, entscheidet sich jedoch kurz darauf zum Bündnis mit Sparta. Philipp II., König von Makedónien und Vater Alexanders des Großen, lässt die Stadt zerstören und schenkt das Areal den Ólinthern. Als Ólinthos selbst zerstört wird, gelangt es 347 v. Chr. unter unmittelbare makedonische Kontrolle.

Im Jahr 316 v. Chr. wird Potídea unter König Kassandros als **Kassándria** wieder aufgebaut – im Übrigen zeitgleich mit Thessaloníki. In hellenistischer und römischer Zeit erfolgt eine neue Blüte. In den zahlreichen Schiffswerften herrscht durch die Großbestellungen von Handels- und Kriegsschiffen Hochkonjunktur. Nach der Schlacht von Pnyda im Jahr 167 v. Chr. wird Kassándria von den Römern besetzt, die es zu einer waffenstarrenden Festung mit einer 1200 m langen Mauer und zahlreichen Wehrtürmen ausbauen. Wenngleich dieses Bollwerk einige Male zerstört und (zuletzt 1426 durch die Venezianer) wiederaufgebaut wird, verlassen wird die Burg letztlich erst nach der Eroberung durch die Türken 1430. Mit diesem Datum beginnt auch der Verfall der Stadt Kassándria, die Mitte des 15. Jh. weitgehend aufgegeben wird.

Weder vom antiken Potídea noch von der Folgesiedlung Kassándria ist viel erhalten geblieben. Bei **Ausgrabungen** wurden die Fundamente eines Tempels entdeckt sowie ein makedonisches Grab, das reich mit bronzenen und goldenen Schmuckstücken und Malereien ausgestattet war. Die antiken Mauersteine und große Teile der Festung wurden von den Siedlern für den Bau der neuen Stadt Néa Potídea abgetragen. Nicht genau bekannt ist, wann der **Kanal** gebaut wurde. Vermutlich war es ebenfalls König Kassandros, der damit die Stadt schützen und den Seeweg um den westlichen Finger abkürzen wollte. Der heutige Verlauf des Kanals geht jedenfalls zurück auf das Jahr 1931. Damals wurde er von Flüchtlingen aus Ostthrakien gegraben, die sich seit 1922 auf dem Gebiet der antiken Stadt Potídea angesiedelt hatten.

Wanderung 1 – Von Aktí Sáni zum Feuchtbiotop

Die Wanderung führt von Aktí Sáni, in unmittelbarer Nähe zum Meer, in nördlicher Richtung ohne nennenswerte Geländeanstiege bis zu einem Feuchtbiotop. Je nach Lust und Laune kann man den Binnensee bequem umrunden und anschließend zum Ausgangspunkt zurückkehren oder am Meer entlang durch einen schattenspendenden Pinienwald weiterlaufen.

Distanz: rund 5 km. **Wanderzeit**: ca. 1 ½–2 Std. **Besonderes**: unterwegs keine Tavernen. Tour auch für Mountainbiker geeignet.

Routenbeschreibung: Am Ortsende von Aktí Sáni beginnt, nahe dem Turm von Stavronikita, eine harte Staubpiste, die am Meer entlang in nördlicher Richtung verläuft. Bequem kann man sich hier fast 3 km lang die Wanderfüße von den Wellen umspülen lassen. Unmittelbar am Wasser stößt man auf ein **Pumpenhaus**, einen grauen, turmartigen Block mit dicken Türen. Von hier aus bietet sich ein weiter Blick auf die **Waiwáiki-Felder**, die von März bis Mai ein wahres Meer aus weißen und roten Baumwollblüten bilden (→ „Wichtige Kulturpflanzen", S. 25), und auf das **Feuchtgebiet** von Sáni. Die Pumpstation dient heute der Regulierung des Wasserstandes im Feuchtbiotop. Weil das Gebiet unter dem Meeresspiegel liegt, musste früher, als das Gelände noch bebaut wurde, ein Großteil des Wassers von den Feldern ins Meer zurückgepumpt werden, wie uns ein Bauer erklärte. Da die lästige Pumperei für die Bauern nicht mehr wirtschaftlich war und die Felder sowieso fast nur noch von Vogelschwärmen belagert wurden, wurde das ganze Areal zu einem Naturschutzgebiet umgestaltet – heute können sich die Kühe hier im Sommer die Beine kühlen. Von hier aus kann man die verbleibende Strecke um den See zum Ausgangspunkt zurücklegen (unterwegs einige Bienenkästen) oder der Piste durch den angrenzenden, leicht erhöhten Pinienwald in einer Dünenlandschaft folgen.

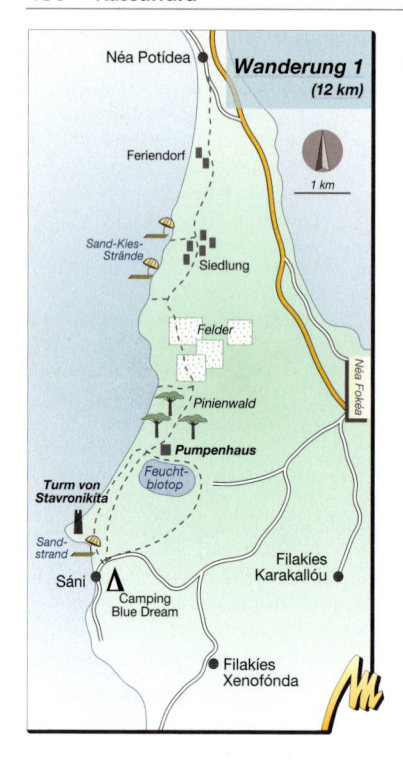

Hier wird der Sand tiefer, Radfahrer haben ihre liebe Mühe und müssen schieben. Dafür kann man den unnachahmlichen Duft des Pinienharzes genießen und wandert (bzw. schiebt) ca. 20 Minuten im Schatten. Der Rückweg nach Sáni erfolgt in diesem Fall über die gleiche Route zurück.

Aktí Sáni

Die größte und luxuriöseste Ferienanlage der Chalkidikí mit Club, Vier- und Fünfsternehotel, Marina und Ferienvillen liegt weit verstreut um das Kap Sani mit traumhaften Sandstränden, Wald und Wiesen zum Wandern und mit wunderbarem Blick aufs saubere Meer. Hauptsächlich für reine Badeurlauber zu empfehlen, es sei denn, man reist mit einer teuren Jacht an und bezieht ein Zimmer in der noblen Marina.

Wer mit dem eigenen Fahrzeug unterwegs ist, findet die Abzweigung zu den beiden Buchten von Aktí Sáni und dem mächtigen Tourismus-Komplex der „Sáni SA-Company" bzw. dem „Sani Resort" etwa 2 km nördlich von Néa Fokéa auf der Verbindungsstraße von Néa Potídea nach Néa Fokéa (gut beschildert). Vorbei an großen Getreide- und Sonnenblumenfeldern, auf einer asphaltierten, aber zum Teil schmalen Straße geht es Richtung Meer. Nach weiteren 5 km teilt sich die Straße erneut:

Nördliche Bucht: Auf einem Hügel am Kap thront das Wahrzeichen von Sáni, der **Turm von Stavronikíta**. Als Zufluchts- und Verteidigungsturm schützte er das ehemalige Klostergut und die Bewohner der antiken Stadt Sáni vor Überfällen vom Meer aus. Die Ruinen der Stadt und der Hafenanlage liegen heute auf dem Meeresgrund. Ganz modern dagegen präsentiert sich die heutige **Sani Marina** – ein Hafen vom Reißbrett. Durch eine weit ins Meer hinausragende schützende Mole geht es hinein in das ovale Hafenbecken mit über 210 Liegeplätzen für große und kleinere

Jachten aus aller Welt. Die Anlage wird gut angenommen, die Fähnchen an den zahlreichen chromblitzenden Jachten verraten die Herkunft ihrer Besitzer. Auf beiden Seiten des Hafens befinden sich zahlreiche griechische und italienische Restaurants, eine Ouzerie, (Jazz-) Bars, Boutiquen, eine Patisserie, ein Supermarkt und sogar ein Ausstellungszentrum („Art Centre"). Darüber hinaus gibt es direkt neben dem Jachthafen noble Übernachtungsquartiere in den *Marina Studios*, den *Asterias Suites* und im *Porto Sani Village* und seit Jahren zwei große Hotelkomplexe. Trotz des etwas snobhaften Ambientes ein gemütlicher Ort für einen Abendspaziergang oder ein Candle-Light-Dinner.

Südliche Bucht: Durch einen nachhaltig duftenden Pinienwald führt von der oben erwähnten Abzweigung die andere Straße zur südlicheren Bucht.

Idylle am Strand von Sáni

● *Anfahrt & Verbindungen* Ohne eigenes Fahrzeug geht es per **Bus** (tägl. bis zu 27-mal von Thessalonik) bis Néa Fokéa und anschließend mit dem **Taxi** über ca. 8 km bis nach Aktí Sáni. Retour kann man vom Campingplatz aus ein Taxi rufen.

● *Übernachten* **Sáni Beach Hotel** (A-Kat.), ein monströses Hotel (489 Zimmer) zu dem ein Park mit Schatten spendenden Palmen gehört. Zahlreiche europäische Flaggen deuten auf internationales Publikum hin. Das weitläufige Areal ist durch Zäune und Schranken abgesperrt. Der gepflegte Hotelstrand wurde aufgrund seiner Qualität mit der „blauen Flagge" ausgezeichnet Das Sáni Beach hat selbstverständlich jeden Luxus zu bieten: Animation, Tennisplätze, mehrere Schwimmbäder, Sauna, Wassersport usw. Riesiges Foyer, überall Repliken von griechischen Götterstatuen. Die Zimmer sind dagegen verhältnismäßig klein. DZ pro Nacht je nach Saison, Ausstattung, Frühstück bzw. Halbpension zwischen 122 und 322 €, ✆ 23740/31231-2, ✉23740/31293, www.saniresort.gr.

Simandro Beach Hotel (A-Kat.), direkt neben dem Campingplatz. Großzügige Hotelanlage in sympathischer Stein-Holz-Bauweise. Tennisplätze, Swimmingpool. Sehr empfehlenswert für Familien, die Wert auf Komfort legen. Das DZ kostet in der Hauptsaison mit Frühstück ab 80–180 €, ✆ 23740/-31302, ✉23740/31294, www.g-hotels.gr.

> **Tipp: Camping Blue Dream**, liegt in unmittelbarer Nähe des Hotels Sáni Beach. Camping der gehobeneren Klasse. 206 schattige, großzügige und ruhige Stellplätze mit Stromanschluss, Koch-, Wasch- und Bügelmöglichkeiten. Tennis-, Beachvolleyball- und Basketballplätze. Einkaufen im platzeigenen Supermarkt (bis Mitte September). Duschen und Toiletten waren bei der Recherche sehr sauber. Am Strand die gemütliche **Bar Anemos** mit Sommerhits und kühlen Getränken. Preise: 6 €/Person, Auto 3 €, Zelt 6 €, Wohnmobil 8 €, Strom 3,50 €, geöffnet 1.5.–30.9., ✆ 23740/31249, ✉ 23740/31353, www.campingbluedream.gr. Empfehlung!

Sáni Beach Club (A-Kat), während der Hochsaison ist diese **Bungalow-Clubanlage** fast immer ausgebucht mit Pauschalreisenden aus ganz Europa. Viele Deutsche. Das Personal hat sich darauf eingestellt.

Preise für das DZ ab 128 €, ℡ 23740/31221, ℡°23740/31228, www.saniresort.gr.
• *Um den Jachthafen* **Porto Sani Village** (A-Kat.), mit Suiten ab 175–485 €; ℡ 23740/-31570-3, ℡°23740/31574, www.saniresort.gr; **Asterias Suites** (Lux-Kat.), DZ zwischen 252 und 483 €, Suiten 362–928 €, ℡ 23740/99531, www.saniresort.gr.
• *Feste & Veranstaltungen* Seit drei Jahren findet auf dem Gelände des Sáni Beach Holiday Resort das **Sáni Festival** statt. Zwischen Ende Juni und Ende Sept. werden Musik oder Modern Dance sowie Kunstausstellungen präsentiert. Informationen gibt es in den Hotels der Sáni-Beach-Organisation. Vermutlich eine Konkurrenzveranstaltung zum Theater von Siviri (→ S. 158), dessen Kulturprogramm weit über die Grenzen der Chalkidikí bekannt ist.
• *Sport & Freizeit* Im Strandbereich des Blue Dream Camping zahlreiche **Wassersportmöglichkeiten**. Parasailing und Jet-Ski (ca. 20 €), Bananaboot (ca. 6 €).

Néa Fokéa

Der alte Steinturm von Ágios Pávlos thront weithin sichtbar über der Ortschaft, die vor allem wegen ihrer ausgezeichneten Fischtavernen beliebt ist. Abends kann man dort auf der Terrasse sitzend nicht nur die Fischgerichte genießen, sondern auch den Blick hinaus aufs Meer und auf die spärlich beleuchteten Fischerboote.

Der kleine Ort mit seinen 1500 Einwohnern nestelt sich ein gutes Stück weit ins Hinterland. Somit lässt sich auf den ersten Blick nicht gleich erkennen, wie der Ort die etwa 10.000 Menschen (vorrangig griechische Gäste) aufnehmen kann, die sich in den Sommermonaten hier tummeln. Der Ort bietet entsprechenden Komfort: gut ausgestattete Hotels und einige gemütliche Cafés.

Der bereits erwähnte alte Apóstolos-Pavlos-Turm wurde 1407 erbaut und diente dem Schutz der früheren **Klostergüter** von Áthos. Daneben steht noch eine Kirche aus dem 19. Jh., die ebenfalls zum Kloster gehörte. Abends segeln in weitem Bogen die Schwalben um die Gemäuer und veranstalten ein wahres Spektakel. Auch Fotofreunde kommen auf ihre Kosten, wenn die letzten Sonnenstrahlen das Meer samt dem Ort und den umliegenden Hügeln in ein warmes Licht tauchen.

Sollten Ihnen der Sinn nach **Baden** stehen, so empfehle ich dazu den schmalen Uferstreifen unterhalb des Hügels, der abseits des Lärms der Hauptdurchgangsstraße liegt. Nach Faulenzen lockt schließlich die Café-Taverne Metoxi am Fuß des Hügels.

Zwei weitere Sehenswürdigkeiten, das **Agiasma des Heiligen Paulus** und ein **makedonisches Grab**, liegen nur wenige Meter von der Hauptstraße und vom belebten Badestrand entfernt. Der Apostel Paulus soll sich hier in einer Art Höhle, die man durch eine 30 m tiefe und schmale Felsspalte betreten kann, längere Zeit aufgehalten haben, als er sich auf der Flucht vor Verfolgern verstecken musste. Die etwas abenteuerlichere Version berichtet, dass sich in Ierissós auf Áthos eine Erdspalte aufgetan hat und Paulus unbeschadet an dieser Stelle wieder herausgetreten ist. Einige Ikonen am Eingang der kleinen Kapelle (darunter eine seltene mit Christus, der den Apostel umarmt), zu der es über ein paar Stufen ins enge Felsinnere hinuntergeht, bezeugen die Verehrung des Heiligen. Ein Grabmal, dessen makedonische Herkunft gesichert ist (beschildert: „macedonian tomb"), befindet sich am Ende des anschließenden 30 m tiefen Kriechgangs in einer Seitennische und fungiert heute als „Kapelle". Tropfwasser, das sich hier sammelt, soll heilende Wirkung haben.

• *Anfahrt & Verbindungen* Néa Fokéa ist 86 km von Thessaloníki und 44 km vom Hauptort Polígiros entfernt. Fast stündl. **Busse** von und nach Saloníki bzw. weiter an die West- und Ostküste von Kassándra.

Küstenlandschaft bei Fokéa

- *Adressen & Telefonnummern* **Klinik** ✆ 23740/81203. Zwei **Apotheken** im Ort, eine direkt an der Hauptstraße, die andere im Einkaufszentrum. Hier befinden sich auch die **Supermärkte**, ein **Taxistand** und das Hotel Alexandros.
- *Übernachten* **Hotel Alexandros** (C-Kat.), nur etwa 200 m vom Meer entfernt in einer Seitenstraße. 30 Zimmer in ruhiger Lage. Die Zimmer sind sauber, die Bäder jedoch klein, und man muss mit wenig Stauraum vorliebnehmen. Im Foyer lädt die gemütliche Hausbar zum Drink, hier auch die Fernsehecke. Zum Hotel gehört auch ein Garten. EZ ab 45–60 €, DZ ab 50–80 €, Frühstück 6 € pro Person, geöffnet April–Ende Okt., ✆ 23740/81500, ✆°23740/81012.
- *Essen & Trinken* Sehr einladend sind die drei Fischtavernen am Strand/Hafen. **Ta Kimata**, links vom Hafen, wie auf einem Balkon; die gediegene **Taverne Manos** auf einer erhöhten Terrasse (frische Kalamares!) und in Richtung zum Turm die Fischtaverne **Sergiani** mit Terrasse direkt auf dem Sandstrand. Eine weitere Taverne finden Sie unterhalb des alles überragenden Turms auf dem Felsen (s. o.). Probieren Sie die Spezialität des Ortes – „Midia saganaki" (Muscheln in pikanter Sauce) oder Tintenfisch in scharfer Basilikumsauce!

Aalfang à la Fokéa

Mit etwas Glück können Sie am Abend die Angler, die mit speziellen Blinkern am Haken recht erfolgreich auf Aaljagd gehen, an der kürzlich neu angelegten Mole für Fischerboote beobachten. Die Technik ist denkbar einfach: In weitem Bogen wird die Nylonschnur mit dem Blechköder ausgeworfen und gleich darauf wieder langsam eingezogen. Die etwa 1 m langen Aale stürzen sich hungrig auf die Köder und – finden sich wenig später in der Bratpfanne wieder.

Áfitos

Gerade einmal 850 Menschen leben heute in Áfitos (auch Áphitos oder Áthitos genannt), das zu den ältesten Orten der Chalkidikí zählt. Zu den Sehenswürdigkeiten gehören einige historische Häuser und Tavernen mit ihrer besonderen Architektur, die Kirche von 1857, die Kapelle der Taxiarchen aus dem 17. Jh. und der antike Steinbruch im nahegelegenen „Mudunu". Wirklich gemütlich wird Áfitos am Abend, wenn die Straßen den Fußgängern vorbehalten sind.

Zahlreiche Neubauten (auch Apartments und Pensionen) sind hier in den letzten Jahren entstanden. Schön daran ist, dass die Häuser auf Initiative des ehemaligen Bürgermeisters Vassilis Pavli in traditioneller Steinbauweise errichtet wurden. Dafür wurden eigens alte Steinbrüche wiedereröffnet, um Straßenzüge, Häuser und Fußwege nach den historischen Vorbildern zu gestalten.

Der wirklich **schöne Badestrand** von Áfitos ist nur über eine steile, mehrere hundert Meter lange Verbindungsstraße zu erreichen, die sich zum Meer hinunter windet. Wenngleich eine Felsenquelle unterwegs Erfrischung bietet, erweist sich dieser Weg in der sommerlichen Hitze als ausgesprochen schweißtreibend, vor allem für Badegäste in Badeschlappen und mit Luftmatratze unter dem Arm. Die Anstrengung belohnt der Strand mit feinstem weißen Sand und flach abfallendem Ufer. Im Uferbereich einige Schilfhütten und Wassersportmöglichkeiten (z. B. Kanu ca. 4 €/Std.). Vermietet werden außerdem Liegen und Sonnenschirme zum Preis von je 2 €.

Wenig besucht und völlig ohne Schatten ist der südliche Abschnitt der Bucht. Flache Felsen im Wasser und am Strand sagen den Badegästen nicht zu, wenn die Alternative in Sichtweite liegt. Dafür standen hier einige Wildcamper in Ufernähe.

Ein weiterer Strand („Mudunou-Beach") liegt wenige hundert Meter weiter südlich; die Abzweigung ist auf der Serpentinenstraße zum Wasser deutlich beschildert.

Manche Rucksacktouristen bleiben am Abend gleich liegen und rollen ihre Schlafsäcke aus, was bei den Einwohnern inzwischen zunehmend auf Ablehnung stößt. Man befürchtet, dass dadurch vor allem Stammgäste aus dem Ausland abgeschreckt werden.

Ab 19 Uhr wird der gesamte Innenbereich des Orts für Autos gesperrt. Dann heißt es in dieser **Fußgängerzone**: sehen und gesehen werden. Ganze Scharen von Urlaubern flanieren durch die Straßen, lassen sich von Straßenmalern porträtieren oder treffen sich in einer der zahlreichen Tavernen. Angenehm ist auch die Atmosphäre auf dem von zahlreichen Bäumen bestandenen Platz neben der Kirche. Kinder toben, Mütter schieben ihre Kinderwägen, und der Dorfpope auf der Bank betrachtet schmunzelnd das Treiben.

Geschichtliches: Die Gegend von Áfitos ist nachweislich schon in prähistorischer Zeit bewohnt und wird im 8. Jh. v. Chr. von Eretriern kolonisiert (Erétria war damals die wohl bedeutendste Stadt von Euböa). 348 v. Chr. lässt Philipp II. den Ort zerstören. Bekannt ist Áfitos in der römischen Antike wegen der Tempel des Zeus Ammon und des Dionysos, die ihm zur Blüte verhelfen (→ Sehenswertes in Kallithéa, S. 137). Im Freiheitskampf 1821 wurde das Dorf durch Angriffe der Türken schwer in Mitleidenschaft gezogen, 1827 schließlich wieder aufgebaut.

Einer der frühesten Zeitzeugen ist **Aristoteles**. In seiner „Politea" skizzierte er die Einwohner von Áfitos: „Die Menschen von Áfitos sind ehrliche Leute. Es ist möglich, Türen und Fenster unverschlossen zu lassen, ohne Angst haben zu müssen,

Áfitos Beach am frühen Morgen

dass man verliert, was man besitzt. Es gibt da die Geschichte, dass ein Reisender Wein in Áfitos kaufte und in der Eile, sein Boot zu erreichen, die Fässer am Strand stehen lassen musste. Als er Wochen später auf einer Geschäftsreise erneut vorbeikam, fand er die Fässer am Strand, wie er sie zurückgelassen hatte ..."
Was den Wein betrifft, sollte man sich heute besser nicht mehr darauf verlassen.

- *Information/Reisebüro* **Tourist Information** und **Autoverleih** bietet Afitos Tours unweit des Hauptplatzes, ℡ 23740/91500, ℡ 23740/91150. Hier können auch Ausflüge gebucht werden, z. B. nach Saloníki (19 €), Áthos (Bus und Boot 38 €), Metéora (38 €), Toróni (29 €) oder zur Petrálona-Höhle (17 €).
- *Busverbindungen* 6–21.30 Uhr etwa im Halbstundentakt von und nach Saloníki.
Ein **Pendelbus** zwischen Ort und Strand wird in den Sommermonaten von der Gemeinde eingesetzt. Er verkehrt stündlich etwa zwischen 10 und 18 Uhr.
- *Adressen & Telefonnummern* **Mopedverleih** Motorent Stamulis gleich neben dem Hauptplatz. **Polizei:** ℡ 23740/22204.
- *Übernachten* **Hotel Aristotelis** (A-Kat.), Bungalowkomplex in exklusiver Lage auf einer Anhöhe, etwa 1 km nördlich von Áfitos. Eigener Zugang zum Strand mittels Fußgängerbrücke und Lift (von der Straße aus nicht zu sehen). Derzeit 159 Zimmer, eine Erweiterung ist geplant. Die Mehrzahl der Gäste stammt aus Deutschland (zu buchen über TUI und Attika Reisen), auch der Hotelchef spricht Deutsch. Empfehlenswerte und modern eingerichtete Zimmer. DZ ab 110 €, geöffnet April–Ende Okt., rechtzeitig reservieren, ℡ 23740/91568, ℡°23740/91124.
Weitere **Pensionen** oder **Privatzimmer** im Ort, DZ ab 40–45 €.
- *Essen & Trinken* Drei Cafés/Bars teilen sich das Geschäft am Sandstrand mit dem sinnigen Namen „Driftwood Bay" (mit Duschen): *Anthoula's 2 – To Limani*, *Ta Glarakia* und die *Punta-all-day-Bar* (mit Strohschirmen und dem besten Ausblick).
Café-Bar Imeros, gemütlich unter zwei schattenspendenden Platanen mit Korbsofas und skurril geschnitzten Vollholzstühlen aus Olivenholz. *Der* Platz zum Chill-out. Vom Filtercafé über Whisky bis hin zu bayrischem Weißbier, 42 verschiedene Drinks. Im Ort auf der Zufahrtsstraße zum Hauptplatz.
To Pirofani, Fischtaverne, gleich nach der Abzweigung in den Ort linker Hand, hauptsächlich von Griechen besucht. Hier haben wir den besten Fisch unseres Aufenthalts gegessen, frisch zubereitet und preiswert – eben ohne Touristenzuschlag. Ganzjährig geöffnet.

Typisch griechisch ist auch die **Taverne** in der Fußgängerzone, die 2–3 Stufen erhöht genau neben der Apotheke liegt. Griechische Spezialitäten, frisch zubereitet, zu vernünftigen Preisen. Die beiden Besitzer sprechen nur ein wenig Englisch, der Service ist auch typisch griechisch, davon sollte man sich nicht beeindrucken lassen." Beide Vorschläge sind Lesertipps von Rebecca und Michael Schloder, Stuttgart.

Zahlreiche **Fastfoodrestaurants** und Takeaways um den schattigen Platz im Zentrum verdeutlichen, dass man sich hier vor allem auf die Wünsche der vorwiegend deutschen Gäste eingerichtet hat. In der gemütlichen **Bar Lastrada** an der Straße zum Hauptplatz gibt es sogar Erdinger Weißbier! Sprüche an der Wand zieren die **Taverne Colovos** gleich daneben.

Romantische Candlelight-Stimmung, flotte Bedienungen und die Sommerhits rauf und runter in der **Cocktail-Music-Bar Lithos**, direkt gegenüber der alten Ortskirche. ✆ 0374/91566.

Für den schmalen Geldbeutel liegt am Hauptplatz der **Souvlakiladen Obelistrion**, stilvoll sitzt man schräg gegenüber in der **Ouzerie Mythos**, in der auch der Dorfpfarrer ab und zu den Tag ausklingen lässt.

• *Sehenswertes* Ein nettes Kleinod ist das **Landwirtschaftsmuseum** gegenüber der Kapelle am Hauptplatz. In einem Raum sind liebevoll Geräte und Werkzeuge ausgestellt, die von der Bevölkerung zusammengetragen wurden.

• *Veranstaltungen* Der Kulturverein des Ortes organisiert in den Sommermonaten zahlreiche Musik- und Theaterveranstaltungen. Programme und Informationen finden Sie unübersehbar am zentralen Platz vor der Kirche.

Kallithéa

Der 5000-Einwohner-Ort Kallithéa ist vom Tourismus gänzlich in Beschlag genommen. Selbst im Oktober ziehen noch Heerscharen von Urlaubern durch die Straßen vorbei an Souvenirläden und Kiosken zum kleinen Markt.

Kallithéa ist eine Flüchtlingssiedlung mit – im Vergleich zum natürlich gewachsenen Áfitos – klaren Straßenzügen vom Reißbrett. Nur wenige Meter abseits der Hauptdurchgangsstraße, die wie ein breiter Boulevard durch den Ort führt, beginnt die **Fußgängerzone**. Mehrere kleine Plätze mit Cafés und Tavernen versüßen den Bummel hinauf bis zum Ortsrand mit seiner neuen, alles überragenden Kirche. Wirklich gut gelungen ist der einladende **Hauptplatz** neben der kleinen **Ágios-Nikólaos-Kapelle**, die direkt an der Durchgangsstraße liegt: ein kleiner Park mit schattigen Plätzen auf Bänken oder auf Rasen, Springbrunnen und stattliche Palmen runden das Bild ab. Hier ist es ein Vergnügen, am Abend allmählich die Halbinsel Sithonía aus dem Blickfeld verschwinden zu sehen.

• *Busverbindungen* regelmäßige Anbindung an Saloníki bzw. Palioúri.

• *Adressen & Telefonnummern* **Arzt**, Praxis nahe der Ionian Bank, ✆ 23740/23731.

Banken mit Geldautomat gibt es zwei in Kallithéa. Sie liegen unmittelbar an der Hauptstraße.

Reisebüro Zorpidis, ✆ 23740/23456. Angeboten werden z. B. Tagesfahrten nach Thessaloníki (25 €), Metéora (38 €) oder zur Petrálona-Höhle (19 €).

• *Mietfahrzeuge* Autos verleiht **Panorama Rent a Car**, ✆ 23740/23266.

Iron Horses direkt an der Durchgangsstraße verleiht Fahrräder, Autos und Scooter, z. B. 50 ccm inkl. Steuern, Versicherung und freien km kosten 25 €/Tag, 250 ccm 37 €. Mountainbikemiete 10 €/Tag. ✆ 23740/25011.

Sakis Motor Rent, Mopedverleih nahe der neuen Ortskirche, ✆ 23740/25074.

Fahrrad- und Mopedverleih auch am Eingang zum Hotel Pallini Beach/Áthos Palace. Fahrräder kosten 9 €/Tag, Mopeds 12 €, Helme und Fahrradzubehör inklusive; ✆ 23740/22100.

• *Übernachten* In der Ortschaft gibt es eine Reihe von Hotels, u. a. das abseits der Hauptstraße und direkt am Strand gelegene **Ammon Zeus** (B-Kat.), mit Tempelresten im Garten. Die Preise für ein DZ mit Dusche und Balkon liegen bei 63–147 €, für das EZ kann man mit 58–74 € rechnen, Frühstück jeweils extra. ✆ 23740/22356-7, ✆ 23740/23232, www.ammon-zeus.gr.

Die Vorzeigehotels des Ortes – beide A-Kat. und mit Bungalows – sind **Áthos Palace** (652 Zimmer, DZ ab 100–180 €, ✆ 23740/22100, www.g-hotels.gr) und **Pallini Beach** (528 Zimmer, DZ ab 100–170 €, ✆ 23740/22480, www.g-hotels.gr). Zufahrt nur für Hotelgäste, riesige Parkanlage und eigener Pförtner. Direkt vor der Anlage eine Bushaltestelle.

Gut gefallen hat uns das **Hotel Kasteli** (D-Kat.), ca. 100 m abseits der Durchgangsstraße in einer Seitengasse. 10 Dreibettzimmer und 3 Apartments für Familien mit je 2 Zimmern, schlicht eingerichtet, nicht allzu geräumig, aber sauber und modern. Unten Taverne/Grill. Zimmer ab 40–120 €, geöffnet April–Ende Okt., ✆ 23740/22467, ✉ 23740/24062.

• *Essen & Trinken* Bei der großen Menge von Restaurants, Pizzerien und Tavernen hängt die Auswahl vom eigenen Geschmack ab. Gemütlich war die **Taverne Koralli** direkt am Meer, wenngleich das Preisniveau wegen der Aussicht etwas höher ist.

Figen, schräg aber charmant. Der Bar-/Café-/Restaurant-Komplex mit orientalischem Touch und Dekoration liegt an der Hauptstraße gegenüber dem Ammon Zeus Hotel. Leicht zu erkennen an den bunten Tüchern und Lampions.

• *Einkaufen* Die Schaufenster an der Hauptstraße bilden am Abend eine einzige Lichterkette. Von Strandartikeln bis zum sündhaft teuren Brillantkollier ist alles zu bekommen. Geweckt wird man in der Früh vom plärrenden Lautsprecher eines Obstverkäufers.

• *Freizeit/Unterhaltung* Am Ortsausgang in südlicher Richtung befinden sich mehrere große Vergnügungscenter, z. B. Bowlingbahnen oder eine Openair-Kartstrecke.

Sehenswertes in Kallithéa

Am schmalen, aber sauberen Strand von Kallithéa kann man die Ruinen des Ammon-Zeus-Tempels und, ein paar Schritte weiter südwestlich, die Überreste der Tempel der Nymphen und des Dionysos besichtigen.

Das hiesige **Heiligtum des Zeus Ammon** zählte zu den bedeutendsten Tempeln dieser Gottheit. Lange Zeit suchten Wissenschaftler vergeblich nach der Kultstätte, bis man auf die Überreste des dorischen Tempels stieß, der vermutlich aus dem 4. Jh. v. Chr. stammt. Den konkreten Bezug zu Ammon Zeus lieferte eine Tonschale mit seinem Namenszug, die in der Nähe des einstigen Altars ausgegraben wurde. Ganz ehrlich: Der Besuch eigens für die frei begehbare Ausgrabung lohnt sich nur für Archäologie-Fans. Bis auf die erkennbaren Grundrisse des Tempels und einige Gruben, an deren Rändern scheinbar wahllos Steinblöcke verstreut liegen, ist das Gesamtbild eher ernüchternd. Man wird den Eindruck nicht ganz los, dass die Ausgrabung sogar ein lästiger Hemmschuh für weitere Bauvorhaben ist.

Rund 400 Jahre älter sind auf dem gleichen Gelände die Anlagen, die der Verehrung des **Dionysos und der Nymphen** dienten. Über eine in den Felsen geschlagene Treppe gelangt man zu einer winzigen Grotte, die von Gras und Efeu überwuchert ist, die berühmte Quelle ist längst versiegt. Zu Ehren des Dionysos und des Apollon Knastraios wurden hier Feste abgehalten, leider wurde eine ganze Reihe von schönen Stalaktiten in der Zwischenzeit von Besuchern abgerissen.

Der Weg zur Ausgrabung ist beschildert, man folgt von der Hauptstraße aus dem Wegweiser zum *Ammon-Zeus-Hotel*. Am Strand unterhalb des Hotels 200 m links die Mauer entlang und anschließend über wenige Treppenstufen links in den „Garten" hinauf.

Wesentlich jüngeren Ursprungs sind schließlich die Ruinen der kleinen **byzantinischen Kirche**, die sich oberhalb der heutigen Kirche befinden. Sie wurde z. T. aus antiken Mauerresten der umliegenden Kultstätten erbaut.

Die Funde, die bei Ausgrabungen im Jahr 1969 ans Licht gebracht wurden, sind im Archäologischen Museum von Polígiros ausgestellt (→ S. 164).

▶ **Kallithéa/Umgebung**: Auf halber Strecke nach Kriopigí wurden drei riesige **Hotelkomplexe** in die flache Landschaft gesetzt. Der Zugang zum Meer ist an diesen Stellen nur bedingt möglich, es sei denn, man quartiert sich in einem der Hotels ein. Sie sind in der Hauptsaison jedoch meist ausgebucht.

Kriopigí

Der Ort Kriopigí, im 19. Jh. noch als Pazarakia bekannt, liegt inmitten eines Oliven- und Pinienhains. Er bietet Einkaufs- und Unterhaltungsmöglichkeiten und ist ein idealer Standort für Badeferien und Wanderungen in die landschaftlich reizvolle Umgebung.

Sein größtes Manko: Er liegt im Landesinneren, etwa 1 km vom Meer entfernt. Das schlägt sich deutlich in den Besucherzahlen nieder. Alle Versuche, eine urlauberfreundliche Atmosphäre zu schaffen, wurden bisher von den vorbeireisenden Besuchern ignoriert. Wer nimmt schon gerne 1000 m Fußmarsch auf sich, wenn man in den Nachbarorten unmittelbar am Wasser ist? Dieser Umstand kommt hier vor allem finanzkräftigen Privatleuten entgegen, die sich in den letzten Jahren auf der Strecke zwischen dem Ort und dem Badestrand eine ganze Reihe von noblen Anwesen errichtet haben. Übernachtungsangebote konnten wir hier keine entdecken. Trotzdem ist gerade der etwa 10 m breite und kilometerlange **Kiesstrand** (im Wasser Sand) unbedingt lobenswert. Er ist ausgesprochen sauber, auch die Wasserqualität ist erstklassig, die Gemeinde sorgte sogar für Erfrischungskiosk, Sonnenschirmverleih, Dusche und peinlich sauberen Toiletten. Eine schmale Serpentinenstraße führt hinunter zum Meer in Richtung Campingplatz. Ihr oberer Teil ist gut geteert, danach wird es etwas holprig.

Der Weg hinauf führt dagegen auf den „Kamelrücken", wie Einheimische den waldigen Höhenzug nennen, sowie ins Berg- und Beamtenstädtchen Kassandrino.

• *Reisebüro/Telefonnummern* halboffizielle **Tourist Information** an der Hauptstraße; dort werden auch Tagestouren zum Áthos angeboten (38 € für Bus und Boot). Autovermietung Atlas, ✆ 23740/52502.

• *Übernachten/Baden* **Alexander the Great Beach Hotel** (A-Kat.), moderne Anlage mit eigenem Park, Swimmingpool, 210 Zimmer. Die Fassade des 4-stöckigen Hotels ist völlig mit Efeu überwachsen. Zimmer sehr einladend, modern und hell. EZ ab 42 €, DZ 82–176 €, geöffnet April–Okt., ✆ 23740/22991, ✆ 23740/23588, www.papcorp.gr.
Zugang zum Meer erhalten auch Gäste, die nicht im Hotel wohnen.; zahlreiche Wassersportmöglichkeiten.

• *Camping* **Camping Kriopigí**, für einen Zwischenstopp schon wegen des Badestrands (Sand/Kies) empfehlenswert, längerfristig wegen der fehlenden Anbindung zum Ort und zu Tavernen etc. wenig geeignet. Zahlreiche Dauercamper haben den Platz zudem in Beschlag genommen, einer hat sogar eine eigene Kapelle (!) im „Vorgarten". Wenige Duschen, aber sauber, z. T. Stehklos (keine Chemietoiletten). Taverne/Bar und Minimarkt, die ab Anfang Sept. aber geschlossen sind. Ruhig, für das Gebotene zu teuer. Erwachsene 5 €, Kinder 3 €, Auto 3 €, Campermobil 10 €, Zelt 3 €, Strom 3 €, geöffnet 15.5.–15.9., ✆ 23740/52502 und 51037.

• *Essen und Trinken* **Dias Garden Taverne**, Lesertipp: „... zwischen Kalithéa und Kriopigí an der Hauptstraße. Die Preise sind eher durchschnittlich, aber dafür bekommt man neben dem guten Essen auch einen schönen Blick auf die Kassándra-Bucht und Sithonia."

▶ **Kriopigí/Umgebung:** An der Straße nach Políhrono einige gigantische Hotelkomplexe, die nicht recht in die Landschaft passen. Vereinzelt wurden aber auch weniger aufdringliche Apartmentanlagen gebaut: zumeist nicht weit vom Meer entfernt, mit eigener Küche, großem Balkon oder Terrasse. Die Preise sind selbstverständlich sehr unterschiedlich. Mindestens 30 € muss man jedoch für ein Zwei-Zimmer-Apartment pro Tag rechnen.

Neben den schönen Sandstränden und dem sauberen Wasser bezaubert die **Ostküste von Kassándra** vorwiegend wegen der üppigen Oleanderbüsche am Straßenrand und der prächtigen Pinien- und Olivenhaine; kein Wunder also, dass hier auch sehr viele Pauschaltouristen anzutreffen sind.

Wanderung 2 – Von Kriopigí nach Kassandrinó

Die Wanderung führt auf einem Schotterweg zunächst steil bergauf und durch freie Gebirgslandschaft bis zu einem Plateau – zahlreiche schöne Ausblicke. Dichter Wald sorgt für kühlenden Schatten, bevor man das Gebirgsdorf Kassandrinó erreicht, in dem das ganze Jahr über die Weihnachtsbeleuchtung hängen bleibt.

Distanz: 4 km. **Wanderzeit**: ca. 2 Std. **Besonderes**: In Kassandrinó gibt es eine Bushaltestelle (3-mal tägl. nach Saloníki bzw. zu den anderen Orten der Kassándra), außerdem zwei „rustikale" Tavernen. Die Route ist bestens geeignet für Mountainbiker.

Routenbeschreibung: Am oberen Ortsende von Kriopigí beginnt ein steiler Anstieg auf die Schotterstraße, die den Ort mit Kassandrinó verbindet. Doch keine Sorge, uns ist auf dem Weg nicht ein einziges Auto begegnet. Vermutlich wählen doch alle den Umweg über Kassándria, um ihr Fahrzeug zu schonen. Sie bleiben jedenfalls auf diesem Weg, bis an einer Kreuzung ein weißes Täfelchen mit dem Hinweis „4 km Kassandrinó" den weiteren Verlauf deutlich macht. Nur 100 m später entdecken Sie auf der rechten Seite inmitten einiger Gärten eine kleine, moderne **Kapelle**. Im Vorraum Kerzen und Weihrauchbehälter, meistens steht die Türe offen und lädt ein, hier eine Kerze zu stiften. Richtig süß ist das kleine Glöckchen, das außen an der Wand hängt.

Die Schotterpiste führt noch ein Stück weiter steil aufwärts bis zu einer Art Hochplateau. Rechts und links vereinzelt Ölbäume und Stoppelfelder. Einige Esel sehen neugierig zu, wie Sie sich die letzten Schweißperlen vom Anstieg von der Stirn wischen. In der Folge fällt die Strecke ab, und im dichten **Wald** geht man gemütlich im Schatten. Mittendrin säumt eine Reihe von Bienenstöcken den Weg.

Nach einer langen Kehre eröffnet sich eine wunderschöne Aussicht auf bewaldete Hügel und einige, in der tiefen Nachmittagssonne golden glänzende Getreidefelder. Etwa 700 m weiter geht es an den ersten **Steinbrüchen** vorbei, deren sandsteinfarbene Kanten sich gut in die Landschaft einfügen. Ein Teil der Hügel wurde auch herausgesprengt, um Platz für die Straße zu schaffen.

Längst befinden wir uns auf dem letzten Abschnitt der Wanderung nach Kassandrinó. Die Strecke verläuft angenehm bergab und erlaubt so eine entspannte Konzentration auf die schöne Hügellandschaft. Es geht durch ein **ausgetrocknetes Flussbett**, und hier und da raschelt es verdächtig. Mit ein wenig Glück zeigt sich eine Griechische Landschildkröte. Bitte seien Sie nicht zu neugierig – schließlich kann es auch von einer aufgeschreckten Schlange herrühren.

Einen Kilometer weiter kommen Sie zu einer Brücke mit gelbem Geländer und zu einer **Teerstraße**. Diese führt nach links in das urig-verschlafene Bergdörflein **Kassandrinó**, nach rechts ca. 4 km hinunter in den sehenswerten Nachbarort Foúrka (→ S. 154).

Kassandrinó

Das Bergdorf und seine Bewohner entsprechen in etwa unserer Vorstellung vom Leben vor 100 Jahren, als noch keine Busverbindung für den Ausflug zum Badestrand zur Verfügung stand. Der Rhythmus der vorwiegend älteren Menschen orientiert sich am Sonnenlicht – schnelle Bewegungen oder gar Hektik scheinen hier unbekannt zu sein. Unten an der Straße steht ein großer Wassertrog, um den sich die Schafe drängen, wenn sie der Schäfer mitten durch das Dorf führt. Gastfreundlich wird man in den beiden **Tavernen** empfangen. Große Auswahl gibt es nicht, aber schnell ist ein Gericht improvisiert. Den besten Blick auf das Dorf genießt man von den umliegenden Hügeln.

Kassandrinó bildet in dieser Bergregion sozusagen das Zentrum der Weggabelungen. So zweigt z. B. am Ende der Verbindungsstraße, die von Foúrka heraufführt, eine Schotterpiste nach Ágios Paraskeví (übrigens auch eine traumhafte Wanderung, siehe S. 150, Wanderung 4) bzw. nach Móla Kalíva an die Westküste ab. Außerdem weist ein Schild nach Kamila, der Weg endet jedoch nach einem kurzen Anstieg sprichwörtlich im Wald.

Kampf der Giganten

Alte Schriften nennen als Platz für den Kampf zwischen den Giganten („die Söhne des Himmels und der Erde" oder die „Erdgeborenen") und den olympischen Göttern den Südwesten der Chalkidikí, nach Homer die ehemalige Region *Pallíni* (nach Herodot auch *Phlegrá*) auf Kassándra, die sich von Políhrono bis zur Südspitze zieht. Die Giganten waren von menschlicher Gestalt, bis auf die Beine und Füße, die in Schlangenleibern ausliefen. Sie entstanden als Missbildungen, als das Blut des Uranos aus seinem durch Kronos verstümmelten Geschlechtsteil auf Gaia, die Erde, lief. Weil der alte Göttervater Zeus Gaia beleidigte, als sie die Titanen in den Tartaros sperrte, hetzte diese ihre Söhne, die Giganten, zum Krieg gegen die Olympischen auf. Die Gigantomachie: Zeus, Athena, Hera, Apollon und Poseidon gegen die tapfersten Krieger der Giganten: Eurymedon, Alkyoneus, Porphyrion, Egelado und Efialti. Zeus wusste, dass die Giganten von Götterhand nicht getötet werden konnten, so ersann er eine List. Er suchte sich die Hilfe eines Sterblichen, besser: Er schenkte einer Sterblichen einen berühmten Sohn – Herakles. Als die Giganten gegen die Götter

Zentaur und der Lapith kämpfen im Stil von Ringern. Der Zentaur hat seinen Gegner an der Gurgel. Dieser setzt sich mit Faust und Knie zur Wehr.

Südmetope Nr. 31 Parthenon; British Museum/London

anrückten, warfen sie mit Felsbrocken und Bergkuppen, die Götter begegneten ihnen mit Sturm und Blitzen (soll es nicht auch Ringkämpfe gegeben haben?). Herakles jedenfalls schoss vergiftete Pfeile ab und traf damit Alkyoneus. Herakles wusste, dass Alkyoneus in seiner Heimat Pallíni nicht sterben konnte, deshalb zerrte er ihn vor die Grenze des Reiches, wo Alkyoneus starb. Auch Athene war nicht untätig: Als einer der Giganten fliehen wollte, schleuderte sie die Insel Sizilien auf ihn, wodurch er zwar begraben wurde, aber nicht starb. Sicher haben Sie sich schon gewundert, warum der Ätna immer wieder Feueratem versprüht. Spätestens jetzt wissen Sie es.

Die Gigantomachie war seit jeher das Leitmotiv der Region, mystische Inspiration für Bildhauer und Poeten. Tempelfriese mit dem Schlachtgemetzel sind heute über die europäischen Museen verstreut, nicht zuletzt in Delphí, Athen und im Pariser Louvre.

Políhrono (Políchrono)

Handtuch an Handtuch liegt man auf dem relativ langen, schattenlosen Sand- und Kiesstrand, dazwischen wird Beachvolleyball oder Frisbee gespielt. Das Meer erweist sich als ausgesprochen sauber, was die „blaue Flagge" bestätigt.

Nur bedingt zu empfehlen ist der Strand von Políhrono für Leute, die Ruhe suchen. Fast unmittelbar führt hier die Uferstraße vorbei, die zwar stundenweise für den Verkehr gesperrt ist, woran sich aber fast niemand hält. Entlang der Promenade reihen sich private Übernachtungsquartiere und zahlreiche Tavernen, die wir am ehesten mit „durchschnittlich" bewerten würden. Alles macht einen improvisierten Eindruck, als wäre man vom Tourismus überrascht worden.

Direkt am Ortseingang, an der ersten Stichstraße zum Meer, ein sehr gut sortierter **Lebensmittelladen**, in dem es wirklich alles gibt (internationale Zeitungen, Obst, Getränke, diverse Biersorten – eine Seltenheit in Griechenland – sowie ausgefallene Postkarten). Schräg gegenüber befindet sich eine **Bäckerei**. An den Lebensmittelladen ist ein **Scooter- und Fahrradverleih** angeschlossen.

• *Adressen & Telefonnummern* Arztpraxis, 24-Std.-Dienst, ✆ 23740/53900 und ✆ 694/355025 (mobil).

• *Mietfahrzeuge* **Autovermietung** Hotel Neapolis, ✆ 23740/51217. **Zweiradvermietung Avance**, vermietet werden Mountainbikes, Mopeds (50–200 ccm) und Geländemaschinen. Bereitstellung beim Hotel möglich. ✆ 23740/53917. Zweigstelle auch in Pefkohóri (✆ 23740/61645) und Haniótis.

• *Übernachten* **Hotel Neapolis** (B-Kat.), Apartmenthotel zentral an der Uferpromenade. Damit nah am Strand gelegen, eigenes Restaurant mit Buffet. Die Balkone blicken auf die belebten Gassen. Innenausstattung mit grellen Farben, was jedoch nicht ungemütlich wirkt. Zimmer sind sauber, Radio, Telefon und Kühlschrank. Dusche und WC sauber. DZ im Juli und Aug. ab 65 € (mit Frühstück), EZ ab 50 €, ✆ 23740/51217, ✆ 23740/51554.

Neben dem **Hotel Halkidiki Palace** (A-Kat., DZ für erschwingliche 55–85 €), ✆ 23740/51725, steht eine ganze Reihe von Mittelklasseunterkünften zur Verfügung. Die meisten sind **Apartments** mit einfacher Küche (Kühlschrank und Gaskocher).

In den letzten Jahren wurden einige neue **Apartments in Ufernähe** gebaut, die älteren wurden mit reichlich Farbe großzügig überpinselt. Deshalb geben wir gerne den Rat von Urlaubsgästen weiter: Die Zimmer vorher zeigen lassen und dabei ruhig auch den Zustand der Matratzen testen.

• *Essen & Trinken* Keine allzu hohen Ansprüche sollte man an die hiesige Gastronomie stellen. Vor allem entlang der Uferpromenade eine Reihe von Tavernen; die verschiedensten Biersorten und sogar „gefüllte Frikadellen" und „Bratwurst mit Pommes" stehen auf der Speisekarte.

Ein verhältnismäßig gemütlicher Spaziergang führt zum Schildkrötensee Mavrobara

Nette Bedienung in der **Café-Bar Nefeli**, neben einigen guten Gerichten werden auch vegetarische Speisen angeboten. Hier kann man dem Koch noch in die Töpfe schauen.

Souvlaki, gebrannte Mandeln und Mais werden gegen Abend überall entlang der Straße verkauft.

• *Freizeit/Baden* An der etwa 450 m langen Uferpromenade gibt es eine Vielzahl von Flippergeräten, Dartspielen, Fast-Shot-Basketballkörben, Videospielen usw.

2 Liegen und 1 Schirm kosten für den ganzen Tag 8 €, Minigolf eine Runde pro Person 4 €.

Zum Thema Freizeit schickte uns Leserin Irmgard Kratochwill aus Graz folgende Impressionen: „Jedes Geschäft, jedes Restaurant und vor allem die Bars speien von Vormittag bis Mitternacht in enormer Lautstärke vor allem Techno aus. Sogar der Strand wird beschallt. Um Mitternacht startet dann eine Riesendisco, die etwas höher als die übrigen Häuser liegt und bis 4 Uhr früh die Gegend in einer unvorstellbaren Lautstärke beschallt. Die stampfenden Bässe versetzen sogar die Bettunterlage in Schwingung."

Wanderung 3 – Von Políhrono zum Schildkrötensee *Mavrobara*

Auch wenn der Anfang der Wanderung zunächst entlang einer Teerstrecke verläuft, deren längster Anstieg über 1,5 km bis zu einem Privatanwesen führt: Die Wanderung zählt landschaftlich zu den schönsten auf Kassándra. Inbegriffen ist ein abwechslungsreicher Abstecher zu einem Waldsee mit Wasserschildkröten und Fröschen inmitten duftender Wälder und hügeliger Stoppelfelder.

Distanz: ca. 3,8 km, **Wanderzeit**: ca. 1 ½ Std. (einfach). **Besonderes**: Auch diese Route ist für Mountainbikes gut geeignet. Lediglich an einigen Stellen auf den Erdstrecken ist wegen Auswaschungen Vorsicht geboten. *Bienenallergiker* aufgepasst: Unterwegs sind an den Waldrändern einige Bienenkästen aufgestellt.

Wanderung 3 – Von Políhrono zum Mavrobara 143

> **Bienenzucht** wird auf der Chalkidikí in einigen Fällen professionell betrieben, meistens jedoch bessern Hobbyzüchter damit ihr Einkommen ein wenig auf. Jeder einzelne Bienenstock kann während des Sommers bis zu 50 kg Honig produzieren, vorausgesetzt, er wird in Abständen zwischen zwei Orten versetzt. Bleibt er an der gleichen Stelle, so danken es selbst die fleißigsten Honigsammler mit gerade einmal 5 kg.

Routenbeschreibung: Etwa in der Ortsmitte von Políhrono weist eine Tafel nach rechts zu den „Turtles" von Mavrobara. Hier beginnt auch der Wanderweg, zunächst in Form einer Teerstrecke, die über ca. 200 m ansteigt und bei der **Villa Panorama** in Schotter übergeht. Der folgende Abschnitt mit einer mittleren Steigung gehört schon zu den schweißtreibendsten Partien, zumal auf dieser Wegstrecke kein nennenswerter Schatten zu finden ist. Etwa 1 km nach der Villa weist ein Wegweiser nach Argyraina/Trampála, wir folgen jedoch der Hauptstrecke weiter bergan, wo wir zunächst an einem **Olivenhain** und wenig später an einem letzten Privatanwesen vorbeikommen (orange-beiges Haus). Kurz darauf (ca. 400 m) steht linker Hand eine kleine weiße **Kapelle** mit breiten Dachziegeln und einer Glocke an einem improvisierten Eisenträger, vor der links eine Sandpiste abzweigt. Auch hier folgen wir jedoch dem Streckenverlauf weiter geradeaus. Auf einem erhöht gelegenen, freien **Plateau** mit Feldern, hüfthohen Sträuchern und einer stattlichen Anzahl von Brombeerbüschen entlang unserem Feldweg nähern wir uns in kurzer Zeit der Waldgrenze. Der Blick zurück geht über hügeliges Gelände bis hinunter zum Meer, die Küstenorte sind bereits von den Büschen verdeckt. In einer starken Rechtsbiegung steht urplötzlich eine völlig **verkratzte Tafel**, die die Tour in die Irre leiten würde, wenn man dem angegebenen, falschen Weg folgen würde. So aber nehmen wir den rechten (ansteigenden) Weg, der in der Folge an zahlreichen Plastikbeuteln vorbeiführt, in denen **Rindenharz** für die Weinkonservierung gewonnen wird. Ein weiteres einträgliches Geschäft bilden die knallbunten **Bienenkästen** entlang der Waldränder. Sie sind für Wanderer ungefährlich, sofern man mit einigem Abstand daran vorbeigeht.

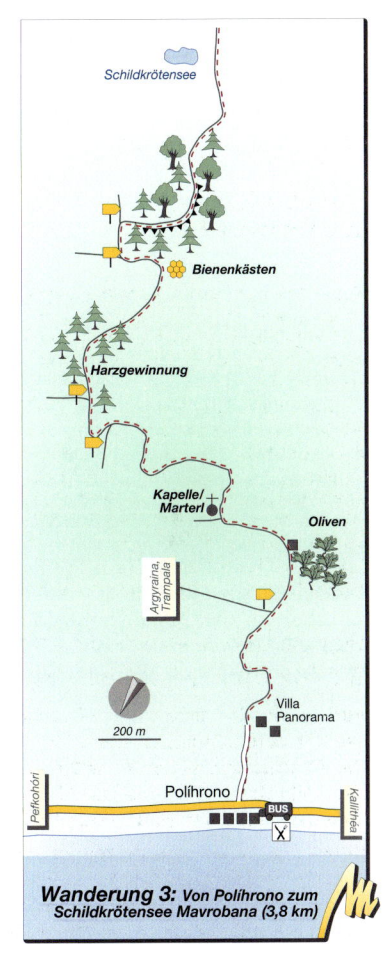

Kassándra
Karte S. 127

Weitere gut lesbare Hinweistafeln mit der Aufschrift „Mavrobara" und der Zeichnung von Wasserschildkröten führen uns nun über zwei Weggabelungen. Die letzte Etappe des Weges liegt zwischen dichtem Wald, der in einer wasserreichen **Schlucht** bestens gedeihen kann, und (linker Hand) der steilen **Abbruchkante** eines Bergzuges. An einigen der riesenhaft wirkenden Nadelbäume ranken sich Efeugewächse hoch bis unter die Baumkrone. Es duftet angenehm frisch und würzig, der ebene, leicht abfallende Spazierweg im Schatten ist ein wahres Vergnügen. Zu guter Letzt würde man beinahe am Ziel vorbeilaufen, denn der eigentliche Weg zum See ist nicht markiert. Zur Orientierung (nicht zu übersehen): Eine Tafel, die ein wenig einer Bushaltestelle gleicht, befindet sich genau gegenüber dem Zugang zum umzäunten Weiher. Für den Rückweg schlagen wir dieselbe Route vor.

> **Naturschutzgebiet Mavrobara**
>
> Auf etwa 300 m Meereshöhe liegt das Ziel der Wanderung, der ca. 2200 m^2 große und in weiten Bereichen von Schilf und Bäumen umsäumte Süßwassersee Mavrobara. Neben etlichen Fröschen, Salamandern und Wasserschlangen fühlen sich hier vor allem die *emys orbicularis* und *mauremys caspica* heimisch, zwei Arten von Wasserschildkröten, die man nur in Höhenlagen antrifft. Sie sind tagaktiv und ernähren sich von kleinen Wassertierchen und Kleinfischen. Drei bis 16 Eier werden in einer Wassertiefe von 30–90 cm von den wärmenden Sonnenstrahlen ausgebrütet. Die Jungtiere verlassen für den folgenden Sommer, Herbst und Winter den Teich, bevor sie anschließend im Frühjahr ins Wasser zurückkehren. 10–15 Jahre können die geübten Taucher alt werden, ihr Geschlecht entwickelt sich übrigens je nach Wassertemperatur an der jeweiligen Brutstelle.
>
> Die Wasserschildkröten aalen sich in der Regel im Schutz von drei „Beobachtungsplätzen" in der Sonne, immer wieder paddeln einzelne über den Weiher oder gehen auf Tauchgang. Wer sich lautlos verhält und wenig bewegt, wird sie (auf 5–8 m) schon bald problemlos beobachten können. Bitte kein Brot oder „Futter" in den Teich werfen!

Haniótis (Chaniótis)

Badespaß und Unterhaltung – das Motto des Orts hat sich längst herumgesprochen. In den Sommermonaten übersteigt die Besucherzahl die der etwa 950 Einwohner um ein Vielfaches. Entsprechend umfangreich ist das Wassersportangebot, die Liegeplätze am Strand sind schon früh belegt, und Parkplätze sind Mangelware.

Wenn abends die Schatten länger werden, strömen Scharen von Urlaubern – Sonnenhüte, Luftmatratzen und Rätselhefte unterm Arm – vorbei an der frisch gestrichenen **Ortskirche** Ágios Ioan Chrisostómou zurück zu ihren Hotels im Ort. Unter den Gästen sind neben Deutschen und Österreichern auch viele Jugoslawen, Ungarn, Polen, Russen und natürlich die Griechen selber. Haniótis ist auf diesen Ansturm bestens vorbereitet: In der Zahl der Unterkünfte steht es der Touristenhochburg Néos Marmarás an der Westküste von Sithonía in nichts nach, und auch für Unterhaltung und kulinarische Genüsse ist gesorgt. Um den viel besuchten **Hauptplatz** im Zentrum mit Springbrunnen, Boutiquen, Kiosken und Straßenmalern

Haniótis (Chaniótis)   145

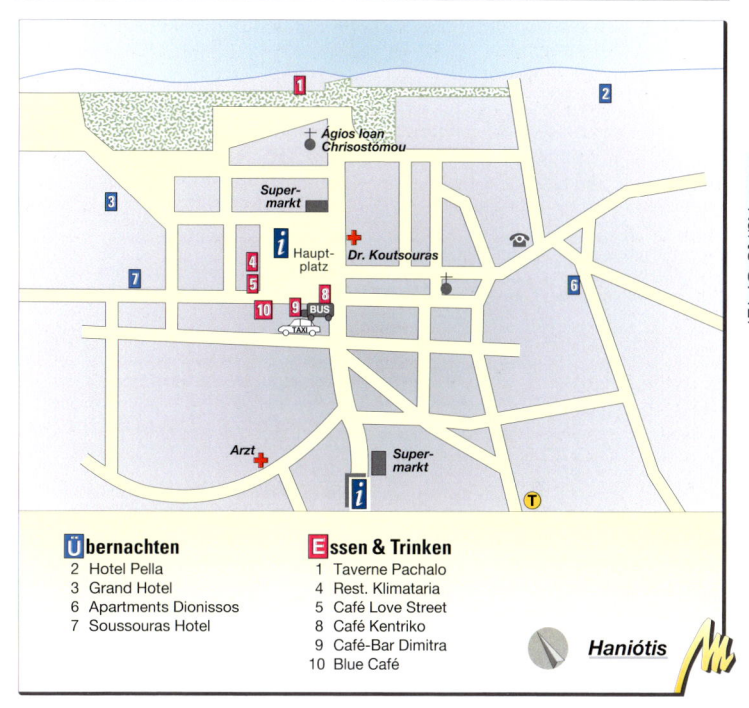

Kassándra
Karte S. 127

Ü bernachten
2 Hotel Pella
3 Grand Hotel
6 Apartments Dionissos
7 Soussouras Hotel

E ssen & Trinken
1 Taverne Pachalo
4 Rest. Klimataria
5 Café Love Street
8 Café Kentriko
9 Café-Bar Dimitra
10 Blue Café

Haniótis

spielt sich das Leben ab, „sehen und gesehen werden" heißt am Abend die Devise. Und trotz des schnelllebigen Treibens besitzt der Ort irgendwie Charakter: Bunte Lichter, Straßenmusiker und der Duft von gebratenen Maiskolben machen den Bummel zum Vergnügen. Wer abends dagegen etwas Ruhe sucht, sollte seine Unterkunft etwas abseits des Zentrums wählen.

Badegäste können sich über einen **schönen Sandstrand** freuen, mit Dusche und Toilette am Wasser! Zudem gute Möglichkeiten, das Wohnmobil in Strandnähe abzustellen. Quirlige Strandpromenade neben Parkplätzen, Cafés, Eis- und Donutsstände und der sehr sauberen Parkanlage. Zahlreiche neue Urlaubsquartiere entlang dem Ufer. Besonders positiv fällt auf, dass die Hauptstraße nicht durch den Ort führt.

● *Information/Reisebüro* **Informationsbüro für Touristen**, ✆ 23740/53370, an der Hauptstraße auf der Zufahrt zum Ort. Seit 1995 gibt es in Haniótis diese Einrichtung, die Zimmer vermittelt und über Veranstaltungen informiert. 5. Mai bis Ende Sept. Mo–Fr 8–23 Uhr und Sa 8–21 Uhr.
Ausflugsbüro Zorpidis, ✆ 23740/54126, ✉ 54126. Angeboten werden z. B. Tagesfahrten nach Thessaloníki (25 €), Metéora (38 €) oder zur Petrálona-Höhle (19 €).
● *Busverbindungen* Von Thessaloníki bis zu 19-mal tägl. von 5.55–20.45 Uhr.

● *Mietfahrzeuge* **Autovermietung Status**, ✆ 23740/52028. Vom Fiat Panda über den Opel Corsa bis zum Suzuki Jeep (Preise ab 25 €/Tag zzgl. Kilometerpauschale). Mindestalter 23 Jahre.
Zweiradvermietung Avance, vermietet werden Mountainbikes, Mopeds (50–200 ccm) und Geländemaschinen. Bereitstellung beim Hotel möglich. ✆ 23740/51897.
● *Adressen & Telefonnummern* **Arzt**, Dr. Georg Koutsouras, 24-Std.-Notfallnummer: ✆ 23740/53157 oder 69766229106 (mobil). ✉ 23740/20623.

Apotheke, ✆ 23740/51705. **Bank**, ✆ 23740/52154. Ein **Geldautomat** steht auf der Zufahrt zum Ort, etwa 700 m vom Meer entfernt nach der Abzweigung von der Hauptstraße. **Polizei** ✆ 23740/51111; **Post** ✆ 23740/61500; **Taxi** ✆ 23740/91200.

• *Übernachten* Die meisten Hotels in Haniótis sind nicht ganz billig. Frühzeitige Buchung ist ratsam. Nahe dem zentralen Platz kann es bis spät nachts laut werden.

Hotel Pélla (2) (B-Kat.), große, aber nicht gigantische Hotelanlage, Zimmer schlicht und mit kleinem Balkon. Auffallend der gepflegte Rasen und zwei extravagante Pools mit interessanter Bar. Eigener Zugang zum Strand mit Bäumen. DZ mit Halbpension ab 70–135 €, ✆ 23740/51794.

Grand Hotel (3) (A-Kat.), nur wenige Schritte vom Meer entfernt und gegenüber einer Parkanlage. Eigener Garten um den Swimmingpool mit Whirlpool. Gehobenes Ambiente mit geräumigen Zimmern. Nahe dem Zentrum und doch verhältnismäßig ruhig. DZ ab 85–110 €, geöffnet Mai–Ende Okt., ✆ 23740/51261, 📠 23740/51417.

Hotel Soussouras (7) (B-Kat.), die geräumigen Bungalows sind über das idyllische Gelände verstreut. Drei Bars, eine Boutique und ein Kinderspielplatz. Ab und zu wird abends Livemusik in einer der Bars gespielt In einer Seitenstraße etwas abseits des zentalen Platzes. EZ ab 47–80 €, DZ ab 62–102 €, geöffnet Apr.–Okt., ✆ 23740/51251, 📠 23740/51091.

Apartments Dionissos (6) (C-Kat.), südlich des Ortszentrums. Verschachtelte und originell angeordnete Anlage mit schönem gepflegtem Rasen und Blumen. Sehr ruhig, da weit abseits. Apartment für 2 Personen je nach Saison ab 48–95 €, ✆ 23740/51631-2, 📠 23740/52189.

• *Essen & Trinken* Die meisten Restaurants und Cafés liegen direkt am zentralen Platz und in den angrenzenden Seitenstraßen. Fast alle haben die Speisekarten am Eingang aushängen. Zum Beispiel das **Restaurant Klimatária (4)** mit schattigen Plätzen unter Weinlaub und Rhododendron und mit Preisen um 10–15 € für ein Essen pro Person. Besondere Qualität: Man wird nicht gleich vom Ober am Ärmel von der Straße gezogen.

Junge Leute sitzen vor allem im sehr touristischen **Café Love Street (5)**, am Hauptplatz, mit Pergola an der Ecke zur Fußgängerzone. Ähnliches Ambiente bietet die **Café-Bar Dimitra (9)** (mit deutschen Bieren, Spaghetti u. Ä.). Hier kann man das Treiben der Urlauber auf der Straße beobachten.

Neuer In-Treff ist das **Blue Café (10)** gleich gegenüber mit zahlreichen Cocktails und Milchshakes.

Das gemütlichere Ambiente findet man im **Café Kentriko (8)** an der südöstlichen Ecke des Platzes. Hier gibt es auch das beste Frühstück für Nachteulen.

Gut besucht ist auch **die 24-Stunden-Taverne Pachalo (1)** direkt beim Badestrand mitten im Park, aber die durchgehende Öffnungszeit schlägt sich in den Preisen nieder.

• *Sport & Freizeit* Treffpunkt für Tauchbegeisterte ist in Haniótis der Shop **Aquaworld**, der von den beiden Deutschen Katerina und Norbert Höger seit 1994 geleitet wird. Er liegt im Ortskern gegenüber dem Hotel Dionissos Inn. Von hier starten in der Sommersaison auch die täglichen Ausfahrten zum Tauchen. ✆ 6976519041 (mobil). Weitere Informationen erhalten Sie im Divecenter Kassándra in Kassandria (→ S. 158) und unter www.divecenter-kassandra.de.vu.

Pefkohóri (Pefkochóri)

Kein Ort für Erholungssuchende, eher für Leute, die auf Kontakte und Action aus sind. Die Urlauber müssen nicht weit gehen, alles findet sich gleich im Ortszentrum: Post, Bank, Souvenirläden, internationale Zeitungen. Sehr schmaler Kiesstrand, im Wasser jedoch Sand.

Damit die Gäste ungestört sind, wurde auch hier inzwischen die Uferstraße für den Autoverkehr gesperrt. An einer langen Flaniermeile wird alles geboten, was das Urlauberherz begehrt. Am Sandstrand ist nur der Schatten Mangelware, und die Handtücher drängen sich dicht an dicht. Zahlreiche Quartiere werden unmittelbar am Meer angeboten, und eine ganze Reihe von uniformen Privat-Apartments, die wie bunte Würfel aussehen, wurden in den letzten Jahren aus dem Boden gestampft. In Pefkohóri drängen sich die Unterkünfte auf so engem Raum wie an kaum einer anderen Stelle auf der Chalkidikí. Im südlichen Abschnitt des Strandes gibt es (noch) etliche Möglichkeiten, ein Zelt aufzustellen. Zudem befinden sich hier einige gute Plätze für Wohnmobile.

- *Anfahrt & Verbindungen* Pefkohóri ist von Saloníki 98 km und von Polígiros 74 km entfernt. Damit abends während der „Rückreisezeit" von den Stränden der Verkehr nicht zusammenbricht, regeln auf der Hauptstraße Ampeln den Autostrom. Regelmäßig **Busse** von und nach Saloníki.
- *Telefonnummern/Internet* **Post**, ✆ 23740/61500. **Mofaverleih**, ✆ 23740/61213. Am südlichen Ende des Ortes das **Internet-Café Virus**.
- *Essen & Trinken* Mit Bars und zahlreichen Tavernen hat sich der Ort gut auf den Tourismus eingestellt. Gute Stimmung im **Tropicana Restaurant** (Pizza und Schnellimbiss), sogar Bouzouki-Livemusik
- *Camping* **Camping Keramaria**, etwas weiter südlich, direkter Zugang zum Meer. Noch nicht so lang in Betrieb, deshalb noch wenig Schatten. Merkwürdig winklig angelegter Platz. Saubere Sanitäranlagen. Familienbetrieb. 53 Stellplätze, für Campingfreunde, die es eng und urig mögen. 5 €/Person, Zelt 4–5 €, Auto 3 €, Wohnwagen 5 €, geöffnet 1.5.–30.10., ✆ 23740/61464.

> ### Ausflüge auf die Halbinsel Sithonía
> Von Pefkohóri starten täglich mehrere Ausflugsboote zur gegenüberliegenden Halbinsel. Angebote gibt es in jedem größeren Ort in Reisebüros und in zahlreichen Hotels oder direkt über Moudaniá Tours, 23 P. Omonias, Néa Moudaniá, ✆ 23730/22888.

Baden: Zu empfehlen ist der 4 km lange **Sandstrand Glarókavos**, der sich vom Ort Pefkohóri bis ans Ende der Nordostküste zieht. Das Wasser ist klar und ausgesprochen sauber, am Strand an manchen Stellen Treibgut und das eine oder andere Bikinioberteil (ooups!). Am Ende des Küstenstreifens befindet sich eine einzigartige **Naturbucht**, die Schutz für Fischer- und kleine Schlauchboote bietet. Zufahrt zum Küstenstreifen ist an mehreren Stellen über abenteuerliche, aber gut befahrbare Sandpisten möglich, die in eine unbefestigte, aber hart planierte Staubstrecke münden, die fast den gesamten Uferbereich erschließt. Ein Kantinenwagen am südlichen Ende des Strandes versorgt mit Getränken. Selbst im Hochsommer findet hier jeder sein Plätzchen (Sonnenschirm nicht vergessen!).

▸ **Sehenswertes in der Umgebung von Pefkohóri**: Gut 4 km oberhalb des Orts liegt das **Kloster Iera Moni Ósios Ioannoú**, das Johannes dem Täufer geweiht ist. Die Anfahrt führt über eine mäßige Teer- bzw. Schotterstrecke durch die Hügellandschaft bis zu dem freien Platz mit Picknickbänken und schattigen Stellplätzen für das Auto. Von der nahe gelegenen Kapelle schöner Ausblick auf das Meer und über die Weite der Halbinsel. Ein neuer Wohntrakt wertet den sonst eher improvisierten Stil des Gebäudes und des angrenzenden Gartens auf. Statt der Glocke, die zum Gottesdienst ruft, wurde hier eine alte Lastwagenfelge gestrichen und an Ketten aufgehängt.

Palioúri/Hroússou

Der kleine Ort Palioúri (geschätzte 500 Einwohner) liegt 3 km im Landesinneren erhöht über dem Meer und hat sich durch die engen Gassen, die kleinen Tavernen und alten Häuser etwas von seinem ursprünglichen Charakter bewahrt. Ein malerisches Dorf – wie in der Broschüre der Griechischen Zentrale für Fremdenverkehr geschrieben steht – haben wir jedoch nicht vorgefunden.

Hübsch liegt der **weitläufige Sandstrand** in der bewaldeten Bucht von Hroússou. Auf Kieselsteinchen geht es hinein in das glasklare, saubere Wasser, die Strände werden wegen der Nähe zu touristischen Anlagen regelmäßig gesäubert. Schöne Ausblicke bieten sich von der Taverne am Strand und bei spiegelglattem Meer hinüber zur Mini-Insel **Kelifos**. Die ganze Gemeinde ist sehr sportlich eingestellt: am Strand ein Beachvolleyballfeld (neben Camping Byron), eine intakte Minigolfanlage (in der Sonne), ein Tennisplatz und die kaum zu übersehene Basketballanlage, wo Griechenlands Basketballidol **Nikos Galis** höchstpersönlich den Nachwuchs unter den Körben schult.

Busverbindungen Bis zu 15-mal tägl. nach Saloníki und Palioúri.

Im Süden von Kassándra

Auch im Hochsommer noch kräftig grüne Vegetation, Rhododendron und Ginster säumen über weite Strecken die Straße. Der Oleander blüht in den unterschiedlichsten Farben, von den Pinien weht ein aromatischer Duft herüber. Besonders beeindruckend, wenn im Licht der untergehenden Sonne allmählich die Konturen der Hügellandschaft verschwimmen. Ideal für eine Tageswanderung.

Vor einigen Jahren gab es in dieser Gegend zwischen Palioúri und Néa Skióni noch größeren Baumbestand (vor allem Kiefern und Pinien), aber die fast alljährlichen Waldbrände haben zahllose Bäume und Sträucher vernichtet. Auch in den vergangenen Jahren hat das Feuer wieder ganze Bergrücken kahl geschoren – die Holzstapel am Wegrand zeugen davon. Die Strecke unseres Wandervorschlags Nr. 4 (→ S. 150) war davon glücklicherweise nicht betroffen.

▸ **Golden Beach**: An der Hauptstraße von Hroússou weisen zwei Tafeln den Weg hierher. In der Dünenlandschaft des breiten und kilometerlangen Sandstrands, der durch Pinienwälder gut von der Hauptstraße abgeschirmt ist, stehen vereinzelt Zelte im Schatten. Sogar einige Wohnwägen mit abgeschraubten Nummernschildern konnte ich entdecken. Auch FFK-Freunde dürften in dieser Abgeschiedenheit keine Probleme bekommen.

Wer mit voll beladenem Pkw anreist, sollte sich vorher die Zufahrt auf der Sandpiste genau ansehen, um nicht einzusinken. Auf offenes Feuer bitte unbedingt verzichten!

▸ **Palioúri Beach**: Seit vor einigen Jahren das Hotel Xenia und der Campingplatz Palioúri Xenia schließen mussten, hat sich der gesamte Strandabschnitt 2 km vor dem Ort **Palioúri** zu einem Mekka für Wildcamper entwickelt. Eine einzigartige Situation: Das weitläufige ehemalige Campingareal ist völlig verwaist und dennoch stehen zahlreiche Wohnwägen und Zelte von griechischen Dauercampern auf den markierten Abteilungen und am Strand. Aus den Duschen fließt längst kein Wasser mehr und dementsprechend gibt es auch keine Toilettenspülung. Allmählich gewinnt die Natur das Terrain zurück. Man könnte meinen, einen Dornröschenschlaf zu erleben. Und diese Situation wird sich auch in absehbarer Zeit nicht ändern – das meint zumindest Elias Skaventsos, der am Eingang eine kleine **Bar** (✆ 23740/92176) betreibt. Der Naturhafen am Ende der Bucht ist gleichzeitig der Fischerhafen von Palioúri. Deshalb leert auch die Müllabfuhr regelmäßig die Tonnen auf dem Gelände.

● *Übernachten* **Hotel Chroussou Village** (B-Kat.), möblierte Apartments inmitten von Bäumen und in exklusiver Lage über dem Meer am Hang. 192 Zimmer, die wegen des schönen Sandstrandes im Sommer schnell ausgebucht sind. Zufahrt ist beschildert. Preise: 75–120 €. ✆ 23740/92180, 📠 23740/92151, www.chrousso.com.

> Wildes Campen scheint hier geduldet zu sein, letztlich profitiert die Gemeinde von den Urlaubern. Damit das auch in Zukunft so bleibt, bittet Herr Skaventsos die Urlauber, kein offenes Feuer (auch nicht auf dem Grill) zu machen. Der Platz ist knochentrocken. Abfall kann in die Tonnen geworfen werden.

▸ **Kap Palioúri:** Vom Dorf Palioúri, das auf einem 110 m hohen Hügel liegt, geht es über 6 km zum Ende der Halbinsel Kassándra, das auch Kap Kanastreo genannt wird, und zur Siedlung **Kanistro**, die auch unter dem Namen Ágios Nikólaos bekannt ist. Der erste Streckenabschnitt ist asphaltiert. Die Strände sind leider wegen der Abgeschiedenheit z. T. stark verschmutzt.

▸ **Ágios Paraskeví:** etwa 1 km abseits der Hauptstraße, am Ortseingang eine kleine Kirche (erhöht auf einer Mauer). Dann geht es hinein in ein kleines, verschlafenes Bergdorf mit Palmen und Blumenkästen. Ein betagter Hund trottet gelangweilt über die Straße. Die Alten sitzen auf wackligen Holzstühlen an der engen, schmalen Straße und diskutieren über die anstehende Olympiade in Athen oder spielen Tavli. Alles wirkt im Gegensatz zu vielen anderen Dörfern noch etwas verträumt. Die Besitzer der Tavernen, Cafés und Geschäfte freuen sich, wenn man auf einen Sprung hereinschaut, ein Frühstück bestellt, einen Kaffee schlürft oder etwas Obst kauft. Sehr viel Ruhe. Leider haben Waldbrände der Umgebung schwer zugesetzt. Erst vor der kleinen Kapelle über dem Ort haben die Flammen schließlich Halt gemacht.

Agios Paraskeví ist Ausgangspunkt unseres Wandervorschlags Nr. 4 (→ S. 150).

▸ **Loutra Ágios Paraskevís:** bis Loutra Felsküste und kaum Zugang zum Meer. Abwechslungsreiche Küstenstraße, vorbei an Pinienwäldern und an tiefen Einschnitten in die umliegenden Hügel. Der Zugang zum Meer ist schwierig, da Loutra Ágios Paraskevís an der Steilküste liegt. Aber der Ort lockt die Besucher mit einer anderen Attraktion: Für ein kleines Entgelt kann man sich an einer heißen, schwefelhaltigen **Thermalquelle & Spa** waschen oder ein Bad nehmen. Moderne Schwimmbecken, Saunas, ein Dampfbad (Hamam), Wasserstrahlenmassage und Hydromassage stellen für den einen oder anderen vielleicht eine willkommene Erholung nach anstrengenden Wanderkilometern dar (✆ 23740/71358 und 71810). Entlang der Straße, die zum Meer hinunterführt, findet man Apartments, Privatquartiere und Tavernen.

> **Achtung Radler!** Zwischen Loutró und Agios Paraskeví einige Kraft raubende Straßensteigungen.

• *Busverbindungen* von und nach Saloníki 3-mal tägl. (morgens, mittags und abends). Bushaltestelle gegenüber dem Hotel Aphrodite.

• *Übernachten* **Hotel Aphrodite** (B-Kat.), liegt auf einem kleinen Plateau in unmittelbarer Nähe des Thermalbads und direkt gegenüber der Bushaltestelle. Der Bau ist schon etwas älter (inzwischen entstand ein neuer Anbau), aber die meisten Zimmer bieten einen grandiosen Blick auf das blaue Meer. Ein alter, drahtiger Grieche mit Stoppelbart und grauen Haaren präsentiert sich als freundlicher Besitzer. Das DZ kostet mit Dusche und Frühstück in der Hauptsaison etwa 60–70 €, geöffnet April–Ende Okt., ✆ 23740/71228, 📠 23740/71110.

Wanderung 4 – Auf dem Höhenwanderweg von Ágios Paraskeví zum Bergdorf Foúrka

Einsamer, aber traumhafter Höhenwanderweg (Feuerschneise) mit wunderschönen Ausblicken auf beide Küsten der Halbinsel. Zu Fuß oder mit dem Rad zu machen. Proviant und Getränke mitnehmen, denn unterwegs gibt es nicht mal eine Quelle. Wem es zu viel wird, der findet etliche Ausstiegsmöglichkeiten, Stichstraßen führen hinunter zu den Küstenorten.

Distanz: ca. 22 km. **Wanderzeit:** ca. 5 Std. **Besonderes:** Die gesamte Tour erfordert gute Kondition. Bushaltestellen in Kassandrinó, Foúrka und in allen kleinen Küstenorten, zu denen unterwegs Stichstraßen abzweigen.

Routenbeschreibung: Die Wanderung beginnt im oberen Teil des beschaulichen Agios Paraskeví. An der Kirche vorbei führt die Straße in den Ort und macht direkt vor einem **weiß gestrichenen Haus** einen Knick. Nicht zu übersehen sind die Weinreben, blauen Fensterläden und Türen an diesem Gebäude. Hier nicht der Straße nach links folgen, sondern geradeaus weiter auf dem Schotterweg, der den Hügel hinter dem Dorf hinaufführt.

In einem kleinen Waldstück geht es gleich ein gutes Stück bergauf. Nach dem ersten Anstieg weist eine Tafel rechts nach Pefkohóri, wir halten uns aber links in Richtung Livadakia, dem 353 m hohen Hügel, der etwa nach der Hälfte der Strecke erreicht sein wird. Genießen Sie noch einmal die Aussicht auf Agios Paraskeví, bevor der Ort aus dem Blickfeld verschwindet.

Zahlreiche Brombeersträucher in Reichweite machen den Anstieg gleich viel schmackhafter. Auf einem leichten Stück geradeaus sieht man unten das Meer im Dunst verschwinden. Geschätzte 1,5 km nach dem Ausgangsort Agios Paraskeví bereits eine weitere **Kreuzung** mit Wegweiser nach Loutró bzw. Ágia Triáda. Unten kann man auch den Ort Pefkohóri sehen. Weitere Abzweigung nach Komaros und Loutró sowie nach Ágios Ioánnis und Pefkohóri folgen rund 2,5 km vom Einstieg entfernt.

Die Schotterstrecke wurde übrigens nicht nur als Verbindungsstraße von Küste zu Küste angelegt, sie dient vielmehr als Trasse für die Löschfahrzeuge bei Waldbränden (später passieren Sie einige Hydranten, an denen deren Wassertanks wieder aufgefüllt werden können). Nach ca. 45 Min. Wanderzeit durchschneidet die Straße einige **Dünen** und schlängelt sich in mehreren Kurven leicht bergab; von hier sind Abzweigungen nach Zoni Samara, Loutró und Pefkohóri möglich.

Nach fast 4 km erreichen Sie einen ersten **Hydranten** und ein Schild, das vor der Brandgefahr warnt, – doppelte Zeichen für die ständige Bedrohung durch die Waldbrände. Daneben aber ein wunderschöner Blick hinunter zu beiden Küstenstreifen und auf das gleißende Meer (den auch die ständig besetzte Feuerwache hier ausnutzt).

1000 m weiter wieder Abzweigungen nach Loutró und Mitikas. Hier wieder **mehrere knallrote Hydranten** für den Brandfall, auch einige Brunnen wurden gegraben, aber zum Auffüllen der Feldflasche ist leider nichts dabei! Weit unten sieht man die weißen Mauern eines Klosters leuchten, bevor man auf die Kreuzung nach Haniótis (rechts) und Néa Skióni (links) trifft. Sie halten sich auf der Strecke jedoch stur geradeaus, weiter durch die Dünen. Links schöne Aussicht auf Néa Skióni. Die vielen Hydranten entlang der Strecke sollten Sie inzwischen

Wanderung 4 – Von Ágios Paraskeví nach Foúrka

Kassándra Karte S. 127

Wanderung 4 (22 km)

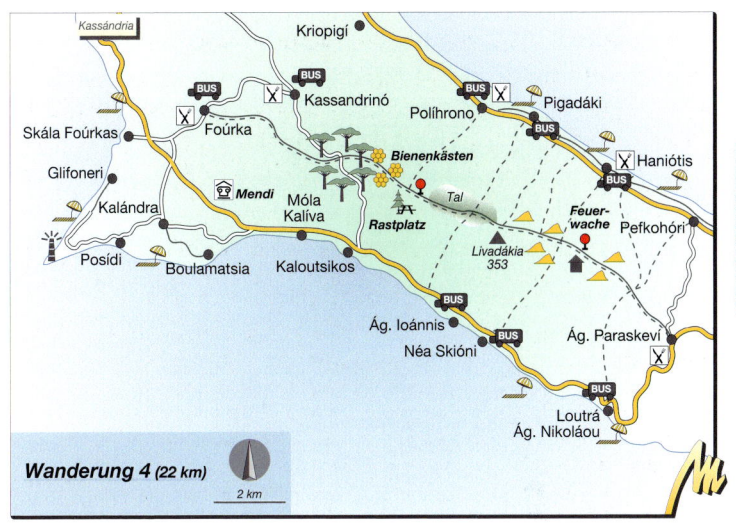

gewohnt sein, aber lassen Sie sich auch durch die zunehmende Zahl der Stichstraßen nicht vom Höhenweg abbringen.

Der nun folgende **Anstieg** kostet zwar wieder ein paar Schweißtropfen, doch schon bald geht es hinein in eine **Talsenke**. Überall an den Sandsteinfelsen sieht man Kratzspuren von den riesigen Baumaschinen, die diese Trasse geschlagen haben. Wenn Sie auf eine weitere Hinweistafel treffen, haben Sie inzwischen 10 km zurückgelegt. Rechts Abzweigung nach Políhrono und zum Schildkrötensee Mavrombara (→ Wanderung 3, S. 142), links ginge es ins Bergdorf Kassandrinó.

Der Weg verengt sich für kurze Zeit, einige Steine drücken durch die Wanderschuhe, deshalb rate ich zu einer Pause im Schatten. Ein freundlicher Mensch hat hier an der Schotterpiste einen **Rastplatz** improvisiert und einige uralte Tavernenstühle und eine Bank aufgestellt.

Auf den nächsten 3 km kommen Sie an einer Reihe bunter **Bienenkästen** vorbei, in denen es ziemlich wuselt. Am Ende fällt die Strecke leicht ab, nach starken Gewittergüssen fräsen sich kleine Bachläufe in den lehmigen Boden. Man spaziert gemütlich dahin, allerdings selten im Schatten.

Den finden Sie jedoch – 5 km nach dem Rastplatz – bei der Durchquerung eines uralten **Pinienwalds**. Wenige hundert Meter darauf eine kritische Stelle: Nach Rachoni, Kalándra und Foúrka führt der Weg geradeaus und steil bergauf. Nach Móla Kalíva (an der Westküste) geht es dagegen links ab und den Hang hinunter, nicht aber, wie das Schild anzeigt, nach rechts!

Auch danach einige wilde Abzweigungen, Sie bleiben jedoch auf der Hauptstrecke bis zum Wegweiser nach Foúrka. Die wenigen griechischen Lettern sind leicht zu entziffern. Folgen Sie an der nächsten Weggabelung dem **roten Pfeil** nach links. Unten ist bereits Foúrka zu erkennen. Die letzten 2 km geht es nur noch bergab. Ein weites Tal erstreckt sich vor Ihnen, es duftet angenehm nach Harz. Nach einer letzten, weiten Linkskurve erreichen Sie die ersten Häuser von **Foúrka** (→ S. 154) und kurz darauf die lang ersehnte Taverne.

Néa Skióni

Ein junger Ort an historischer Stelle. Schon die Bewohner der antiken Stätte standen in enger Verbindung mit dem Meer. Als Mitglied des Attischen Seebunds liefen sie während der Peloponnesischen Kriege zum Erzfeind aus Sparta über, was dazu führte, dass Athen den Ort schlichtweg ausradierte. Im idyllischen Hafenort spielt der Tourismus neben der Fischerei heute eher eine untergeordnete Rolle.

Um derartige Ambitionen dennoch zu unterstreichen, wurde in den letzten Jahren die Strandpromenade großflächig ausgebaut. Tagsüber werden auf dem Kai die Netze geflickt und die Boote instand gesetzt, während in der Nacht die Fischer aufs Meer hinausfahren. Mit starken Lampen an Bug oder Heck versucht man, die Fische anzulocken. Vom Hafen aus links kann man in den Mini-Werften bei der Entstehung von Fischerbooten zusehen. Etliche Tavernen befinden sich unmittelbar am Hafen, garantiert frische Meeresfrüchte und ein schöner Ausblick auf die schaukelnden Fischerboote ziehen die Besucher an.

Doch auch die Seitenstraßen machen den Bummel durch den Ort empfehlenswert. Néa Skióni besitzt noch sympathische Häuser, dazwischen kleine Cafés und zahlreiche Supermärkte. Der Ort strahlt Ruhe und Gemütlichkeit aus. Übernachtung vor allem in Pensionen und Privatquartieren.

Erholen kann man sich hier vor allem am dreieckigen Sand-Kies-Strand (kaum Schatten). Zum Baden verlockte uns die trübe wirkende Brühe nicht, auch wenn seit 1995 demonstrativ die „blaue Flagge" am Strand weht.

Geschichtliches/Sehenswertes: Néa Skióni wurde 1930 gebaut, als die Bewohner des Dorfes Tsapráni aus dem Inneren der Halbinsel die nahe gelegene Küste besiedelten. Der heutige Ort wurde an der Stelle der antiken Stadt **Skioni** erbaut, von der leider keine Überreste mehr zu sehen sind. Aus dem 16. Jh. stammt lediglich die 1,6 km östlich des Ortes zwischen dem Meer und der Uferstraße gelegene Wallfahrtskirche der **Panagía Faneroméni** (1) mit schönen Wandmalereien, darunter die Darstellung der *Kreuzigung* und *Grablegung Christi*. Ziel der Wallfahrer ist eine auf eine Steinplatte gemalte Marienikone, die der Legende nach aus dem Meer entstiegen ist und der Wundertaten zugesprochen werden. Sie ist heute Bestandteil der Ikonostase in der ansonsten schlichten Kirche. Gegen Ende August findet das große Volksfest in Néa Skióni statt. Etwas außerhalb von Néa Skióni eine futuristisch anmutende Hotelanlage oberhalb des Meeres. Faszinierende weißblaue Farbkontraste.

- *Busverbindungen* Von und nach Saloníki 3-mal täglich.
- *Telefonnummern* **Hafenpolizei**, ✆ 23740/71239. **Tankstelle AVIN**, ✆ 23740/71370.
- *Übernachten* **Tivoli-Apartments**, in Ágios Ioánnis, ca. 2,5 km von Nea Skióni entfernt. Sehr saubere Zimmer mit Küche und Bad in einem neuen Gebäudekomplex mit zwei Flügeln. Kleiner Garten und Parkplatz vor dem Grundstück. Vermieter: Alekos/Christos Katrantzis, ✆ 23740/71604.
- *Essen & Trinken* **Fischtaverne Akrogiali**, direkt am Hafen mit Blick aufs Meer. Weißblau gemusterte Tischdecke und Pergola. Der Platzhirsch unter den Lokalen, aber nicht ganz billig.

Hauptsächlich Griechen im **Restaurant Kokkoretsi**, das gutbürgerliche Hausmannskost bietet. Es liegt in der Verlängerung der Seitenstraße, die vom Hafen in den Ort hinaufführt.

Etwa 200 m vom oben erwähnten (futuristischen) Hotel befindet sich eine **kleine Taverne**. Sie liegt zwar an der Straße, macht aber einen gemütlichen Eindruck.

Wer sich nicht für die Tavernen in der Nähe des Hafens erwärmen kann, findet unweit der Mole einen **Kantinenwagen** mit Souvlaki/Pitta zum Mitnehmen.

Ánemi Beach

Ein sehr untypischer Küstenabschnitt, mitten durch Getreidefelder führen mehrere Stichstraßen zum Meer. Den **Sand-Kies-Strand** kann man wegen dichter Büsche und einiger Bäume nicht einsehen. Aus diesem Grund lassen leider einige Besucher ihren Abfall einfach liegen. Unter manchen Büschen haben sich bereits kleine Müllhalden gebildet. Wer während der Woche einen ungestörten Platz am Strand sucht, dürfte hier fündig werden.

- *Anfahrt* Zusätzlich zur Hauptstraße führt an der Küste ein weiterer Weg entlang, der allerdings in einem sehr schlechten Zustand ist.
- *Übernachten* **Privatzimmer Hatzikosmidi**, Mittelklasse-Unterkunft im Abschnitt nach dem Campingplatz, mit Parkplätzen vor dem Haus. Das dreistöckige Haus liegt nur einen Steinwurf vom Meer entfernt, man muss dazu die Hauptstraße überqueren. Leicht zu erkennen an den bunten Wagenrädern am Zaun. Anmeldung unter ℡ 23740/71391.

> **Tipp: Camping Ánemi Beach**, am selben Strand (3 km von Néa Skióni entfernt). Die einstige Staubstrecke auf dem Platz wurde inzwischen geteert, und die Bäume spenden guten Schatten. Die 111 Stellplätze sind picobello gepflegt, und das Areal bietet viele Annehmlichkeiten (Kinderspielplatz, Snackbar etc.). Kleine, aber saubere Duschen. Am Meer Kiesstrand, Wasser sauber. 5 €/Person, Auto 3 €, Wohnwagen 5 €, Zelt 4–5 €, Strom 3 €, geöffnet 1.5.–30.9., ℡ 23740/71276 und 71076.

Móla Kalíva und Umgebung

An der ganzen Strecke zwischen dem eher uninteressanten Straßenort Móla Kalíva und Kalándra breite Hauptstraße mit reizvollen Apartmentanlagen (z. B. Villa Olga) und zahlreichen Privatanwesen. Rundherum Olivenhaine und Felder. Zugang zum Wasser nur an wenigen Stellen möglich; einige Treppen führen hinunter zum schmalen Kies- und Sandstrand, der manchmal kaum breiter ist als die darauf angelegten Beachvolleyballfelder. Meist von Einheimischen und griechischen Urlaubern bevölkert. Das Wasser ist sauber, das Badevergnügen wird aber z. T. durch Steinplatten im Meer eingeschränkt.

- *Übernachten/Essen & Trinken* **Maritsa-Haus**, möblierte Apartments in Ufernähe. Auskünfte und Preise bei der Besitzerin, ℡ 23740/41650 oder ℡ 2310/437554.
Villa Maria, Apartments mit Balkon. Café und Restaurant. Holzverkleidung und Ziegeldach, schön bewachsen mit Oleanderpflanzen. ℡ 23740/41917.
Kleiner Supermarkt, Café und Tavernen in der Nähe der beiden Häuser.

Kalándra

Vom Tourismus kaum berührtes Bergdorf mit liebevoll gepflegten Vorgärten und ein paar Minimärkten. Im Landesinneren wurden einige kleine Schotterstraßen angelegt, die die winzigen Bergdörfer mit der Hauptstraße verbinden. Zwischen Stoppelfeldern und Ziegenherden kann man hier bis zur alles überragenden Sendeantenne hinaufsteigen und den Blick auf den Küstenstreifen genießen. Von der Hauptstraße fährt man gut 4 km bis zur Küste (beschildert). Sehenswert ist die kleine **Panagía-Kirche** mit Fresken aus dem 17. Jh., etwa 200 m nordwestlich des Ortes. Die Türen sind meist verschlossen, aber der Pope im Dorf öffnet gerne und fährt mit den Besuchern im Auto bis vor die Kirche.

154 Kassándra

Geschichtliches: Auf dem nahe gelegenen Hügel südlich von Kalándra lag in der Antike die Akrópolis der Stadt **Mende**, reich durch den Silberhandel und berühmt durch den Wein. Zeugnisse aus dieser großen Zeit liegen heute v. a. auf dem Meeresgrund, vor der Insel Alonissos wurden beispielsweise Wracks antiker Transportschiffe mit Amphoren voller mendaischem Wein gefunden. Spärliche Überreste der „Stadt Mende" finden sich 400 m rechts am Strand neben dem Hotel Mende in einem überwucherten Geländeabschnitt (durch eine verrostete Blechtafel markiert).

Adressen & Telefonnummern **Arzt**, ✆ 23740/41254; **Taxi**, ✆ 23740/41412 und 41570; **Apotheke**, ✆ 23740/414444.

Posídi und Umgebung

Moderner Ferienort am Meer, mit zahlreichen, neu gebauten Hotelanlagen und guten Bademöglichkeiten, die nicht überfüllt sind. Entlang der Straße mehrere Ferienanlagen, darunter eine bizarre Ansammlung schmaler grellbunter Häuser mit kleinem Steinanbau.

Das äußerste westliche Ende der Halbinsel bildet hier das **Kap Kassándra** in Form einer langgestreckten, dreieckigen Landzunge mit Sandstränden auf beiden Seiten. Auf dem Weg dorthin finden Sie direkt außerhalb des Dorfes den mehrfach ausgeschilderten, letztlich aber durch einen hohen Drahtzaun unzugänglichen **Poseidontempel** (in der Verlängerung der Sandpiste hinter der empfehlenswerten **Mpoúnta-Beach Bar**). Das früher wichtige Heiligtum besitzt lediglich noch einige Grundmauern (z. T. unter Wellblech), aber nicht einen einzigen Säulenstumpf.

● *Busverbindungen* Tägl. bis zu 11-mal von/nach Thessaloníki. Bushaltestelle am Eingang zum Campingplatz Kalándra.

● *Camping* **Camping Posídi (Poseídi)**, große und gepflegte Anlage (ehemals E.O.T-Anlage, seit wenigen Jahren in privater Hand) direkt am Sandstrand. Der Weg zum Campingplatz ist nur schlecht beschildert, die Bushaltestelle befindet sich direkt am Eingang. Ein paar Meter außerhalb liegen die Basketballanlagen, die von den Gästen mitbenutzt werden können. Auf dem Platz selbst gibt es etliche Schatten spendende Tamarisken sowie saubere Duschen und Toiletten. 120 geräumige und ebene Stellplätze. Alle touristischen Einrichtungen vorhanden. Der Sandstrand ist (abgesehen von einigem Treibgut) sauber; Duschen am Strand. 5,50 €/Person, Auto 3 €, Wohnwagen 9 €, kleines Zelt 6 € Strom 3 € (in der Vorsaison 3 Tage für 2 Pers. Ab 15 €). Kleine Bungalows für bis zu 4 Pers. mit Stockbetten, 25 €/Tag. Im Sommer Reservierung unbedingt empfohlen! Geöffnet 16.4.–30.9., ✆ 23740/41550 und 41123.

Tipp: Posídi Paradise Hotel (A-Kat.), vom Kies-Sand-Strand nur durch eine Straße getrennt, die auch die Zufahrtsstraße zum Hotel ist. Einladendes flaches und mit Ziegeln gedecktes Hotel der Spitzenklasse, mit Minimarkt, Restaurant und Friseur. Pool, Tennisplätze, etwas oberhalb unter Bäumen gelegene Bungalows. Duschen, Bar und Volleyballfeld am Strand. Die Wasserqualität wird seit 1995 mit der „blauen Flagge" ausgezeichnet. Entspannte Ferien mit allem Komfort. Für das DZ zahlt man mit Frühstück ab 80–140 €. ✆ 23740/42030-3, ✉ 23740/42081. Empfehlung!

Foúrka

Von Kalándra weiter in Richtung Sivíri findet man rechts das kleine Bergdorf **Foúrka**, das vor allem für seine Architektur bekannt ist. Achten Sie auf die Düfte im Ort: In den Gassen riecht es nach Thymian, Oregano und Weihrauch!

Die beiden Kirchen des Ortes stammen aus dem 16. Jh. und besitzen im Innern sehenswerte Wandmalereien. Auffällig ist vor allem die Kirche **Agios Ioannou tou**

Prodromou in der Mitte von Foúrka. Das heutige Bauwerk befindet sich genau auf den Fundamenten einer uralten Kirche, deren 1000-jähriges Bestehen 1995 hier gefeiert wurde. Wenn der ungewohnt breite Bau gegen Abend seinen Schatten auf den Vorplatz wirft, treffen sich hier Jung und Alt.

Ansonsten macht der Ort einen eher ruhigen Eindruck, auch wenn im Lauf der letzten Jahre einige Unterkünfte entstanden sind. Dass man hier mit den Mitteln sparsam walten muss, kann man daran erkennen, dass nahezu alles gesammelt wird, was sich noch irgendwie verwenden lässt. In den Vorgärten liegen Eisenteile, alte Boote, Autoreifen, und die Zäune bestehen z. T. aus alten Bettrosten.

Überquert man vom Dorf aus das Flussbett auf einer Eisenbrücke, so gelangt man zu einem kleinen **Friedhof**. Wie in Griechenland üblich, befindet sich neben der Kapelle das Schädelhaus, in dem einzelne Knochen auf Blechkisten drapiert wurden. Obwohl die letzten

An gemütlichen Unterkünften herrscht um Sivíri kein Mangel

Ruhestätten z. T. reichlich verwahrlost aussehen – so brennen doch neben den Plastikkränzen überall die kleinen Öllampen auf den Gräbern.

- *Busverbindungen* mehrmals tägl. von und nach Saloníki (einfach ca. 6,50 €).
- *Adressen* **Post**, Mo–Fr 7.30–14 Uhr. An der Durchfahrtsstraße des Ortes liegen eine **Tankstelle**, ein **Minimarkt** („O Selefkos"), eine **Bäckerei** und eine **Metzgerei** mit deutscher Aufschrift.
- *Übernachten* In den letzten Jahren wurden neue Quartiere errichtet. Die beiden guten Adressen des Ortes sind die **Bungalowanlage Avra** (B-Kat., ✆ 23470/42102; DZ ab 65 €) und die **Apartments Ioli** (B-Kat., ✆ 23740/41779), geöffnet jeweils April–Okt.
- *Essen & Trinken* Einige Ladenbesitzer haben Tische und Stühle auf die Straße gestellt und bieten Getränke und Brotzeit an. Die **Taverne O Sachos** (v. a. Fleischgerichte) finden Sie unweit des Minimarkts in einem Hinterhof. In der **Taverne To Steki to Vassili** gute Fischspezialitäten.

Skála Foúrkas

Von der Hauptstraße etwa 1 km, vom Gebirgsort Foúrka gute 3 km entfernt. Eine Mischung aus alten Gebäuden und neu errichteten uniformen Ferienwohnungen in Pastellfarben und leuchtendem Weiß.

Ein Ort, wie auf dem Reißbrett entworfen. Die Straßen neu geteert, sogar Rinnsteine sind vorhanden – ein für Griechenland völlig untypisches Bild. Mit welcher Zahl von Erholungssuchenden man rechnet, zeigt der groß angelegte Parkplatz in der Ortsmitte. Vorteil auch in Zukunft: Die Hauptstraße führt in einem großen Bogen am Ort vorbei.

Auf den zweiten Blick ist das Dorf besonders für Badegäste dann doch einen Besuch wert. Das Leben spielt sich am Strand ab: Verkaufsstände für Luftmatratzen, Tavernen, Supermarkt und Telefon liegen nur einen Steinwurf vom Meer entfernt. Vor allem Deutsche und Briten sonnen sich am 1 km langen **Sandstrand**, an dem es reichlich Schilf und Steine im Wasser gibt (Sonnenschirm- und Liegestuhlverleih). Der Geruch von Sonnenöl wird über den ganzen Strand getragen. Wer genau hinsieht, kann anhand der alten Steinhäuschen mit den verrosteten Zugvorrichtungen für Fischerboote noch erahnen, wie das Leben hier vor 20 Jahren ausgesehen haben mag.

- *Information/Reisebüro* Neben dem Parkplatz in einem Container eine **Informations- und Auskunftsstelle** zu Veranstaltungen, Übernachtungsmöglichkeiten und Ausflugsangeboten. Leider nicht immer besetzt.
Ausflugs- und Reisebüro DeDi Tours, im nördlichen Teil des Orts. Zimmervermittlung und organisierte Busausflüge, z. B. nach Thessaloníki, Áthos oder Meteóra. ✆ 23740/42444, ✆ 23740/42445.

- *Adressen & Telefonnummern* **Mofavermietung Yamaha**, mit Preisen um 25 €/Tag, auch Radverleih (ca. 10–12 €/Tag), ✆ 23740/42149.

Ein überdimensionales **Einkaufszentrum** wird derzeit an der Zufahrtsstraße zum Strand gebaut.

- *Übernachten* Die meisten Hotels und Apartments von Skála Foúrkas stehen in den Pauschalreisekatalogen englischer Touristikunternehmer, in den Sommermonaten ist deshalb kaum ein Quartier zu finden. Über freie Zimmer am besten bei der Informationsstelle am Parkplatz erkundigen.

- *Essen & Trinken* Im „Shopcenter" (Wegweiser) befinden sich die meisten **Bars** und **Tavernen** – neben der Metzgerei und zahlreichen Souvenirläden. Für junge und tanzwütige Leute besonders anziehend ist die **Musikbar I Apothiki** am Strand, die sich am Abend in einen Tanztempel verwandelt. Leicht zu erkennen an den zahlreichen Yuccapalmen auf der Veranda und an den marineblauen Fensterrahmen.

Direkt daneben (am Meer) die **Fischtavernen Giannis** und **Takis**, die einen gemütlichen Eindruck machten. Das gilt auch für die **Café-Bar Naftis**, die etwa 80 m nördlich vom Parkplatz entfernt ist. Schattige Plätze mit Regiestühlen und viele junge Leute, die Anschluss suchen.

Giros/Souvlakistände und einige Fastfoodrestaurants südlich vom Parkplatz.

- *Freizeit & Sport* **Wassersportangebot** mit Tretbooten, Kanus und Surfbrettverleih. Wasserski oder eine Fahrt mit dem Bananaboot kosten z. B. 7 €. Für Kinder wurde ein **Spielplatz** mit modernen Geräten angelegt.

> Ein Hinweis für **Wanderer**, die von Skála Foúrkas über das Bergdorf Foúrka nach Kassandrinó wandern: Die Route entlang der Teerstraße, die sich zu den Ortschaften hinaufschlängelt, ist bei glühender Hitze (fast ohne Schatten) kein ausgesprochenes Vergnügen. Dennoch raten wir von einem Abstecher durch das im Sommer völlig ausgetrocknete *Flussbett* ab. Die Gerüche der Abfallsäcke, die hier überall verstreut liegen, sind alles andere als einladend. Außerdem gibt es Schlangen, die sich auf den heißen Steinen breit machen.

Sivíri

Der Küstenort mit einer ganzen Reihe von Neubauten fasst zunehmend Fuß im Geschäft mit dem Tourismus. Statt überdimensionierter Hotelanlagen baut man hier vor allem Apartments und Ferienwohnungen. Seit zwei Jahren trennt eine Fußgängerzone den Strand vom Ort.

Kleiner, sympathischer Fischerhafen. Südlich des kurzen Betonstegs liegen die Fischerboote vor Anker, ab und zu versucht ein Angler sein Glück, Kinder planschen im sauberen Hafenbecken.

Sehenswerter Abstecher ins Bergdorf Foúrka

In nördlicher Richtung erstrecken sich ein **breiter Sandstrand** und glasklares Wasser (auch öffentliche Duschen). Leider gibt es am Ufer nur wenig Schatten unter Strohdächern und dazu angeschwemmten Seetang. Dieser Küstenabschnitt eignet sich auch für kleinere Spaziergänge mit schönen Ausblicken. Im Norden steigt ein mit Pinien bewachsener Hang steil an, lässt sich aber noch gut bewältigen.

In den Tavernen am Hafen (erst ab 13 Uhr geöffnet) werden natürlich vor allem Fischgerichte angeboten. Neben Hotels und Apartments auch Privatzimmer; Bars und Pizzerias.

- *Information/Reisebüro* **Globus** bietet so ziemlich alles. Neben Buchung von Ausflügen zum Berg Áthos, Hotel- und Apartmentreservierungen auch **Autovermietung**, ✆ 23740/25060, 23724 oder 24131.
- *Verbindungen & Anfahrt* tägl. bis zu 8-mal **Busse** (zwischen 7.20 und 20 Uhr) von und nach Saloníki bzw. Posídi. Ein großer **Parkplatz** soll den Autoverkehr vom Ort fern halten.
- *Adressen* Am kleinen Platz, etwa 100 m vom Hafen entfernt, kann man in einem **Lebensmittelladen** einkaufen. Dort befinden sich auch eine Telefonzelle und ein Briefkasten.
- *Übernachten* Am Ortseingang ein Schilderwald, doch nicht sehr viele Möglichkeiten. In unmittelbarer Strandnähe gibt es einige **Privatquartiere** (DZ ab 25 €). In manchen Gärten haben wir Zelte gesehen. Fragen Sie einfach die Besitzer! Etwas abseits vom Meer kann man **Apartments** mieten. Neu gebaute Wohnungen mit Balkon und Küche. Preise je nach Saison 35–45 € pro Tag.
- *Essen & Trinken* Beliebter Treffpunkt und daher immer reichlich voll ist die **Taverne Diamantis** am Strand.
- *Freizeit & Sport* Bootsverleih, Bananaboat, zahlreiche **Wassersportmöglichkeiten** und Paragliding am Strand. In Ufernähe ein Kinderspielplatz, der leider in der Sonne liegt.

„Von Siviri starten sehr gut ausgeschilderte **Wanderwege**. Sie beginnen am Strand in nördlicher Richtung". (Lesertipp von F. Fiebig/P. Hellevig, Unna).

> **Kultur-Sommer auf Kassándra**
>
> Bekannt ist Sivíri über die Grenzen der Chalkidikí hinaus für seine Veranstaltungen im **Amphitheater**, ca. 1 km außerhalb des Ortes im Hinterland gelegen (folgen Sie der Beschilderung). Von Juni bis September stehen Konzerte, Theaterstücke und Folkloreveranstaltungen griechischer sowie internationaler Künstler und Gruppen (z. B. Maria Farandoúri, Belgrader Symphonieorchester) auf dem Programm.
>
> Erwarten Sie jedoch kein antikes Theater! Die Sitze sind aus neuzeitlichem Gussbeton und die Kassenhäuschen aus recycelbarer Presspappe. Dafür ist die Stimmung umso besser, wenn die Sitze restlos gefüllt sind und es langsam dunkel wird. Informationen zum Festivalprogramm fast in jedem Reisebüro und Hotel auf Kassándra.

Kassándria

Genau in der Mitte zwischen Sivíri an der West- und Kallithéa an der Ostküste liegt Kassándra, das betriebsame Handels- und Geschäftszentrum des Halbinselfingers. Der Marktflecken, bei den Griechen auch unter dem Namen Walta bekannt, wurde im 16. Jh. gegründet und profitierte vom Zuzug aus den umliegenden Orten, die im Befreiungskrieg gegen die Türken zerstört worden waren.

Im tiefer gelegenen Teil des Orts befindet sich an der Hauptdurchgangsstraße (Fußgängerzone) das Geschäftszentrum mit Banken, Shops, Reparaturwerkstätten, Supermärkten und einigen weiteren Einkaufsmöglichkeiten. Lohnend ist die Besichtigung des alten Dorfs. Bei einem Spaziergang durch die schmalen Gassen am Hang kann man viel von der gemütlichen Atmosphäre aus früheren Tagen spüren. Urige Steinhäuschen, z. T. weiß getüncht und mit bunten Fensterläden, dazwischen kleine Vorgärten, wilde Weinranken und Blumenspaliere.

Ein großes Lob gebührt der Ortsplanung: Die neuen Häuser werden niedrig gehalten und passen sich mit ihren typischen roten Ziegeldächern gut in das Ortsbild ein.

Zu den **Sehenswürdigkeiten** von Kassándria gehört die alte metropolitische Kirche, mit einem ummauerten Türsturz aus dem 6. Jh. an ihrem westlichen Eingang. Vom Platz gegenüber der Kirche ein schöner Blick auf Windmühlen aus dem vergangenen Jahrhundert, die nicht mehr in Betrieb sind.

Jede Woche einmal findet im alten Teil des Orts ein **Markt** statt, zum Zeitpunkt der Recherche mittwochs 8–14 Uhr. Verkauft werden Strohhüte, Küchenutensilien, Schuhe, Kleidung bis hin zu Plastikspielzeug und allerhand Ramsch. Damit es nicht zu heiß wird, sind ganze Straßenzüge mit riesigen Planen überspannt.

- *Anfahrt & Verbindungen* Kassándria ist 95 km von Thessaloníki und 56 km von Polígiros entfernt. Regelmäßig fahren **Busse** von Saloníki und Palioúri.
- *Telefonnummern* **Allgemeinarzt**, Dr. Giovos, ✆ 23740/23490. **Zahnarzt**, Dr. Papanikolaou, ✆ 23740/23441. **Erste-Hilfe-Station**, ✆ 23740/22222. **Bank** (Nationalbank), ✆ 23740/22300. **Touristenpolizei**, ✆ 23740/23333. Außerdem ein **Postamt** und eine **Apotheke**.
- *Sport & Freizeit* Die beiden Deutschen Katerina und Norbert Höger haben den Firmensitz ihrer Tauchsportschule **Kassandra Divecenter** nach Kassándria verlegt, der eigentliche Shop „Aquaworld" und Treffpunkt vor Tauchausflügen befindet sich in Haniótis. Weitere Informationen bei: Katerina und Norbert Höger, Divecenter Kassandra, GR-63077 Kassandria, P.O.Box T.O. 50 Kassandria, Greece. ✆ (0030)23740/62622, mobil 0030 697/6519041, divekass@otenet.gr.

Zwischen Kassándra und Sithonía

Eine gut ausgebaute, allerdings an manchen Stellen hügelige und kurvenreiche Straße führt vorbei an tiefgelben Kornfeldern, Ginsterbüschen und Pinienwäldern und die Küste entlang nach Sithonía. Am Straßenrand unzählige Stände, an denen Obst verkauft wird.

Von Kassándra zunächst in Richtung Néa Moudaniá fahren und dort an der großen Kreuzung der Abzweigung nach Sithonía folgen.

Ágios Mámas

Ein Besuch lohnt sich vor allem die Bewunderer von **Weißstörchen**. Anstatt Bademöglichkeiten gibt es hier eine Vielzahl von Nestern dieser riesigen Vögel. In der Antike galt der Storch als Glücksbringer, und auch heute noch ist jeder Grieche stolz, wenn sich auf seinem Dach ein Storch niedergelassen hat.

Das antike Ólinthos

Sehenswertes Ruinenfeld mit Bodenmosaiken und den Grundmauern des antiken Ólinthos, das eine der am besten erhaltenen griechischen Städte aus klassischer Zeit und die bedeutendste archäologische Stätte auf der Chalkidikí ist. Das Ausgrabungsfeld erstreckt sich über zwei Hügel, die durch einen flachen Bergrücken miteinander verbunden sind.

Die Abzweigung nach Ólinthos erfolgt etwa 2 km östlich von Ágios Mámas. Eine kleine Straße führt an Wiesen und Feldern vorbei zum Dorf **Nea Ólinthos**. In der byzantinischen Epoche existierten hier die Dörfer Mariana und Miriofitos (das heutige Nea Ólinthos). Das Kloster von Dochiaríou, ein ehemaliger Athosbesitz, dessen Reste im südlichen Teil von Ólinthos liegen, und die Kirche von Ágios Nikólaos im Osten des antiken Ólinthos beweisen, dass das Gebiet weiträumig besiedelt gewesen sein muss.

Geht man nach Herodot, so dürfte bereits 650 v. Chr. eine größere Ansiedlung hier bestanden haben. Die strategisch wichtige Lage mit Zugang zu den beiden Halbinseln weckt schon 200 Jahre später zum ersten Mal den Appetit fremder Mächte. Nach einer Belagerung wird der Ort von Euböern eingenommen, die Bewohner werden versklavt und das Territorium wird als Kolonie an Chalkís

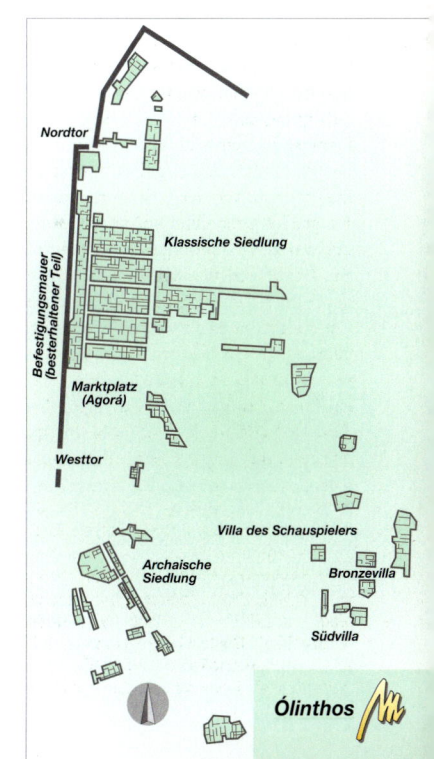

„Badezimmer" in Ólinth

angebunden. Zwischen 454 und 432 v. Chr. ist die Stadt Mitglied des Attisch-Delischen Seebunds, fällt jedoch bei erster Gelegenheit von Athen ab und ist federführend an der Gründung des **Chalkidischen Bundes** beteiligt. Damit wird Ólinthos schnell zur einflussreichsten Stadt der Chalkidikí. Zahlreiche Menschen, die durch die Wirren des Peloponnesischen Krieges vertrieben wurden (z. B. aus Potidea oder Mende), finden in Ólinth eine neue Heimat. Zu dieser Zeit wohnen bereits mehr als 20.000 Menschen in diesem Gebiet – für damalige Verhältnisse eine stattliche Anzahl. Der spätere makedonische König Philipp II. schließt 356 v. Chr. zur Sicherung seiner Reichsgrenzen einen Bund mit Ólinthos. Dieses fühlt sich dennoch durch den Machtzuwachs des Nachbarn bedroht und tritt in Geheimverhandlungen mit Athen. Als schließlich die beiden Thronaspiranten Menelaos und Arridaios, beides Halbbrüder und Konkurrenten von Philipp, in Ólinth Asyl finden, kommt es zum Bruch. Der Reihe nach werden die Städte des Chalkidäischen Bundes belagert (darunter auch Toróni, → S. 187) und blutig von Philipp bestraft. 348/349 v. Chr. wird Ólinthos dem Erdboden gleich gemacht, die beiden Halbbrüder in einem Schauprozess in Pélla hingerichtet. Ólinth selbst wurde niemals wieder aufgebaut.

In den Jahren 1928 bis 1934 wurden von amerikanischen Archäologen umfangreiche Ausgrabungen unternommen. Die **archaische Stadt** auf dem südlichen Hügel, die 479 v. Chr. zerstört wurde, war eine willkürlich erbaute Siedlung. Sie wurde mit der Gründung des Bundes der Chalkidäer erneuert und war durchgehend bis ins 4. Jh. v. Chr. bewohnt. Der Bevölkerungszuwachs führte zur **Ausdehnung auf den nördlichen Hügel**. Bei Ausgrabungen legte man Straßenzüge und Grundmauern frei und kam zu dem Schluss, dass diesem Teil der Stadt ein einheitlicher Bebauungsplan mit rechtwinklig aufeinandertreffenden Straßen zugrunde lag. Fünf jeweils 5 bis 7 m breite Prachtstraßen, die von mindestens 20 schmaleren Straßenzügen gekreuzt wurden, verliefen in Nord-Süd-Richtung. Dadurch entstanden Wohnviertel, die jeweils aus 10 bis 18 mehr oder weniger gleichförmigen Gebäuden bestanden. Mehr als 100 solcher Häusergrundrisse wurden bei den Ausgrabungen entdeckt. Auffällig sind aber vor allem die reich verzierten Bodenmosaike, die heute

Das antike Ólinthos

über das Gelände verstreut zu sehen sind. Sie stammen aus dem 5. Jh. und sind aus kleinsten Kieselsteinen zusammengesetzte Inschriften oder bildliche Darstellungen. Die Themen stammen aus der Mythologie (z. B. Dionysos auf einem von Panthern gezogenen Streitwagen). Etwa im 4. Jh. v. Chr. siedelten sich wohlhabende Landbesitzer östlich außerhalb der Stadtmauer an.

Die Steinmauer war z. T. 3 m dick. In allen vier Himmelsrichtungen führten Tore in die Stadt, und die Mauer wurde in regelmäßigen Abständen von Türmen verstärkt. Besonders bemerkenswert waren die ausgeklügelte Wasserversorgung und fortschrittliche Kanalisation. Aus rund 15 km entfernten Quellen wurde das Wasser durch Tonröhren in die Stadt geleitet. Um die Vorstellung von der Stadt bei den heutigen Besuchern zu schärfen, haben die Archäologen die Mauerreste zum Teil hüfthoch wieder aufgebaut oder nivelliert. Alt lässt sich leicht von Neu unterscheiden: Über die ursprünglichen Mauerreste wurde eine orangefarbene Trennschicht gelegt, die zum einen die Basis vor Feuchtigkeit schützt und zum anderen die Ergänzungen hervorhebt. Besonders eindrucksvoll ist die Tatsache, dass die imposante großflächige Ausgrabung bisher nur etwa ein Zehntel (!) der Gesamtfläche der früheren Stadt darstellt. Die wenigen **Fundstücke** liegen heute in den Archäologischen Museen von Thessaloníki (→ S. 107) und Polígiros (→ S. 164). Einige lohnende Mosaike, tönerne Wannen und Brunnen sind jedoch noch vor Ort zu besichtigen.

> **Tipp:** Der etwa 600 m lange Weg führt über eine schweißtreibende Steigung und auf grobem Schotter zum weitläufigen Grabungsgelände. Provisorisch wurden einige hölzerne Unterstände eingerichtet, die ein wenig Schatten spenden. Versorgen Sie sich unbedingt vorher mit Getränken, und schützen Sie sich vor der Sonne. Während sich die Ausgrabung auf dem nördlichen Hügel sehr eindrucksvoll präsentiert, lohnen sich die spärlichen Reste auf dem Südhügel nur für ausgesprochene Archäologie-Fans. Eintritt 4 €, 3 € für Besucher über 65 Jahre. Geöffnet tägl. außer Mo 8–15 Uhr (letzter Einlass 14.30 Uhr), am Eingang liegt ein Faltblatt mit Informationen in Englisch und einem Lageplan aus. Im Eingangsbereich befinden sich ein **Café** mit schattigen Plätzen unter Platanen und ein kleines **Museum**, das mit Fotos und Schautafeln über die Ausgrabungsgeschichte informiert.

Rundgang auf dem Nordhügel: Der Besucher betritt die Stadt auf dem Nordhügel an der Stelle, an der sich das ehemalige Westtor der Stadt befand, und steht mit Blick auf die Ausgrabung auf der ehemaligen Agora. Eine überdachte Informationstafel gibt einen ersten Gesamteindruck von den Ausgrabungen. Wir folgen der linken Hauptstraße „Leoforos A" in nördlicher Richtung. Linker Hand zwischen der Straße und der ehemaligen **Stadtmauer** liegt in typischer Anordnung der Häuserblock A, dessen Westseite von der hier 80 cm dicken Stadtmauer gebildet wurde. Die Stadtmauer selbst wurde in regelmäßigen Abständen durch Tore und Wachtürme ergänzt. Der am besten erhaltene Teil der Stadtmauer befindet sich bei den Blöcken A12 und A13.

> **Haus des Euboulides (Haus AVIII 5)**
> Auffällig ist, dass hier gleich vier überdachte Korridore auf den Mittelhof führten, von denen zwei sehr gut erhalten sind. Der Hof war zweireihig von Kieselsteinen umsäumt, ein *andron* konnte dagegen nicht entdeckt werden. Eine Inschrift weist auf den Besitzer des Hauses hin: Euboulides, Sohn des Apollodorus.

Entlang der Leoforos A liegen bis zum bisher ausgegrabenen und wissenschaftlich erforschten Ende der Straße weitere Grundrisse der Stadthäuser nach identischem Bauschema. Der Zugang zu den Gebäuden war immer sehr ähnlich gestaltet: Entweder direkt über die Straße oder über einen

Korridor (sog. *Pastas*), der in einen Innenhof führte, gelangte man in die ein- bis zweistöckigen Wohnungen. Jedes Gebäude hatte eine Vorhalle mit dorischen Säulen und einen Innenhof mit einem Brunnen oder einer Zisterne. Auch der hauseigene Altar war fester Bestandteil wie auch Zimmer für die häuslichen Arbeiten: Küche mit Kamin, ein Privatzimmer, Esszimmer mit Feuerstelle und ein Badezimmer mit Tonwanne und Waschbecken. Darüber hinaus hatte jedes Haus mehrere Vorratsräume (Pitheons), Öl- und Weinpresse und Webereien. Auch diverse mit der Straße verbundene Verkaufsläden waren Bestandteil der Häuser. Der eindrucksvollste Raum war das „andron", das den Männern für ihre Gelage diente. Bei den Ausgrabungen wurden Steinbänke entdeckt, die als Ruhestätte dienten.

Haus des Polyxenos (Haus A 10)
Ein auffallend wohlhabendes Haus, das die Familie des Statthalters Polyxenos bewohnte, als die Stadt 348 v. Chr. von den Truppen Philipps II. geschleift wurde. Der Innenhof war gepflastert, und ein Kanalsystem beförderte das Wasser außerhalb der Stadtmauer. Neben den Treppenresten, die in das zweite Stockwerk führten, konnte die Basis des hauseigenen Altars, der der Verehrung des Schutzgottes *Herkeios Zeus* diente, freigelegt werden. Im Gegensatz zu den meisten anderen Häusern waren die Wände hier üppig mit roten und gelben Kacheln besetzt.

Im zweiten Stockwerk waren entsprechend die Zimmer für Frauen, Besucherräume und möglicherweise die Unterkünfte für Sklaven eingerichtet.

Haus A 5
Ein bei Ausgrabungsarbeiten freigelegter opulent ausgestalteter Innenhof mit weiß-blauen Pflastersteinen und einer Vielzahl von halbfertigen Marmorreliefs und Altarverzierungen deutet auf eine **Steinmetz-Werkstatt** hin.

Die Ausgrabung der Häuserzeile am Nordende (AVIII) hat die Grundrisse von zehn Häusern, die in Zweierreihen angeordnet waren, zutage gefördert. Die fehlenden Mosaikböden lassen vermuten, dass die Bewohner nicht sehr wohlhabend waren. Fehlende Treppenansätze deuten auf ebenerdige Bauwerke hin.

Brunnenhaus
Die Anlage liegt südlich des Versammlungshauses (*Bouleuterion*) und brachte bei Ausgrabungen lediglich einen flachen Tonboden zutage, der vor der Fassade des Brunnenhauses gelegen haben dürfte. Hier wurden auch zahlreiche Wasserbehälter entdeckt, die über eine 3 km lange Wasserleitung aus zusammengesetzten 1 m langen tönernen Rohrstücken gespeist wurden. Eine Überlauf-Zisterne sorgte dafür, dass sich Bewohner auch bei Wassermangel aus den eigenen Vorratsbehältern ausreichend versorgen konnten.

Entlang der Parallelstraße VII liegen weitere zehn mehr oder weniger gleichförmige Häuserblocks. Hier befinden sich auch die dekorativen Höhepunkte der Ausgrabung.

Die Mosaikböden von Ólinthos
Die Mosaike von Ólinthos mit den Darstellungen von Menschen und Tieren aus dem 5. Jh. v. Chr. zählen zu den ältesten Mosaikfunden, die es gibt. Als Gestaltungsvorlagen dienten freihändige Zeichnungen, die anschließend mit farbigen Kieselsteinen in Rot, Gelb, Violett, Schwarz und Weiß im Lehmuntergrund eingebettet wurden. Die Mosaike waren Bestandteil der *Andron-Zimmer*. Besondere Beachtung verdienen die hervorragend erhaltene Darstellung einer Reiterszene und zwei drachenartige Figuren, die über eine Chimäre herfallen.

Die Gebäudeteile mit Mosaikböden sind an den Absperrseilen leicht zu erkennen. Auch die weiter südlich gelegenen Gebäudereste präsentieren vereinzelte Ausgrabungsfunde wie Reste von Lageramphoren, tönerne Wasserleitungen oder sorgfältig rekonstruierte Brunnenschächte. Entlang der breiten „Leoforos B", die gleichzeitig auch den Rand des derzeitigen Ausgrabungsgeländes bildet, gelangt man anschließend in den südöstlichen Teil der Anlage. Hier befinden sich in einer Senke die Reste eines öffentlichen **Versammlungshauses** und vermutlich eines **Arsenals** oder von Stallungen. Die genaue Funktion ist wegen der spärlichen Ausgrabungsreste nicht gesichert.

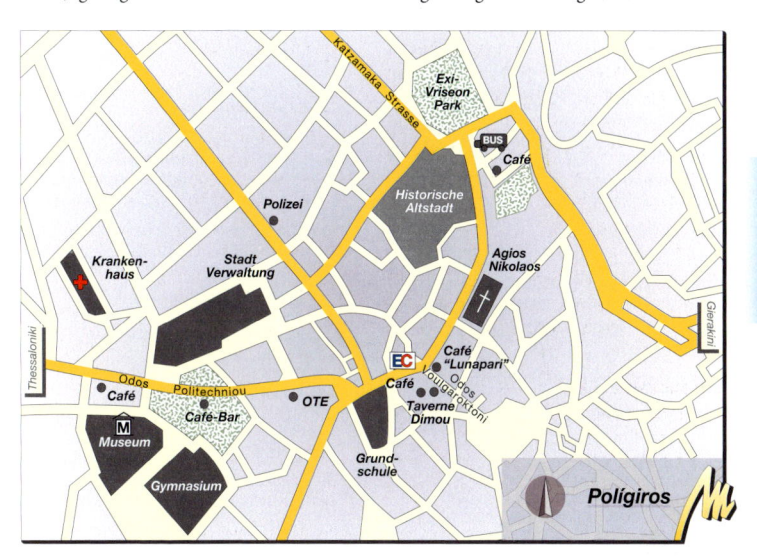

Polígiros

Ein Abstecher führt Sie ins Landesinnere zur „Hauptstadt" der Chalkidikí. Polígiros liegt knapp 70 km von Thessaloníki entfernt, auf 530 m Höhe am Fuß des Holomontas. Es bildet das Verwaltungs- und Handelszentrum der Halbinsel und wurde – abseits der Strände – von Touristen bislang wenig beachtet.

Heute präsentiert sich der Ort, der wie ein Amphitheater an einen Berghang gebaut wurde, sehr dörflich, aber mit eigenwilligem Charakter. In den engen Gassen stehen einzelne ältere Häuschen, die noch im **makedonischen Stil** aus einem Geflecht von Schilfrohr und Lehm erbaut wurden und deren obere Stockwerke auf feste Holzbohlen gestützt nach vorne ragen. Dazwischen fügen sich moderne Wohnhäuser ein. Wie die berühmte Faust aufs Auge wirkt die etwas heruntergekommene Ortszentrale der kommunistischen Partei K.K.E., gleich gegenüber dann die **Ortskirche Ágios Nikólaos** mit ihren poppigen Farben und dem hellblauen Dach. Autofahrer sollten auf die Straßenschilder achten, wegen der engen Gassen gibt es viele Einbahnstraßen.

Zum ersten Mal findet Polígiros im 11. Jh. Erwähnung als Klostergut von Agion Óros, dem „Heiligen Berg". Andere Quellen vermuten, dass die Namensgebung noch ältere religiöse Motive hat, denn sowohl in der antiken Stadt **Apollonia**, die weiter nördlich am Volvi-See entdeckt wurde, als auch in Polígiros wurde der Gott Apollo an vielen Tempeln („poli iero") verehrt. Wieder andere betonen, dass man „poli ieros" auch mit „sehr heilig" übersetzen könnte.

164 Zwischen Kassándra und Sithonía

Es lohnt sich, den Hügel hinter der Bushaltestelle hinaufzusteigen! Bei klarem Wetter sieht man von hier alle drei Finger der Chalkidikí.

Geschichtliches: Die Stadt mit ihren heute 6000 Einwohnern entwickelte sich v. a. während der Türkenherrschaft. Im Mai 1821 war sie Zentrum der rebellierenden Griechen, wurde in einem Racheakt niedergebrannt und später wiederaufgebaut. Am 18. Oktober 1912 konnte sich Polígiros endgültig von den Besatzern befreien. Eine zweite Blüte erlebte der Ort durch den Verkauf von handgewebten Tüchern und als wirtschaftliches Zentrum der Halbinsel.

• *Telefonnummern* **Apotheke**, ✆ 23710/24589; **Bank**, (Nationalbank) ✆ 23710/22300; **Feuerwehr**, ✆ 23710/22798; **Krankenhaus**, ✆ 23710/222222; **Polizei**, ✆ 23710/23333; **Taxi**, ✆ 23710/22460; **Touristenpolizei**, ✆ 23710/23496.

> **Tipp**: Wenn der Urlaubsbart endlich weg soll – finden Sie gegenüber der Kirche eine alte **Barbierstube**, wo der Schaum noch mit dem Pinsel angerührt und das Rasiermesser am Stein gewetzt wird

• *Busverbindung* von Saloníki tägl. je 9-mal nach Polígiros (an Wochenenden 6-mal), **Busstation** an der Platía 28. Oktovríou. Direkt daneben eine Bar ohne Namen und eine Spaghetteria mit Plätzen im Schatten.
• *Essen & Trinken* Mit Sicherheit das urigste Café ist **Luna Pari** (mit wackligen Buchstaben auf eine Tafel geschrieben) in der Voulgaroktoni-Straße.
• *Übernachten* **Zimmer Epikouros**, der Besitzer der Taverne Dimou vermietet 10 einfache Zimmer, DZ ab 30 €, ✆ 23710/24500.
• *Feste & Veranstaltungen* 40 Tage vor dem griechischen Osterfest findet hier der berühmte **Karneval von Polígiros** statt. Weitere große Festtage im Sommer: **20. Juni**, Nikólaos Orphanos; **20. Juli**, Profitis Elias; **15. August**, Maria Himmelfahrt.

> Direkt gegenüber die kleine **Taverne Dimou**, ebenfalls gemütlich, spiegelt gut das Flair des Ortes wieder, auch wenn die Straße direkt vorbeiführt. Guter **Tipp** für Mittag- oder Abendessen! Traditionelle Gerichte und süffiger Wein vom Fass. Familienbetrieb. Gute Preise.

▸ **Sehenswertes in Polígiros**: Das **Archäologische Museum** beherbergt alle wesentlichen Ausgrabungsfunde der Halbinsel, darunter z. B. den **Kouros**, die halbfertige Skulptur eines jungen Mannes aus dem 6. Jh. v. Chr., die in der Nähe des antiken Stagiros im Meer gefunden wurde. Zahlreiche Ausstellungsstücke stammen aus Ólinthos (→ S. 159) und von der einstigen Kolonie Akanthos (das heutige Ierissós am Eingang zur Áthos-Halbinsel, → S. 204), darunter Terrakottafiguren, Urnen und Weihgaben aus dem antiken Friedhof.
Öffnungszeiten tägl. außer Mo 9–15 Uhr, Eintritt 2 €, ✆ 23710/22148. Das Museum liegt am Iroon-Platz, direkt neben dem Gymnasium.

Gerakiní

Ein wenig einladender Urlaubsort, der sich nach 1900 aus einer Siedlung für Bergwerksarbeiter entwickelt hat. Vor dem Sandstrand eine kleine Schiffsflotte. Das Wasser ist hier sehr sauber, und am Ufer wurden sogar Mülleimer aufgestellt. Am **Strand** stehen für Urlauber neben Hotels und Pensionen auch einige Privatunterkünfte zur Verfügung. Trotz der zahlreichen Tavernen fehlt es etwas an Gemütlichkeit, ein Ortszentrum ist nicht zu erkennen. Stark zerpflügt präsentiert sich das Hinterland in der unmittelbaren Umgebung: Hier wird im Tagebau Magnesit abgetragen, die mit dem charakteristischen weißen Pulver beladenen Lastwagen gehören zum Landschaftsbild. Das Mineral Magnesit zählt zu den wichtigsten Bodenschätzen Griechenlands, es dient in der Industrie als Rohstoff für Legierungen und findet beim Flugzeug- und Autobau Verwendung.

- *Scooter-/Motorradverleih* **Moto Nikos**, beim Wegweiser zum Hotel Sonia abbiegen und der Straße folgen. Im Angebot 250er Chopper, 250er und 125er Yamaha Enduro und 10 Roller. ✆ (mob.) 6973373287.
- *Übernachten/Baden* **Hotel Gerakina Beach** (B-Kat.), sehr große Anlage mit 580 Zimmern, davon 380 Bungalows, die direkt an den Strand grenzen, und beeindruckendem Park (Rasen, Pampasgras, Olivenbäume und Palmen). Das Haus selbst ist schon in die Jahre gekommen, und außen bröckelt bereits die Farbe ab. Zimmer z. T. recht hellhörig. Zum Sonnenbaden kann man es sich auf der Wiese gemütlich machen. Sandstrand sehr gepflegt mit Dusche, Toilette und Bar. Volleyballplatz, Minigolf, Surfen und Tennisanlage. Im Hotel selbst sind Diskothek, Sauna (5 €), Solarium (4 €), Marke „Bett mit Lampe obendrauf" (Leserbrief), und ein Schwimmbad untergebracht. DZ mit Halbpension je nach Saison 42–85 €, ✆ 23710/52302.

Hotel Glavas Inn (B-Kat.), moderne und neu erbaute Bungalowanlage, die im Halbrund auf einem Hügel erbaut wurde, mit 35 sehr sauberen, aber nicht allzu geräumigen Zimmern. Dachterrassenrestaurant, Bar, Schwimmbecken und nur 80 m bis zum Kies-Sand-Strand. Preise für das DZ nur auf Anfrage, geöffnet April–Okt., ✆ 23710/51708 und ✆ 23710/54154.

- *Camping/Baden* **Camping Kouyoni**, ein wirklich schöner Platz, etwas außerhalb der Ortschaft in östlicher Richtung, mit viel Schatten in einem Olivenhain und einer gemütlichen Taverne. Direkter Zugang zum Strand (feiner Sand, sauberes Wasser und sogar Duschen am Meer). Volleyballfeld, Tretbootverleih. Nachteil: Die Wege auf der Anlage sind sehr staubig. Preise: Erwachsene 4 €, Kinder (4–10) 3 €, Auto und Zelt (Stellplatz) ca. 6 €, Wohnwagen 4 €, Strom 2 €, ✆ 23710/52226/-7.

Psakoúdia Beach

Schöner lang gezogener Sandstrand, das Geschäft mit dem Tourismus steckt noch in den Kinderschuhen. Am östlichen Ende des Sandstrandes hat der Fun-Club Paradise geöffnet. Besondere Attraktion ist hier ein Beachvolleyballfeld, bestens geeignet, den sonnengebräunten Körper zur Schau zu stellen. Entlang der Uferstraße befinden sich vereinzelt weitere Shops und Restaurants. Für einen Badestopp oder eine Fahrtunterbrechung ist der Strand gut geeignet, ansonsten hat die Ansiedlung wenig zu bieten.

- *Übernachten* **Hotel Irene**, an der Zufahrt zum Strand, 1998 eröffnet. Vom Balkon ein schöner Blick auf Strand und Meer, zum Haus gehören auch eine gemütliche Terrasse, ein gepflegter Garten und schattige Stellplätze vor dem Haus. 14 Zimmer mit Kühlschrank, Fernseher, WC mit Dusche. DZ in der Vorsaison ab 30 €, Hauptsaison 42 €, ✆ 23710/54244.

Ein Leser schreibt: „Zu empfehlen ist auch das **Bungalow-Hotel Philoxenia**: Obwohl ausgebucht, war der Pool nicht überlaufen, das Essen war sehr gut, die Anlage gepflegt und sauber. Der Strand ist in knapp 5 Min. über eine Treppe am hinteren Parkplatz erreichbar. DZ ab 40–90 €."
✆ 23710/51960, www.philoxenianet.gr.

Vatopédi und Umgebung

Das kleine Dorf mit etwa 300 Einwohnern erreichen Sie auf der Weiterfahrt von Gerakiní nach 11 km auf der Landstraße nach Überquerung des Flusses Chavrías. Von hier zweigen Stichstraßen zur **Eremitage des Ágios Arsénios** und Richtung Ormelia zum **Frauenkloster Evangelismós** ab, das 1974 auf dem Gebiet des alten Klosterguts Vatopédi errichtet und 1999 um einen weiteren Anbau erweitert wurde. Es wird vom Áthos-Kloster Simonos Petras verwaltet und stellt, sozusagen als frei zugängliche **Außenstelle der Mönchsrepublik**, besonders für Frauen eine gute Möglichkeit dar, die Architektur der Áthos-Klöster kennen zu lernen. Von hoch oben auf dem Berg genießt man außerdem zwischen Olivenhainen einen schönen Ausblick hinunter auf die Toroneos-Bucht.

Öffnungszeiten April–Sept. Di, Do, Sa 10–16 Uhr und So 10–19 Uhr, Okt.–März Di, Do, Sa 10–14 Uhr und So 10–16 Uhr. Striktes Foto- und Videoverbot!

Metamórfosi und Metamórfosi Beach

Als nächster größerer Ort schließt sich das von griechischen Flüchtlingen aus Kleinasien erbaute 400-Seelen-Dorf Metamórfosi an. Der Hauptteil des Straßenortes mit Shops, Märkten und Souvenirläden zieht sich von der Abzweigung an der Hauptstraße schnurgerade hinunter bis zum zentralen Park mit Busstation, Cafés und Kinderspielplatz. Den Besucher erwarten **gute Bademöglichkeiten**, der 2 km von der Hauptstraße entfernte Beach ist vor allem bei Griechen ein beliebtes Ausflugsziel: langer Sandstrand, am östlichen Ende roter Sand und Felsen. Ein weitläufiger, umzäunter Geländeabschnitt zwischen Ort und dem Campingplatz wird von einem *Students Camp*, einer Ferienanlage für griechische Kinder, eingenommen. Mit der Juryleistung bei der Vergabe der „blauen Flagge" waren wir zufrieden: Der Strand (ohne Schatten) war sauber. Oben ohne ist angesagt. Selbst an den Wochenenden nicht übermäßig viel Betrieb, was vermutlich daran liegt, dass nur eine Taverne mit riesigem Sonnensegel („To Kabouri") zur Verfügung steht.

• *Übernachten* **Privatunterkünfte**, z. T. mit Swimmingpool, entlang der Zufahrtsstraße zum Strand.

Bungalow Hotel Blue Dolphin, etwa 1,5 km vor Metamórfosi. Internationales Publikum, überwiegend deutsch- und russischsprachig. Große Anlage mit Garten im Innenbereich, in dem sich der große Pool, Basketball- und Tennisplatz sowie Bars und Restaurant befinden. Machte einen quirligen und freundlichen Eindruck. Minigolfanlage und Internetcafé am Platz, an 6 Tagen in der Woche ein „Mini-Club" für Kinder. Die gesamte Anlage liegt auf einer Landspitze, 200 m bis zum Strand (reicht von Felsen über 2 Sandbuchten bis hin zu angrenzendem langem Sandstrand). Für Familien gut geeignet, buchbar z. B. über SchauinsLand, Alltours, Berge & Meer. Beachten: Unterschied zwischen Doppelzimmern mit neuer Einrichtung (2005) und günstigeren Zimmern, die nach und nach renoviert werden sollen. DZ/Halbpension ab 87 € (mit 1 Kind 107 €), DZ/neu 96 € (mit 1 Kind 118 €, 2 Kinder 135 €), ✆ 23750/61334, ✆°23750/61421, www.bluedolphin.gr.

• *Camping/Baden* **Camping Sithon**, etwa 3 km außerhalb von Metamórfosi, kurz hinter einer Brücke zweigt der Weg Richtung Meer ab. Danach ist der Platz über eine etwa 2 km lange, schlechte Schotterpiste zu erreichen. Große, terrassierte Anlage direkt am Meer (feinkörniger Sand). Alle touristischen Einrichtungen vorhanden. Erfreulich sind die Schatten spendenden Pinien. In der Hauptsaison recht eng. 6 €/Person, Auto und Zelt je 4 €, Wohnwagen 5,50 €, ✆ 23710/98302.

Camping Sunny Bay, etwa 1 km vor Metamórfosi. Der Weg dorthin ist schlecht ausgeschildert. Durch wenig befahrene Straße vom Meer getrennt. Ruhig gelegen, weitläufig, gepflegt und schattig. Minimarkt und Taverne (urig, erhöht mit Blick auf den Strand), vor dem Platz eine Bar mit Liegestühlen. Zahlreiche Dauercamper; sauberer feiner Sand und Kies, Wasser sehr sauber. 5,50 €/Person, Kinder 3,50 €, Auto 3,50 €, Zelt 4–4,50 €, Wohnwagen 5 €, Motorrad 2,50 €, Strom 3 €, geöffnet 1.5.–25.10., ✆ 23750/61350.

Camping Mylos, liegt ca. 3,5 km südlich von Metamórfosi Beach, 400 m abseits der Hauptstraße. Auf dem übersichtlichen Gelände 126 Stellplätze und wenige Bungalows. Minimarkt, Restaurant und Basketballplatz. Erdige Stellplätze und mittelmäßig Schatten. Liegt auf einer hohen Abbruchkante über dem Meer. Wenige, aber saubere Toiletten. Schmaler Strand. 5 €/Person, Kinder 3 €, Zelt 3–5 €, Auto 3 €, Wohnmobil 8 €, Strom 3 €, Bungalow pro Tag 22–28 €, Zimmer (in einem umgebauten Hausanhänger) für 2 Pers. 28 €, 4 Pers. 40 €), ✆ 23750/22041 und 22042.

• *Essen & Trinken* Am Ende der langen Zufahrtsstraße vom Strand ein kleiner Park, an dem sich mehrere **Tavernen** und **Pizzerien** befinden.

• *Einkaufen* Entlang der Zufahrtsstraße mit dem sinnigen Namen „Einkaufsstraße" zahlreiche Souvenirläden, Supermärkte, Kartentelefone und Cafés.

Versteckte Buchten und beste Schnochelmöglichkeiten bei Pórto Karrás

Sithonía

Der mittlere Finger der Chalkidikí erhebt sich dicht bewaldet aus dem türkisblauen Meer. Sithonía ist deutlich gebirgiger als ihre Schwester Kassándra. Von überdimensionalen Hotelanlagen ist die Halbinsel bislang verschont geblieben. Vielfältig ist dagegen das Angebot an Zeltplätzen, die fast alle zu empfehlen sind.

Das waldreiche Inselinnere mit den Bergen Karvounás (567 m), Paklára (598 m) und Ítamos (753 m) erinnert stark an ein Mittelgebirge. Sithonía hat wenig an historischen Sehenswürdigkeiten, umso mehr dagegen an **langen und wenig überlaufenen Sandstränden** zu bieten.

Das Straßennetz auf der Halbinsel ist in einem ausgezeichnetem Zustand, auch wenn man hier und da auf Schlaglöcher achten muss. Auf der guten, aber sehr kurvenreichen Hauptstraße geht es an der **Westküste** – vorbei an großen, kahlen Felsen, dicht bewaldeten Hängen, einer Vielzahl von Bienenkästen und üppigen Büschen am Straßenrand – weiter Richtung Süden. Wiederholt führen Stichstraßen zu kleinen Buchten und weiten Sandstränden. Wer über ein robustes Fahrzeug verfügt, kann die Westküste auch von einem Schotterweg aus erkunden, der fast immer am Meer entlang führt. Trotz des strikten Verbots für Wildcamper, sieht man nahezu überall an der Westküste immer wieder einzelne Zelte oder Wohnmobile.

Sithonías **Ostküste** bietet dem Reisenden eine Menge Kontraste. Karge oder fast gänzlich unbewachsene Bergflanken wechseln sich ab mit den knalligen Farben von Rhododendren, Mohn, Goldregen oder Königsdisteln. Lange Sandstrände mit bequemer Anfahrt locken die Reisenden, versteckte und nur schwer zugängliche Badebuchten fordern einige Schweißperlen. Und noch einen einzigartigen Vorteil

168 Sithonía

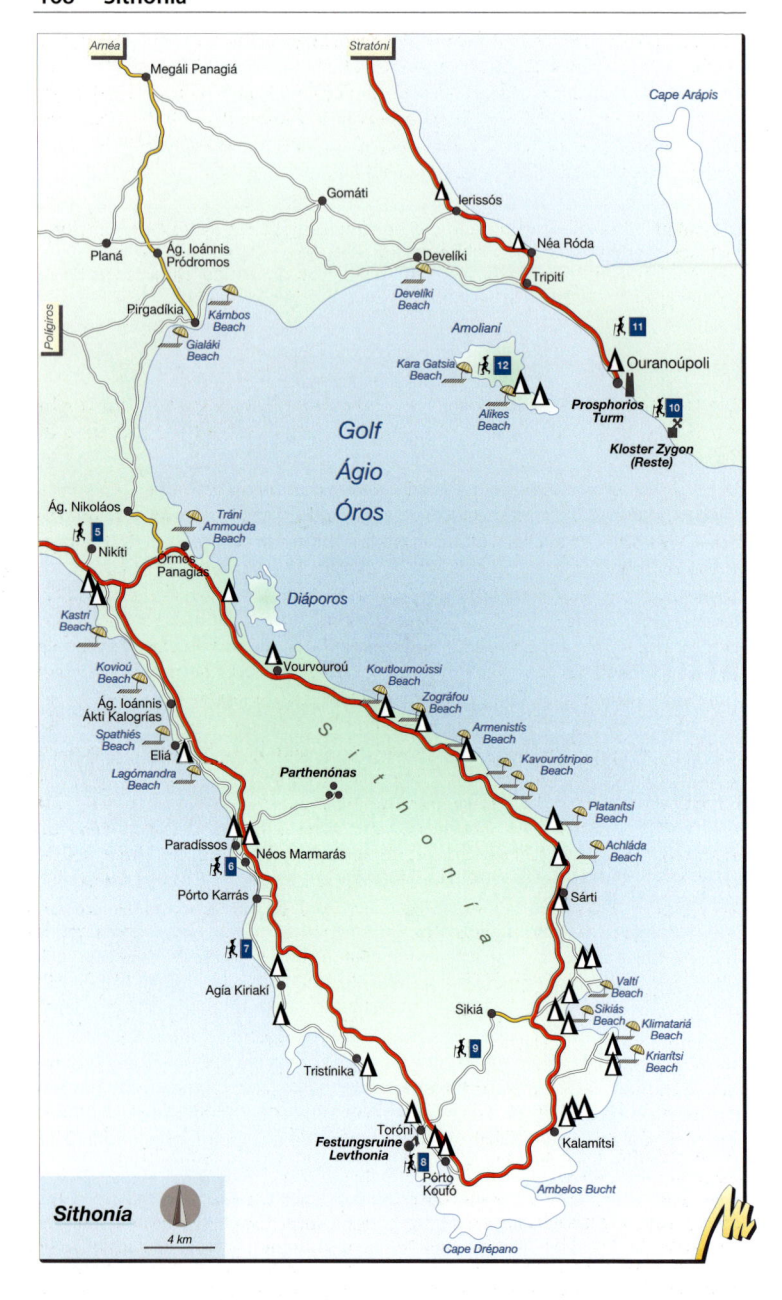

hat die Ostküste zu bieten: Bei klarer Sicht steigt der charakteristische Marmorgipfel des Áthos-Massivs 2033 m hoch aus dem tiefblauen Meer! Die gesamte Strecke zwischen Kalamítsi im Süden und dem nördlichen Órmos Panagiás ist durchgehend hervorragend befahrbar (beschrieben ab S. 200), und wer unterwegs einige Zwischenstopps einlegen will, kann aus einer Vielzahl von lobenswerten Pensionen und gut ausgestatteten Campingplätzen wählen.

> **Achtung**: Das **Tauchen** vor den Küsten Sithonías ist streng verboten. Auf dem Meeresboden liegen noch zahlreiche Schätze, die auf dem Schwarzmarkt stattliche Summen bringen würden. Eine legale Alternative sind organisierte Freitauchgänge (→ Pórto Karrás/Sport & Freizeit, S. 181).

Nikíti (Nikítas)

Die Durchfahrtsstraße teilt den 2600-Einwohner-Ort, der genau am Beginn der Halbinsel Sithonía liegt. Der eigentliche Ortskern befindet sich im alten Teil von Nikíti.

Der Ort, der erst 1830 gegründet wurde, besitzt noch einige Häuser in der traditionellen mazedonischen Bauweise mit den charakteristischen Kaminen. Im zum Meer gewandten neuen Teil Nikítis hat man sich längst voll auf die Bedürfnisse der Urlauber eingerichtet und zahlreiche Apartments, Einkaufsmöglichkeiten und Souvenirläden gebaut. Gemütlicher ist der etwas zurückversetzte alte Kern des Ortes, der sich fast schlauchförmig zwischen zwei Hügelflanken drückt. Auch hier gibt es einige Tavernen und Cafés, und freitags findet der **Markt** statt. Nur wenige Urlauber verlaufen sich in diesen Teil des Ortes, auch dass in der nahen Umgebung einige prähistorische Siedlungen und die antike Stadt **Galipsos** ausgegraben wurden, bleibt den meisten Urlaubern verborgen. Die steuern meist direkt auf den einladenden Strand zu. Für Freizeitgestaltung ist gesorgt (z. B. Basketballwurfanlagen), viele Geschäfte, Tavernen und Privatquartiere säumen die Straße, die zum Meer hinunterführt. Der fast **7 km lange Sandstrand** ist teilweise recht schmal und schattenlos, im klaren Wasser ein wenig steinig. Gut besucht sind die feuchtfröhlichen Festivitäten, die an den Namenstagen der zahlreichen Kapellen des Ortes gefeiert werden, wie die von Ágios Pávlos, Ágios Athanásios oder Ágios Panteleímonas.

● *Adressen & Telefonnummern* Polizeistation direkt neben der kleinen Kirche Agiou Theodorou am Hafen.
Arzt (24-Std.-Notfalldienst): Dr. Kriazis, ℡ 23750/23230 und ℡ 693/636661 (mobil).
Eine **Bank** liegt etwa auf der Hälfte der Strecke, die von der Hauptstraße zum Meer hinunterführt.
● *Übernachten* Am Straßenrand etliche neu gebaute Ferienwohnungen für Pauschalreisende. Am Hafen finden Sie eine **Übersichtstafel** mit allen Übernachtungsmöglichkeiten im Ort.
Eine Leserin empfiehlt das **Hotel Xenios Zeus** (C-Kat.) „mit 15 sauberen und gepflegten Zimmern, alle mit Balkon oder Terrasse mit Holzmöbeln. Die Zimmer haben Kühlschrank und Sat-TV. Das Hotel wird von der Familie Panagiotis Delithanassis sehr persönlich geführt, es wird deutsch gesprochen. Es ist wunderbar ruhig und doch von vielen Tavernen nur ca. 10 Min. entfernt. Besonderheit: Es gibt an diesem Teil der weiten Bucht kein weiteres Hotel." DZ 28–52 €, ℡ 23750/22920, ℡ 23750/22918.
Nikos (C-Kat.), Apartmenthaus mit 26 Betten, ca. 80 m vom Meer entfernt. Jedes Apartment mit eigenem Bad und komplett ausgestatteter Küche. Ab 30 u. 45 €, geöffnet Mai–Sept., ℡ 23750/22377, nikosuser@hotmail.com.
Lagomandra Beach Hotel, (B-Kat.), freundliche Hotelanlage mit zentralem Swimmingpool und zwei Jacuzzis, Restaurant (Buffet zum Frühstück und zum Abendessen), mehreren Bars, Kinderspielplatz, Minimarkt,

Fitnesscenter, Tischtennis und Mountainbikeverleih. Alle Zimmer haben Klimaanlage, Kühlschrank, Telefon, Haartrockner und Satellitenfernsehen. DZ ab 50–100 €, ✆ 23750/72226, www.hotel-lagomandra.gr.

Hotel Porfi Beach (B-Kat.), in der Nähe der Straße zwischen Metamórfosi und Ágios Nikíti gelegen (gut beschildert), inmitten eines Pinienwaldes und 50 m vom Meer entfernt. Ensemble bestehend aus zweistöckigen Bauten mit roten Ziegeldächern, gruppiert um einen kleinen Garten mit Rasen. Auf einem schmalen Streifen zwischen Hotelanlage und Sandstrand der hauseigene Swimmingpool, Sportliche finden zudem einen Tennisplatz vor. Schlichte, aber freundliche und moderne Räume mit Balkon, TV, Aircond. und Balkon zum Garten. Taverne und Restaurant. In der Vorsaison kostet das DZ 65 €, sonst 120 € mit Frühstück, DZ mit Kind 150 €. Aufpreis für Halbpension 12,50 €/Pers., ✆ 23750/23750, ✆°23750/22983, www.porfi.gr.

● *Camping* Direkt am Meer stoßen Sie auf die beiden **Campingplätze Nikíti** (ganzjährig geöffnet, ✆ 23750/22041-2) und **Ágios Geórgios** (✆ 23750/22382). Beide Anlagen sind eher schlicht, Bäume und Schilfmatten spenden Schatten; durch die Staubpiste, die die Plätze vom Meer abtrennt, kann es recht ungemütlich werden. Einfache Sanitäranlagen. Preise auf dem etwas billigeren Ágios Geórgios: 4–5 € pro Person, Zelt ab 3,50 €.

Hotel Danai Beach Resort & Villas (Lux.-Kat.), das derzeit nobelste 5-Sterne-Haus der Chalkidikí und Mitglied der Kette „The Leading Small Hotels of the World". Die Villen- und Hotelanlage liegt schön inmitten eines Pinien- und Kiefernwaldes erhöht über dem Meer. Die Übernachtungsmöglichkeiten reichen hier vom *Doppelzimmer* über *Junior Suiten* und die *Danai Suite* bis hin zur *Villa of Greek Riviera* (Villenbelegung jeweils bis 4 Personen); die Preise liegen bei 438 € für das „einfache" DZ (290 € in der Vorsaison: 15.4.–1.5.) und bei 8080 € für die *White Villa*. Die Preise für die Villa Greek Riviera erhält man nur auf Anfrage. Auch der Shuttle per Helikopter vom Flughafen in Thessaloníki kostet nur schlanke 1480 €.
Die ganze Anlage, wenige hundert Meter von der Hauptstraße entfernt, bietet viel Ruhe und ein reiches Sportprogramm mit Tennis- und Basketballplatz und Pool. Der gewaltige Hotelkomplex ist noch relativ neu und steht unter deutscher Leitung von Danai Riefenstahl, einer entfernten Verwandten der umstrittenen Fotografin Leni Riefenstahl. Das hauseigene Gourmetrestaurant wurde im vergangenen Jahr zum besten Restaurant Griechenlands gekürt. Zufahrt nur für Hotelgäste möglich, ansonsten ist der Hotelbereich fast hermetisch abgeriegelt und von Kameras überwacht. Informationen unter: 63088 Nikíti, Chalkidikí, ✆ 23750/22310, (Winter ✆ 2310/341810); ✆°23750/22591, www.dbr.gr, info@dbr.gr.

Geschichtliches: Auch wenn Nikíti heute vergleichsweise groß ist, spielte die Ortschaft doch lange Zeit nur eine untergeordnete Rolle auf der Halbinsel. Im Altertum waren die Orte Galipsos (nahe der Bucht von Kastrí), Fiscela und Parthenopolis die wichtigen Zentren auf Sithonía. Zu Beginn des 14. Jh. kam es in der Region schließlich, ausgehend vom Heiligen Berg Áthos, zu umfangreichen Klostergründungen.

Sehenswertes: Wer den wirklichen Charakter von Nikíti sucht, findet ihn im historischen Teil des Ortes, der sich entlang einer schmalen Straße den Hügel hinaufzieht. Im Interesse der Bewohner raten wir, das Auto auf einem Parkplatz im „neuen" Nikíti abzustellen und den Spaziergang bis hinauf zur **Ortskirche** Ágios Nikítas (1860) und der hübschen **Friedhofskapelle** von hier aus zu beginnen.
Zur Orientierung: Eine Tafel weist zum „ancient settlement", was sich auf die antiken Ansiedlungen bezieht. Wer anschließend noch eine kleine Wanderung machen will, kann in ca. 2 bis 2 ½ Stunden nach Ágios Nikólaos weiterlaufen (siehe S. 201).

Die schmale Straße führt über etwa 1,5 km mitten hinein in den alten Teil des Ortes Nikíti mit seinen Steinhäusern und den schlanken Kaminen. Ein kurzer, steiler Anstieg im hügeligen Hinterland führt zur Ortskirche, die der ehemaligen Schule gegenüberliegt (sie soll in Kürze ein neues Museum beherbergen). Wenige Schritte oberhalb befindet sich der Friedhof des Ortes mit seiner hübschen ziegelgedeckten Kapelle. An der südlichen Außenwand und über dem Eingang sind noch blasse Freskenreste zu erkennen, die unter anderem dem Wirken des *Erzvaters Abraham* gewidmet sind. Etwa 300 m entfernt, auf dem folgenden Hügel, befindet sich eine weitere **Kapelle** mit schlichtem Innenraum. Von einer Panorama-Terrasse hat man den besten Ausblick auf den Ort, die Halbinseln Kassándra und Sithonía sowie hinüber zur Insel Kelifós.

Blick über die Dächer von Nikíti

Wanderung 5 – Von Nikíti nach Ágios Nikólaos

Die Wanderung führt auf einer Schotterstrecke (ohne Autoverkehr) zwischen Nikíti und Ágios Nikólaos durch das Hinterland. Vor allem im ersten Abschnitt ist kaum Schatten vorhanden, aber dafür sind auch keine nennenswerten Höhenunterschiede zu bewältigen. Nach einer markanten Kehre führt die Piste über Stoppelfelder, später durch schattenspendende Waldstücke und vorbei an einer Imkerei zum freundlichen Provinznest Ágios Nikólaos.

Distanz: 6,2 km. **Wanderzeit**: ca. 2–2 ½ Std. **Besonderes**: nach Nikíti keine Tavernen (reichlich Wasser mitnehmen!). Tour auch für Mountainbiker geeignet.

Routenbeschreibung: Von der Kapelle über dem Ort Nikítas (siehe Beschreibung S. 169) führt eine Sand-/Schotterpiste hinauf bis zu einem Plateau mit Kiefern auf der rechten Seite und einem Olivenhain links. In der Folge lassen wir einen improvisierten Unterstand für Schafe und Ziegen rechts liegen, bevor wir etwa 1 km nach dem Ausgangspunkt (Kapelle) auf eine Weggabelung stoßen. Wir folgen rechts dem Hauptweg. Eine breite Trasse führt an einer Reihe von bunten Bienenstöcken vorbei, sie sind für Wanderer nicht gefährlich, wenn man sich nicht allzu nah heranwagt. 900 m nach der Weggabelung erfolgt ein wichtiger **Abzweig nach rechts** (der Weg ist an dieser Stelle mit einem Dreizack und einem roten Punkt markiert). Nach 400 m auf einem besseren Schotter-Feldweg stoßen wir linker Hand auf die weiß getünchte **Ágios-Geórgios-Kapelle** – ein netter Platz für eine Pause (im Schatten, manchmal weht eine erfrischende Brise) und für einen Besuch des Kirchleins. Die Türe ist immer offen, lediglich ein Nagel und ein Stück Kordel dienen als provisorisches „Schloss". Im Inneren befindet sich eine einfache Ikonostase in weiß-

Wanderung 5: *Nikíti - Ágios Nikólaos*

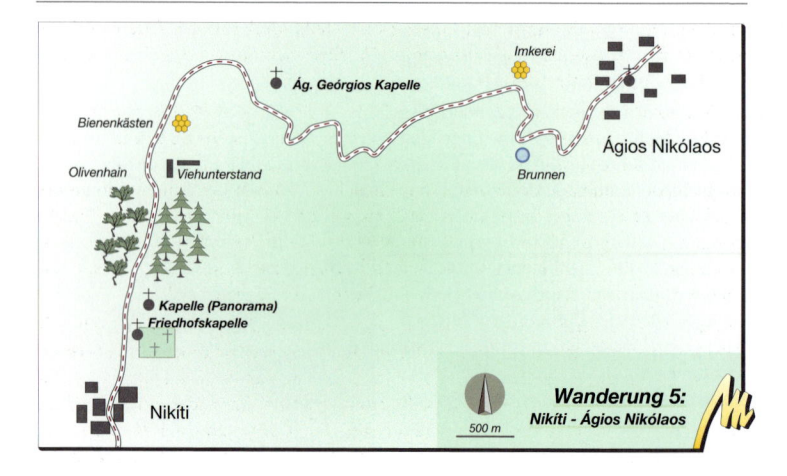

braunen Tönen, in der wie in Bilderrahmen die hübschen Ikonen des Pantokrators, der Maria, Johannes des Täufers und natürlich des jungen Georg angebracht sind. Im weiteren Verlauf führt ein streckenweise relativ steil abfallender Waldweg in mehreren Kehren in Richtung Ágios Nikólaos (der Ort ist in der hügeligen Landschaft immer wieder in Sichtweite). Etwas mehr als 1 km nach unserem Abstecher zur kleinen Georgs-Kapelle liegt linker Hand eine kleine **Imkerei**. Ein Stichweg führt zu dem kleinen Bretterverschlag, neben dem einige blaue Bienenstöcke stehen. Mit ein wenig Glück kann man dem Besitzer bei der Arbeit zusehen. Wenn sein geduldiger Esel angebunden neben der Hütte steht, ist der Imker vermutlich gerade mit der Ernte des Honigs beschäftigt. Der freundliche Herr lässt sich dabei gerne beobachten, zu nahe herantreten sollte man allerdings nicht – die eifersüchtigen Bienen könnten sich auf Sie stürzen –, ich spreche aus Erfahrung ...

Unterhalb des Ortes passieren wir in einer der letzten Kurven vor dem Ende der Tour einen **Brunnen** mit Quellwasser (dem rechten Weg folgen), zwei Kehren und etwa 400 m weiter hat man den Ortsrand von **Ágios Nikólaos** erreicht und kann in einer der netten Tavernen den Durst stillen (eine Beschreibung des Ortes finden Sie auf S. 201).

Südlich von Nikíti

Von Nikíti aus führt nicht nur eine asphaltierte „Ringstraße" in den südlichen Teil der Halbinsel, sondern auch der bereits erwähnte Schotterweg, der ein gutes Stück hinter dem Ort beginnt. Gleich eine ganze Reihe von großen Campingplätzen wurde hier in den letzten Jahren aufgelöst, sodass sich die Zahl der Sonnenhungrigen auch in den Sommermonaten deutlich verringert hat – die Areale und entsprechenden Sandstrände stehen wieder ganz den Tagesbadegästen zur Verfügung.

▸ **Ágios Ioánnis**: Etwa 500 m langer Sandstrand, auch kurz als „Aigianni Beach" bekannt, mit etlichen Bäumen in Meeresnähe, glasklarem Wasser und einer ausgefallenen Szenerie: vorgelagerte Inseln und an manchen Stellen Steilküste. Mit Beachbar (Umkleidekabinen, Liegestuhl- und Sonnenschirmverleih), zahlreiche Parkplätze im Schatten von Olivenbäumen. Eine Bushaltestelle direkt an der Zufahrt (200 m zum Strand). Am westlichen Ende trennt ein Hügel den Strand von einer weiteren Badebucht namens **Kastrí Beach** ab.

▸ **Kovioú Beach**: Einer der landschaftlich schönsten Abschnitte der Westküste! Zwar werden die Bucht und der Sandstrand von einem Hotelkomplex dominiert, Abenteuerlustige können jedoch von einem höher gelegenen Parkplatz an der Straße abgeschiedene Buchten erkunden. Ein „Schleichweg" durch den Pinienwald an der Steilküste führt in nördlicher Richtung hinunter zur felsigen Küste (Rutschgefahr durch einen dichten Nadelteppich!). Am Wasser eine Reihe völlig skurriler Auswaschungen in den Felsen, die vom Meer wie zu Skulpturen geschliffen wurden. Die Szenerie allein und der Blick aufs Meer sind schon den Besuch wert!

▸ **Kalogría Beach**: Einen Abstecher wert ist auch diese Bucht, die über eine schmale Küstenstrecke mit dem etwa 1 km weiter südlich gelegenen Spathiés Beach verbunden ist. Eine kurze Stichstraße führt über zwei Kurven von der Hauptstraße hinunter zum Strand mit einer kleinen vorgelagerten Felsinsel. Im Hochsommer und vor allem an den Wochenenden gut besucht, Beachvolleyball und der Beat aus der Mango-Bar bieten das richtige Urlaubsfeeling. Bei etwas weniger Andrang in der Vor- und Nachsaison ein Traumstrand!

• *Essen & Trinken* Die gut besuchte **Mango-Bar** liegt an der Zufahrt zum Sandstrand (Beschilderung ist nicht zu übersehen, eine gut asphaltierte Straße führt zum Strand). Rechts der ehemalige Campingplatz mit einer Reihe überdachter Parkplätze, links Zugang zum sehr sauberen Strand mit Volleyballfeld. Tretboot-Verleih.

▸ **Spathiés Beach und Umgebung**: Eine holprige Schotterstrecke führt von der Hauptstraße hinunter zu einer Reihe abgelegener Sand-Kies-Buchten im Halbrund, im Hochsommer hoffnungslos überlaufen, bereits Anfang September ist aber schon

Aigianni Beach

kaum mehr was los. Die Uferstrecke beschreibt einen Bogen, bevor sie bei Kalogría-Beach wieder auf die Hauptstraße stößt.

Das Wasser ist klar, die Sandstrände machen ebenfalls einen sehr sauberen Eindruck. Zum Teil gut geeignet für Familien mit Kindern. Es geht flach ins Wasser, und an den Felsen kann man gut schnorcheln. Allerdings finden Sie hier kaum Parkplätze. Getränke nicht vergessen! Ein Abstecher ist durchaus zu empfehlen. Einige Windsurfer tummeln sich auf dem Wasser. Direkt am Strand steht ein Kantinenbus; man kann Eis, Coca-Cola und einen kleinen Fastfood-Imbiss kaufen (Bushaltestelle/Wegweiser zur Taverne „To Nisaki" – 600 m).

• _Essen & Trinken_ Am südlichen Ende der Bucht in der Taverne **To Nisaki**, die Meinungen über die Qualität des Essens und das Preis-Leistungs-Verhältnis gehen allerdings weit auseinander.

▸ **Eliá Beach**: Waldreiche Küste mit schmalen Badebuchten, an der Abzweigung von der Hauptstrecke ein einziger Schilderwald. Parkmöglichkeit im Schatten von Kiefern; über Steintreppen geht es hinunter zum schmalen, aber sauberen Kies-Sand-Strand, im Wasser Steine. Wer keine großen Ansprüche stellt, findet hier sogar im Hochsommer – Wochenenden ausgenommen – ein gemütliches Plätzchen. Etwa 800 m nördlich ein kleiner **Supermarkt**, in dem man sich mit Getränken eindecken kann.

Felsauswaschungen bei Kovioú-Beach

• _Übernachten_ **Eliá Beach Apartment House**, ein zweistöckiges Haus in traditioneller Steinbauweise inmitten eines liebevoll gepflegten Gartens. Über die wenig befahrene Uferstraße 100 m bis zum Meer. Die sehr freundliche Besitzerin Maria Psarrás vermietet 14 Zimmer (10 Apartments, 2 Bungalows, 2 Studios) mit voll ausgestatteter Küche, Bad/WC, TV, Aircond. und großen Balkonen. Frühstück im Garten, hier auch Liegestühle und Spielmöglichkeit für Kinder. DZ ab 60 €, Viererzimmer ab 90 € in der Hochsaison, geöffnet 10. Mai–10. Okt., ✆ 23750/81250, ℻ 23750/81252. www.eliabeach.gr. Unsere Empfehlung! **Athena Pallas Village** (A-Kat.), ähnlich wie alle übrigen Unterkünfte entlang der Küstenstraße des Eliá Beach erhöht über dem schmalen Sandstrand gelegen. Der erste Eindruck beim Betreten der Anlage mit Pool-Landschaft und „typisch" griechischer Taverne fällt kitschig aus, was sich angesichts der sehr geschmackvoll gestalteten Zimmer und des guten Angebots (Indoor-Pool, Sauna, Massagebereich etc.) schnell relativiert. Gut geeignet für Familien mit Kindern (Kinderspielplatz, Streichelzoo), allerdings auch hier die mitunter etwas nervigen Veranstaltungen wie „griechische Abende", mit denen die Tradition der Region näher gebracht werden soll. 100 Standardzimmer, 35 Superiorzimmer, 30 Suiten, 3 Restaurants, Spa, Minimarkt und ein Shuttlebus. DZ je nach Saison 49–138 €, Executive Suite 130–300 €,

Aufschlag für Vollpension 12 €/Pers., ℡ 23750/81410, ℡°23750/81418, www.athena-pallas.gr.
• *Camping/Baden* **Camping Mitari**, sehr weitläufige, sehr gepflegte Anlage mit direktem Zugang zu zwei kleinen Stränden. Ruhig, aber noch wenig Schatten, der hauptsächlich von Pergolen kommt. Die Camper stehen oberhalb der schmalen Sandbucht auf Terrassen. Von der **Bar** unter zwei Schatten spendenden Pinien schöner Ausblick auf das Meer. Der Barkeeper ist Schwager des Campingplatzbesitzers und spricht gut Deutsch. 5 €/Person, Stellplatz ab 8 €, ℡ 23750/71775.

> **Tipp: Taverna Boukadoúra**
> Eine Taverne, die seit 2002 allein von Mundpropaganda lebt und an diesem doch etwas abgelegenen Küstenstrich tagtäglich bestens besucht ist, muss etwas Außergewöhnliches bieten. Wenn dann sogar der Chefkoch des Danai-Hotels (dessen Gourmetküche kürzlich zur besten Küche Griechenlands gekürt wurde) hierher zum Essen kommt, dann ist das Rätsel schon fast gelöst. Boukadoúra experimentiert mit alten griechischen Rezepten, die – hauptsächlich wegen der sonst oft üblichen Schnellabspeisung von Touristen – vielerorts völlig in Vergessenheit geraten sind. Spezialität sind Meeresfrüchte, besondere Beachtung verdienen aber auch die delikaten und ausgefallenen Salatkreationen. Der Blick in die Speisekarte lässt das Wasser im Mund zusammenlaufen: gefüllte geröstete Kalamare, spicy octopus, Truthahn in Weinsauce, mariniertes Schweinefilet, Kapernsalat oder der Salat „Athos". Die Preise sind dennoch ausgesprochen moderat, hauptsächlich Griechen kommen hierher. Gegessen wird in erhöhter Lage auf einer gemütlichen, überdachten Terrasse mit Blick auf eine kleine Felsnase und den schmalen Strandabschnitt. Ganzjährig mittags und abends geöffnet (Dienstag Ruhetag), ℡ 23750/81428.
> Die Zufahrt zur Taverne (zu erkennen an einem mit einer Mauer abgegrenzten Grundstück) befindet sich, wenige 100 m vom Campingplatz entfernt, nördlich an der Schotterstrecke.

▶ **Lagómandra Beach**: Abzweigung (Schotterweg) zum Meer leicht zu übersehen. Eingezäunter Sandstrand mit viel Schatten, seit 2005 weht hier zu Recht die „Blaue Flagge" für gute Wasserqualität und die Güte des Strandes. Café-Bars und einige Tavernen haben sich im Umfeld des Apartment-Hotels Lagómandra Beach (s. u.) angesiedelt. Am Meer führt eine staubige Piste entlang, wiederholt gute Bademöglichkeiten. Aber auch hier findet man den total einsamen Strand nicht mehr. Bootsverleih, Jetski und Windsurfing werden angeboten, Beachvolleyballfeld und Liegestuhlverleih sind ebenfalls vorhanden. Bei der Abzweigung zum Restaurant „Piraten" (siehe Tavernen-Tipp) führt ein steiler Schotterweg zu einer Bucht, die durch Felsen im Wasser in zwei Abschnitte geteilt wird. Viel Schatten unter Pinien, die riesige Anlage des Hotels Alexandra gegenüber mit ihren Bungalows gleicht einem ganzen Dorf. Tagsüber sind die Strände von den Hotelgästen gut besucht.

• *Übernachten* Am nördlichen Ende der Lagómandra-Bucht liegen die Pauschal-**Apartment-Hotels Lagomandra und Lagomandra Beach**. Gepflegte und ruhige Anlage, 1993 eröffnet, alle Zimmer wurden zuletzt 2004 renoviert. Swimmingpool und Kinderschwimmbecken, Poolbar, Minimarkt, Restaurant am Schwimmbecken und üppige Gartenanlagen. Alle Zimmer haben Klimaanlage, Sat.-TV, Musik, Telefon, Kühlschrank und Veranda oder Balkon mit Sitzmöglichkeiten. In Anbetracht der Nähe zu Néo Mármara ein überlegenswertes Quartier als Basis für Ausflüge. Mindestaufenthalt eine Woche. Zu buchen u. a. über Neckermann, IST, Airtours oder direkt unter www.hotel-lagomandra.gr.
• *Essen/Trinken* **Tavernen-Tipp**: „**Die Piraten**" liegt zwischen der Lagómandra Bucht und der Eliá Bucht auf einem Felsen über dem Meer (von der Hauptstraße aus beschildert). Woher der Name stammt, weiß von den Besitzern niemand mehr,

tatsächlich liegt das Restaurant mit Terrasse und schönem Ausblick auf die Insel Kelifos und Porto Karrás wie ein Seeräubernest auf dem Felsen. Die Gerichte sind sehr lecker und die Preise liegen unter dem Durchschnitt: Salat ca. 4 €, Kalamares ca. 4,50 €, reichliche Portionen. Anfang Sept. geschlossen, ✆ 23750/72168.

> **Tipp: Camping Castello**, schattiger Platz der Spitzenklasse, etwa 3 km nördlich von Marmarás. Lobenswert die sanitären Einrichtungen und Sportmöglichkeiten (Tennis, Basket- und Volleyballfeld, Surfbrett- und Wasserskiverleih), auch Kochgelegenheit und Waschmaschinen. Einer der besten Zeltplätze auf Sithonía, vom ADAC empfohlen. Erwachsene 6 €, Kinder 3 €, Auto und Zelt 6 €, Wohnmobil 9 €, Strom 3 €. Stellplätze leider etwas eng. In der Hauptsaison sollte man reservieren, geöffnet 1.5.–30.9., ✆ 23750/71094/-5.

Parthenónas

Der 6 km von Marmarás entfernte Ort, der einst zum Klostergut Konstamonítou gehörte, befindet sich an den grünen Hängen des Íthamos und wurde im alten Stil wieder hergerichtet. Gestört wird die Idylle nur von den pauschal Busreisenden, die den Ort in einen Ameisenhaufen verwandeln.

Verlassen wurde das Dorf erst 1970, als es die Bewohner nach und nach an die Küste zog. Erst die Eröffnung einer Taverne im Geisterdorf durch Pavlo Karapapas, der 1976 aus den USA zurückgekehrt war, hauchte dem Bergdorf wieder Leben ein (inzwischen sind zwei weitere Tavernen dazugekommen). Einige der alten Häuser wurden als Sommervillen hergerichtet, andere stehen zum Verkauf. Die Ortskirche wurde auf den Resten eines antiken Tempels erbaut, die spärlichen Funde sind jedoch kaum nennenswert. Direkt bei der Kirche befindet sich ein **Folkloremuseum**, das 2005 wegen Renovierung geschlossen war. Beachten Sie die riesige Eiche hinter der Kirche, die dem ganzen Platz Schatten spendet!

Leider stört der intensive Bustourismus zeitweise die Atmosphäre, wer es einrichten kann, sollte den Ort deshalb besser in den Nachmittagsstunden besuchen.

● *Essen & Trinken* **To Steki tou Meniou**, eigentlich eine sehr nette Taverne gegenüber dem zentralen Hauptplatz, mit Blick auf die am Hügel verstreuten Häuser des alten Ortes. Wir können sie allerdings mit gutem Gewissen erst für die späteren Nachmittagsstunden empfehlen, wenn sich das Besucheraufkommen allmählich lichtet. Dann kommen sogar Romantiker auf ihre Kosten.

Am oberen Ende der Ortsstraße liegt die **Taverne Parthenona**, die als erste Taverne wieder eröffnet wurde. Schöner Blick aufs Meer, der sich allerdings auch auf die Rechnung niederschlägt.

Néos Marmarás

Sehr lebendiges 3500-Einwohner-Provinzstädtchen, das sich auf einer Landzunge oberhalb der Bucht und des Hafens von Marmarás befindet. Der Ort ist für das Geschäft mit dem Tourismus bestens ausgestattet: Zahlreiche Souvenirgeschäfte, Tavernen, Restaurants, Hotels und Banken säumen die Straße. Organisierte Busausflüge von den Hotels der weiteren Umgebung aus sorgen dafür, dass die Touristenläden stets guten Zuspruch finden.

Das Leben spielt sich hauptsächlich entlang der Uferstraße ab, die bis zu einer Kehre bei der Grundschule ansteigt. Die sich den Hang hinaufziehenden Nebenstraßen wirken dagegen fast verlassen. Markantestes Bauwerk des Orts ist die strahlend weiße Gemeindekirche mit dem roten Ziegeldach, die auf einer Felsnase im Hafenbecken steht.

Néos Marmarás 177

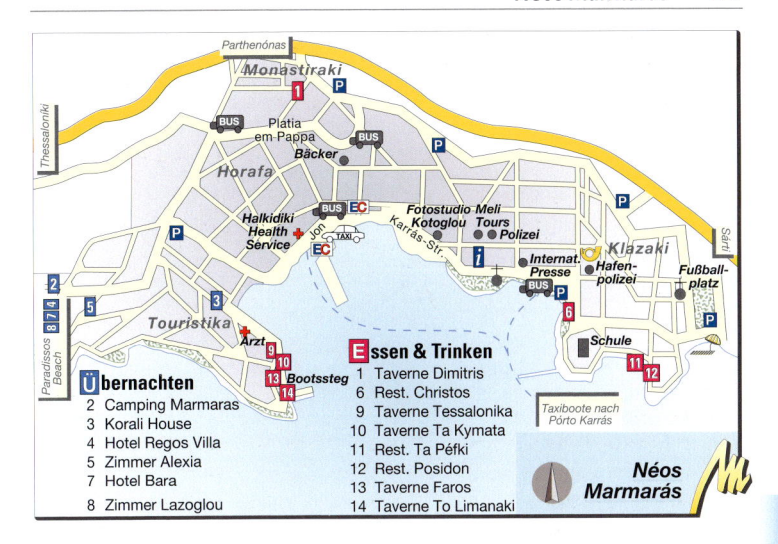

Übernachten
2 Camping Marmaras
3 Korali House
4 Hotel Regos Villa
5 Zimmer Alexia
7 Hotel Bara
8 Zimmer Lazoglou

Essen & Trinken
1 Taverne Dimitris
6 Rest. Christos
9 Taverne Tessalonika
10 Taverne Ta Kymata
11 Rest. Ta Péfki
12 Rest. Posidon
13 Taverne Faros
14 Taverne To Limanaki

Vor allem im Süden einige schöne Strandabschnitte. Viele Rucksacktouristen schlafen direkt am Meer, aber es gibt auch eine Vielzahl von Privatzimmern, Hotels und einen schattigen, wenngleich in die Jahre gekommenen Zeltplatz.

Auch wenn der **Hausstrand** von Néos Marmarás mit seinen schattenspendenden Eukalyptusbäumen viel gepriesen wird, so empfehlen wir ihn dennoch nicht für einen Badeausflug (Felsen und Seeigel). Besser eignen sich dafür die **Sandstrände Parádissos** (siehe auch Übernachten) oder **Pórto Karrás** und **Kutsupia**, die sich zwischen Néos Marmarás und Pórto Karrás hinziehen und gut zu Fuß erreichbar sind.

Geschichtliches: Wie viele andere Orte der Region wird die Siedlung zum ersten Mal in einer Urkunde des Áthos-Klosters Grigóriou erwähnt. Einen wesentlichen Zuwachs erfuhr er aber erst durch Flüchtlinge aus Kleinasien, die sich nach dem verlorenen Griechisch-Türkischen Krieg hier ansiedelten, und durch die Bewohner des aufgegebenen Bergdorfs Parthenónas (→ S. 176). Als einziges Gebäude des Klosterguts ist noch die kleine Kirche Kimisis Theotokou erhalten, die 1864 erbaut wurde.

● *Information/Reisebüros* Als inoffizielle Tourist-Information fungiert das Reisebüro **Meli Tours**, das im Ort Monopolstellung genießt. Hier kann man alle gängigen Ausflugsfahrten buchen, z. B. nach Thessaloníki (32 €/Person), Petrálona (30 €), Metéora (45 €) oder Toróni (35 €). Natürlich werden auch Áthos-Bootsfahrten mit Transfer angeboten (46 €), man bekommt z. B. auch eine Liste der Hotelzimmer und andere nützliche Informationen. Außerdem Auto- und Motorradverleih. ✆ 23750/72113, ✆ 23750/72114. www.melitours.gr.
Internetcafé Stadium direkt neben Meli Tours.
● *Erste Hilfe/Gesundheitszentrum* Eine Zweigstelle des „Chalkidiki-Health-Service (24-h-Service) befindet sich in der Nähe der Hafenpromenade an der Hauptstraße (Arzt: S. Serhan, spricht englisch); ✆ 23750/72233, mobil: 6976770895.
● *Verbindungen* **Busverbindungen** nach Thessaloníki tägl. 8- bis 9-mal (Sa/So 6-mal). **Taxiboote** fahren im Sommer vom Haupthafen für 2 €/Pers. nach Porto Karrás, zusätzlich müssen 5 € „Eintrittsgeld" bezahlt werden (siehe auch S. 180) und die Rückfahrt *muss* mit dem Boot erfolgen.
● *Mietfahrzeuge/Einkaufen* Außer im oben erwähnten Reisebüro erhalten Sie einen Mietwagen auch über **Rent-a-Car**, ✆ 23750/71018 und 71508, sowie über **Hertz**, ✆ 23750/72096; **Europcar** und **Ride & Drive** (nahe der

Sithonía Karte S. 168

Sithonía

Grundschule am Ortsausgang oberhalb der Kirche, hier auch **Scooterverleih,** z. B. 100 ccm für 3 Tage inkl. Steuer, Versicherung 69,50 € in der Hochsaison), ✆ 23750/72223.

• *Übernachten* Eine Auflistung aller **Privatzimmer** befindet sich auf Tafeln im Hafenbereich.

Privatzimmer Loula Lazoglou (8), am nördlichen Ende des Parádissos-Beach, beinahe schon ländlicher Charakter mit kleinem Hof. Der Strandabschnitt mit diversen getrockneten Seegrasresten ist allerdings leicht abfallend. ✆ 23750/71227, mobil: 6932929238.

Hotel Regos Villa (4), 100 m weiter südlich, vom touristischen Zentrum des Ortes etwa 15 Gehminuten entfernt. Freundliche Anlage mit kleinem Garten, Zimmer mit Holzbalkon oder Terrasse, nur 8 Zimmer haben Blick aufs Meer. Der „eigene" Strandabschnitt mit Liegestühlen und Sonnenschirmen liegt direkt vor dem Haus, Zugang über eine selten befahrene Stichstraße. ✆ 23750/71276.

> **Hotel Bara (7)**, fast am entgegengesetzten Ende der Bucht gelegen. Neues Haus mit 13 Zimmern zum Meer hin und sechs Zimmern mit Blick ins Hinterland, geleitet vom sehr freundlichen deutsch-griechischen Ehepaar Antje und Nikos Parashos. Kleine, aber modern eingerichtete Zimmer mit schmalem Balkon. Sehr gepflegter Garten mit Bar, Sonnenschirmen und einem 8 mal 4 m großen Swimmingpool. Hier wird auch das liebevoll zusammengestellte Frühstück eingenommen. Sehr sauberer Strandabschnitt mit hauseigenen Liegestühlen. Hauptsächlich deutschsprachiges Publikum. Bis in die Nachsaison gut gebucht, Reservierung deshalb ratsam. ✆/≈ 23750/71074. Unser Tipp für Néo Marmarás!

Korali House (3), einfache Unterkunft am Nordwestende der Bucht, oberhalb des Fischerhafens gelegen. Etwas abseits des Zentrums und wenige Fußminuten vom Parádissos-Beach entfernt. Das freundliche Besitzerehepaar Karavas ist um das Wohl der Gäste sehr bemüht. Frühstück (Buffet) gibt es bei größeren Gruppen auf Anfrage, in jedem Zimmer eine Anrichte und Kaffeegeschirr vorhanden (keine Kochmöglichkeit). Kühlschrank, TV, Aircondition. Nach Möglichkeit Balkon zum Hafen nehmen und Zimmer vorher besichtigen, sie sind unterschiedlich groß. Nachteil: Sitzmöglichkeit nur auf den Balkonen. DZ 21–47 €, Dreierzimmer 24–57 €, Frühstück 4 € extra, ✆ 23750/72371, ≈23750/71875, www.halkidiki.com/korali.

Zimmer Alexia (5) im Ortsteil „Turistika" gelegen. Sehr freundliche Leiterin Alexandra Rizou. In einem modernen Haus mit Klimaanlage, Kühlschrank, TV, Dusche/WC und Balkon, komplett eingerichtete Küche. Frühstückszimmer im Haus. Vom Sandstrand Paradisos nur etwa 200 m entfernt. Schlicht eingerichtete DZ, in der Hochsaison ab 65 €, ✆ 23750/72541, mobil: 6978218728.

• *Camping* **Camping Marmaras, (2)** die ausgesprochen steile und enge Anfahrt zum Campingplatz führt durch den Ort. Große schattige Anlage inmitten eines alten Nadelwaldes mit etlichen Terrassen zum Meer hinunter. Der Platz nimmt das gesamte Waldstück zwischen dem Ort und dem Parádissos-Beach ein, dazwischen liegt der „Privatstrand" des Campingplatzes in einer sehr kleinen kesselartigen Sandbadebucht mit Duschen am Meer, es gibt aber auch einen Zugang zum empfehlenswerten Parádissos-Beach. Duschen und Toiletten sind schon älterer Bauart, aber sehr gepflegt. (Mini-)Markt und Kochgelegenheiten. Kleiner Nachteil: Nahe der Rezeption befindet sich die platzeigene Kläranlage (der Geruch verteilt sich aber nicht über den Campingplatz). 5,80 €/Person, Auto 2,48(!) €, Wohnmobil 8 €, Zelt 5,90–6,10 €, Strom 2,90 €, geöffnet 1.6.–31.09. ✆ 23750/71901 und 71402.

Etwa 7 km südlich von Pórto Karrás stehen zudem zwei große Campingplätze zur Auswahl: **Areti,** ✆ 23750/71973 und **Stavrós,** ✆ 23750/71975 (→ Wanderung entlang der Westküste, S. 183.).

• *Essen & Trinken* Eine Reihe von **Restaurants, Bars** und fastfoodverdächtigen Einrichtungen entlang der Uferstraße des Ortes. Leider wegen des zähfließenden Straßenverkehrs und dem damit verbundenen Lärm kaum empfehlenswert. Gut gefallen haben uns dagegen folgende Restaurants:

Fischrestaurant Christos (6), Posidon (12) und **Ta Péfki (11)** liegen abseits der frequentierten Durchgangsstraße und besitzen Terrassen mit schönem Ausblick.

Fischtavernen mit Hafenatmosphäre und schaukelnden Fischerbooten finden Sie am nordwestlichen Ende des Ortes. Touristisch aufgemacht, aber nicht ungemütlich,

Néos Marmarás

liegen **To Limanaki (14)**, **Faros (13)**, **Ta Kymata (10)** und **Thessalonika (9)** unmittelbar nebeneinander. Eng an eng reihen sich Tische und Stühle auf einer Terrasse über dem Anlegebereich der Kutter und bis hinunter auf einen schmalen Sandstreifen am Meer. Persönlich hat mir das Limanaki am besten gefallen, man hat hier auch einen schönen Blick auf einen großen Teil des Ortes und die Gemeindekirche.

Taverne Dimitri (1), auf der Zufahrt nach Marmarás. Sie wurde uns in einigen Leserbriefen wegen des „frisch zubereiteten Essens und der angemessenen Preise" (Gabriele Pröhl, Wörrstadt) und der „sehr freundlichen und gemütlichen Bedienung" (Rebecca und Michael Schloder) empfohlen. Liegt an der Abzweigung von der Hauptstraße von Nikítis nach Porto Karrás bei der BP-Tankstelle, dann ca. 300 m vor Marmarás auf der rechten Seite. Leicht zu erkennen am betont kitschigen, höhlenartigen Eingang oder am Abend an den grün angestrahlten Platanen vor dem Haus. Im Hinterhof ein großer Parkplatz.

● *Sport & Freizeit:* Jede Menge in Sachen Wassersport bietet **Extreme Watersports**. Wasserski, Wakeboard, Kanu, Bananaboat, Bootsverleih, Windsurfing und Parasailing – und das ist nur ein kleiner Ausschnitt aus der angebotenen Palette. ✆ 6944368222 (mobil).

Áthos-Ausflüge per Bus und Boot: An der Küste des Berges Áthos entlang und nach Ouranoúpoli geht es jeden Mo, Di, Mi und So von Néos Marmarás, Abfahrt morgens mit dem Bus (46 €/Person, Studenten ermäßigt). Fragen Sie bitte genau nach, ob auch wirklich eine Fahrt entlang der Áthos-Küste enthalten ist oder ob der Ausflug bei Ouranoúpoli (Einkaufsbummel) endet. Rückkehr gegen 18 bzw. 19 Uhr.

Pórto Karrás

Bereits von Néos Marmarás aus erkennt man die gigantische Ferienanlage des künstlichen Orts. Die riesigen Hotelkomplexe passen so gar nicht in die abwechslungsreiche Landschaft, die geprägt ist von Nadel- und Pistazienbäumen, Zitronenhainen, Büschen und Weinreben.

Es war einmal ein Traum in den 50er Jahren, geträumt vom griechischen Reeder Ion Jánnis Karrás. Er kaufte hier auf dem mittleren Finger Sithonia 5000 ha Land und begann mit der Gründung eines Staates im Staat, vergleichbar dem Mönchsstaat Athos. Das eigentliche Vorbild für Karrás und seine Frau Lydia war jedoch vielmehr der monegassische Fürstensitz. Pläne für ein autarkes „Monte Carlo auf

Chalkidiki" waren schnell erstellt, Modelle wurden gebaut, Weinbau und Viehzucht in Angriff genommen. Der Visionär Karrás (von einigen mitleidig als Spinner belächelt) wollte den Tourismus, der den Nachbarfinger Kassandra damals längst erreicht hatte, auch für sich zur Haupteinnahmequelle machen.

Um zahlungskräftiges Publikum anzulocken ließ er zwei gewaltige Hotelanlagen aus dem Sand stampfen, Tennisfelder und einen Golfplatz anlegen und leistete sich sogar ein eigenes Casino mit Jachthafen. Als Karrás daran ging, das Schild für ein eigenes Zollamt im Hafen anzubringen, kam aus Athen das klare Nein zu solchen Autonomiebestrebungen. Ein Regierungswechsel im Land und Finanzprobleme des Reeders brachten das Projekt Massentourismus schließlich zum Stocken. Ein eilig umgesetzter Notplan bescherte dem Nachbarort Marmarás noch weitere drei Hotels, die Bauruine einer halb fertigen Apartmentsiedlung auf dem Hafengelände wird inzwischen wieder von Büschen und Pflanzen überwuchert.

Pórto Karrás: Grand Resort oder elitäre Zaunschau?

Stavros, der Besitzer des gleichnamigen Campingplatzes, war früher Fischer. Mit seinem kleinen Kahn legte er regelmäßig am Privatsteg von Ion Janis Karrás an, um ihm persönlich einen Teil seines frischen Fanges zu übergeben. Man kannte sich gut, der milliardenschwere Reeder war immer zu einem Plausch bereit und zu einem Späßchen aufgelegt. Auch dann noch, als die Geschäfte nicht mehr gut liefen und er seine Vision eines griechischen Monte Carlo zu den Akten legen musste.

Als Karrás 1999 starb, verkauften die beiden Kinder aus zwei Ehen das Grundstück samt Weinkellerei und Privathaus an den Unternehmer Stengos aus Athen. Von Stengos weiß man hier kaum etwas und die Bevölkerung scheint auch nicht allzu gut auf ihn zu sprechen zu sein. Eilig ließ er das riesige Anwesen des neu geschaffenen *Grand Resort* mit einem 3–4 m hohen Maschendrahtzaun abriegeln, sodass es nun in weiten Teilen eine gewisse Ähnlichkeit mit einem Hochsicherheitstrakt aufweist. Alle möglichen Zufahrtsstrecken zum Meer wurden mit Geröllbergen aufgeschüttet. Das Weindomizil erhielt ebenfalls eine neue Umfriedung, der Zaun flankiert beide Straßenseiten über Kilometer. Die Zufahrt zum Jachthafen und allen seinen Einrichtungen, die einem Grenzübergang nicht unähnlich ist, wird von einem Sicherheitsdienst abgeriegelt. Freundlich, aber bestimmt wird z. B. Fahrern von bemalten VW-Bussen die Zufahrt verwehrt. „Würdiges" Publikum dagegen hat eine Zugangsgebühr von 5 € zu entrichten, die von der Pórto-Karrás-Betreibergesellschaft *Techniki Olympiaki Group of Companies* als „Besucher-Voucher" betitelt wird. Schließlich könne man ihn beispielsweise beim Test der hauseigenen Weinproduktion oder beim Kauf in den Souvenirläden am Hafen verrechnen. Treffender ist da vielleicht doch der Ausdruck „moderne Wegelagerei", wie die umliegende Bevölkerung das elitäre Gehabe bezeichnet. Hier nämlich fürchtet man, dass der Durchschnittsurlauber durch derartige Maßnahmen nicht angelockt, sondern eher zur weitläufigen Umfahrung des Landstrichs verleitet wird. Auch internationale Reiseveranstalter sehen dem Treiben der Resortleitung bislang noch skeptisch zu.

Seit die Grecotel-Gruppe die beiden Riesenhotels übernommen und saniert hat, haben die beiden Betonburgen „Meliton" und „Sithonia" und das umgebende Gelände wieder etwas Einladendes. Inzwischen wurde das Areal um das Village Inn

Hotel erweitert, wer nicht aufs Geld schaut, lässt sich schick per Hubschrauber auf dem geländeeigenen Heliport absetzen und die letzten Meter per Chauffeur zur Hotelsuite fahren. Am Jachthafen flaniert man zwischen teuren Luxuscruisern und einigen Lokalen mit Weinprobe und -verkauf aus Karrás-Anbau. Ein Nightclub, ein Reit- und Countryclub, ein Segelclub, das Casino und ein Tauchsportzentrum sorgen für Kurzweil bei den betuchten Gästen, reger Betrieb herrscht auf dem 18-Loch-Golfplatz und in der „Tennisakademie".

Am **langen Sandstrand** von Pórto Karrás weht zu Recht die „blaue Flagge", und auch der Strand selbst macht einen sauberen und gepflegten Eindruck.

- *Busverbindungen* Auch wenn es in keinem offiziellen Busfahrplan steht, der Bus fährt auch nach Pórto Karrás hinunter; am besten an der Hotelrezeption nach den Abfahrtszeiten erkundigen.
- *Übernachten* **Meliton Beach Hotel** (Lux.-Kat.), bildet zusammen mit dem Sithonía Beach Hotel die riesige Ferienanlage von Pórto Karrás. Insgesamt machte das Meliton Hotel im Vergleich einen moderneren Eindruck. DZ 128–248 €, Frühstück 25 € extra pro Person, ✆ 23750/77000, ℡ 23750/71229. Für beide Hotels: www.portocarras.com.
- *Sport & Freizeit* Tauchkönner und -anfänger können sich mit dem **Nireas Diving Centre** in Verbindung setzen. Hier erhalten Sie fachkundige Anleitung und organisierte Freitauchgänge (für Privatpersonen ist Tauchen wegen der Schätze vor den Küsten offiziell strikt verboten).

Vermietet werden hier übrigens auch **Ausflugsboote** (Hartschalenboote mit Sonnensegel) für bis zu 5 Personen, mit denen man bequem die versteckten Strände ansteuern kann. Ein Bootsführerschein ist dafür nicht nötig. Informationen (Tauchen und Boot) unter: ✆ 23750/77125, mobil: 6945953933, www.nireas.gr.

Ponyreiten, 9–13 und 17–20 Uhr beim Pórto Karrás Horse Riding Club. ✆ 694702999 (mobil).

Wanderung 6 – Adlerhorst-(Rad-)Tour bis Pórto Karrás

Reizvolle Wanderung, sowohl zu Fuß als auch mit dem Rad. Einige schöne Ausblicke auf den Küstenstreifen und seine Buchten, vorbei an Weingärten und dem imponierenden Anwesen des verstorbenen griechischen Magnaten Karrás. Teuer und bisweilen versnobt der Endpunkt der Wanderung am Hafen von Pórto Karrás. Der Rückweg erfolgt auf derselben Route.

Distanz: 8 km. **Wanderzeit**: 2 ½ Std. (einfach). **Besonderes**: Die Route ist in hohem Maße fahrradtauglich: bestens geteerte, aber wenig befahrene Küstenstraße, später ein kurzes Stück auf der Hauptstraße. Wegen der Hitze am besten morgens oder am frühen Abend aufbrechen. Der Zutritt zum Resort-Areal kostet 5 €/Person (siehe Kasten).

Routenbeschreibung: Die Wanderung beginnt beim **Campingplatz Stavrós** (→ Camping, S. 178), der direkt an der Küstenstraße liegt. Die Kulisse ist malerisch! Eine überwachsene Turmruine, dichte Sträucher und hier und da sogar ein Birnbaum. Wenn Sie die Tour auf dem Rad bestreiten, werden Sie schon bald einige Jogger überholen, die die ruhige Straße als Trainingsstrecke benutzen.

Bereits 2 km nach dem Ausgangspunkt die ersten sehenswerten Buchten unterhalb der Straße, die sich in diesem Abschnitt mit leichten Anstiegen und Gefällen präsentiert. Wenig später in einer Kurve mit Parkplatz weist ein blaues Blechschild nach Néos Marmarás. Für „Aussteiger" bietet sich hier die Möglichkeit, zu einer Badebucht zu gelangen. Oben auf dem Berg thront der Adlerhorst des verstorbenen millionenschweren **Reeders Karrás**. Zuletzt war 2005 ohne großes Aufsehen der russische Staatspräsident Putin beim neuen Besitzer der Turmwohnung zu Gast.

Nur 1,5 km nach dem Schild sehen Sie unten den ehemaligen **Privathafen** des Reeders Karrás. Auf den plateauartigen

182 Sithonía

Wanderung 6 (8 km)

warnt, sollte man angesichts der üppigen Vegetation unbedingt ernst nehmen. Nun eröffnet sich ein schöner Blick durch den Maschendrahtzaun hinüber nach Néos Marmarás, das an der lang gestreckten Landzunge klebt. Sie haben seit dem Start bereits 6,5 km zurückgelegt. Die Küstenroute macht noch mal eine weite Linkskurve und geht über in einen schlecht geteerten Weg, bevor sie nach 700 m auf die **Hauptstraße** nach Néos Marmarás trifft, hier links abbiegen.

Exakt 1000 m weiter die Abzweigung von der Hauptstraße nach Pórto Karrás. Zuvor aber passieren Sie nach ca. 300 m auf der rechten Seite die **Cava Pórto Karrás** (Besichtigung dieser Weinkellerei ist möglich, 8–12 und 13–15 Uhr).

Das Golfgelände und die riesigen Hotelanlagen von Pórto Karrás sind nicht zu übersehen, und die Straße führt direkt hinunter zum **Hafen**, in dem einige mondäne Luxusjachten vor Anker liegen. An der Zugangskontrolle haben Besucher derzeit den Betrag von 5 € für einen Besuchervoucher zu entrichten.

Hängen wird der Wein angebaut, den es in der gesamten Umgebung zu kaufen gibt. Die Tafel, die vor Waldbränden

▸ **Weiter in Richtung Süden**: Ab Pórto Karrás hat man wieder die Wahl zwischen der z. T. sehr schlechten Küstenstraße oder der etwas abseits vom Wasser verlaufenden Hauptstraße. Wenngleich man immer wieder mit Schotter-Intermezzos rechnen muss, so empfehlen wir doch die Fahrt über die Küstenstraße. Vereinzelt immer wieder gute **Badebuchten** zwischen bizarren, seltsam geformten Felsen. Ungemein waldreiche Hügel mit etlichen Ginsterbüschen und vereinzelten Weinreben geben ein beeindruckendes Landschaftsbild ab. Sehr gute Fotomotive und der Blick auf das türkisblaue Wasser.

Die beiden folgenden **Wandervorschläge 7 und 8** lassen sich miteinander verbinden und führen Sie bis an die Südspitze von Sithonía. Die Beschreibung bezieht sich dabei ausschließlich auf die Straße, die an der Küste entlang verläuft. Die gesamte Tour führt über fast 20 km, kann aber bequem in zwei Etappen unterteilt werden.

Der Einfachheit halber sind die Orte, Buchten und Badestrände zwischen Pórto Karrás und Tristínika sowie zwischen Tristínika und Pórto Koufó in die Routenbeschreibungen eingebunden.

• *Verbindungen/Anfahrt* **Busse** verkehren nur zwischen den größeren Orten entlang der Hauptstraße. Besucher der kleinen, sehenswerten Badestrände sollten sich daher am besten eine Mitfahrgelegenheit organisieren oder auf einen Drahtesel bzw. Schusters Rappen umsteigen

Urig und durchgeknallt: Taverne Sotiri's Krifos Paradisos bei Tristínika

Wanderung 7 – 1000 Buchten entlang der Westküste bis Tristínika (1. Etappe)

Nach der Senke, in der auch der Campingplatz Stavrós liegt, geht bzw. radelt man vorbei an einer ganzen Reihe kleiner, namenloser Buchten und einladender Strände, die z. T. nur über Trampelpfade zu erreichen sind. Unter der Woche kann man hier gut ein ungestörtes Plätzchen finden. Vereinzelt stehen sogar kleine Zelte in den Buchten.

Distanz: 9 km. **Wanderzeit**: ca. 2 ½ Std. (einfach). **Besonderes**: leichte Steigungen, Erfrischungsmöglichkeiten.

Routenbeschreibung: Nur einige hundert Meter südlich des Ausgangspunkts beim **Campingplatz Stavrós** (→ Camping) bieten sich von der Uferstraße traumhafte Ausblicke – das tiefblaue Meer, einige bewachsene Mini-Inseln, zu denen man sogar hinüberschwimmen kann, und weit draußen die vorgelagerte **Insel Hiélona**. Diese Insel mit ihrer markanten Schildkrötenform ist landläufig auch unter dem Namen *Kelifos* bekannt. 1,5 km nach dem Ausgangspunkt auch die Taverne Simon und geschätzte 800 m weiter links die gemütliche **Fischtaverne O Panos** mit schattigen Sitzplätzen. Hier werden auch Privatzimmer vermietet, das Gartenareal dient als improvisierter Campingplatz. Der Kiesstrand mit kleinen Sandstreifen (Seegras) und ein grobschlächtiger Betonsteg sind für einen kurzen Aufenthalt geeignet, ein längerer Besuch lohnt jedoch nicht.

Nach gut 2 km Wegstrecke erreichen Sie einen Küstenabschnitt, an dem im **Panos-Haus** Privatzimmer vermietet werden und es ein Restaurant gibt. Später steigt die Straße ganz leicht an und erlaubt sehr schöne Ausblicke aufs Wasser: Dort wo Seegras wächst, ist es tiefblau, über Sand leuchtet es smaragdfarben. Entlang der

Sithonía

Straße sind teure Privatanwesen in bester Lage zu entdecken. Nach einigen Straßenwindungen und etwa 1500 m erreichen Sie die Zufahrt zum **Campingplatz Areti**.

• *Übernachten/Camping/Baden* **Camping Stavros**, seit 40 Jahren ein hervorragend geführter Familienbetrieb, der zu den besten Campingplätzen auf der Chalkidikí zählt. Auf einem 2 ha großen Grundstück und in Blickweite des „Adlerhorstes" verteilen sich 90 Stellplätze auf dem schattigen Gelände. Ruhige und familienfreundliche Atmosphäre. Restaurant, Minimarkt, drei Blocks mit sehr sauberen Sanitäranlagen, Waschmaschinen. 200 m langer, sehr sauberer Strand. Hauptsächlich österreichisches und deutsches Publikum. Preise: Erwachsene 6 €, Kinder 3 €, Stellplatz 8 €, Strom 4 €. Wohnwagenvermietung (Einzelpreis pro Person plus 10 €); in der Vorsaison 20 % Ermäßigung. Geöffnet 1. Mai–Ende Sept., ✆ 23750/71375 und 23750/71975. Empfehlung!

Im Familienbesitz befindet sich auch das angrenzende **Apartmenthotel Porto Elena** mit zartrosa Mauern und weißen Balkonen, das von Tochter Iphigenia Nanou geführt wird. 2002 neu eröffnet mit 16 DZ (Küche, TV, Telefon). Am südlichen Ende der Bucht, ruhig gelegen, 20 m bis zum Sandstrand. DZ ab 60–70 €, ✆ 23750/72730, ✉ 23750/71375, mobil: 6977706923.

Camping Areti, ansprechendes Areal mit fünf Bungalows, die Kochmöglichkeit und Kühlschrank besitzen (30 € pro Familie und Übernachtung), vor drei Jahren erweitert. Sehr freundliche Leiter: Stelios und Areti Haralambidi. Toiletten sauber (mit Papier), der Strand recht schmal, aber pieksauber. Tennisplatz, Taverne und Supermarkt. Für Schnorchler und Schwimmer bieten sich zwei vorgelagerte, mit Olivenbäumen bewachsene „Ginster-Inselchen" an, zu denen man bequem hinüberpaddeln kann. Erwachsene zahlen 8 €, Kinder 4 €. Die weiteren Preise liegen unverhältnismäßig über dem Durchschnitt (was der Besitzer mit den langen Öffnungszeiten der Taverne und des Supermarktes rechtfertigt): Wohnmobil 10 €, -anhänger 10 €, kleines und großes Zelt 10 €, Mietcaravan 26 €, Strom 3,50 €, geöffnet 1.5.–15.10., ✆ 23750/71430, ✉ 23750/71573, mobil: 6944973955, www.camping-areti.gr.

Unmittelbar nach dem Campingplatz geht der Teerbelag der Straße in Schotter über. Sie können sich bereits auf eine weitere Badefreude freuen, die hinter dem nächsten Hügel auf Sie wartet. Dieser gute Badestrand liegt etwa 10 km südlich von Pórto Karrás und (ca. 5 km nach unserem Ausgangspunkt Camping Stavrós) an der **Meeresbucht Stili tou Dios**, *Säule des Zeus*. Im Schatten von Pinien standen bei unserem Besuch mehrere Campingbusse und Zelte, es gab allerdings weder Duschen noch Toiletten. Ein ca. 200 m langer Sandstrand säumt die Bucht, der Zugang zum Meer ist jedoch teilweise steinig und felsig. In der Mitte der Bucht stehen skurrile Felsen aus Sandstein, die bis ins Meer hinausreichen, künstlich im Meer angebrachte Steinblöcke sollen dabei helfen, dass sich mehr Sand ansammelt. In den kühlen Abendstunden ist auch hier Beachvolleyball der beliebteste Strandsport.

• *Übernachten* **Hotel-Bungalow-Anlage Poseidon** (B-Kat.), seit 1990 etwa 100 m abseits vom Meer in einer Senke. Wenig natürlicher Schatten, das Gelände macht einen sehr gepflegten Eindruck. In den zweistöckigen Häuserblöcken stehen 134 Doppelzimmer und 4 Vierbettzimmer zur Verfügung, die über saubere Toilette, Dusche, Kühlschrank und Telefon verfügen. Ein großes Restaurant, Bars, Minimarkt und Swimmingpool. Tischtennis, Tennis und Basketball. Animateure sollen die Urlauber zu Spaßveranstaltungen verleiten. Preise für DZ/Frühstück in der Vor- und Nachsaison 60 €, im Juli/Aug. 85 €, Suiten 130 €, Mittagessen 8,20 € extra, ✆ 23750/71021 und 71906, ✉ 23750/71355, www.poseidon.com.gr.

Einen schönen Badestrand, allerdings ohne Schatten, bietet auch die **folgende Bucht**; im Hinterland weiden gemütlich die Ochsen. 2005 wurde hier ein Nobelanwesen in gelben Farbtönen fertig gestellt (mit eigenem Weinanbau), das allerdings etwas befremdlich mit Stacheldraht hermetisch abgeriegelt wurde. Die Schotterstrecke führt dahinter in einem Bogen auf eine Anhöhe.

Wanderung 8 – Von Tristínika nach Pórto Koufo

Wiederum 1 km weiter, nach zwei namenlosen Buchten, macht die Piste einen weiten Bogen um zwei lange Buchten mit jeweils etwa 100 m langen Sandstränden, dem sog. **Azapico Beach**. Die Ruhe wird vermutlich bald der Vergangenheit angehören, denn am Hügel und in der Bucht stehen schon einige halbfertige „Azapico-Villas", die wahrscheinlich 2006 in Betrieb genommen werden.

Und fast gegen Ende unserer ersten Wanderetappe – wie sollte es anders sein? – eine weitere Doppel-Bucht, die sich über fast 1 km zieht. Ein kleiner Trampelpfad führt von der Straße aus hinunter. Leider ist die Küste nicht ganz sauber (Schwemmgut) und deshalb zum Baden ungeeignet. Als auffälliges Merkmal zieht sich eine ca. 400 m lange **Sandbank** bis zur angrenzenden Bucht hinüber, über die man bequem zu Fuß marschieren kann. Wegen der schlechten Straßenverbindung kommen hierher nur wenige Tagesgäste. Die Staubstrecke steigt erneut an (Bienenstöcke), bevor es über drei Windungen ab. 400 m hinunter geht zu einem weiteren Strandabschnitt der Azapico Bucht. Dieser ist leicht zu erkennen an der ins Meer ragenden Felsnase mit der kleinen **Geórgios-Kapelle**. Nach wenigen Metern folgt links eine Abzweigung (Teerstraße), die zur Hauptstraße Nikíti–Toróni hinaufführt, wir laufen jedoch weiter geradeaus zum **Hotel Azapico**, dem Ausgangspunkt der nächsten Etappe. Für die Fortsetzung der Wanderung bleiben Sie auf der Küstenstrecke.

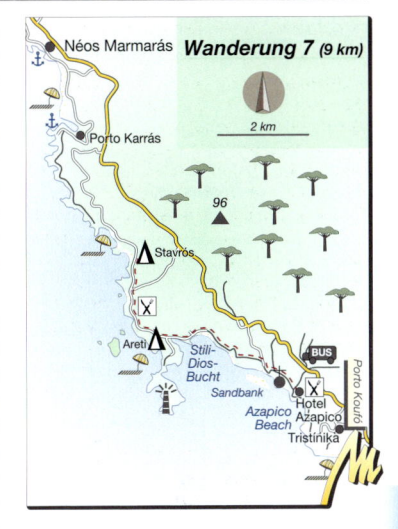

- *Übernachten* **Hotel Azapico** (C-Kat.), mit kleinem Swimmingpool ohne Schatten; wirkt in der Ebene reichlich verlassen und kann allenfalls als „Notunterkunft" empfohlen werden. Die Übernachtung kostet hier in der Vorsaison 38 €/DZ, sonst 50 €. War wegen mangelnden Zuspruchs bei der letzten Recherche schon Anfang September geschlossen. ☏ 23750/51273, ✆ 2310/239216; mobil: 6977486463. Wer bei der Buchung von zu Hause aus sichergehen möchte, kann sich auch unter folgender Internetadresse informieren: www.flitz.gr.

Wanderung 8 – Luftmatratzen und Kultur von Tristínika nach Pórto Koufo (2. Etappe)

Die zweite Teilstrecke dieser vielseitigen Küstenwanderung bzw. Radtour hält zwei Höhepunkte bereit. In Verbindung mit erholsamen Sandstränden bei Toróni die einsamen Ruinen einer alten Festung und am südlichen Ende von Sithonía die „taube Bucht". An beiden Orten locken Tavernen zur Einkehr.

Distanz: 10 km. **Wanderzeit**: ca. 3 ½ Std. (einfach). **Besonderes**: Wenn Sie die Wanderung erst hier beginnen wollen, lassen Sie sich vom Busfahrer auf Höhe des Abzweigs zum Hotel Azapico an der Hauptstraße absetzen. Leichte Steigungen, Erfrischungsmöglichkeiten. Busanschluss in Toróni und Pórto Koufó.

Sithonía

Wanderung 8 (10 km)

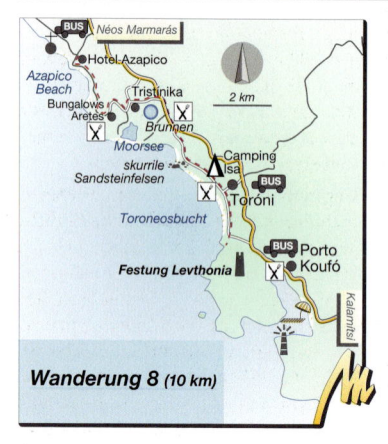

Routenbeschreibung: Den Einstieg zu dieser Wanderung bildet die 1 km lange Stichstraße, die (gut geteert) die Hauptmit der Küstenstraße verbindet.

Etwa 1 km nach Beginn dieser Etappe führt die Küstenstrecke in weitem Bogen um den einladenden Doppelstrand **Azapico Beach**, der nur durch eine schmale Landzunge mit einer kleinen Kapelle geteilt wird. Am Strand weht die Blaue Flagge – und das nicht zu Unrecht. Mehrere Leser schrieben uns, dass Wildcamper auf dem Gelände des ehemaligen Campingplatzes von der Polizei unter Strafandrohung vertrieben wurden. Tagesbadegäste bleiben dagegen unbehelligt.

Am südlichen Ende der Bucht befinden sich in einer Senke ein improvisierter Brunnen für Ziegenherden und zahlreiche abgeschnittene Plastikkanister als Tränke für die Vierbeiner. Im Hinterland grasen Pferde.

Von der Bucht geht es hinauf bis zu einer Kurve, die erhöht über dem Meer liegt. Der Felsen wurde hier beim Straßenbau förmlich herausgerissen. Steinschlag stellt hier keine Seltenheit dar, deshalb sollte man aufpassen.

Gleich drei etwa 100–200 m lange Strandabschnitte bilden die **Aretés-Bucht**; der erste besteht aus Kies und man kann ihn bequem anfahren, im zweiten Abschnitt tummeln sich ab und zu Nackedeis, der letzte ist ein Sandstrand. Nach einem weiteren Anstieg passiert man die futuristisch anmutende, strahlend weiße Bungalowanlage *Aretes*. (Kurz vor der Bungalowanlage – und jetzt wieder auf Teer – erfolgt der Abzweig hinunter zum Meer und zu den Bungalows *Apostolos* (s. u.) und zu gleichnamiger Beach Bar.)

Hinter der folgenden Kurve (nach 400 m) fällt der Blick auf einen tiefer liegenden **Moorsee** und hinüber nach Toróni. Hinunter zum Meer geht es vor dem See über einen Trampelpfad (vorbei an einem Olivenhain bis zum Schilfgürtel am Wasser). Hier treffen Sie auf die **Ethnik-Bar**, die bis in die frühen Morgenstunden durch laute Musik (allerdings auch durch hohe Preise) auf sich aufmerksam macht. Alternativ laufen Sie auf der Uferstraße die restlichen 300 m bis zum Talbecken und gelangen dann in jedem Fall bis ans Meer. Vom Baden im Moorsee ist übrigens dringend abzuraten, es gibt Wasserschlangen!

• *Übernachten* **Aretes Beach**, größere Anlage von Ferienwohnungen. In der Hauptsaison zahlt man für ein 3-Bett-Zimmer mit Küche und Bad ab 35 €.

Apóstolos-Haus, schöner, gepflegter Strand, ideal für Familien, die Ruhe suchen. Leider gibt es aber sehr viele Mücken an diesem Küstenabschnitt. ✆ 23750/51106.

• *Essen & Trinken/Übernachten* **Taverne Sotiri´s Krifos Paradisos**, ein reiner Familienbetrieb, Vater Sotiri, Mutter Maria und fünf Kinder leben das gesamte Jahr über hier. Der rührige Sotiri hat über viele Jahre seine Taverne „verfeinert", steinchengefliese Wände und Säulen, bemalte Bambusrohre und knallbunte Kalebassen verzieren die weinüberdachte Terrasse der Taverne. Ein „geheimes Paradies", wie er es nennt, das wir an dieser Stelle gerne publik machen. Sotiri betreibt den Supermarkt, bedient den Grill, ist Discjockey (abends wird hier oft spontan getanzt) und zudem kümmert er sich um seine fünf Kinder und seine imponierende Sammlung von Kakteen (mit einer stattlichen Anzahl von „Königinnen der Nacht"). Neben dem lobenswerten Restaurant vermietet seine Frau Maria acht Apartments (mit Küche, Dusche, Balkon für 35 €). Geöffnet von Mai–Okt., ✆ 23750/ 51295. Empfehlung!

Etwa 200 m nach einer kleineren Häuseransammlung und einigen Mauerresten von traditionellen Steinhäusern namens **Tristínika** finden Sie die **Taverne Sotiri's Krifos Paradisos** (s. o.). Hier duftete es tatsächlich bis auf den Weg hinaus, vielleicht verlockt es ja auch Sie zu einer kurzen Mittagspause. Daneben befinden sich ein **Supermarkt, Privatzimmer und** ein **Brunnen** mit drei Wasserhähnen, an denen man sich seine Flasche bedenkenlos auffüllen kann. Rechts und links des Weges Bienenhäuser. An der Weggabelung halten Sie sich rechts, um auf gleicher Höhe zu bleiben. Anschließend durchqueren Sie ein Bachbett (leider mit Abfall) und stoßen dann direkt auf die Hauptstraße und eine Bushaltestelle.

Nur 200 m weiter südlich schlängelt sich wieder eine neu geteerte Strecke hinunter zum Campingplatz ISA (siehe unter Toróni/Übernachten). Nach weiteren 200 m erfolgt rechts der Abzweig nach Toróni. An dieser Straße stößt man nach etwa 500 m auf die **Taverne To Akrogiali** am Strand. 200 m langer, sauberer Sandstrand (Duschen).

Gegenüber einer kleinen Halbinsel mehrere schöne Sandstrände. Etliche Wohnmobile und Zelte haben hier am Strand ein Urlaubsplätzchen gefunden. Wenige hundert Meter weiter erreichen Sie schließlich das vorletzte Etappenziel der Wanderung, **Toróni** (s. u.). Hier besteht die Möglichkeit, am Sandstrand (ca. 3 km lang, das Wasser sehr klar und sauber) der Toroneos-Bucht ein Bad zu nehmen. Leicht zu erkennen ist der Anfang des Strandes schon von weitem an den **skurrilen Sandsteinfelsen**, die von der Brandung geformt wurden. Das letzte Stück bis Toróni auf der Hauptstraße, vorbei am Restaurant Korokas (Zimmervermietung).

Weiter bis Pórto Koufó: Für die letzte Etappe ist die Hauptstraße empfehlenswert (ca. 45 Min.); sie beginnt am südlichen Ortsausgang und ist beschildert.

Toróni

Noch erstaunlich wenig Tourismus in dem kleinen lang gezogenen Dorf, das in der Mitte der gut 3 km langen Toroneos-Bucht liegt (Sand-Kies-Strand). In Toróni kommt man auch in Sachen Geschichte und Kultur auf seine Kosten.

Durch rege Bautätigkeit entstanden in den letzten Jahren jede Menge Super- und Minimärkte, und man kann Sonnenhüte, Luftmatratzen und Sonnenöl kaufen; eine Arztpraxis und mehrere Tavernen, zwei Reparaturwerkstätten und sogar ein englischsprachiges Kino gibt es in dem kleinen Küstendorf. Alles wirkt dennoch noch eher improvisiert als touristisch. Eine kleine Brücke trennt den Ort in zwei Teile.

Geschichtliches: Der Ort und sein Name sind uralt. Schon die griechische Mythologie kennt eine Toróni, die die Frau des Meeresdämons Proteus und die Mutter von Poligonos und Tilegonos war, die vom sagenhaften Herkules besiegt wurden. Vom gleichnamigen Ort ist bekannt, dass er schon im 8. Jh. v. Chr. von Chalkís aus kolonisiert wurde und später dem Attischen Seebund beigetreten ist. 424 v. Chr. rebellierte die Bevölkerung gegen die Athener und schlug sich auf die Seite von Spárta, das Toróni (auch Torone genannt) unter seinem Befehlshaber Vrassidas eroberte. Die Athener, die sich in der Festung am Kap Lykithou verschanzten, konnten nicht lange Gegenwehr leisten. Trotz der exponierten Lage am Rand der damaligen

188 Sithonía

Stadt auf einem schmalen Kap, und zusätzlich durch einen Kanal getrennt, wurde die Festung überrannt und dem Erdboden gleichgemacht. Im Jahre 348 v. Chr. wurde Toróni abermals erobert, diesmal von Philipp II. und rund 180 Jahre später von den Römern besetzt. Dass die Stadt trotz der vielen Überfälle und Verwüstungen immer wieder aufgebaut wurde, liegt vermutlich an der idealen Lage mit geschütztem Hafen und der Nähe zum größten Naturhafen Griechenlands, der Bucht von Pórto Koufó.

- *Verbindungen/Anfahrt* tägl. in jede Richtung 6-mal **Busse** über Kalamítsi und Toróni nach Pórto Koufó bzw. nach Saloníki (an Wochenenden 4 Verbindungen).
Bei Toróni zweigt die **Hauptstraße** in das Inselinnere nach Sikiá ab. Dorthin führt aber auch eine weitaus kürzere und asphaltierte Strecke hinter Kalamítsi.
- *Übernachten/Camping* **Studios Chrisi Ammoudia**, familiengeführtes Apartmenthotel inmitten einer großzügigen Gartenanlage, nur ca. 50 m vom Sandstrand entfernt. Kinderspielplatz und Privatparkplatz. In zwei Häusern werden Zimmer angeboten (24 Zimmer mit Aircond., TV und Telefon, aber ohne Küche), DZ im Hochsommer 50 €; das zweite Gebäude von 2004 bietet Studios mit Küche. Mai, Juni, Sept. ab 35 €, Juli, Aug. 70 € und Ende Aug. 50 €, geöffnet Mai–Ende Sept., ✆ 23750/51020, ✆°23750/51359, mobil (für Buchungen): 6948110757, www.toronistudios. com. Unsere Empfehlung für Toróni!
Neben weiteren Privatquartieren entstand in Toróni u. a. der **Zeltplatz Filippos**. Er ist etwa 100 m vom Meer entfernt. Strohmatten spenden Schatten, aus den wenigen Duschen fließt salziges Leitungswasser. Auch die Toiletten waren nicht sehr empfehlenswert. Dafür ist der Platz sehr ruhig – geradezu verlassen. Erwachsene 5 €, Kinder 3 €, Zelt 4–5 €, ✆ 23750/51250.
Weitere Campingplätze (*Anamour* und *Thanassis*) sind gut ausgeschildert.
- *Camping/Baden* **Camping ISA**, gehört offiziell noch zu Tristínika, etwa 100 m vor der Ortszufahrt nach Toróni (beschildert). Mit der Hauptstrecke durch eine 600 m lange Teerstraße verbunden. Der Platz machte bei der letzten Recherche einen ausgezeichneten Eindruck. Familienbetrieb mit Strandbar, Restaurant und Minimarkt, sehr sauberen Sanitäranlagen und schattigen, ruhigen Stellplätzen. Kinderspielplatz, Basket- und Volleyballfeld. Kilometerlanger Sandstrand, etwa 15 m breit. Preise Juli, Aug.: Erwachsene 6,50 €, Kinder 3,25 €, Zelt 5–5,50 €, Auto 3,25 €, Wohnmobil 6,25 €, Strom 3,50 €, geöffnet 15. Mai–15. Sept., ✆ 23750/51235 und 51129, ✆°23750/51128, www.camping-isa.gr. Empfehlung!
- *Essen & Trinken* Das **Restaurant Korokas** am nördlichen Ende des Orts ist besonders abends von Griechen gut besucht. Im **Café Angelos** direkt am Strand treffen sich dagegen überwiegend ausländische Urlauber.

Sehenswertes in Toróni

Am Ende der Bucht können Sie die Ruinen der **Festung Levthonia** besichtigen. Weil auf dem Gelände derzeit umfangreiche Ausgrabungen und archäologische Vermessungen vorgenommen werden, ist der Zutritt neuerdings durch Stacheldrahtzäune verwehrt sowie durch ein Tor und eine Schranke zusätzlich abgeriegelt. Besucher können das Gelände von Montag bis Freitag zwischen 9 und 14 Uhr besichtigen (Informationen unter ✆ 2310/285163). Vorsicht ist trotzdem geboten: In luftiger Höhe führt ein Trampelpfad über das Gelände oberhalb des Hafens von Toróni – z. T. am oberen Rand der antiken Festungsmauern (nichts für Badeschlappen!). Am gegenüberliegenden Hügel die spärlichen Grundmauern der **byzantinischen Basiliken** „Alpha" und „Beta" unter den Olivenbäumen. Gleich neben den Kirchenruinen beginnt ein Trampelpfad auf den Gipfel des Likythos-Bergs, der sich allerdings bald verliert. Dafür genießen Sie von hier oben einen traumhaften Blick auf die Naturbucht von Porto Koufós.

Wer die Mauern der antiken Stadt am Südende der Lykithou-Bucht besichtigen will, braucht dazu Schnorchel und Taucherbrille. Der **antike Hafen** ist nämlich inzwischen im Meer versunken.

Die „taube Bucht" – Pórto Koufó

Pórto Koufó

Das nur 100 Einwohner zählende Pórto Koufó genießt den Ruf eines Superlativs, seine Bucht bildet nämlich den größten Naturhafen Griechenlands. Und auch die Akustik ist bemerkenswert: Von einer über 100 m hohen Hügelkette umschlossen, kann man hier das Meer nicht hören – „koufó" heißt auf Griechisch „taub".

Mehrere Fischtavernen und ein kleiner Supermarkt bestimmen das Bild des Dorfes, in dessen Hafen viele Segelboote liegen. Es gibt einige wenige Privatquartiere, Touristen sieht man hier aber kaum.

Der südwestliche Abschnitt des zangenförmigen Kaps ist nur mit Booten zu erreichen (fragen Sie bei Fischern nach Mitfahrgelegenheiten), während der südliche Teil der fjordartigen Bucht über eine Schotterpiste erschlossen wurde. Und noch eine Besonderheit hat die Gegend zu bieten: Auf den riesigen Felsen um die Bucht befinden sich die Nistplätze von Geiern, und deshalb heißt die Gegend auch „Kartalia", so die griechische Bezeichnung für diese Vögel.

- *Verbindungen/Anfahrt* tägl. in jede Richtung 6-mal **Busse** über Kalamítsi und Toróni nach Pórto Koufó bzw. nach Saloníki (an Wochenenden 4 Verbindungen).
- *Übernachten* Neben einigen **Privatquartieren** bietet sich das **Hotel Pórto Koufó** an, ein blendend weißes Haus im Kykladenstil mit blauen Fenster- und Türrahmen. Es liegt direkt an der Ortseinfahrt (von Sárti kommend). Eigener kleiner Garten und Strandabschnitt, im Garten ist die Idylle etwas durch die nahe Straße beeinträchtigt. Alle Zimmer sind mit Aircond. und TV ausgestattet. DZ/Frühstück ab 85 €. ✆ 23750/51095, 2310/226919, www.portokoufohotel.gr. **10 Zimmer** werden auch im Hotel **O Kapetários** vermietet (s. u.), dem auch ein Restaurant angeschlossen ist.
- *Essen & Trinken* **O Kapetários**, am höchsten Punkt der Strecke zwischen Toróni und Pórto Koufó gelegen (400 m südlich vom Ortsende Toróni entfernt). Der

reichlich touristische Eindruck relativiert sich spätestens beim Essen in der Taverne (Spezialität Fisch) und beim Ausblick auf Pórto Koufó. Das freundliche belgisch-griechische Besitzerehepaar Linda de Maeyer und Tassos Chatzihaberis trägt einen entscheidenden Teil zur guten Atmosphäre bei – die 83-jährige Mama Maria ist ein wahres Kochwunder.

Bestätigt werden unsere Eindrücke von einigen hymnenartigen Leserbriefen, und auch der Blick in das Gästebuch vor Ort mit englischen, japanischen, ungarischen und natürlich deutschen Einträgen lohnt sich. In den Sommermonaten tägl. ab 9 Uhr geöffnet; ℡ 23750/51246.

Zu den besten Fischrestaurants in Pórto Koufó zählt das **Paliogiannis Palace Restaurant** am südlichen Ende der Bucht. Von hier kann man außerdem bei Sonnenuntergang einen schönen Ausblick auf die Meeresenge genießen.

An der Südspitze von Sithonía

Die sehr hügelige, z. T. bergige Strecke zwischen Pórto Koufó und Kalamítsi gibt immer wieder den Blick auf Buchten mit stahlblauem Meer frei. Leider sind diese Strandabschnitte – bis auf die tief eingeschnittene Bucht von Ámbelos, zu der es 3,5 km auf einer Staubstrecke hinuntergeht – nur vom Meer aus zu erreichen (evtl. mit den Fischern eine Mitfahrgelegenheit ausmachen). Aber allein die Optik mit den schroffen und kahlen Bergrücken ist ungemein reizvoll. Ab und zu spiegelt sich die Sonne auf den Wellblechdächern, die mitten in dieser Steinwüste Ziegen, Schafen und Ochsen einen sicheren Unterstand geben.

Kaum hat man die Südspitze Sithoníás mit ihren kahlen, hoch aufragenden Bergrücken umrundet, laden bereits wieder Sandstrände und vereinzelt sogar einsame Buchten zur Erholung ein.

● *Essen & Trinken* Machen Sie eine kleine Rast in der **Taverne Panorama**, mitten auf der Verbindungsstraße am Wegrand (nicht zu übersehen wegen der weißen Säulen). Man sitzt unter Holzbalken oder auf der Terrasse und hat einen schönen Ausblick hinunter auf die Bucht von Kalamítsi und die kahlen Bergrücken, zuweilen ist bei klarer Sicht auch der Áthos-Gipfel zu sehen. Weil auch Reisebusse halten, kann es zuweilen sehr voll werden.

Der Strand von Kalamítsi, so freilich nur im September

Bucht von Kalamítsi und Umgebung

Eine wirklich **wunderschöne Sandstrandbucht**, oft mit hohen Wellen. Im Westen eingegrenzt durch hohe Felsen, im Osten bildet ein sanfter Hügel den Abschluss. Der ganze Strandabschnitt gehört zum unten beschriebenen Zeltplatz (→ Tipp), freies Campen ist nicht möglich, Baden dagegen ohne Probleme.

Auch die nächste (namenlose) Bucht ist eingerahmt von Felsen und lädt zum Baden ein. Sie erreichen sie, wenn Sie von Camping Kalamítsi zur Hauptstraße hinaufgehen und nach wenigen Schritten in Richtung Sárti auf die Teerstraße abbiegen, die rechts wieder zum Meer hinunterführt. Die Landschaft ist rau, es wachsen einige Krüppelgewächse zwischen Felsen und skurril geformten Auswaschungen in den dünenartigen Sandhügeln. Ein ideales Terrain für Ziegenherden, deren wild zusammengezimmerte Schutzunterstände hier an vielen Stellen zu finden sind.

Im kleinen **Ort Kalamítsi** wohnen derzeit gerade einmal vier Familien das ganze Jahr über. Noch scheint es, als ob sich fast jeder Grundbesitzer mit dem Tourismusgeschäft versucht: Auf den Grundstücken und in den Vorgärten werden improvisierte Campingmöglichkeiten geschaffen, einige Apartment-Häuser sind im Bau, Privatzimmer werden angeboten. Es gibt zwei Supermärkte an der Uferstraße, auch die deutsche Braukunst hat ihren Weg hierher gefunden. Zum Baden ideal, das Wasser ist sehr klar und sauber, zu einer kleinen, felsigen Insel vor dem Ufer kann man ohne Schwierigkeiten hinüberschwimmen. Einige Wohnmobile und auch Zelte stehen in Ufernähe. Für Sportliche wird Wasserski angeboten. Wer den Abend schließlich in der Taverne bei Candlelight ausklingen lassen will, wird entlang der ruhigen Uferstraße schnell fündig. Hier findet man auch – was in Griechenland eher selten der Fall ist – Parkbänke!

> **Tipp: Camping Kalamítsi**, seit 2005 unter neuer Leitung. Nicht nur wegen des direkten Zugangs zum Meer, der vielen schattigen Plätze unter Pinien und der ausgezeichneten Bademöglichkeiten, sondern ebenso wegen der übrigen Einrichtungen einer der interessantesten Zeltplätze Griechenlands! Zu den Extras der Anlage gehören ein sehr gut ausgestatteter Supermarkt, mehrere Tennisplätze (10 € pro Std.), ein Volleyball- und Basketballfeld, ein Kinderspielplatz, ein billiges Selbstbedienungsrestaurant (umgebaut) sowie ein Kiosk mit internationaler Presse. Bäder/WCs sind etwas veraltet – aber sauber – und könnten eine Renovierung vertragen. Nachteil: In der Hauptsaison beträgt die Mindestaufenthaltsdauer 3 Tage, Ausnahmen sind jedoch möglich. Ebenfalls zur Unsitte ist es geworden, dass eine ganze Reihe von Wohnwagen „in der ersten Reihe" am Strand steht. 6,50 €/Person, Kinder 3 €, Auto und Anhänger 8,50 €, Auto mit Zelt 7,50 €, Wohnmobil 8 €, Strom 3 €, 11 Mietwohnwagen für 35 €/Nacht, geöffnet 1. Mai–Mitte Sept., an der Rezeption wird deutsch gesprochen, ✆ 23750/414100.

• *Camping/Sport & Freizeit* **Camping Pórto**, liegt an der Straße, und wenn ein Auto vorbeifährt, wird doch eine ganze Menge Staub aufgewirbelt. Schattig. Restaurant, Minimarkt und **Tauchschule** am Platz. Sanitäre Einrichtungen in Ordnung. 150 m vom Strand zurückversetzt. Am Strand weitere Tavernen. Um zum Meer zu gelangen, muss man eine wenig befahrene Straße überqueren. Wichtig: Die Anlage ist bis 1.11. geöffnet. Der Besitzer spricht deutsch! 5 €/Person, Kinder 2,50 €, Stellplatz 7–8 €, Motorrad 2,10 €, Strom 2,86 €, ✆ 23750/41346.

„Gartencampingplätze": **Camping Ilias** (am südlichen Ortsende) und **Camping Tsitreli** (trotz einiger Baumaßnahmen nicht

ungemütlich). Am Platz auch die **Tauchschule** Diving Center „North Aegean".
• *Essen & Trinken* **O Georgakis**, neues Restaurant mit rotem Ziegeldach und Weinranken am Vordach. Familienbetrieb mit Fisch- und Grillspezialitäten. Lauschige Plätzchen an der Uferstraße unter Schilfschirmen, Sie sollten freilich nicht nach 20 Uhr kommen, um hier noch einen Tisch zu bekommen. Die freundlichen Besitzer Chatzimanouil bieten außerdem **Apartments** in unmittelbarer Strandnähe an. ✆ 23750/41338.

Kriarítsi Beach und Klimatariá Beach

Beide Badebuchten haben eine Gemeinsamkeit und hüten ein Geheimnis: Sie bieten den Sonnenhungrigen eine gewisse Einsamkeit. Doch mit der Fertigstellung des umfangreichen Straßennetzes, die die Hauptstraße mit dem Strand verbindet, dürfte diese Ruhe bald der Vergangenheit angehören.

Eine gut erkennbare Hinweistafel (und eine inzwischen fertig gestellte Brücke als Anhaltspunkt) weist den Weg hinunter zu den beiden Buchten. Unterwegs noch rege Bautätigkeit: Hier soll schon bald ein Erholungsheim für ehemalige griechische Offiziere entstehen, ein riesiges Bauvorhaben, das sich über das gesamte Tal und die angrenzenden Hügel erstreckt (auch 2005 weiter unverändert). Lassen Sie sich dennoch nicht abschrecken. Bisher sind die beiden **tadellosen Sandstrände** mit ihren zahlreichen kleinen Nachbarbuchten jedenfalls hauptsächlich Griechen und Insidern bekannt.

▸ **Kriarítsi Beach**: Die über 4 km lange Anfahrt garantiert bisher Abgeschiedenheit. So beanspruchen denn auch einige FKK-Anhänger den nördlichen Teil der Sandbucht für sich. Auch die kleinen Nebenbuchten sind der Freikörperkultur vorbehalten, überwiegend junge Leute mit überdimensionalen Kassettenrekordern spielen die aktuelle griechische Hitparade rauf und runter.
Die Bucht von Kriarítsi ist ausgesprochen sauber, Sandstrand mit leichter Dünung. Leider haben einige Urlauber zwischen Juli und September die besten Plätze auf dem Strand bereits mit ihren Wohnwägen zugeparkt. Ausreichend Stellplätze im Hinterland und einige Süßwassertümpel mit Schilfbewuchs. Nicht nur Sonnenanbeter, auch Schnorchler und Angler kommen hier auf ihre Kosten. In der Zwischenzeit haben sich zwei Campingplätze hier fest etabliert.

• *Übernachten/Camping* Gleich zwei Plätze, nämlich **Camping Christina** und **Paradisos**, teilen sich das Geschäft. Die ehemals improvisierten Anlagen haben sich unter dem Erfolgsdruck stark gewandelt: Beide haben einen Minimarkt und eine Taverne zu bieten sowie ausreichend schattige Stellplätze. Auch im Preis gibt es keine nennenswerten Unterschiede: Erw. 4,50 €, Kinder 2,50 €, Auto 3 €, Wohnmobil 5,50 €, Strom 2,90 €. Am nördlichen Ende der Bucht hat sich die neue **Taverne Rendevouz** („Panteboy") angesiedelt, leicht zu erkennen an den grellblauen Balkonen, die allerdings zum Zeitpunkt der Recherche geschlossen war.

▸ **Klimatriá Beach**: Auch hier ein halboffizieller **Campingplatz** mit Blick auf traumhaft türkises Wasser und eine vorgelagerte Insel, zu der man ohne Probleme hinüberschwimmen kann. Zudem gutes Schnorchelrevier. Im Hinterland befinden sich mehrere Tümpel mit Wasserschildkröten und Fischen. Hauptsächlich Griechen haben hier ihr Zelt aufgebaut oder den Wohnanhänger abgestellt. Abends wird der Grill angefacht, nur wenige essen in der angeschlossenen **Taverne**.

▸ **Weiter in Richtung Norden**: Nach dem Strand von Klimatária führt eine erhöht gelegene Teerstrecke am Meer entlang bis hinüber zur Bucht von Sikiás (s. u.). Unterwegs traumhafte Ausblicke auf das türkise, teilweise smaragdgrüne und hellblaue Meer. Zwar gibt es einige lohnenswerte **kleine Buchten**, in denen Sie allein und unbeobachtet Ihr Handtuch ausbreiten können (FKK möglich), aber leider nur wenige Möglichkeiten, sein Auto abzustellen. Danach geht es auf schmalen Pfaden durch die Macchia hinunter zum Meer. Eine leicht zugängliche Bucht unterwegs ist der **Pigadáki Beach**.

●*Essen/Trinken* **Taverne Five Steps in the Sand**, am Pigadáki Beach und etwa 1 km südlich der Sikiás Bucht gelegen. Tagesgäste können sich beim Restaurant freie Liegestühle und Sonnenschirme ausleihen. In der Bucht zwei weitere **Fischtavernen** und ein **Minimarkt**. Unsere Leser Heidi und Martin Köster aus Hamburg schwärmen: „**Five Steps in the Sand**, für das bereits am Anfang der Sithonía überall an der Straße mit großen Tafeln geworben wird, lässt auf gesichtslosen Massenbetrieb schließen. Umso mehr wird man beim Besuch der Taverne aufs Angenehmste überrascht. Direkt am Rand einer der aus unserer Sicht schönsten Sandbuchten Griechenlands, leicht erhöht zum feinsandigen Sandstrand gelegen, serviert hier die deutsch sprechende Betreiberfamilie einheimische Köstlichkeiten, die sich vom Durchschnittsangebot der Urlaubertavernen abheben. Die Lage etwas abseits der klassischen Urlauberquartiere (in der Bucht gibt es nur wenige private Quartiere) sorgt dafür, dass die Taverne nicht überlaufen ist. So kann man in sehr entspannter Atmosphäre zu leckerem Essen zusehen, wie die Abenddämmerung langsam über die in der Bucht vor Anker liegenden Fischerboote fällt (ein fast kitschig anmutender Anblick)." Auch unser Tipp für Sikiá!

Skála Sikiás/Valtí Beach

Sehr lang gezogene, topfebene Bucht fast ohne Schatten. Im Hinterland Olivenhaine, Wein, Maulbeerbäume und private Gärten mit Kohl- und Obstbau, umgeben von einer Hügelkette mit sanften Bergrücken. Auffälligste Merkmale sind die Ruinen zweier Windmühlen.

Ein Ort versucht sich in Sachen Tourismus: Dafür wurde ein Großteil des Strandabschnitts mit dem ortseigenen Campingplatz Myloi („Windmühlen") zugebaut, der – weitläufig umzäunt – jetzt auch die beiden Windmühlenruinen mit umschließt. Trotz Minimarkt, Beachbar, funktionierenden Duschen am Strand und dem spärlichen Schatten unter Schilfmatten kann das Areal nur wenig überzeugen. Die sauberen Sanitäranlagen scheinen, wie auch die übrigen Gebäude, in aller Eile erbaut worden zu sein, als wollte man den Bestrebungen privater Campingplatzbesitzer zuvorkommen. Zudem ist der Strand leider nicht überall sauber, wenngleich die Blaue Flagge weht. Es wurden zwar blaue Abfalleimer aufgestellt, doch je nach Windrichtung und Strömung wird der Müll über den langen und breiten Sandstrand verteilt. An der Straße, die am Uferbereich entlangführt, mehrere Tavernen, Privatquartiere und eine Diskothek. In den Wassertümpeln am Strand (wegen des Geruches leicht zu finden) sonnten sich Wasserschildkröten und Frösche. Ansonsten tollen am Strand etwa 20 freilaufende Hunde herum. Bei unserem letzten Besuch war keine Wasserschildkröte mehr zu entdecken. Sollte der rege Betrieb der Wildcamper sie vertrieben haben?

Weiter nördlich noch weitere kleine Buchten, darunter der Valtí Beach, über eine schmale Teerpiste mit einigen Schlaglöchern oder zu Fuß zu erreichen.

●*Übernachten/Camping* Hotels und Pensionen gibt es am Sikiá Beach noch nicht, man ist auf **Privatquartiere** (teils sehr nette Häuser mit kleinen Gärten) angewiesen. Zum Leidwesen der Zeltplatzbesitzer nächtigen die meisten Rucksackreisenden am Strand.

Das Campingangebot umfasst neben dem zentralen Gemeindecampingplatz **Myloi** mehrere einfache und private Zeltplätze, die vom Strand durch eine relativ wenig befahrene Straße getrennt sind. **Camping Linaraki**, **Asteris** und **Pitsoni** sind immer noch preisgünstige Zeltplätze auf Sithonía. Der überzeugendste ist Camping **Melissis**. Er macht einen gemütlichen, fast familiären Gesamteindruck. Zwar keine Tennisplätze oder Swimmingpools, dafür aber ein Minimarkt und seit 2002 zwei neue Toiletten- und Duschhäuser und neue Waschgelegenheiten für Geschirr und Wäsche. Taverne (nur bis Sept. geöffnet). Reichlich Schatten, da hohe Bäume. Bis zum Meer sind es keine 200 m. Erwachsene 4,10 €, Kinder 2,50 €, Zelt 3,20 €, Auto 2,50 €, Wohnmobil 4,70 €, geöffnet 1.6.–30.9., ✆ 23750/41631, ✆°23750/20087, www.camping-melissi.com. Am nördlichen Ende der Bucht führt die erwähnte schmale Straße zur Valtí Bucht und zu den einfachen Campingplätzen **Katerina** (1,5 km) und **Valti** (3 km). Hier befindet sich auch die **Beachbar Alati**. Am Strand einiges trockenes Seegras.

• *Essen & Trinken* Im Bereich des Hafens in der südlichen Bucht befinden sich mehrere schön gelegene Lokale. Lohnenswert der Weg über einen kurzen Anstieg in südlicher Richtung (ca. 1 km) zur gut beschilderten Taverne „Five Steps in the Sand" (s. o.).

Sikiá

Sympathisches und untouristisches Bergdorf im Landesinneren, etwa 3 km von der Küstenstraße entfernt, und mit mehr als 3000 Einwohnern zugleich die größte und eine der ältesten Gemeinden auf Sithonía. Eindrucksvolle Anfahrt in der Nachmittagssonne, wenn der 598 m hohe Paklará seine langen Schatten auf die Ortschaft wirft.

Um den Hauptplatz herum etliche Geschäfte mit Obst und Gemüse, aber auch mit Ansichtskarten, zudem ein ganzer Schwung Cafés, ein Supermarkt, eine Post und eine Telefonzelle. Am Ortsrand jedoch noch das „alte Griechenland": viele kleine mit Blumen geschmückte Gärten, Weinstöcke vor nahezu jedem Anwesen, schmale Gassen aus einer autolosen Zeit und in so manchem Vorhof verbringt ein alter Esel einsam den Tag.

Sikiá ist der einzige Ort, der auch in der Nachsaison nicht ausgestorben wirkt. Viele Bewohner, da ehemals als Gastarbeiter in der Fremde waren, sprechen Deutsch (alle Lebensmittelläden sind z. B. fest in der Hand dieser Griechen). In den drei größten Tavernen Sikiás trifft sich bei TV-Übertragungen von sportlichen Großereignissen das ganze Dorf.

Geschichtliches/Sehenswertes: In byzantinischer Zeit entstanden in der Gegend zahlreiche Güter von Áthos-Klöstern. Im Freiheitskampf (1821) spielte das Dorf eine aktive Rolle, wurde dabei auch von den Türken zerstört, anschließend jedoch wieder aufgebaut.

Zu den Sehenswürdigkeiten des Ortes zählen die Kirche von Ágios Athanásios (1819) und die spärlichen Überreste von Windmühlen am 3 km entfernten Strand Paralia Sikiá. Am Hügel Kukos, westlich von Sikiá, existieren noch Reste einer prähistorischen Siedlung und eine byzantinische Kirche.

• *Anfahrt/Verbindungen* Sikiá liegt 160 km von Thessaloníki und 90 km von Polígiros entfernt. Per **Auto** zu erreichen über die Abzweigung bei Toróni (Schotterstrecke) bzw. bei der Bucht von Skála Sikiás (Teerpiste). **Busse**: tägl. 6-mal ab Saloníki über die Westküste. Bushaltestelle mitten im Ortszentrum.

• *Telefonnummern* Polizei, ✆ 23750/41111. **Tankstelle**, ✆ 23750/41863.

• *Übernachten* überwiegend in **Privatquartieren**. Einziges Hotel am Ort ist das **Hotel Pórto Koufó** (C-Kat.). DZ 60–95 €, ✆ 23750/51207.

▸ **Weiter in Richtung Norden**: Auf dem Weg nach Sárti (→ S. 195) wiederholt schöne **Sandstrandbuchten**, die – Preis der Einsamkeit – meistens über schlechte Schotterpisten zu erreichen sind.

Sárti

Der kleine Ort Sárti am Nordostkap von Sithonía wurde erst 1922 von Flüchtlingen aus Kleinasien gegründet und hat trotz zunehmender Touristenzahlen bis heute Charakter. Das Leben der Einwohner spielt sich in den zahlreichen kleinen Tavernen, Kafenía oder in den engen Gassen ab.

Einen Pluspunkt erzielt Sárti für die breite bepflanzte Uferpromenade. Von einer verschlafenen Ortschaft hat sich Sárti in nur wenigen Jahren zum Touristenzentrum entwickelt, mit allem, was sich das Herz des Urlaubers zu wünschen scheint: Crêperien und Diskotheken, Angebote vom Maultiertrekking bis zum Tauchkurs. In der Saison präsentiert sich der Ort lebhaft bis laut. Sárti bietet Hotels, Privatunterkünfte und Pensionen; gute Bademöglichkeiten mit Sandstrand und klarem Wasser („blaue Flagge"), allerdings kaum Schatten. Sárti hat sich auf deutsche, zunehmend aber auch auf osteuropäische Gäste eingestellt.

Traumhaft ist bei klarer Sicht der Blick hinüber zum gewaltigen **Áthos-Massiv** mit seinem pyramidenförmigen Marmorgipfel. Und fast meint man, jedes einzelne Haus und Kloster auf der gegenüberliegenden Halbinsel der Mönche sehen zu können.

- *Busverbindungen* tägl. 6-mal ab Saloníki (knapp 4 Std.).
- *Adressen* 100 m südlich der zentralen Bushaltestelle in einer Seitenstraße alle namhaften **Scooter-/Motorradverleihe** des Ortes: *Motorent El Greco* (✆ 23750/94628), *Scooter Angelo Motorrent* (✆ 23750/94174) und *Sassos* (✆ 23750/94022, mobil 6938751790), die etwa Mai bis Ende Okt. betrieben werden. Preise für 50-ccm-Scooter 10–15 €/Tag, 100 ccm 15–20 €, 125 ccm 20–25 €.
- *Übernachten/Camping* **Sárti Beach Hotel** (C-Kat.), Apartmenthotel etwas abseits der Straße auf der südlichen Zufahrt zum Ort, fast unmittelbar am Strand gelegen. Steht unter derselben Leitung wie der Campingplatz. Einfache Zimmer mit Balkon zum Meer, relativ ruhig. Den Preis erfährt man nur auf Anfrage, ✆ 23750/94211.
Hotel Villa Phyllis (C-Kat.), gegenüber dem Zeltplatz. Neu gebauter Komplex mit Swimmingpool und gepflegtem Rasen. Leider direkt an der Straße. In der Hochsaison oft von Pauschaltouristen ausgebucht. DZ je nach Saison 30–65 €, ✆ 23750/94055, ✉ 23750/94381.

> **Tipp:** Stellen Sie Ihr Fahrzeug lieber am Ortsrand ab, und besichtigen Sie den Ort zu Fuß. Die Gassen werden zu Gässchen und die Straßen zu Einbahnstraßen oder Sackgassen.

- *Camping* **Camping Sárti Beach**, wer die Anlage im südlichen Teil der Bucht betritt, staunt zunächst einmal über das zahlreiche Federvieh. In einem größeren Verschlag leben unter einem Dach etliche Hühner, Fasane und sogar ein Pfau. Der Campingplatz bietet ausreichend Schatten, saubere Toiletten und Duschen sowie eine früher sehr **Taverne**, die durch neu aufgestellte Video-Spiele ziemlich laut geworden ist. Über eine kleine Düne (50 m) erreicht man den wunderschönen, schattenlosen Sandstrand, Wasser sehr sauber. Nachteil: Sárti Beach liegt direkt an der Hauptstraße (staubig, eng) und wird von Häusern eingeschlossen: 6 €/Person, Auto und Zelt 4,50 €, Strom 3 €. Wer nur einen Tag bleibt, zahlt etwas mehr, ✆ 23750/94250 und 94212.
Dem Campingplatz angeschlossen sind **Bungalows** (2 Pers. ab 45 €) und **Apartments** (4 Pers. ab 65 €).
- *Essen & Trinken* Entlang der Uferpromenade stehen die Tische und Stühle z. T. im Rasen, hier findet auch jeder Schatten unter Pergolen. Um es gleich ganz deutlich zu sagen, es gibt eine ganze Reihe von annähernd gleichen Restaurants mit kaum unterscheidbarem Angebot. Die Bedienungen in den Tavernen stammen teilweise aus Osteuropa und sprechen z. T. nur wenig Griechisch.
- *Sport/Freizeit* direkt neben dem Sarti Beach Hotel und am zugehörigen Strandabschnitt findet man das **Aqua Fun Watersports** Center (die Flaggen sind nicht zu übersehen) mit Verleih von Windsurfern, Bananas etc. ✆ 6937132317 (mobil).
- *Bars/Diskotheken* An der Hauptstraße etliche Bars und Diskotheken mit so sinnigen Namen wie **Bora Bora**, **Relax** oder **Cosa Nostra**.

Sithonía Karte S. 168

Zwischen Sárti und Vourvouroú

Dieser Küstenabschnitt ist über weite Strecken unberührt und bezaubert durch seine vielfältige Flora. Links und rechts der Hauptstraße findet man Farne, Pappeln, unterschiedliche Arten von Disteln, Platanen, Brombeer- und Lorbeersträucher, Kiefern, Wein, schilfartige Gewächse sowie Olivenhaine. Die würzigen Düfte wechseln von Minute zu Minute.

Bei schönem Wetter kann man fast während der ganzen Fahrt bis hinüber zum Berg Áthos sehen! Von der kurvigen, teilweise serpentinenartigen Straße mit Steinschlaggefahr führen ab und an Schotterwege zum Meer hinunter. An fast jeder Bucht gibt es auch einen Zeltplatz. Im Folgenden eine kleine Auswahl:

▸ **Ahláda Beach**: Einige Fischerboote und Segeljachten liegen in der kleinen Bucht. Neue Apartmentanlage in herrlicher Lage über der Küste.
In der Bucht breitet sich ein kleiner, von der Gemeinde eingerichteter Campingplatz aus, der wenig Schatten sowie einfachste und nicht sehr saubere sanitäre Einrichtungen bietet. Weder war Personal zu sehen, noch haben wir irgendetwas bezahlt. In der Nacht kann man die Fischerboote beobachten, die an der nahen Mole ihren Fang auf Lastwagen verfrachten. Fazit: Bucht für Leute ohne Schlafprobleme.

▸ **Platanítsi Beach**: 4 km hinter der Ahlada-Bucht – wirklich eine **Traumbucht**. Man könnte meinen, in der Karibik zu sein, so türkis schimmert das Wasser, so üppig ist die Vegetation am Strand. Parkähnlicher Zeltplatz **Platanítsi Camping** mit vielen schattenspendenden Bäumen und Büschen. Sanitäre Einrichtungen eindeutig zu klein, aber die Optik entschädigt für einiges. Der Platz selbst ist so groß, dass es sich schon beinahe lohnt, von der Rezeption bis zum Strand (respektive zu den Waschräumen) mit dem Fahrrad zu fahren, für Nichtcamper besteht so gut wie kein Zugang. Bescheidener Minimarkt, am Strand die vielbeworbene Beachbar Africafé. Viele Familien und junge Leute, manche Griechen haben hier schon „befestigte" Wochenendzeltplätze. Gute Stellmöglichkeiten für Wohnmobile. 4,50 €/Person, Auto 2,50 € und Zelt 3,50–4 €, Wohnmobil 5 €, Strom 3 €, geöffnet 1. Juni–15. Sept. ✆ 23750/94535 (Rezeption).

• *Sport & Freizeit* Wer sich für Tauchausbildung oder -ausflüge interessiert, sollte direkt mit dem **Aqualand Tauchzentrum** auf dem Campingplatz Platanítsi Verbindung aufnehmen. Das Erwerben von Zertifikaten von 1 Stern (Open Water Diver) bis zu 3 Sternen (Divemaster) ist unter fachkundiger Anleitung möglich, ca. 250–400 €. ✆ 694/672913 (mobil), www.aqualand.gr/de, aqualand@spark.net.gr.

▸ **Kavourótripes Beach**: Nur 2 km in nördlicher Richtung zweigen sandige und holprige Stichstraßen ohne jegliche Beschilderung zu mehreren kleinen Buchten ab (ca. 300 m). Besonders zu empfehlen ist eine wunderbare Doppelbucht mit karibikähnlichem Ambiente. Am Küstenstreifen zahlreiche Parkplätze, dichter Wald spendet Schatten. In den Büschen hängen leider ganze Mülltonnenladungen von Plastikflaschen, Badeschlappen, Papier und Bierdosen, die sorglose Badegäste achtlos weggeworfen haben. Umso schöner allerdings präsentiert sich die Bucht: Linker Hand eine Sandbucht wie ein Amphitheater, rechts zwischen skurrilen Felsformationen ein schmaler Sandstrand und überall türkis schimmerndes Wasser. Eine kleine **Bar** versorgt mit Getränken, die Entsorgung der Abfälle bleibt den Badegästen vorbehalten.

Zwischen Sárti und Vourvouroú 197

Wasser und Strand „hui", Müllentsorgung „pfui" bei Kavourótripes Beach

▸ **Armenistís Beach**: Die Bucht ist eingerahmt von niedrigen Felsen. Sehr gefälliger Eindruck. Grob sandiger Strand wie fast an der ganzen Ostküste, idealer Platz zum Schnorcheln. Großflächiger Camping Armenistis (→ Tipp) mit reizvoller Strandbar und Taverne.

> **Tipp: Camping Armenistis**, der „sportliche Campingplatz", der schon beinahe ans Clubleben erinnert. Hier trifft man auffallend viele junge Leute an. Das mag daran liegen, dass es auf dem Platz ein überdurchschnittlich gutes Angebot an Unterhaltungsmöglichkeiten gibt. Neben Wassersport (Windsurfing, Wasserski, Segeln, Tennisplatz) und 2 Beachvolleyballfeldern gibt es am Abend griechische Musikeinlagen und Discopartys am Strand. Geschickt eingerichtet, denn so findet am Strand ein reges Nachtleben statt und der übrige Bereich ist verhältnismäßig ruhig. Die Besitzer geben für die Saison ein eigenes *Veranstaltungsprogramm* heraus für Musikevents, diverse Künstler- und Bastelworkshops und das platzeigene Kinoprogramm.
> Der Zeltplatz liegt umrahmt von hohen Hügeln an einer weitläufigen, geschützten sichelförmigen Bucht (daher für Nicht-Camper nicht zugänglich!), an beiden Enden gute Schnorchelmöglichkeiten entlang der Felsen. Auf dem ausgedehnten Gelände gibt es ein Restaurant, eine Snackbar, mehrere Bars, einen Supermarkt und einen Kinderspielplatz. Sehr sauberer Sandstrand mit Duschen und ebenso sauberes Wasser, in der Hochsaison jedoch gut bevölkert. Stellplätze im Schatten. Sanitäranlagen sauber. Erwachsene 6,50 €, Kinder (4–10 Jahre) 3,20 €, Auto 3,20 €, Zelt 5,50 €, geöffnet 11.5.–11.9., ✆ 23750/91497, ℻ 23750/91847, www.armenistis.com.gr.

▸ **Koutloumoússi Beach**: 10 km nach dem Armenistís Beach in Richtung Norden, eine schmale, aber lang gezogene, hufeisenförmige Sand-Kies-Bucht mit sauberem Wasser, die zu Recht mit der „blauen Flagge" ausgezeichnet wurde. Auf dem riesigen

Lacara-Campingareal (s. u.), das fast das gesamte Talbecken in Beschlag nimmt, kann man sich fast verlaufen.

● *Übernachten/Camping/Baden* **Camping Pórto Zografou**, eine Schotterstrecke windet sich in mehreren Kurven (350 m) hinunter zur schmalen Kesselbucht (Bushaltestelle an der Hauptstraße). Oben an der Abzweigung weist eine kleine Kapelle nach rechts (wer sich hier links hält, stößt auf ein paar ungestörte Buchten). Am Campingplatz sauberes Wasser, ein schmaler Steg, an dem Boote festgemacht sind. Kleines Campingareal mit Bar. Preise ähnlich wie beim geöffnet Camping Lacara. ✆ 23750/91277.

Camping Lacara (A-Kat.), inmitten eines Schatten spendenden Olivenhains und unter Platanen angelegt. Auf dem Platz Restaurant, kleiner Supermarkt, Disco, Kinderspielplatz, Tennisplätze, Basketball- und Volleyballfeld. Langer, breiter und sauberer Sand-Kies-Strand (mit Bachzulauf), der an beiden Enden in Felsen übergeht. Flache Steine reichen hinein bis ins saubere Wasser. Schilfschirme am Strand. Einige komplett eingerichtete **Mietbungalows** (für 2–6 Pers.) liegen über das ganze Gelände verstreut sowie ein paar Bambus- und Holzhütten (24–85 €, je nach Personenzahl) für kleinere Ansprüche. Duschen und Toiletten machten einen sauberen Eindruck. Sehr ruhiger, auch in der Hochsaison kaum überlaufener Platz. Für Bungalows Reservierung ratsam! Neben dem Bach mit Mücken rechnen. Erwachsene 5,50 €, Kinder 3 €, Auto 3 €, Zelt 7,80 €, Anhänger 6 €, Wohnmobil 5,50 €, geöffnet 1. Mai–25. Sept., Bushaltestelle an der Zufahrt zum Campingplatz (250 m bis zum Platz), ✆ 23750/91444, ✆°23750/91456.

Vourvouroú und Umgebung

Die Abzweigung zu dem etwas eigentümlich anmutenden Ort (ausgesprochen „Wurrwurú") mit seinen architektonisch ausgefallenen Bungalows und Villen ist sehr leicht zu übersehen, wenn man von Süden kommt (von Norden sehr gut ausgeschildert).

In gleicher Weise ist auch die Fahrt durch den Straßenort eine vollkommen undurchsichtige Angelegenheit, ja schon bald frustrierend, weil man kaum einen Zugang zum Meer entdecken kann. Auch die Zufahrt zu den Zeltplätzen ist schlecht beschildert. Dafür weist ein wahrer Schilderwald auf derzeit 410 Apartments und Privathäuser hin, die hier vermietet werden. Zahlreiche Privatvillen in Meeresnähe, deren Zäune den Zugang zum Wasser erschweren. Trotzdem möchte ich Ihnen einen Abstecher an diesen Küstenstreifen wärmstens empfehlen.

Es erwartet Sie eine **traumhafte Lagunenlandschaft** mit zahlreichen vorgelagerten Inseln, schmalen Festlandstreifen und Sandbänken. Dementsprechend ist das Wasser sehr flach, aber trotzdem klar und sauber. Gut geeignet für Familien mit Kindern. Bester Zugang besteht über eine geteerte Straße, die links am Campingplatz Rea vorbei zum Wasser hinunterführt (allerdings am Ende sehr eingeschränkte Abstellmöglichkeiten). Eher überlaufen ist dagegen die sehr saubere **Karithi-Bucht**, die in der Hochsaison regelmäßig gesäubert wird.

Geschichtliches: Vourvouroú war im 10. Jh. ein Gut des Áthos-Klosters Xenophontos und ging erst rund 600 Jahre später in den Besitz der Bewohner von Agios Nikoláos über. Sie verkauften es schließlich ihrerseits weiter an die Mönche des Klosters Simonos Petras. Als im 19. Jh. zunehmend russische Mönche vom Heiligen Berg hier Siedlungsraum suchten, wurden sie von den Dorfbewohnern von Ágios Nikólaos zurück auf die Athoshalbinsel vertrieben.

● *Übernachten:* **Apartmenthaus Katerina**, 1,5 km von der Hauptstraße entfernt auf der linken Seite (Hinweistafel) auf einem sehr liebevoll gepflegten Anwesen mit Blumenrabatten und Palmen, eigener Zugang zu schmalem Strandabschnitt. Die Vermieter Katerina und Georgios Georgiadis sind um das Wohl der Gäste sehr bemüht, beide

Sonnenaufgang mit Áthosgipfel im Hintergrund – Lagune von Vourvouroú

sprechen gut deutsch. 6 Zimmer mit kleinem Bad (Dusche/WC) und Kochnische mit Geschirr werden vermietet, Balkon bzw. Terrasse bieten Sitzmöglichkeiten (*kein* Aircond. und TV). Die Zimmer sind unterschiedlich groß und nicht alle Matratzen bequem, vorher besser besichtigen. Angrenzend an den Garten eine Gemeinschaftsterrasse. DZ ab 50–60 €, ✆ 23750/91165.

> **Tipp: Camping Rea**, gut 5 km südlich von Órmos Panagiás und noch ein Stück hinter der Abzweigung nach Vourvouroú (Bushaltestelle; von der Hauptstraße beschildert). Eine schmale, gut geteerte Straße führt 300 m hinunter. Auf dem Gelände viel Schatten durch Pinien und Schilf, Stellplätze individuell abgegrenzt, in hügeligem Gelände. Kinderspielplatz. Duschen und Toiletten z. T. provisorisch, aber sauber. Extrabonus: Toilettenpapier. Gute Wasserqualität. Supermarkt, allerdings kaum Auswahl. Bestechend der Sandstrand, der eine flache Lagune vom Meer abtrennt. Ausgezeichnete Bademöglichkeiten. Erwachsene 6,50 €, Kinder bis 12 Jahre 3,50 €, Zelt 4–5 €, Strom 3 €, ✆ 23750/91100 oder 91170, http://camping-rea.4t.com.

Studios/Zimmer Psarogiannis, 2,3 km von der Hauptstraße entfernt, direkt am Meer und am Sandstrand bzw. nur etwa 100 m entfernt (Studios). Vermietet werden 14 Studios mit Kochnische, Kühlschrank und Balkon. Räume 25–35 m^2 groß, für Familien mit 2 oder 3 Kindern geeignet. Die Anlage liegt in einem 2000 m^2 großen Gartengrundstück. Studio mit Du/WC je nach Saison 35–52 €. Nur 20 m vom Meer entfernt werden kleine **Zimmer** für bis zu 3 Personen in einem modernen Neubau vermietet. Du/WC, Telefon und Balkon mit Blick auf die Insel Diáporos. Im selben Gebäude ein traditionelles griechisches Restaurant und ein Café. DZ ab 35–48 €, ✆ 23750/91292, ✆ 23750/91500, www.psarogiannis.com.

Lina Villa, gerade mal 200 m vom Sandstrand entfernt in einem gepflegten Gartengrundstück. Die Villa ist sehr geschmackvoll eingerichtet. Im Erdgeschoss ein großer Wohnraum mit offenem Kamin, Sitzecke mit Fernseher, großer Esstisch und Einbauküche. Im Außenbereich große überdachte Terrasse. Im ersten Stock zwei Schlafzimmer, Badezimmer und ein kleines Wohnzimmer sowie ein überdachter Balkon mit schönem Ausblick. Im Obergeschoss ein weiteres Schlafzimmer. 80–185 €/Tag, buchbar über Takis-Reisen München, ✆ 089/2366510, ✆ 089/23665199; www.takis.de.

- *Einkaufen/Essen* auf der langgezogenen Zufahrtsstraße zum Meer bzw. zu oben beschriebenen Übernachtungsmöglichkeiten liegen auch wenige **Supermärkte** und die empfehlenswerte Pizzeria **Pizza Top** mit wirklich guten Riesenpizzas und Salaten.

▸ **Insel Diáporos**: Viele Urlauber fahren von Vourvouroú mit dem Schlauchboot hinüber zu dieser vorgelagerten Insel. Auf kleinen Pfaden kann man das kleine Eiland bequem durchwandern und sich anschließend am Wasser erholen.

Órmos Panagiás

Ein klingender Name – finden Sie nicht? Wer hier jedoch einen Ort sucht, um Urlaub zu machen, wird enttäuscht sein. Der Hafen hat kaum Ausstrahlung, einzig der lange Sandstrand am nördlichen Ortsrand ist zum Baden geeignet. Ruhe kehrt erst ein, wenn die Zubringerbusse für die Ausflugsboote entlang der Athosinsel abends wieder abgefahren sind.

Órmos Panagiás ist der Hafen des nahe gelegenen Bergortes *Ágios Nikólaos*. Nur wenige Familien wohnen hier, nach der Saison fällt die Ansiedlung in den Dornröschenschlaf zurück. Um den Hauptplatz des kleinen Hafenortes gruppieren sich ein Hotel, der Supermarkt, eine Musik-Bar, Cafés, ein paar kleine Häuschen (zunehmende Bautätigkeit) und die **Dorfkirche**, in der sich ein sehenswerter geschnitzter Altar befindet (Wenn die Pforte verschlossen ist, finden Sie den Schlüssel an der Tür). Die wenigen Schritte vom Hauptplatz oder der eben erwähnten Kapelle bis hinunter zum neu ausgebauten Hafen sind schnell gemacht. Einige Fischerboote schaukeln gemütlich im Hafenbecken, am breiten Kai liegt ein nachgebautes Piratenschiff und wartet auf Gäste für die Fahrt entlang der Athos-Küste. In der Mittagssonne kann man es im Hafenbereich mit seinem schmalen Sandstreifen kaum aushalten – so stark wird die Sonne durch die Steinplatten reflektiert. Weiter östlich eine ruhige Bucht mit Segelbooten. Das trübe Wasser und die eher mäßigen Bademöglichkeiten sind wenig attraktiv. Besser geeignet ist da schon der langgezogene Strand Traní Ammouda in der nordwestlichen Verlängerung des Ortes.

Alles in allem ist Órmos Panagiás keine Schönheit, aber ausgesprochen interessant für Ausflügler – und für **Áthos-interessierte Frauen**, die den Berg und seine Klöster zumindest vom Ausflugsboot aus sehen wollen. Von Órmos Panagiás werden Tagesausflüge entlang der Küste der Mönchsrepublik Áthos angeboten. Achten Sie am Zugang zum Hafen auf die „Travel Agency Friedrich", Beschreibung folgt.

- *Information/Reisebüro* **Travel Agency Petra Friedrich**, die deutsche Chefin bietet Bootstouren und Ausflüge an, vermittelt Zimmer und Privatunterkünfte. Außerdem Infos zu **Mietfahrzeugen** (Auto, Motorrad, Fahrrad). Mietpreise pro Tag z. B. für einen Renault Clio, Renault Twingo mit Schiebedach, KIA Picanto oder Hyundai Atos 58 €, 3 Tage 132 € und 1 Woche 261 €; 125-ccm-Motorrad ca. 35 €/Tag, ✆ 23750/31480, ✉ 23750/31785, www.friedrich.claranet.de, petra@epichal.gr.

In Verbindung mit einer weiteren Agentur werden ab Órmos Panagiá auch **Tagesausflüge** über das Reisebüro vermittelt, die beispielsweise nach Thessaloníki führen (ca. 30 €), zu den Metéora-Klöstern (ca. 35 €) oder zur Petrálona-Höhle mit Wochenmarkt in Néa Moudaniá (ca. 25 €).

- *Verbindungen* **Busse** ab Thessaloníki 3-mal täglich (11.15–18.30 Uhr), nach Thessaloníki 4-mal (6.15–18.45 Uhr), sonn- und feiertags 3-mal.

Hinweis: Erkundigen Sie sich für die Busrückfahrt genau nach den Abfahrtszeiten: Während die Zubringerbusse ihre Gäste von den Ausflugsbooten abholen, fallen die Abfahrtszeiten der öffentlichen Bussen nicht unbedingt mit der Ankunft der Schiffe zusammen.

Zum Áthos und andere Bootsausflüge: Petra Friedrich und ihr griechischer Mann besitzen die Motorjacht „Lefteria N. TH. 1295", die für 25 Personen zugelassen ist und den internationalen Sicherheitsbestimmungen entspricht (u. a. Rettungsfloß). Ausflügler dürfte jedoch mehr die Innenausstattung interessieren, die die Tagesfahrten entlang der Áthos-Westküste und zur Insel Amoliani (Badestopp) zum Vergnügen machen: Salon, Küche, Bad mit Dusche, Kühlschrank und Stereoanlage. An Bord kann gegrillt werden. Badezeug nicht vergessen! 2005 ist das brandneue Boot „Freedom" in Dienst genommen worden. Es wurde übrigens in der Schiffswerft von Ierissós handgefertigt und ist für 24 Fahrgäste zugelassen. Die Ausflugsfahrten mit den Booten von Petra Friedrich sind unbedingt empfehlenswert! Im Gegensatz zu den Riesendampfern (die einen größeren Abstand zur Küste halten müssen) ist die Fahrt auf den bequemen Booten Lefteria und Freedom sehr persönlich und geräumig.

Auf dem Programm stehen: die **Tageskreuzfahrten** entlang der Westküste der Halbinsel Áthos in Richtung der Südspitze des Berg Áthos: Mittags wird auf der Insel Amoliani eine Pause von ca. 1 ½ Std. eingelegt, in der man auch im Restaurant essen kann. Danach noch ein kurzer Badeaufenthalt von etwa 30 Min. an einem malerischen Strand auf der Insel. Abfahrt in Órmos Panagiás um 9 Uhr, Rückkehr gegen 18 Uhr, Preis 30 € in der Hochsaison, 25 € in der Nebensaison.

Eine **Badefahrt** zu den Inseln von Vourvouroú und zur Insel Amoliani mit Pause im Dorf Amoliani. Preis ca. 30 €.

Die **Charterfahrt** (10–12 Pers.) entlang der Sithonía-Küste und zu den Inseln der Nördlichen Sporaden. Wer sich als Gruppe das ganze Boot mit Kapitän mieten will (Tagespreise für Lefteria 500 €, Freedom 700 € mit Ermäßigung für mehrtägige Ausflüge), kann sich mit Petra Friedrich in Verbindung setzen.

Ágios Nikoláos

Ein ausgesprochen freundliches Provinznest mit 2500 Einwohnern. Steinhäuser in traditionellem Baustil, einige Vorgärten gemütlich mit Blumenarrangements gestaltet. Hühner, Katzen und viel Ruhe. Seit eine Umgehungsstraße den Ort vom Schwerverkehr entlastet, ist es hier wieder ruhig geworden.

Im Landesinneren inmitten einer fruchtbaren Gegend gelegen. Die schmale Asphaltstraße verläuft kurvenreich durch Waldgebiet und vorbei an Olivenhainen. Einige Rohbauten in der Ortschaft weisen darauf hin, dass man sich allmählich auf den Tourismus einrichtet. Außerdem gibt es einen Supermarkt, Geschäfte und Privatquartiere (ab 30 €) sowie, nicht zu übersehen, eine ganze Reihe von Apotheken, die überregional bedeutende **Klinik** und das **Gesundheitszentrum**. Fast ein wenig versteckt liegt das Ortszentrum inmitten eines Einbahnstraßenrings. Der zentrale Platz, der gemütlich gestaltet und von einer guten Mischung aus Gebäuden in alt- und neuem Baustil umgeben ist, liegt einen Steinwurf von der Ortskirche entfernt. In der Mitte plätschert ein kleiner Springbrunnen, Bänke laden zum Verweilen ein – oder den Wanderer zur Erholung. Hierher verirren sich kaum Touristen, die Tavernen und Cafés sind fest in griechischer Hand. Ein Besuch der nur wenige Meter entfernten **Ortskirche** lohnt sich: Sie präsentiert sich modern mit einem riesigen Kronleuchter, sehenswert ist die holzgeschnitzte Ikonostase mit ihren Heiligenbildern. Besondere Beachtung verdienen die beiden Ikonen im Vorraum, die Ágios Geórgios und den Ortsheiligen Ágios Nikoláos darstellen.

Der Markt findet jeden Donnerstag von 8 bis 14 Uhr auf dem Kirchplatz der kleinen Kapelle oberhalb des Ortszentrums statt.

Telefonnummern **Gesundheitszentrum** ✆ 23750/31789, **Klinik** ✆ 23750/31333, gut beschildert.

Sehenswert und überraschend pompös ist die Kirche von Ágios Nikólaos

▶ **Bei Ágios Nikólaos** endet die in Nikíti (→ S. 169) begonnene Rundfahrt um die Halbinsel Sithonía. Die Straße führt durch eine wilde Dünenlandschaft mit unnatürlich wirkenden Steinformationen, flankiert von den Ruinen mehrerer Windmühlen, über 6 km zur Kreuzung bei Ágios Geórgios bzw. zurück nach Thessaloníki oder auf die Kassándra.

Zwischen Sithonía und Ágion Óros

Die abwechslungsreiche Strecke führt am Golf Agiou Orous bis hinüber zur gegenüberliegenden Seite nach Ouranoúpoli. Vor allem der Blick von der Höhenstraße, die ab Ágios Ioánnis Pródromos über Gomáti nach Ierissós an der Ostküste führt, ist ein Hochgenuss!

Die Fahrt ist eine Wohltat fürs Auge. Es geht vorbei an zahlreichen Olivenhainen, Getreidefeldern, Pappeln, Walnussbäumen und kleinen Verkaufsständen, an denen Obst angeboten wird.

> Das Gebiet zwischen den Halbinseln finden Sie auf der **Übersichtskarte** zur Halbinsel Sithonía (→ S. 168).

▶ **Entlang dem Golf Agiou Orous**: Auf guter Piste geht es über Agios Nikoláos den Golf entlang nach Norden zum sympathischen Badeort Pirgadíkia (→ S. 203). Nächster Orientierungspunkt ist das Dorf Plána (→ S. 204), das man aber links liegen lässt, um nach gut 5 km Megáli Panagía zu erreichen. Hier muss man sich nun wieder Richtung Osten halten. Über Gomáti (→ S. 204) führt die gut asphaltierte Straße weiter nach Ierissós (→ S. 204). Von Ierissós sind es nur noch 8 km auf einer gut ausgebauten Straße nach Ouranoúpoli, dem letzten Ort, der auf Áthos angefahren werden kann.

▸ **Durch das Innere der Chalkidikí:** Die zweite Möglichkeit, Ouranoúpoli zu erreichen, führt Sie durch das Innere der Halbinsel – eine landschaftlich ungemein reizvolle Gegend! Weite Getreidefelder wechseln mit dichtem Wald, am Straßenrand Brombeerbüsche, Farne, Esskastanien, Buchen, Erlen und vor allem Eichen. Leute, die bereits auf Sithonía waren, müssen zunächst wieder ein Stückchen zurück in Richtung Kassándra/Thessaloníki. Die kurvenreiche Strecke zweigt dann bei Gerakiní (→ S. 164) von der Küste ab und führt weiter über Polígiros (→ S. 163) sowie die Ruinen des Klosters Zygos (→ S. 211) nach Arnéa (→ S. 236) und Stratóni (→ S. 239). Von diesem Hafenort sind es dann noch etwa 30 km bis nach Ouranoúpoli.

▸ **Küstennahe Inlandsvariante:** Alternativ kann man mit eigenem Fahrzeug bereits nach Agios Nikoláos (s. u.) ins Hinterland nach Metangítsi abbiegen und kleine Gebirgsorte kennen lernen. Nach Ágios Ioánnis Pródromos (→ S. 204) schlängelt sich die Straße in nördliche Richtung über 10 km bis Megáli Panagía (→ S. 236). 9 km weiter in Richtung Westen – an der Strecke nach Gomáti – liegen die Ruinen des Dorfes Gomatios (10. Jh.), das beim Erdbeben von 1932 zerstört wurde. Nach weiteren 3 km stößt man auf das 600-Einwohner-Dorf Gomáti (→ S. 204), von wo aus die Straße nach Ierissós führt.

▸ **Weiter die Küste entlang:** Mehrere Streckenabschnitte wurden inzwischen verbreitert und neu geteert, die Küstenstraße lässt sich hervorragend befahren, ebenso wie die andere Verbindung in Richtung Pirgadíkia. Schöne Ausblicke auf den Golf und eine Reihe von Badebuchten (z. T. Sanddünen und Stellplätze für Autos), zu denen schmale Serpentinenstraßen hinunterführen. Auch hier lässt sich der Abstecher ins Inland nicht vermeiden, will man nach Ouranoúpoli gelangen.

Pirgadíkia

Pirgadíkia wurde von griechischen Flüchtlingen aus Kleinasien auf dem Gebiet des antiken Piloros gegründet. Wie auf Sonnenterrassen ausgebreitet sind die in Weiß und Blau gehaltenen Häuschen bereits von weitem zu sehen.

Man ist auf Urlauber vorbereitet, lebt aber keineswegs touristisch. Einige Griechen haben sich inzwischen mit ihren Neubauten die besten Plätze reserviert und den Zugang zum Meer verbaut. Am zentralen Platz in Hafennähe ein Supermarkt, mehrere Tavernen, der Taxistand und ein Kartentelefon. Im kleinen, sympathischen Hafen liegen einige bunte Fischerboote. Allerdings nur ein winziger Strand, zum Baden nicht geeignet. Wer hier **baden** bzw. **schnorcheln** will, findet südlich von Pirgadíkia entlang der Straße einige abgelegene (Fels-)Buchten, die nur über Trampelpfade zu erreichen sind

Sehenswert sind die Ruinen eines byzantinischen Turmes (Kampos), die byzantinische Festung und die Kirche von Ágios Dimítrios (18. Jh.).

• *Übernachten/Baden* **Hotel Panorama** (C-Kat.), am höchsten Punkt des Hügels von Pirgadíkia mit entsprechend weitem Blick und abseits vom Lärm der Durchgangsstraße. Nettes, Deutsch sprechendes Personal. 16 Zimmer, alle mit Balkon, gemütliche, bepflanzte Terrasse und Garten. Frühstück, Snacks und Getränke sind durchgehend zu haben. Kleine Badebuchten sind von hier aus in 15 Min. zu Fuß erreichbar. DZ ab 35 €, ✆ 23750/93230. Leserin Nicola Mai aus München schrieb: „Ich habe die freundliche Atmosphäre dieses Hotels sehr genossen."

• *Essen & Trinken* **Café-Restaurant Aigialos** mit blauen Regiestühlen, direkt am Hafen. Hierher kommt auch der junge Pope des Orts zum Mittagessen. Man kann aber auch einfach nur einen Retsina bestellen und die Aussicht genießen. Die freundliche flippige Dame, die das Restaurant leitet, hat überall Kakteen und Yuccapalmen aufgestellt und auch sonst ist das Restaurant gemütlich gestaltet. Den ganzen Tag über läuft – dem Ambiente entsprechend – spacige Musik. ✆ 23750/93304.

> **Tipp:** Apartments **Kitrina Spitia** („Gelbe Häuser"), Familienbetrieb, der mit viel persönlichem Engagement geführt wird. 12 komplett ausgestattete Einheiten mit eigenem Zugang liegen über den Hang verstreut (mit Küche, Dusche, WC, Balkon und Schlafraum für 3–4 Pers.). 80 m vom Meer und von mehreren kleinen Buchten entfernt. Sehr schöner Ausblick auf den Heiligen Berg Áthos. Sehr ordentliche Zimmer, Preise mit ca. 50 € für 3-Bett- bzw. 55 € für 4-Bett-Zimmer angemessen. Buchung bei Ilias und Katerina Samara, 35 L.-Nikis-Str., 54622 Thessaloníki, ✆ 2310/235942, ✆ 262292, im Juli und August ✆ 23750/93123.

▸ **Weiter in Richtung Ierissós:** Die Straße wird nun wieder schmaler und führt ein Stück ins Landesinnere nach **Ágios Ioánnis Pródromos**. Sanfte, hügelige Landschaft mit ausgedehnten Kornfeldern. Hinter dem Ort gabelt sich die Straße, links geht es nach **Plána** (s. u.; direkt vor der Ortseinfahrt von Planá eine scharfe Kurve ohne Vorwarnung!) und geradeaus nach Paleohóri ins Landesinnere.

Rechts fährt man schließlich nach Osten in Richtung **Gomáti**, zahlreiche Pappeln und Walnussbäume säumen die Straße. Hinter Gomáti fährt man zunächst durch schattige Pinienhaine, dann geht es hinaus, über 12 km an Kornfeldern vorbei nach Ierissós. Unterwegs bietet sich immer wieder ein schöner Blick auf die Halbinsel Sithonía, die im Dunst verschwindet, auf die Siggitikós-Bucht(en) und auf die Insel Amolianí. Besonders gegen Abend, wenn die Sonne die Hügel und die Insel in ein weiches Licht hüllt, lohnt sich der Ausblick von der Anhöhe. Von der Straße zweigen außerdem einige kleine Forststraßen ab, auf denen man zu kleinen Spaziergängen in der Gegend starten kann.

Ierissós

Noch heute leben die knapp 3000 Einwohner des Hafenortes unter anderem vom Bau von Kaikis, kleine Boote, die ausschließlich aus Holz gefertigt werden. An der schnurgeraden Straße neben dem Meer wird gepinselt, gehämmert und gesägt, dass die Spreißel fliegen.

Nicht nur an der Straße am Wasser, sondern auch im Ort selbst kann man Handwerker beobachten, die mit der Bearbeitung der Planken beschäftigt sind. Besonders im Süden von Ierissós kommen Boots- und Schiffsliebhaber auf ihre Kosten. In den Werften liegen zahlreiche große und kleine, fertige, halbfertige, vermoderte und frisch renovierte Boote. Die Auftragsbücher sind zunehmend gut gefüllt, Wartezeiten von zwei bis drei Jahren für ein individuell zugeschnittenes Fischerboot oder eine grundlegende Renovierung der alten Kähne sind keine Seltenheit.

Einen ausgesprochen nachhaltigen Eindruck hinterlässt die Gegend um den Hafen: Gegen 10 Uhr abends füllen sich die Straßen und Familien spazieren in größeren Gruppen durch den Ort zum großen Sehen-und-gesehen-werden.

Die Bademöglichkeiten in Ierissós sind vergleichsweise mäßig und das, obwohl der Ort einen kilometerlangen Kies-Sandstrand mit einem Streifen winziger Muscheln zu bieten hat. Das Wasser wirkt an einigen Stellen verschmutzt, und Schatten gibt es in Ufernähe so gut wie überhaupt nicht. Unverständlich, dass auch hier die „blaue Flagge" weht. Ideal erscheinen dagegen die Bedingungen für **Windsurfer**. In der Bucht von Ierissós gibt es immer reichlich Wind, und mit dem Auto kann man sehr gut ans Wasser heranfahren.

Geschichtliches/Sehenswertes: Ierissós ist die Fortsetzung des antiken **Akanthos**, das bereits im 7. Jh. v. Chr. besiedelt war und zu den wichtigsten Städten der östlichen Chalkidikí zählte. Dank ideal gelegene geschützte Hafen war einer der wichtigsten der gesamten Ägäis. Die Fruchtbarkeit der Gegend, zahlreiche Bodenschätze und erfolgreiche Handelsbeziehungen waren zusätzliche Garanten des Wohlstands. Das antike Akanthos besaß sogar eine eigene **Münzstätte**. Die typischen Silbermünzen mit dem Löwen, der einen Stier verschlingt, wurden in Ägypten, Sizilien, Afghanistan und Persien entdeckt. Auch der „Akanthios Inos", der Wein der Gegend, war in der ganzen damaligen Welt bekannt.

In byzantinischer Zeit war der Ort **Bischofssitz**, und daher zählen heute die Ruinen einer byzantinischen Burg mit Kirche, der Turm von Kruna (14. Jh.) westlich des Ortes und der alte Friedhof von Akanthos (auf dem derzeit wieder Ausgrabungen durchgeführt werden) zu den Sehenswürdigkeiten des Orts.

- *Busverbindungen* tägl. bis zu 7-mal von und nach Saloníki.
- *Adressen* **Post**, ca. 200 m vom Hauptplatz entfernt.
- *Übernachten* **Hotel Mount Áthos** (B-Kat.), über dem Hafen, nobelstes Hotel am Platz, mit 90 Zimmern. DZ mit Halbpension nicht unter 56 €, ✆ 23770/22225, ✆ 23770/22207.
Hotel Marcos (D-Kat.), neueres Haus, alle 19 Zimmer in sehr gepflegtem Zustand. Personal freundlich. DZ mit Dusche inkl. Frühstück ab 35–45 €, ✆ 23770/22518.

Pension GKEEA, zentral gelegen, mit großer Gemeinschaftsterrasse. Zimmer sehr sauber und mit Balkon, man spricht Deutsch. DZ mit Dusche und Frühstück ab 40–55 €, ✆ 23770/22533.
- *Camping* **Camping Dolphin**, sehr gepflegte, schattige Anlage. Großzügige, von kleinen Hecken begrenzte Stellplätze, sehr freundliches Personal (Familienbetrieb). Minimarkt, auf Wunsch wird gekocht. Swimmingpool und Strandbereich des Hotels Mount Áthos können benutzt werden (250 m).

Viel Holz vor der Hütte – Schiffbau in Ierissós

Nachteil: Vom Meer etwas entfernt und direkt an der Hauptstraße gelegen. 5,50 €/Person, Zelt 4–5 €, ☏ 23770/22208.

• *Essen & Trinken* zahlreiche Tavernen und Bars in Strandnähe. Was die Qualität betrifft: eher mäßig.

▶ **Weiter in Richtung Áthos**: Die Verbindungsstrecke nach Néa Róda ist – wenn auch holprig – durchgehend geteert. Kurz vor dem kleinen Ort Néa Róda haben Sie von einer Bergkuppe einen prächtigen Blick: An dieser schmalsten Stelle der Áthos-Halbinsel reicht das Meer rechts bis an Tripití und links bis nach Néa Róda heran. Die Stelle befindet sich an einer scharfen Linkskurve, achten Sie auf den Gegenverkehr!

Néa Róda

Nach umfangreichen Straßenbauarbeiten ist inzwischen fast jede Straße des Ortes geteert, dennoch macht alles einen eher improvisierten Eindruck. Hauptsächlich Griechen nehmen hier Quartier, zu groß ist die Anziehungskraft der nahen „Hauptstadt" Ouranoúpoli, und so bleiben Néa Róda nur ein paar Krümel vom Touristengeschäft. Fast schon symptomatisch ist deshalb die fehlende Beschilderung des Abzweigs von der Hauptstraße aus in den Ort (vor der Tankstelle die Stichstraße beachten!). Dennoch hat der Ort irgendwie Flair: Die Blumen sind in bemalte Olivenkanister gepflanzt, Bougainvilleen wachsen prächtig an den Häuserwänden.

Im Viertel um die Kirche herum wurden einige Häuser fein herausgeputzt; es sieht so aus, als würde man sich allmählich auf Gäste einstellen. Direkt gegenüber der Kirche befinden sich zwei Supermärkte, überall auf den Straßen spielen Kinder, und ganze Familien flanieren am Abend durch die Straßen.

An der betonierten Hafenmole kann man in den Abendstunden den Anglern zusehen. Am genau entgegengesetzten Ende der leider etwas verschmutzten Bucht (500 m lang) ein kleiner Fischerhafen, darüber eine Kapelle. Urlauber und Einwohner treffen sich in den zahlreichen Tavernen am Hafen.

• *Busverbindungen* Tägl. 7-mal von und nach Saloníki und Ouranoúpoli.

• *Übernachten/Camping* **Apartmenthotel Alexandros** (A-Kat.), in der Nähe der Straße Néa Róda–Tripití gelegen und ein wenig in die Hügel zurückversetzt. Weiße und verhältnismäßig flache Gebäude, eigener Tennisplatz, Beachbar und ein kleiner Shop. Zimmer ab 89–161 €, Frühstück 14 €. ☏ 23770/31424, www.alexandros-hotel.gr. Für einen längeren Aufenthalt etwas abgelegen. Zwar ist der Strand nur gut 200 m entfernt, aber Néa Róda (2 km) oder Ouranoúpoli (5 km) sind ohne eigenes Auto nur per Taxi oder mit dem Bus zu erreichen.

Der einfache **Campingplatz Comitsa** mit Café, Poolbar, Restaurant und Supermarkt hat seine Tore in der Sommersaison geöffnet. ☏ 23770/31577.

• *Essen & Trinken* Gut besucht sind am Abend die **Tavernen Kostakis** und die benachbarte **Thalassina**. Beide haben neben den gewohnten Tagesgerichten frischen Fisch im Angebot. Nicht ganz billig. Wer die Vorspeiseteller mit frittierten Gavros (kleine Fische) wählt, zahlt für eine Portion ca. 5 €. Beliebter Treffpunkt für Jung und Alt ist die **Bar Mostra** oberhalb des Strands.

Ágion Óros

Der östlichste der drei Finger der Chalkidikí. Im Vergleich zu den flach abfallenden Halbinseln Kassándra und Sithonía präsentiert sich Ágion Óros als ein gewaltiges und dicht bewaldetes Gebirgsmassiv, dessen höchster Gipfel mit 2033 m der Áthos ist.

Die Halbinsel, die ehemals durch den von den Persern errichteten Xerxes-Kanal (→ Tripití/Geschichtliches, S. 207) vom Festland getrennt war, erstreckt sich mit einer Fläche von 330 km² über eine Länge von knapp 50 km. Wie auf einer Perlenkette aufgereiht steigen zahlreiche Berggipfel von Norden her stetig an und finden mit dem Áthos-Gipfel im Süden ihren höchsten Punkt. Stark bewaldet präsentieren sich die felsigen Flanken dieses imposant aufragenden Gebirgszugs, die mit der Jahreszeit auch ihre Farben wechseln. Breite Schluchten, schmale Täler, kleine Ebenen, ausgetrocknete Flussbetten im Hochsommer und munter sprudelnde Gebirgsbäche im Frühjahr und Frühsommer. Nicht selten präsentiert sich der mächtige, 2033 m hohe Áthos-(Marmor-)Gipfel bis in den Juni hinein mit einer Schneekappe. Von den Abhängen der Berge, von den steilen Klippen bis hinauf zur Baumgrenze wächst, wuchert, grünt und sprießt es: Kastanienbäume, Pinien, wilde Oliven, Zwergeichen, Buchen, Orchideen, Platanen, seltene Blumen, Myrtensträucher, Lorbeerbüsche und über 250 Pilzarten.

Agion Óros ist in aller Welt aber ein Synonym für eines – die **Mönchsrepublik Áthos**. Alles Wissenswerte dazu lesen Sie ab S. 217; zunächst aber für Frauen und Männer ein Überblick über den „weltlichen" Teil im Norden der Halbinsel Agion Óros.

Tripití und Umgebung

Die Anlegestelle für die Fähren zur kleinen **Insel Amolianí** (→ S. 214ff.) besteht nur aus dem kleinen Hafen (dessen Mole 2005 erstmals zu einem ernstzunehmenden Hafen mit Parkplätzen ausgebaut wurde), dem Tickethäuschen und einer kleinen Taverne. Hier sitzen die Fahrgäste im Schatten und warten mit gebanntem Blick auf die flache Shuttle-Fähre. Gespielte Hektik, wenn die Fähre anlegt und die Einweiser mit ihren Trillerpfeifen zu Werke gehen. Sie sollten sich allerdings überlegen, ob die Mitnahme des Autos unbedingt notwendig ist. Zwar sind die Straßen gut geteert, aber zu Fuß ist man kaum länger als eine Stunde unterwegs, um auch den entlegensten Winkel der Insel zu erreichen, auch die Fahrt mit dem Mountainbike ist ein Vergnügen.

Geschichtliches: Auf der Höhe der Ortschaft Tripití – die Landenge ist hier nur etwa 2500 m breit – ließ der Perserkönig Xerxes 483 v. Chr. einen **Kanal** ausheben, damit seine Schiffe nicht die gefährliche Küste vor dem Berg Áthos umfahren mussten (→ Geschichte/Perserkriege, S. 31). Der General Mardonios hatte 492 v. Chr. bei der Umseglung des Áthos-Kaps den größten Teil der persischen Flotte verloren. Lediglich eine Bodensenke erinnert heute noch an das Bauwerk, das Áthos einst zu einer Insel machte.

- *Verbindungen* Busse, tägl. 7-mal ab Saloníki (über Arnéa und Stágira), Fahrtdauer fast 3 Std.
- *Fähren* Auf die vorgelagerte Insel Amolianí geht es tägl. 7-mal (von 7–20 Uhr etwa im 2-Std.-Rhythmus). Die einfache Fahrt kostet pro Person 0,80 €, das Auto kommt auf ca. 8 €.
- *Übernachten* Gewaltige Hotelanlagen entlang der Verbindungsstrecke nach Ouranoúpoli: 400 m vom Landesteg entfernt das **Hotel Alexandros** (A-Kat., DZ ab 89 €, ℅ 23770/31424, www.alexandros-hotel.gr), das **Hotel Eagles Palace** (L-Kat.; DZ ab 260 €, zahlreiche nordeuropäische Gäste, ℅ 23770/31047, www.eaglespalace.gr), das **Bungalow-Hotel Aristoteles** (A-Kat.; DZ ab 67 €, ℅ 23770/24025, www.aristoteles.gr) oder das **Hotel Akrathos** (B-Kat.; gute Bademöglichkeiten abseits der Straße; DZ ab 45–75 €, ℅ 23770/71100). Letzteres mit pompösen Säulen und mächtigen Treppenaufgängen. Weitere Bettenburgen wurden inzwischen fertig gestellt und passen z. T. überhaupt nicht in die Landschaft.
- *Freizeit* Entlang der Küste zwischen Tripití und Ouranoúpoli haben sich vereinzelt **Wassersportzentren** angesiedelt. Hier kann man in der Regel auch kleine Ausflugsboote mieten (ohne Bootslizenz) und zur Insel Amolianí hinüberschippern.

*Wahrzeichen und Museum des Ortes:
der Prosphorios-Turm von Ouranoúpoli*

▶ **Baden zwischen Tripití und Ouranoúpoli**: Direkt an der 8 km langen Küstenstraße liegen mehrere Strandbuchten, z. T. sogar mit Schatten spendenden Bäumen. Vielfach haben Urlauber hier ihre Zelte aufgebaut oder mit Wohnmobilen richtige Wagenburgen angelegt.

Ouranoúpoli

Ouranoúpoli, die „Himmelsstadt" und letzte, allgemein zugängliche Ortschaft vor der Mönchsrepublik Áthos. Die Ansiedlung wurde erst 1922 von Flüchtlingen aus Kappadokien auf dem Boden des Klosterguts Vatopédi gegründet.

Die Regierung half beim Häuserbau, der Mönchsstaat unterstützte die Siedler mit Grundstücken, um Landwirtschaft betreiben zu können. Flächen am Meer waren zu jener Zeit ausgesprochen unbeliebt, denn Fischfang war nicht jedermanns Sache. Angesichts der wachsenden Besucherzahlen (vor allem Deutsche und Österreicher) dürfte so manch einer seine damalige Entscheidung inzwischen verflucht haben. Bummelt man als Besucher durch die Straßen, so sollte man sich bewusst sein, dass die alten Herren beim Tavli-Spiel auch die Gründerväter dieses verhältnismäßig jungen Orts sind. Während tagsüber eine wahre Besucherlawine den Ort überrollt, kehrt gegen Abend eine wohltuende Gemütlichkeit im Hafenort ein.

Seit die Einreiseformalitäten für Áthos für Männer erleichtert wurden, scheint auch der Besucherzustrom nochmals anzusteigen. Wer dagegen den Heiligen Berg nur vom Boot aus sehen möchte, kann in Ouranoúpoli eine **Áthos-Küstenfahrt** buchen (Preis 16 €). Die Einwohner der Stadt sind gut auf Touristen vorbereitet. Zahlreiche Souvenirläden (Postkarten, Decken, Pullover, Kleider, Schuhe und Gipsfiguren) haben ihre Pforten geöffnet. An der Uferpromenade reiht sich ein Restaurant an das andere.

Verbindungen/Bootsausflüge/Adressen

• *Verbindungen/Bootsausflüge* Ouranoúpoli liegt 150 km von Saloníki und 95 km von Polígiros entfernt. Am Ortsende von Ouranoúpoli liegt ein improvisierter **Parkplatz** in der prallen Sonne (Gebühr 1,50 €), auf der Zufahrt neben dem Xenia-Hotel rechts ein neuer **Parkplatz** (1 €/Std., jede weitere Std. 0,20 €, 2 Tage 8 €).
Busse: Die Bushaltestelle befindet sich unmittelbar neben dem Turm. Die Linienbusse fahren tägl. bis zu 7-mal nach Thessaloníki (ca. 3 Std., 9 €), Halt auch in Tripití (ca. 1,20 €); sagen Sie dem Busfahrer Bescheid, wenn Sie dort am Fährhafen aussteigen wollen.
Fähren und Ausflugsboote: Autofähren auf die Insel Amolianí nur ab Tripití (→ S. 207). Von Ouranoúpoli werden lediglich die Badestrände auf Amolianí und den sog. „Eselsinseln" angelaufen. 4-mal tägl. hin, 3-mal zurück, Preis ca. 3 €/Person. Wer mit dem Schnellboot übersetzen will, zahlt hin und zurück rund 4,50 €. Abfahrt ist am „Pyrgos", dem Turm aus byzantinischer Zeit.
Ein weiteres Ausflugsboot verbindet Ouranoúpoli tägl. gegen 14 Uhr mit Vourvourоú.
Zudem besteht die Möglichkeit, eine **Bootsfahrt entlang der Áthos-Küste** zu buchen (ohne Unterbrechung bis zur Spitze des Áthos-Fingers und zurück). Gefahren wird mit der „Áthos II" gegen 10.30 und 13.30 Uhr; 16 € pro Person, Kinder die Hälfte. Lohnt sich, wenngleich das Boot den Mindestabstand von 500 m zur Küste einhalten muss. Auf der Rückfahrt Sirtaki-Lehrstunde an Bord! Tickets bei der **Athoniki Shipping Agency** in der Fußgängerzone – falls geschlossen, hat eine Zweigstelle an der Hauptstraße geöffnet, ✆ 23770/71149, mobil: 6974060747. Erkundigen Sie sich in der Nebensaison rechtzeitig, ob das Ausflugsschiff fährt. Abgefahren wird in der Regel nur, wenn sich mindestens 25 Personen finden.

• *Adressen & Telefonnummern* Etwa auf der Hälfte der Haupteinkaufsstraße führt eine Nebenstraße 100 m in nördliche Richtung zur **Bank**. Einige deutsche **Zeitungen** erhalten Sie an der Uferpromenade. Direkt am Ortseingang gibt es eine **Tankstelle**. In mehreren **Wechselstuben** kann man auch Pkws, Mofas und kleinere Motorräder mieten. **Akon Car Rental**, mit einem Büro in der Hauptstraße, z. B. Fiat Punto 1.2/AC 45 €/Tag, 80 €/2 Tage, Golf Cabrio 111 € (jeweils Steuer und Versicherung inkl.), ✆ 23770/71644, www.akon.gr. Außerdem **Bootsverleih** (Anfragen z. B. im Hotel Acroyali), allerdings nicht ganz billig.
Polizei ✆ 23770/71203. **Hafenpolizei** ✆ 23770/71248. **WTA-Reisebüro** ✆ 23770/71101.

Übernachten/Camping

An Quartieren mangelt es nicht. Neben etlichen Privatunterkünften, die z. T. sehr einfach ausgestattet sind und zwischen 25 und 35 €/DZ kosten, gibt es zahlreiche Hotels. Logischerweise sind es vor allem Frauen, die sich hier einquartieren, während die Männer auf Áthos sind. Es ist in jedem Fall empfehlenswert, frühzeitig zu buchen!

> **Tipp: Pension Antonaki**, nahe der entlegeneren Bootsrampe neben dem Xenia-Gelände. Ausgesprochen sauber und geräumig, 2002 frisch renoviert. Jedes Zimmer mit Fernseher, Klimaanlage, Kühlschrank, Föhn, Markise, einer Kaffeemaschine und frischer Bettwäsche alle zwei Tage. Von den Balkonen ein Traumblick zur Insel Amolianí, ruhige Lage. Die sehr freundliche, deutsch sprechende Leiterin Diamantenia Antonaki (und Frau des Bürgermeisters) hat viele Stammgäste, deshalb Reservierung ratsam. Die Pensionswirtin betreibt zusammen mit ihrem Schwager im Nebenhaus noch eine Dependance mit 12 Zimmern. Ab 2006 soll auch ein reichhaltiges Frühstück auf der Dachterrasse angeboten werden. Restaurant/Café im Nebengebäude. Ganzjährig geöffnet. DZ ab 40 € (Frühstück 5 €), EZ/Frühstück 35 €, ✆/📠 23770/71366, mob.: 6978233931, www.roomstorent.info. Unser **Tipp** für Ouranoúpoli!

Xenia Hotel (A-Kat.) mit Bungalows, kurz vor der Ortseinfahrt gelegen. Wuchtiger Hotelkomplex mit direktem Zugang zum Meer. 1997 wurde der Strand planiert und erweitert. 3 Min. zu Fuß in den Ort. DZ ab 82 €, ✆ 23770/71412, www.papcorp.gr.

• *Camping* **Ouranoúpoli**, ca. 400 m vor der Ortseinfahrt. Große, gepflegte Anlage mit allen Annehmlichkeiten. Restaurant, Supermarkt, Motorradvermietung. Saubere sanitäre Anlagen, Schatten durch Pergolen. Direkter Zugang zum sehr schmalen Strand. Videospiele sollen die Langeweile vertreiben, was jedoch die Erholungssuchenden nicht belästigt. Nachteil: kaum Strand, direkt an der Hauptstraße und durch seine Monopolstellung überdurchschnittlich teuer. Erwachsene 8 €, Kinder 5 €, Auto 3 €, Bus 7 €, Zelt 6–8 €, Motorrad, Fahrrad oder Boot 3 €, Strom 3 €, geöffnet 20. Mai–20. Okt., (Supermarkt und Taverne bis Ende Sept.), in der Hauptsaison Reservierung empfohlen, ✆ 23770/71396 und 71171.

Essen & Trinken

Meiden Sie die Strandtavernen. Die Preise sind übersteuert, das Essen ist mäßig, freilich hat man den besten Ausblick auf die Bucht.

Direkt neben dem Campingplatz befinden sich die **Fischtaverne Klimatária** mit schattigen Plätzen und die **Taverne Diamantis** für Leute, die zum Essen nicht bis nach Ouranoúpoli gehen wollen.

Gute Qualität und schöne Portionen gibt es im **Café/Restaurant Alkyonides**, dem letzten Haus an der Uferpromenade in Richtung Xenia Hotel. Vorteil: Es laufen nicht Hunderte von Menschen beim Essen vorbei. **Restaurant Kritikos**, etwas nach hinten versetzt an der Hauptstraße (ca. 100 m vom Turm entfernt), nachts leicht an der Fassadenbeleuchtung zu erkennen. Mittelmeerküche und ein kulinarisches Erlebnis! Frische Zubereitung und Gemüse, Fleisch und Kräuter aus der Region. Selbst das Olivenöl stammt aus eigener Pressung. Fisch stammt ausschließlich aus dem Singitischen Golf, der Wein zählt zum Besten, was Griechenland zu bieten hat. Weinkenner dürfte vor allem der Tsantali-Wein interessieren, der direkt von den nahe gelegenen Hängen des russischen Áthosklosters Pandeleimonos stammt. Ein **herausragendes Gourmetrestaurant**, zu dem die Gäste selbst aus Thessaloníki anreisen. Nicht billig, dafür aber ausgesprochen lecker. ✆ 23770/71222, ✆°23770/71423, www.okritikos.gr. Unser Tipp für Ouranoúpoli!

Achtung: Nicht zu verwechseln mit einer kleinen Taverne an der Hauptstraße (schräg gegenüber der Tankstelle), die sich genauso nennt!

Sehenswertes: Wahrzeichen des 800-Einwohner-Dorfs ist der große, fünfstöckige **Prosphorios-Turm** mit einer Reihe von Schießscharten. Das byzantinische Bauwerk stammt aus der Zeit um 1344 und befindet sich in sehr gutem Zustand (1985 bis 1997 renoviert). Im Jahre 1850 wurde der oberste Stock zerstört und es musste eine Zwischendecke eingezogen werden. Mit diesem Turm verbindet sich ein Name, der einem eigentlich überall in Ouranoúpoli begegnet. Bis 1940 wohnte ganz oben die **Ärztin Dr. Luck**, die sich als Menschenfreundin hier einen großen Namen gemacht hat und den Bewohnern bis heute in Erinnerung geblieben ist (Juni bis Ende Okt. tägl. 9.30–17 Uhr; Eintritt 2 €). Ein wenig übertrieben wird mit dem Security-Personal in vollem Outfit, das im Museum herumläuft und die Ausstellungsstücke „bewacht".

Im wuchtigen Turm und seinem Anbau sind **Ausgrabungsstücke** aus Toróni, Nikíti und Ierissós zu bewundern. Darunter beispielsweise korinthische Helme, die auf Höhe der Athos-Skite Anna in 110 m Tiefe aus einem Schiffswrack aus dem 6. Jh. v. Chr. geborgen werden konnten. Besichtigen kann man Keramik, Schmuck, Münzen, Bronzeringe (10.–12. Jh.) und eine „Tonpfanne". Ich empfehle besonders den Abstecher in die oberen Stockwerke des Turmes. Neben der einzigartigen Aussicht auf den Hafen und den Strandbereich kann man hier eine kleine Hauskapelle mit Ikonostase bewundern. Im Aufgang sind zudem Modelle und Grundrisspläne von Áthosklöstern ausgestellt, die einen guten Einblick in die Schatzkammern des

1-11	Türme
12	Katholikon
13	Kalköfen
14	Backofen
15	Ölpressen
16	Weinkelter
17	Metalofen
18	Sanitäranlagen
19	Refektorium
20	Durchgang
21	Nordeingang
22	Klostereingang
23	Treppenanlagen
24	Zwischenmauer

Kloster Zygos

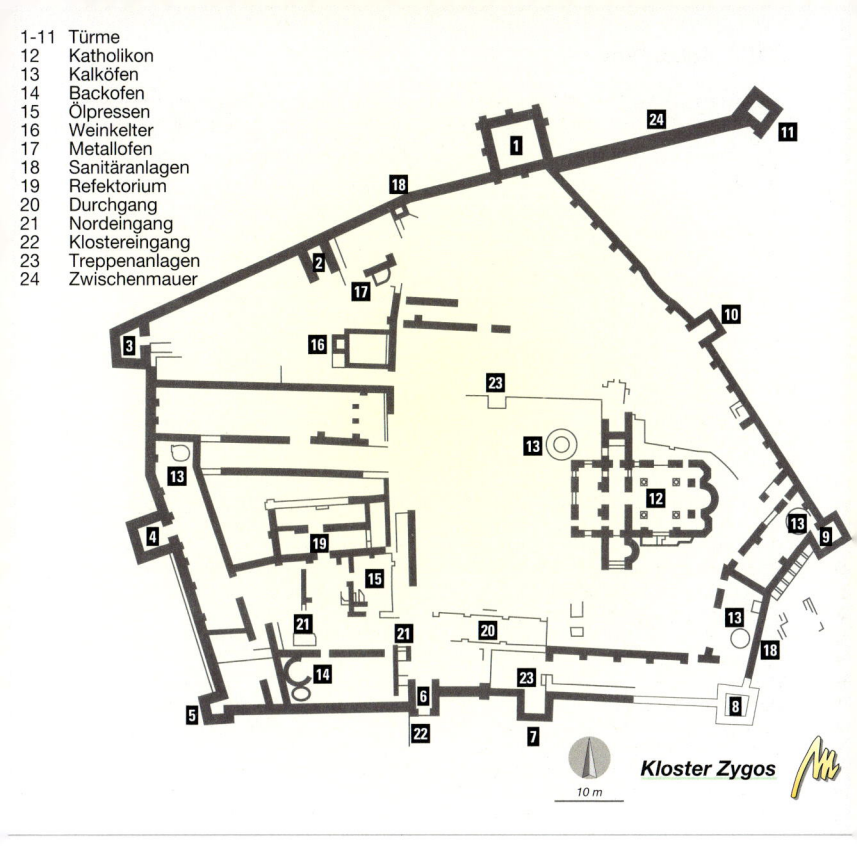

Heiligen Berges bieten. So befinden sich im ersten Stock Modelle des *Klosters Xenofóndos* um 1750 und 1900 im Maßstab 1:200. Eine Treppe höher der Generalplan des *Klosters Xiropotámou* mit Katholikon und einem Modell von 1763. Im nächsten Stock eine Präsentation des Hauptklosters *Megísti Lávra* im 16. Jh.

Kloster Zygos: Lange Jahre versteckte sich das Gemäuer dieses ehemaligen Áthosklosters an der „weltlichen" Demarkationslinie zum Heiligen Berg zwischen Bäumen und Efeuranken. Jetzt wird die gesamte Anlage (früher als *Frangókastro* bekannt) mit Hochdruck freigelegt und ist auch während der Ausgrabungsarbeiten für Besucher zugänglich. Eine bedeutende archäologische Sehenswürdigkeit, die das mittelbyzantinische Mönchtum des Áthos auch denjenigen näher bringt, die keine Zutrittsberechtigung zur Mönchsrepublik (siehe S. 218) erhalten.

Durch die wissenschaftliche Grabung konnte festgestellt werden, dass das Kloster auf den Resten einer Ansiedlung aus dem 4.–6. Jh. v. Chr. erbaut wurde. Von dieser Ansiedlung wurden, insbesondere in Richtung zum Meer, mehrere Häuserreste und ein Kalkofen mit gewaltigen Ausmaßen entdeckt. Teile der Siedlungsreste (die Siedlung wurde vermutlich wegen Piratenüberfällen aufgegeben) und eines spätrömischen Friedhofs wurden im Baukomplex des Klosters Zygos verbaut, darunter auch das Fragment eines inschrifttragenden Reliefs eines gewissen Drusis mit Satyrn und Nymphen.

Bemerkenswert sind eingemauerte marmorne Architekturteile aus einer frühchristlichen Kirche im Katholikon des Klosters, die, zusammen mit Fundstücken frühchristlicher Keramik, die sehr hohe Wahrscheinlichkeit einer **christlichen Kultstätte aus dem 5. Jh.** belegen könnten. Eine erste namentliche Erwähnung des *Zygos* findet sich nämlich erst in einer amtlichen Urkunde von 942, die sich bereits auf einen Streit der Einwohner von Ierissós mit den Mönchen wegen der Grenzlinie bezieht. Dementsprechend wurde die Trennlinie, die erst später in ihrem heutigen Verlauf bestätigt wurde, von einer Seite des Meeres zur anderen gezogen. 1199 wurde das Kloster wegen erneuter Piratenüberfälle als verlassen verzeichnet, nur wenige Jahre später (1209) nutzte ein fränkischer Fürst mit seinen Soldaten die befestigten Reste des Klosters als Basis für gezielte Überfälle auf den Heiligen Berg, bis er durch Einschreiten des Papstes Innozenz III. von Rom aus gewaltsam vertrieben werden konnte. Die Anwesenheit der Franken hat der Klosterruine den landläufigen Namen Frangókastro eingebracht. Bis zur Enteignung von 1924 und der endgültigen Grenzziehung des Áthos war die Klosterruine Bestandteil des Klostergutes Vatopedi. Vermutlich ein Brand zerstörte bei der Vertreibung der Franken große Teile der Festungsanlage und der Gebäude. Ein Teil der Mauern wurde durch das Erdbeben von 1585 zerstört, die marmornen Architekturteile wurden größtenteils geplündert und das Kalksteinmaterial in Kalköfen gebrannt, u. a. um Baumaterial daraus herzustellen. Bis zum Beginn der wissenschaftlichen Auswertung wurden weitere Teile des Mauerwerks für den Hausbau im Ort fortgeschleppt.

• *Rundgang* Ein Rundgang auf dem Ausgrabungsgelände macht die Ausmaße der Klosterburg deutlich. Auf einer 5500 m² großen Fläche wurde Zygos von fünf zinnenbesetzten Mauerseiten und **11 Türmen** umgeben. Der Komplex bestand aus einem alten Kern in der südlichen Hälfte, dessen Größe sich durch Erweiterung in östlicher Richtung verdoppelte. Hier befindet sich auch die zentrale **Klosterkirche** (Katholikon), die in vier Bauphasen ab dem Jahr 1000 entstand. Den Ursprung bildete eine viersäulige Hauptkirche mit schmalem Narthex, deren Anbauten in einer zweiten Bauphase um das **Gründergrab** erweitert wurden. Weitere Bauphasen haben auch entsprechende Gründergräber hervorgebracht, die – einer Gepflogenheit der Zeit zufolge – als Demutsgeste von den Kirchenbesuchern „be-" bzw. „getreten" werden sollten. Die Mauern des Katholikon sind bis zu einer Höhe von 4 m erhalten und mit den verbliebenen **Kapitellen** und kunstvoll verzierten **marmornen Schranken** rekonstruiert. Die vier tragenden **Säulen** wurden bereits in der Vorzeit abgetragen, ob die Kuppel deshalb oder schon zuvor eingestürzt ist, wird die kommende Grabung ergeben. Bruchstücke von Marmorfenster- und Türrahmen wurden mühsam rekonstruiert und an den entsprechenden Stellen wieder eingefügt. Selbst Spuren von **Wandmalereien** mit blassen Resten vermutlich des *Ágios Nikólaos* und eines *Erzengels* sind noch erhalten und zu besichtigen. Ausgegraben wurden zudem **Ölpressen**, die Reste eines **Backofens** für die Hostien und ein großer gemauerter **Weinkelter**, der bis zu einer Höhe von 2 m erhalten ist und ein Fassungsvermögen von rund 40 m³ hat. Die Wasserversorgung konnte bisher nur anhand von **Wasserreservoirs** und einer Waschanlage für Kleidung nachgewiesen werden, der Neigungswinkel zum Hügel legt jedoch ein Wassersystem mit fließendem Wasser nahe.

Der große **Turm** an der nordwestlichen Ecke ist noch bis zu einer Höhe von 4 m erhalten, soll aber 15 m hoch gewesen sein.

• *Öffnungszeiten* Die Besichtigung des Ausgrabungsgeländes (2 km südlich von Ouranoúpoli) ist tagsüber während der Arbeiten möglich; Fotografieren auf dem Gelände ist wegen der Dokumentationsphase der Archäologen verboten. Der Eintritt ist (noch) frei.

▶ **Baden in und um Ouranoúpoli**: Direkt im Ort (etwas unterhalb der Straße und des Turms) liegt ein schmaler und sauberer Sandstrand, der Sand so fein wie Mehl, im Wasser Steine und einige Seeigel. Im südlichen Teil der Ortschaft mehrere kleine Buchten mit Kieselstrand; auf den kleinen Kieselsteinen liegt man zwar bequem, aber es gibt fast keinen Schatten. Bessere Bademöglichkeiten am östlichen Ortsrand, gegenüber dem kleinen idyllischen Fischerhafen mit der Kapelle auf dem Kap. In der „blauen Lagune" sauberer Strand mit Kieselsteinchen und grobkörnigem Sand. Der Strand fällt auf ca. 30 m langsam ins Wasser ab. Surfschule am Platz. Für knapp 30 € pro Tag kann man sich in mehreren Agenturen ein Motorboot mieten und selbst auf Erkundung gehen.

Wanderung 9 – Zur Áthos-Grenze

Ausgangspunkt für diese kurze Wanderung, die aufgrund der kaum nennenswerten Geländeunterschiede schon eher einem Spaziergang gleicht, ist der Parkplatz am Ortsende von Ouranoúpoli.

Besonderes: Auf Schotter geht es ohne besondere Steigungen die Küste entlang (Badezeug mitnehmen) bis zur Grenzlinie der Mönchsrepublik und zur oben beschriebenen archäologischen Ausgrabung des mittelbyzantinischen Klosters Zygos. Der Rückweg erfolgt auf der gleichen Route. **Distanz**: hin und zurück ca. 5 km. **Wanderzeit**: 1 ½ Std.

Routenbeschreibung: Den Beginn der Wanderung markiert der Schotterweg, der am südöstlichen Ortsende in Ufernähe beginnt (Parkplatz bzw. Hotel Avra als Orientierung). Nach ca. 100 m die nette kleine **Taverne Áthos**, die man sich schon mal für die Rückkehr vormerken sollte. In einem weiten Bogen steigt die Strecke leicht an und führt für kurze Zeit ein wenig vom Meer weg. Es geht an eingezäunten **Weinstöcken** vorbei.

Ein Schild („Sackgasse") weist nach 2 km Fußweg unmissverständlich auf das Ende der Straße hin. Vorbei an den Ruinen des tausendjährigen **Klosters Zygos** (Beschreibung siehe S. 211), auch bekannt unter dem Namen *Frangókastro*, fällt der Weg leicht ab und führt durch eine mit Ölbäumen bewachsene Senke. Etwa 150 m weiter endet die Schotterstrecke endgültig vor einer **Mauer mit Stacheldraht**. Zugleich erklärt eine gelbe Tafel, was man an diesem Zaun alles nicht darf – und das gleich mehrsprachig! Sehen kann man von hier aus nur einige bewohnte Gebäude und – mit ein wenig Glück – einen Mönch, der über den Hof huscht.

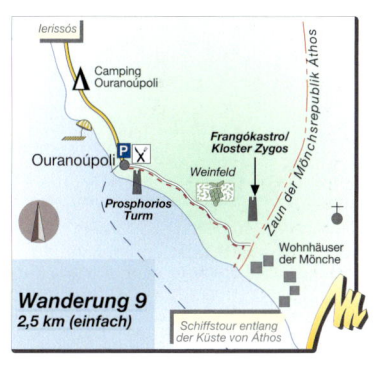

Der Rückweg nach Ouranoúpoli erfolgt auf der gleichen Route.

Insel Amoliení

Eine landschaftlich sehr abwechslungsreiche üppig grüne Insel, die, obwohl recht klein, noch weitgehend unberührt ist und sich vor allem für Spaziergänge eignet. Alle Wege führen innerhalb von 30 Min. ans Meer. Nach wie vor gilt der Inselwinzling vor der Küste des Áthos als Schmuckstück der Ägäis.

Kaum ein Reiseveranstalter hat Amoliení in seinem Katalog verzeichnet – sehr zur Freude all jener Individualtouristen, die hier die schönste Zeit des Jahres verbringen wollen. Obwohl vom Tourismus nicht völlig verschont, hat die Insel viel von ihrer Ursprünglichkeit behalten können.

Auf der etwa 5 km langen und rund 2 km breiten Insel leben im Sommer 5000 Menschen. Die einzigen Asphaltstraßen verbinden den Hauptort Amoliení mit den **Vorzeigestränden** Alikés im Süden und Megáli Ámmos im Osten. Der Weg führt vorbei am ehemaligen Salzsee der Insel. Bis in die 50er Jahre wurde über eine Rohrleitung Meerwasser zur Salzgewinnung in das natürliche Becken geleitet. Vorsicht! Der See ist keineswegs restlos ausgetrocknet, er saugt sich nach jedem Regenguss wieder voll. Schon nach wenigen Minuten sackt man spürbar ein.

• *Verbindungen* **Fähren** starten in den Sommermonaten mehrmals tägl. (etwa alle 2 Std.) von 7–20 Uhr von dem kleinen Hafen Tripití hierher. Einfach pro Person 1,50 € DM, Auto ca. 7 €. Die eingesetzte Fähre ist jedoch nicht für größere Wohnwagenspanne geeignet. Von Ouranoúpoli starten lediglich kleine Ausflugsboote (keine Autos) zu einigen Badestränden von Amoliení.
Am Hafen Amoliení stehen **Pferdekarren** (ca. 2,50 €) für den Transfer zum Hotel bereit bzw. zur Bucht von Alikés bereit.

• *Übernachten* Auf der Insel gibt es eine Vielzahl von empfehlenswerten **Privatunterkünften**. Ein DZ kostet je nach Saison 25–35 €. Wenn eine Fähre angelegt hat, werden die Zimmer an der Mole lautstark angepriesen. Das Angebot an Hotelzimmern hält sich noch in Grenzen – doch die Investoren bauen fleißig.

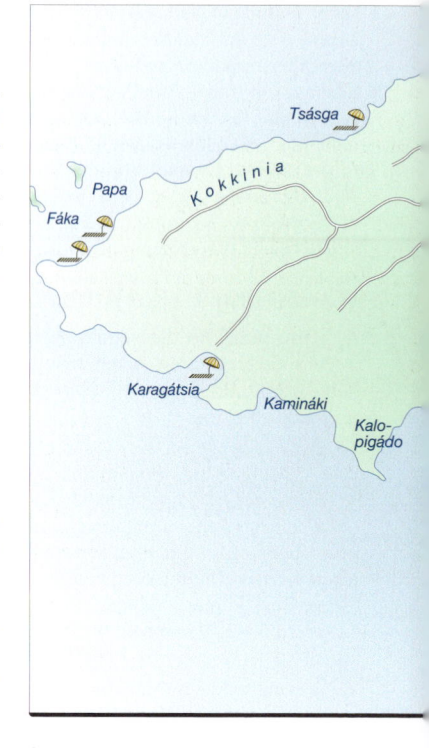

Hotel Sunrise (C-Kat.), bestes Haus der Insel. Neues Gebäude, von den Zimmern herrlicher Blick auf den Berg Áthos. Kleiner Privatstrand. Die Besitzer sind Rückwanderer aus den USA, sie haben früher in Chicago ihr Geld verdient. DZ (z. T. mit 3 Betten) je nach Saison ab 60–85 €, ✆ 23770/51273 oder 51173. Weitere Übernachtungsmöglichkeiten bieten die Hotels **Amoliení** (C-Kat., DZ ab 60 €, ✆ 23770/51297) und **Archontariki** (B-Kat., ✆ 23770/51207; etwas in die Jahre gekommen); DZ 40–50 €.

Gut gefallen hat uns die **Pension Germanida**, ✆ 23770/51234. Die deutsche Besitzerin lebt seit 20 Jahren auf der Insel und hilft bei großen und kleinen Problemen gerne weiter.

• *Camping* **Alikés**, am gleichnamigen Strand befindet sich ein gut ausgestatteter Zeltplatz, der auch zum Abstellen von Wohnmobilen geeignet ist. Schatten durch Strohmatten.

Amolianí-Ort

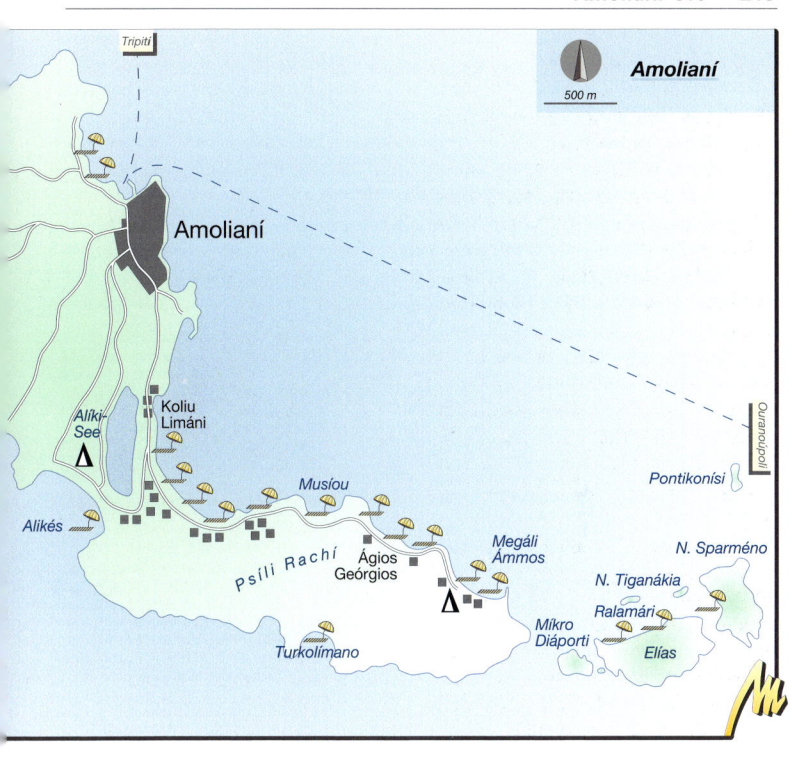

Direkter Zugang zum grob sandigen Strand. Die angeschlossene Taverne hat sich auf Fischgerichte spezialisiert. Kleiner Supermarkt und saubere Duschen (am Strand mit Meerwasser). ✆ 23770/51200 und 51379.
Am gleichen Strand befindet sich noch ein zweiter Zeltplatz mit Namen **Óros Camping**.

gleichnamigen Strand (✆ 23770/51182 und 51183), mit Bar. Vom Hafen Amolianí führt eine neu geteerte Straße mit langer Reihe von Straßenlaternen hinüber.

• *Mietfahrzeuge* Auf Amolianí können Motorroller für etwa 15 € pro Tag gemietet werden.

> **Tipp:** Besuchen Sie Amolianí – wenn möglich – nicht am Wochenende. Denn dann dient die ansonsten ruhige Insel vielen Einwohnern von Thessaloníki als Naherholungsziel. Hotels und Pensionen sind oft bis auf den letzten Platz ausgebucht, und selbst in den Tavernen gibt es dann kaum noch freie Stühle.

Amolianí-Ort

Griechische Hafenidylle: bunte Fischerboote und dunkle Seitengassen, moderne Rohbauruinen und alte Tavernen. Viele „Auslandsgriechen" besitzen hier eine Ferienwohnung, doch als Urlaubsquartier ist die Inselhauptstadt mit ihren knapp 1000 Einwohnern weniger zu empfehlen.

Der Ort Amolianí besteht zu einem kleinen Teil noch aus original alten Gebäuden, wie einer orthodoxen Kirche (leider für Besucher geschlossen) und dem Gemeindehaus, in dem auch der Arzt praktiziert. Sehenswert ist auch der sogenannte **Arsanas** am Hafen: In das massiv gebaute Haus zogen die Mönche früher ihre Boote, wenn ein Sturm drohte. Der Ortskern wurde in den letzten Jahren durch anscheinend planlos gebaute Pensionen erheblich erweitert.

Der Pope von Amolianí hat eine wirksame Methode gefunden, seine Gemeinde am Gottesdienst teilhaben zu lassen: Lautsprecher übertragen die Messen so hautnah, dass sogar das Rasseln der Weihrauchgefäße zu hören ist.

Geschichtliches: Amolianí wurde 1922 von Flüchtlingen aus Pasaliman (Marmaras) am Schwarzen Meer zu neuem Leben erweckt. Davor diente die Insel den Áthos-Mönchen als Anbaugebiet für Feigen, Oliven und Wein. Aus dieser Zeit stammt noch eine Reihe von älteren Gebäuden im Ortszentrum. 1925 wurde die Ansiedlung weiter vorangetrieben. Nachdem die Vertriebenen jahrelang nur notdürftig in Zelten untergebracht waren, wurden mit Hilfe der Regierung feste Häuser gebaut. Doch trotz aller Unterstützung gab es bis 1973 keinen Strom auf der Insel!

• *Adressen/Einkaufen* Der beste, preisgünstigste **Supermarkt** der Insel, **Mega Market**, liegt am westlichen Ortsausgang in Richtung Alikés. An der Straße hinüber zur Alikés-Bucht liegt auch **Athonitis Tours**. Hier kann man Scooter mieten und Bootsausflüge entlang der Áthos-Küste buchen. ☎ 23770/51241. Im Ort gibt es außerdem eine **Bäckerei**, eine **Tankstelle** und einen Deutsch, Englisch und Italienisch sprechenden **Arzt** (breites Medikamentensortiment). Eine Apotheke und ein Krankenhaus sucht man auf der Insel vergebens. Ebenso wenig konnten wir eine Bank oder eine Post entdecken. Wer **Geld wechseln** will, kann dies jedoch zu vernünftigen Konditionen im Hotel Sunrise tun.

• *Badeausflüge* Einige Badestrände der Insel werden von privaten Anbietern mit Fischerbooten angesteuert. Dazu gehört z. B. auch **Lambrini**; das Unternehmen fährt tägl. um 12 Uhr an jeden Strand der Insel.

• *Essen & Trinken* größere Anzahl von Lokalen, in denen man neben typisch griechischen Gerichten auch Pizza bekommen.

Ausgezeichnete und zudem preiswerte Gerichte serviert Janis in der **Taverne Vassilis** am südöstlichen Ortsrand. Man sitzt direkt am Meer und genießt nicht nur die Fisch- oder Fleischgerichte, sondern auch den herrlichen Blick auf das hell erleuchtete Ouranoúpoli.

Im Restaurant **Basiles** sind die Kalamares (gefüllt mit Schafkäse und in einer Zitronen-Öl-Sauce serviert) sehr zu empfehlen.

Von den Tavernen am Fährhafen waren wir nicht besonders angetan: unfreundlicher Service und zu hohe Preise.

• *Nachtleben* Außerhalb des Orts, auf einem Bergrücken, befinden sich die **Diskotheken Natala**, **Disco 47** und **Hazienda**. Bis morgens um 3 Uhr lärmen Guns 'n' Roses und Joe Cocker um die Wette.

Baden und weitere Ziele auf Amolianí

Größere Strände gibt es auf Amolianí bei den beiden Campingplätzen von Alikés: grobkörniger Sand, flach ins Meer abfallend. Kleinere und bessere Strände und Buchten, teilweise von Granitfelsen umrahmt, liegen leider etwas abseits.

Achten Sie bei den kleinen Buchten aber besonders auf Seeigel. Schatten ist Mangelware, denn anstelle von Bäumen gibt es häufig nur dichtes Dornengestrüpp. Ein eigenes Fahrzeug – eventuell Motorrad – ist von Vorteil. **Schnorchler** kommen insbesondere im Westteil der Insel auf ihre Kosten, denn das Wasser ist hier am klarsten.

▸ **Ágios Geórgios:** Lang gestreckter Sandstrand mit etwas Schatten, einer alten Kapelle und eigener Quelle. Sehr sauber. Der Strand wird von Kaikis aus Ouranoúpoli angesteuert, die überfallartig Badegäste an Land werfen. Im Norden lockt ein kleiner Strandabschnitt mit Schatten spendenden Pinien.

„Sehr urige Fischtaverne am Strand, die Speisen werden frisch zubereitet; der Fisch wurde noch am Strand ausgenommen"; Lesertipp von F. Fiebig/P. Hellevig, Unna.

▶ **Megali Ammos**: Schmaler Sandstrandstreifen mit mehreren Tavernen. Mit dem Auto kann – leider – direkt bis zum Meer gefahren werden. Östlich der Bucht liegen die Mini-Inseln Elias, Sparmeno und Pontikonissi Täglich werden Ausflugsfahrten (ca. 8 €) dorthin angeboten.

▶ **Karagatsia Beach**: Abseits gelegene Badebucht im Westen der Insel. Herrlicher Blick auf Sithonía. Noch verlaufen sich die wenigen Touristen, da die Bucht bislang nur schwer zu erreichen ist.

▶ **Ostküste von Amoliání**: Zahlreiche kleine Buchten, die z. T. nicht einfach zu erreichen sind. Da auf der Insel reichlich Macchia wächst, ist das Tragen von langen Hosen anzuraten. Das Wasser rund um die Insel ist in der Regel sauber und klar. Lediglich im Hafenbecken von Amoliání empfiehlt sich das Baden nicht.

Áthos von außen

Sowohl für Männer als auch für Frauen besteht die Möglichkeit, eine Bootsfahrt entlang der Westküste der Mönchsrepublik zu machen. Eine Fahrt, die wir Ihnen empfehlen möchten, auch wenn die Kreuzfahrtschiffe nicht näher als 500 m an die Küste heranfahren dürfen. Vorbei an steil abfallenden, dicht bewachsenen Küstenabschnitten führt der Trip bis zum Südkap der Halbinsel. Da sich nahezu alle Klöster auf der Westseite in Ufernähe befinden, kann man die architektonischen Meisterleistungen vom besten Platz, nämlich vom Schiff aus, bewundern. Es erwarten Sie wirklich grandiose Fotomotive! Die Abfahrt ab Ouranoúpoli (16 €) bzw. Órmos Panagiás (ca. 25 €) erfolgt gegen 10 Uhr, der Tagesausflug endet gegen 14 bzw. 17 Uhr.

Tipp Frühzeitig einen Sitzplatz auf der linken Bootsseite suchen!

Berg Áthos, die Mönchsrepublik

Während in byzantinischer Zeit rund 40.000 Mönche auf Áthos lebten, ging die Zahl in den folgenden Jahrhunderten erheblich zurück. Heute wohnen etwa 2000 Mönche griechisch-orthodoxer Konfession in der Republik mit halbautonomem Status. Aber ihre Zahl ist seit der Öffnung der osteuropäischen Staaten wieder im Steigen begriffen.

Das Selbstverständnis der Mönchsrepublik drückt sich schon in der Bezeichnung **Heiliger Berg** aus: Áthos soll ein Ort der Anbetung Gottes und der Gottesmutter sein („Gärtchen der Gottesmutter") und will Mönchen und Pilgern – der Áthos ist nach Jerusalem wichtigstes **orthodoxes Pilgerziel** – die Möglichkeit zu Askese und mystischer Frömmigkeit bieten. Für orthodoxe Griechen ist der Zugang zur Áthos-Republik jederzeit möglich. Doch auch für alle übrigen Männer, die sich für einen Besuch interessieren, wurde der Zutritt inzwischen durch die vereinfachten Einreiseformalitäten erleichtert.

Neben spirituellen Motiven lockt der Áthos vor allem auch als **Wandergebiet**. Auffallend viele Deutsche, Österreicher und Schweizer unternehmen den Vier-Tages-Trip zum Heiligen Berg und seinen Klöstern, und die Wandersucht in alpenähnlichen Gefilden spielt dabei wohl eine nicht zu verleugnende Rolle. Die Freundlichkeit und Fürsorge der Mönche macht es den Besuchern leicht, diese Oase der Stille und Abgeschiedenheit inmitten der schnelllebigen Zeit genießen zu können.

Die Theokratische Republik Áthos

In Kariés ist der Verwaltungssitz des „Heiligen Berges" eingerichtet, die **Iera Epistasia** (Heilige Aufsicht). Das auffällige Gebäude mit seinen breiten und gleißenden Marmortreppen befindet sich südlich vom Hauptplatz von Kariés gegenüber der Kirche.

Die Verwaltung ist autonom vom griechischen Staat. Jedes der 20 Klöster entsendet einen Vertreter (Antiprosopos), und alle zusammen verteilen sich auf fünf Vierergruppen. Die Führung in diesen Gruppen haben die Abgeordneten der größten fünf Klöster inne (Lávras, Vatopédi, Ivíron, Chilandaríou und Dionysíou). Alle fünf Jahre werden vier Epistates (Aufseher) und ein Protepistatis (Oberaufseher) für den Verwaltungsrat gewählt, der die finanziellen und juristischen Belange der Theokratischen Republik Áthos regelt.

Die Ämter in den Klöstern sind vielfältig und hierarchisch gestaffelt. An der Spitze steht der Abt oder Vorsteher, dem mehrere Beiräte oder ein Ältestenrat zur Seite stehen.

Einreiseformalitäten

Die Einreiseerlaubnis ist auch für Angehörige nichtorthodoxer Bekenntnisse inzwischen verhältnismäßig leicht zu bekommen. Dennoch werden auch heute täglich nur zehn männliche Nichtorthodoxe über 18 eingelassen.

Frauen und Kindern ist der Zutritt grundsätzlich verwehrt. Das wirft heutzutage natürlich zahlreiche Diskussionen auf. Offiziell begründet wird das mit einer Weisung Mariens, die sich den Áthos zu ihrem Garten erwählte und keine andere Frau auf diesem heiligen Boden zulässt. Dennoch soll es schon viele Versuche von Frauen – darunter einige hartnäckige Journalistinnen – gegeben haben, vom Meer aus an Land zu gehen, aber keiner soll bisher erfolgreich gewesen sein. Davon wäre auch dringend abzuraten, denn nicht angemeldete Eindringlinge werden der Justiz in Ouranoúpoli übergeben.

*A*nmeldung/*Information*

• *Anmeldung* Interessenten sollten zunächst ihren Terminwunsch telefonisch anmelden und anschließend eine gut leserliche Kopie des Personalausweises und der persönlichen Daten (per Post, *nicht per Fax!*) an das **Pilgerbüro in Thessaloníki** schicken. In den Hauptbesuchszeiten (Ostern, Sommer) sollte man sich frühzeitig darum bemühen!

In Thessaloníki erhalten die Besucher nach persönlichem Gespräch auch ein Empfehlungsschreiben, das im **Pilgerbüro von Ouranopouli** abgegeben werden muss. Erst hier wird innen dann der ersehnte „Diamonitírion", der Besucherpass, ausgehändigt.

• *Pilgerbüros* **Thessaloníki (zur Anmeldung)**, Pilgrims Office of the Holy Mount Áthos, 109 Egnatia Avenue, 54622 Thessaloníki, geöffnet tägl. außer So u. Fei 9–13 Uhr, ✆ (0030) 2310/252578, ✆ 2310/222424.

Ouranoúpoli (Besucherpassausgabe), Holy Executive of the Mount Áthos Pilgrims Bureau, Permit-Issuing Department, geöffnet: 8–14 Uhr. Hier wird zusammen mit dem Pass gegen eine **Gebühr** von 35 € der „Diamonitirion" ausgehändigt, die Aufenthaltserlaubnis, die von der Iera Kinotis, der „Regierung" des Áthos, ausgestellt wird. Das Diamonitírion dient als Zugangsberechtigung für die Klöster und wird bereits beim Zugang auf das Schiff kontrolliert. Der Pauschalbetrag von 35 € beinhaltet übrigens auch die Übernachtung in den ausgewählten Klöstern (eine kleine zusätzliche Spende auf dem Bett zu hinterlassen gehört zum guten Ton), nicht aber den Ticketpreis

Einreiseformalitäten

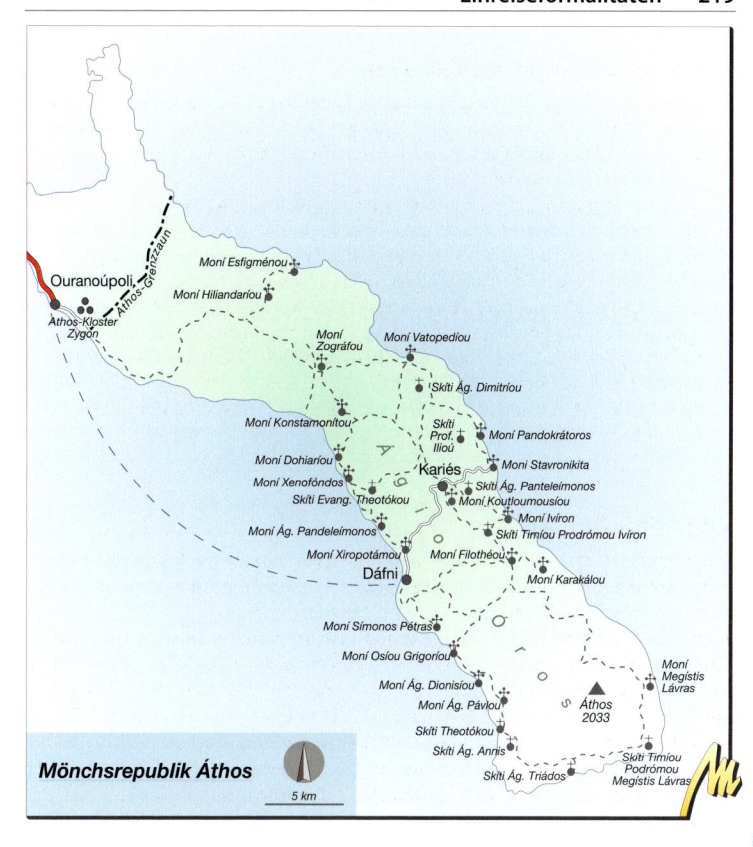

Mönchsrepublik Áthos

für die Bootsfahrt (einfach 4,50 € extra). ℡ 23770/71422, ℻ 23770/71450.
- *Information* Die Griechische Zentrale für Fremdenverkehr (→ S. 51) und das deutsche Generalkonsulat in Thessaloníki (→ S. 88) geben ein jährlich auf den neusten Stand gebrachtes **Informationsblatt** über den Besuch des Heiligen Bergs Áthos heraus.

Anreise/Telefonnummern

- *Busverbindung* von Thessaloníki tägl. 7-mal nach Ouranoúpoli. Die Busse starten in der Karakassi-Str. 68, Busbahnhof Chalkidikí („Praktorion Chalkidikís") im Ortsteil Charialou. Mit dem Frühbus, der gegen 6.15 Uhr abfährt, erreicht man noch das Schiff, das die Besucher von Ouranoúpoli aus einmal täglich zum Eingangshafen des Áthos, Daphní, bringt. Wer von Saloníki nicht so früh aufbrechen will, muss bei der Anreise eine Übernachtung einzuplanen.
- *Fährverbindung* Einschiffung in Ouranoúpoli um 9.20 Uhr, Abfahrt nach Daphní um 9.45 Uhr. Eine weitere Bootsverbindung startet von Ierissós (Abfahrt gegen 7.20 Uhr) – letztere Verbindung bitte vor Ort bestätigen lassen. **Wichtig**: Vor der Abfahrt müssen noch die Papiere aus dem oben genannten Pilgerbüro abgeholt werden. Bereits vor der Abfahrt werden an der Ecke des Fährsteges Tickets (4,50 €) für die einfache Bootspassage verkauft. Beim Betreten des Schiffes werden der Ausweis und die Einreiseerlaubnis genau kontrolliert.
- *Telefonnummern* Alle Telefonnummern der Klöster, die Besuchern Übernachtungs-

möglichkeiten anbieten, finden sich auf der Rückseite des Diamonitirions. Eine namentliche Reservierung ist inzwischen verpflichtend.

> **Die Einreise auf dem Landweg ist verboten.** Stacheldrahtbewehrte Zäune halten so manche(n) Neugierige(n) ab. Grenzschilder in holprigem Englisch verkünden unmissverständlich: FORBIDDEN ENTRY FOR ALL!

● *Weiterfahrt* In Daphní (→ S. 231) angekommen, sollten Sie sich möglichst rasch nach den beiden betagten **Bussen** umsehen, die die Besucher in knapp 30 Min. zur Áthos-Hauptstadt **Kariés** bringen. Auf der steilen Schotterstrecke ist es kein großes Vergnügen, auf dem Gang zu stehen.

Unterwegs auf dem Áthos

Noch vor einigen Jahren mussten Besucher nach der Ankunft erst im Verwaltungsort Kariés die Behörde aufsuchen und erhielten erst dort ihren „Diamonitirion" ausgehändigt. Jetzt kann der Besucher prinzipiell bereits vom Hafen Dafní (oder auch von einem der angelaufenen Landestege unterwegs) zu Fuß ein Kloster oder eine Skiti aufsuchen oder mit dem Unimog von Kariés nach Iviron zur Ostküste des Áthos fahren.

Fast jedes Kloster ist mittlerweile mit dem (geländegängigen) Wagen zu erreichen, denn die Holzindustrie hat die entsprechende Infrastruktur geschaffen. Sie schlägt offensichtlich auch auf dem Áthos im wahrsten Sinne des Wortes zu und bedroht in wachsendem Ausmaß den weitgehend unberührten Naturpark.

● *Mit dem Unimog* Die Sitzplätze sind begehrt und in der Regel auf 6 bis 10 limitiert. Wer sich also nicht auf Schusters Rappen aufmacht, sollte sich nach der Ankunft gleich am zentralen Platz nach den aktuellen Abfahrtszeiten erkundigen. Je nach Länge der Strecke und Zahl der Mitfahrer zu den verschiedenen Klöstern kostet der Trip zwischen 3 und 6 €.

● *Mit der Fähre* Viele Pilger nutzen die täglich an der **Westküste** verkehrenden Fährschiffe, die innerhalb der Mönchsrepublik alle wesentlichen Anlegestellen anlaufen. Auch entlang der **Ostseite** soll es vereinzelt Boote geben, aber ohne festen Fahrplan.

> **Arzt** (Kariés), ✆ 23770/61217. **Gemeinde von Agios Óros**, ✆ 23770/61221, 61224. **Verwaltung**, ✆ 23770/61230. **Polizei** (Kariés), ✆ 23770/61212, (Daphní) ✆ 23770/61222. **Zollamt** (Daphní), ✆ 23770/269. **Hafen** (Daphní), ✆ 23770/61300.

Wandern auf dem Áthos

Wanderungen auf den Fußwegen oder Maultierpfaden des Áthos sind ein einzigartiges Erlebnis in einer weitgehend ursprünglichen Natur. Höhepunkt ist sicherlich die relativ leichte, aber schweißtreibende Besteigung des Áthos-Massivs und eine Nacht auf seinem Gipfel.

Erstbesucher sollten sich für den Anfang nicht zu große Entfernungen vornehmen. Die auf den Karten angegebenen Zeittabellen stimmen zwar in der Regel, doch die kleinen Hinweistafeln am Weg kann man leicht einmal übersehen und dabei auf Abwegen landen.

Die meisten Wege sind steinig und beizeiten rutschig. Bis auf die schmalen Pfade um die Südflanke des Áthos, wo die Felsen extrem steil sind, sind die meisten Wege zwar nicht ausgesprochen anstrengend, aber dennoch anspruchsvoll.

● *Wanderkarten* Für die genaue Orientierung gibt es eigentlich nur eine verlässliche Karte, nämlich die von einem Österreicher mit viel Akribie zusammengestellte, **hand-**

Als Gast in einem Áthos-Kloster

gezeichnete **Faltkarte** von Áthos. Nahezu alle Pfade und Schotterwege mit Höhenlinien und sämtliche Klöster, Skiten und Zellen sind eingetragen. Wer sichergehen will, sollte die Karte unter folgender Adresse rechtzeitig bestellen: Prof. Reinhold Zwerger, Wohlmutstr. 8, A- 1020 Wien.

● *Ausrüstung* Neben zweckmäßiger Wanderkleidung, Wind- und Regenschutz und festen Wanderschuhen sollten (je nach Jahreszeit) mindestens 2–3 l Wasser und eine Notration in den Rucksack. Dosen oder aufwendiges Verpackungsmaterial sind nicht zu empfehlen. Ratsam ist zudem Verbandsmaterial für den Fall der Fälle. Übrigens: Ihr **Handy** funktioniert möglicherweise auf der Ostseite durch den Funkschatten des Áthos nicht.

> Am 11. September 2004 kamen beim Absturz eines griechischen Militärhubschraubers vor der griechischen Küste, nur wenige Seemeilen von der Halbinsel Athos entfernt, 17 Menschen ums Leben. Unter den Opfern befand sich auch Petros VII., der seit 1997 Papst und Patriarch von Alexandrien und ganz Afrika mit etwa 300.000 orthodoxen Christen war. Das 55-jährige Oberhaupt der griechisch-orthodoxen Kirche Afrikas war, ebenso wie die meisten anderen geistlichen Opfer, zur autonomen Mönchsrepublik Berg Athos unterwegs.

Als Gast in einem Áthos-Kloster

Es gibt kaum einen gemütlicheren Rastplatz für den Wanderer, als im Schatten einer Veranda oder im Garten eines Klosters zu sitzen und auf die Küste von Áthos zu blicken. In einem Áthos-Kloster zu übernachten eröffnet einem gar eine völlig neue Dimension von Gastfreundschaft.

Die Klöster und ihre Mönche haben sich seit Jahrhunderten verpflichtet, im Rahmen ihrer Möglichkeiten Pilger und Gäste für einen Tag und eine Nacht zu verköstigen und zu beherbergen, in der Regel ohne Entgelt. Bis zum Sonnenuntergang muss man allerdings im Kloster angekommen sein, dann werden die Tore verschlossen, und man muss im Freien übernachten.

● *Kleiner Kloster-Knigge* Für den Besuch des Áthos gelten eine Reihe von Regeln, an die man sich halten sollte: dezente Kleidung (lange Hosen), keine Musikinstrumente, keine Video- und Filmaufnahmen. Verboten sind zudem das Fotografieren in Kirchen und Speisesälen, die Verwendung von Stativ und Blitzlicht, das Rauchen in den meisten Klöstern und das Baden in Sichtweite der Klöster.

● *Schlafplatz-Reservierung* In fast allen Klöstern ist eine Anmeldung inzwischen verpflichtend. Das betrifft v. a. folgende Klöster:

Vatopaidi, ✆ 23770/23219 (10–16 Uhr)
Iviron, ✆ 23770/23643 (12–14 Uhr)
Karakallou, ✆ 23770/23225 (12–14 Uhr)
Koutloumousi, ✆ 23770/23226 (12–14.30 Uhr)
Xenofontos, ✆ 23770/23249 (9–14 Uhr)
Xiropotamou, ✆ 23770/23251 (13–15 Uhr)
Simonos Petra, ✆ 23770/23254 (13–15 Uhr)
Grigoriou, ✆ 23770/23668 (11–13 Uhr)
Stavronikita, ✆ 23770/23255 (13–15 Uhr)

Bei der **Ankunft im Kloster** erhalten die Besucher ein Glas Wasser, Anisschnaps und einen Lukoúmi, einen geleeartigen Würfel aus eingedicktem Mandelsirup mit Puderzucker. Hin und wieder gibt es dazu auch ein paar Häppchen (Tomatenschnitze oder Gurken) und auch am Mittag einen starken Kaffee mit schier unglaublich aufputschender Wirkung. Abends gebietet es die Höflichkeit, dass Sie an den religiösen Zeremonien, insbesondere dem **Abendgottesdienst** (zwischen 17 und 19 Uhr) und der **Vesper** teilnehmen.

Sie sollten immer mit ein wenig zeitlichem Spielraum im Kloster eintreffen, denn auch das Eintragen in das Besucherbuch und eine kleine Unterhaltung mit dem gastgebenden Mönch, der Ihnen vor der Messe bereits die Schlafstätte und die

222 Berg Áthos, die Mönchsrepublik

Waschräume zeigt, werden erwartet. Man erkundigt sich nach Ihrem Wohlbefinden, dem Ausgangsort der Wanderung am heutigen Tag und nach Ihren Plänen für morgen. Auch Ihr Beruf und Wohnort werden mit größter Neugier erfragt, und nicht selten kennt einer der Mönche einen, der wiederum vor vielen Jahren bei Ihnen in der Nähe gearbeitet hat oder sogar dort geboren wurde. Und schon entspinnt sich ein munteres Gespräch, bei dem man die frommen Männer von einer ganz anderen Seite erlebt. Im Anschluss an die Vesper zeigen in vielen Klöstern die Mönche den Pilgern voller Stolz die religiösen und kunsthistorischen Kostbarkeiten. Den Ikonen und Reliquien in den goldenen und silbernen Schreinen wird dabei Verehrung erwiesen. Die Zeit nach dem Abendgottesdienst und dem Abendessen verbringen die Mönche mit Gebeten, Lesen der heiligen Schriften oder kleinen Arbeiten im Garten, dem Füttern der Tiere etc.

> **Essen und Trinken:** ist genauso fester Bestandteil im Tagesablauf der Mönche wie die Arbeit oder das Gebet. Alle Klosterbrüder und anschließend die Besucher werden nach der Messe in das Refektorium geführt, wo die Tische reich gedeckt sind. Es gibt entweder Gemüse aus eigenem Anbau oder eingelegten bzw. getrockneten Fisch, Eier und rote Bete, Kartoffelbrei oder Salate, Eier, Oliven, Früchte, Käse, Reisauflauf mit leckerer Soße oder dergleichen mehr. Dazu steht eine Kanne mit Wasser oder Wein auf dem Tisch und reichlich Brot.
>
> Als Gast sollte man möglichst wenig Zeit darauf verwenden, die kunstvollen Malereien an den Wänden zu betrachten, denn die Zeit ist begrenzt. Nach dem gemeinsamen Gebet gibt der Älteste mit einer Tischklingel ein Zeichen und alle beginnen mit dem Essen. Unterhaltungen am Tisch sind verpönt, das sollte man vor allem als Besucher wissen. Eine Bibeltext, der den Essenden von der Kanzel in monotonem Gleichklang vorgetragen wird und das Klirren des Geschirrs sind die einzigen Geräuschquellen. Mit fortlaufender Zeit richten sich erneut alle Blicke auf den Ältesten, der mit der Klingel das Mahl nach eigenem Ermessen beendet. In vorgegebener Reihenfolge wird man anschließend aus dem Speiseraum geführt. Wie mir ein Mönch augenzwinkernd erzählte, ist es für Besucher ratsam, die Nachspeise (einen Apfel, Pfirsich etc.) möglichst unauffällig aus dem Raum zu tragen.

Ganz anders erlebt man die Mönche auch am frühen Morgen, nämlich in der **Liturgie**, die meistens zwischen vier und acht Uhr stattfindet. Wenn man nicht vom Schallbrett oder mancherorts von lang anhaltendem Glockenspiel aufgewacht ist, so reißt ein Mönch in der Früh die Türen auf und weckt die Pilger und Gäste zur Morgenandacht. Ehrlich gesagt, nach einigen Tagen wird die Überwindung immer größer, schon vor Morgengrauen und mit Muskelkater aus den Federn zu steigen, aber Respekt und das „schlechte Gewissen" helfen dabei. Und immer wieder ist es ein einzigartiges Erlebnis, die meditativen griechisch-orthodoxen oder die schwungvoll-melodiösen rumänisch- oder russisch-orthodoxen Choräle zu hören, und im Flackern der Öl- und Bienenwachskerzen und dem Duft von Weihrauch die charismatischen Kuttenträger herumhuschen zu sehen. Und wer im Halbdunkel dann immer mal wieder ein wenig eindöst, befindet sich in guter Gesellschaft ...
Nach dem gemeinsamen Frühstück und dem letzten Erinnerungsfoto fürs Urlaubsalbum geht es dann mit der aufgehenden Sonne wieder auf Wanderschaft.

Geschichte

Schon früh dient die wenig zugängliche und unwegsame Landschaft des Áthos als Zufluchtsort für Eremiten und Asketen, die den weltlichen Einflüssen entsagen und nach christlichen Idealen leben wollen. Bereits im 8. Jh. schließen sie sich zu kleinen Mönchssiedlungen (Klostergemeinden) zusammen. Diese Gemeinden, von den jeweiligen Kaisern von Konstantinopel unterstützt, entwickeln sich bald zu ökumenischen Zentren der orthodoxen Mönche. Erst 200 Jahre später beginnen die ersten Klostergründungen. Im Jahr 969 wird unter Leitung des **heiligen Mönchs Athanasios** das erste und vielleicht auch berühmteste Kloster, Moni Megistis Lavras (→ S. 233), im Südosten von Áthos fertig gestellt.

972 entsteht die erste **Ordensregel**, Typikon („Vorbild"), die von dem damals regierenden Kaiser Johannes I. Tsimiskes als offizielle Verfassung eines autonomen Mönchsstaats anerkannt wird. Sie regelt

Der Tag im Kloster neigt sich dem Ende zu. Das Öllicht wird entzündet, danach die Pforte verschlossen.

die Selbstverwaltung und schreibt für die gesamte Mönchsrepublik die Abstinenz von Fleisch, die Ehe- sowie die Besitzlosigkeit nach dem *kinowitischen* Prinzip fest (im Gegensatz zu idiorrhythmischen Klöstern, in denen die Mönche ihr Eigentum behalten und z. T. sogar Diener haben dürfen). Eine zweite Ordensregel von 1045 untersagt den Aufenthalt aller weiblichen Wesen, egal ob Mensch oder Tier. Auch dieses Gesetz ist heute noch gültig. Kurze Zeit später, im Jahre 1060, wird durch eine Goldene Bulle die Unabhängigkeit des Mönchsstaats vom Patriarchen in Konstantinopel bestätigt. Zwischen dem 10. und 15. Jh. werden die meisten Klöster gegründet. Aus Furcht vor Piratenüberfällen werden etliche Áthos-Klöster in architektonischer Meisterleistung unmittelbar an schroffen Abgründen errichtet. Die meisten Anlagen sind festungsähnlich ausgebaut und erinnern größtenteils auch heute noch an Ritterburgen. Im Jahr 1261, nach der Befreiung Konstantinopels und der Wiederherstellung des byzantinischen Kaiserreichs, zerstören die Katalanen die Klöster. Die meisten, wie Pandokratóros, Símonos Pétras, Ágios Gregoríos oder Ágios Dionysíou, werden jedoch noch im selben Jahrhundert wieder aufgebaut.

Die Mönche kommen schließlich aus ganz Osteuropa auf den „Heiligen Berg", aus Serbien, Bulgarien, Rumänien, Albanien und Russland. Auch heute noch sind es meist hochgebildete junge Männer, die das vom Stress geplagte Leben hinter sich lassen und sich hier der Lobpreisung Gottes und der Erhaltung der Klöster widmen wollen. Selbst während der osmanischen Herrschaft über Griechenland (ab 1453) werden die Klosterprivilegien respektiert. Nach 1500 kommt es auch zur Gründung von einer Vielzahl von kleineren Niederlassungen, sog. **Skiten** (Asketeien oder kleine

Mönchsdörfer), **Kelia** (Zellenwohnungen für zwei bis sechs Mönche mit eigener Kirche) und **Kalyves** (Wohnhütten mit Kapelle), oder **Kathísmata** (Hütten mit einzelnen Mönchen, die von den Klöstern versorgt werden).

> ## Vom Leben als Mönch
>
> Jeder Geistliche auf Áthos trägt einen etwa 20 cm hohen Filzzylinder, **Kalimaphion** genannt, und die lange schwarze und schwere Mönchskutte. Während die Bärte z. T. mächtige Ausmaße annehmen, werden die Haare zu einem Knoten hochgesteckt.
>
> Die Mönche leben nach dem **Julianischen Kalender** (13 Tage nach unserem Gregorianischen) und der byzantinischen Zeiteinteilung. Mit Sonnenuntergang und -aufgang beginnen die Stunden der Nacht und des Tages (jeweils 0 Uhr bis 12 Uhr). Die erste Stunde des 24-Stundentages wird demzufolge ab dem Moment gezählt, ab dem es dunkel ist. Mit der Verschiebung der Sonnenuntergangszeit verändert sich auch alle vier Tage die Uhrzeit! Der Tag eines Mönches besteht aus mindestens acht Stunden Gottesdienst (an Feiertagen bis zu 14 Stunden) und acht Stunden Arbeit. Die restliche Zeit bleibt zum Essen, Studieren, Ausruhen und Schlafen.
>
> Die **Arbeiten** in den Klöstern dienen in erster Linie der Versorgung der Mönche und Pilger, die nicht selten (in den Sommermonaten) in Gruppen von mehr als 30 Personen in die Abgeschiedenheit einbrechen: Gartenarbeit und Landwirtschaft, Fischfang, Küchendienste, Waschen und Saubermachen. Darüber hinaus beschäftigen sich die Mönche mit Ikonenmalerei, Holzschnitzerei, Kalligraphie, Buchrestaurierung, (Chor-)Musik oder mit den reichlich anfallenden Verwaltungsarbeiten.
>
> Nur wenige **Eremiten** leben noch in den kaum zugänglichen Einsiedeleien in den Felswänden des Áthos-Kaps. Sie versuchen, in radikaler strenger Askese ihr mystisches Ideal zu erreichen: die Schau des unerschaffenen göttlichen Lichts.
>
> **Beerdigt wird ein Mönch** nicht im Sarg, sondern nur in seiner Kutte eingenäht knapp einen halben Meter unter der Erde. Anstelle von Grabsteinen schmücken Holzkreuze die Gräber. Drei Jahre nach der Bestattung wird das Grab wieder geöffnet, und die Überreste des Verstorbenen werden entnommen.

Obwohl sich die Klöster einige Vorrechte gesichert haben, leiden sie unter der türkischen Besetzung. Der „Heilige Berg" zeigt jedoch beträchtliche Widerstandsfähigkeit und erlebt in dieser Zeit eine Blüte in der Kunst, der Schrift und der Philosophie. 1743 wird in der Nähe des Klosters Vatopedíou die **Akademie Athonias** gegründet. Áthos nimmt auch am griechischen Befreiungskampf teil. Als die Chalkidikí jedoch unter türkische Verwaltung fällt, muss auch der Agion Óros kapitulieren, um seine Klöster vor Zerstörung zu bewahren. 1912 wird der Mönchsstaat schließlich befreit und zusammen mit dem restlichen Makedónien dem Staat Griechenland einverleibt.

Bereits zur damaligen Zeit kommt es unter den Mönchen zu Differenzen über die Einhaltung der religiösen Vorschriften. Man ereifert sich über das Maß der Askese, die Frage des Fleisch- und Nikotingenusses, den Privatbesitz und über die Art des Zusammenlebens. Mehrere Klöster der Ostseite entscheiden sich gegen die strenge (kinowitische) Gemeinschaftsregel des alten Typikon und wählen eine freiere (idiorrhythmische) Individualregel. Von den zwanzig Großklöstern orientiert sich heute nur noch das Kloster Pandokratóros an der Individualregel. Darin drückt sich möglicherweise eine fundamentalistische Entwicklung aus. Wurden in früheren Jahren die Besucher ungemein gastfreundlich empfangen, so kann es heute vorkommen, dass die ausländischen Gäste zwar korrekt beherbergt und verköstigt werden (wie es der griechische Staat vorschreibt), dass aber jeder freundschaftliche Kontakt mit den „Häretikern" ausbleibt.

Im Kloster Esfigménou wurden Nichtorthodoxe z. B. weder in die Kirche noch in die Trapeza (Speisesaal) gelassen. Eine schwarze Fahne mit weißem Kreuz auf dem Turm symbolisierte die Abneigung gegen den Patriarchen von Konstantinopel, der sich in den Augen dieser Radikalen wie ein Verräter auf den ökumenischen Dialog mit Rom eingelassen hat. An eine Felswand der Ostküste haben sie ihre Parole geschrieben: „Orthodoxie oder Tod!" (siehe auch Kasten S. 226).

Bis in die 80er Jahre des 20. Jh. hinein schienen die Klöster des Áthos vom Niedergang bedroht. Von Jahr zu Jahr blieben mehr Äcker unbestellt, mehr und mehr Zimmer in den riesigen Klöstern unbewohnt. Die materielle Hilfe, die in früheren Jahren durch Stiftungen herrschaftlicher Häuser, von Großgrundbesitzern aus Russland und vom christlich-orthodoxen Balkan kam, wird heute vom griechischen Staat, von der UNESCO und in den letzten Jahren v. a. von der Europäischen Union übernommen. Zur Zeit gibt es kein Kloster, in dem nicht mit Hilfe griechischer Handwerker intensive Renovierungsarbeiten durchgeführt würden.

Die Klöster und Orte auf Áthos

Die Zahl der Áthos-Klöster ist laut den Statuten des Heiligen Berges auf 20 begrenzt, es darf kein 21. Kloster gegründet werden. Die nachstehend beschriebenen Klöster sind somit alle wichtigen Gemeinschaften, die der Áthos beherbergt.

Zu diesen eigentlichen Klöstern kommen noch die sog. **Zellen** und **Skiten**. Sie stehen in fast allen Fällen in engem (auch wirtschaftlichem) Zusammenhang mit den Klosteranlagen. Die Eremiten wollen in der Abgeschiedenheit in schwer zugänglichen Regionen oder in Felshöhlen an der Steilküste ihre strenge religiöse Auffassung leben. Gleichzeitig entstehen an diesen Orten oft kunstvolle handwerkliche Arbeiten (Ikonen, Kerzenleuchter, Kruzifixe u. Ä.). Sie werden im Austausch mit Lebensmitteln oder Werkstoffen an die Klöster gegeben und später den Besuchern zum Kauf angeboten. Die Bewohner der Zellen und Skiten sind Besuchern gegenüber in den meisten Fällen sehr aufgeschlossen. Dagegen sind die Eremiten an den Steilküsten des Südkaps eher verschlossen.

Nahezu alle Klöster beruhen auf ein und derselben **Bauweise** und sind ähnlich angelegt. Besonders die Außenfassaden wirken burgähnlich und scheinen auf Verteidigung ausgerichtet zu sein, was auf die früheren ständigen Piratenüberfälle zurückzuführen ist. Im Mittelpunkt eines jeden Klosters befindet sich das **Katholikon** (Hauptkirche). Der nach der Kirche wichtigste Gemeinschaftsraum ist der **Speisesaal**, der in der Regel ungemein reich mit Wandmalereien verziert ist. Die **Unterkünfte** der Mönche (Mönchszellen) befinden sich zumeist in den äußeren Gebäuden der Klöster. Der Hof oder in größeren Anlagen der Garten inmitten der Klostermauern, dient der Arbeit und der Kommunikation. Hier wird gehämmert, gesägt, gelesen, alles wirkt beschaulich, aber immer betriebsam.

▸ **Moní Chelandaríou, gegr. um 1197**: Dieses Kloster befindet sich im Norden der Halbinsel weit ab von der Küste in einem bewaldeten Tal und war lange Zeit ein religiöser und kultureller Mittelpunkt der Serbisch-Orthodoxen. Stifter des Klosters war ein gewisser Prinz Rastko, der später den Namen Savvas annahm und zusammen mit seinem Sohn das damals halb verfallene Kloster wieder aufbaute und mit finanzieller Hilfe von serbischen Herrschern erweiterte. Wie die übrigen Áthos-Klöster auch ähnelt es einer Burg. Die Klosterkirche stammt vom Beginn des 14. Jh. und ist mit prächtigen Wandmalereien geschmückt, die wahrscheinlich in der Gründungszeit entstanden. Sie wurden zwar 1803 übermalt, schimmern aber an manchen Stellen noch durch. Das Kloster beherbergt einen unermesslichen und bedeutenden Bestand an serbischer Literatur aus vergangenen Jahrhunderten.

> Eine Reihe von wertvollen Ikonenmalereien wurde bei einem Großbrand am 4. März 2004 vom Rauch geschwärzt, Tausende Seiten alter kyrillischer Handschriften und Ikonen konnten auf dem schwer zugänglichen Gelände nach stundenlangen Löscharbeiten im letzten Moment gerettet werden.

▸ **Moní Esfigménou, gegr. um 1016:** Der Überlieferung nach von Pulcheria gestiftet, Schwester des Kaisers Theodosios II. Das Kloster stellt das 18. in der Áthos-Rangordnung dar und ist der Himmelfahrt Christi geweiht. Seinen Namen verdankt Esfigmenou seiner Lage im Norden der Ostküste, eingezwängt („esphigmenos") zwischen drei kleinen Hügeln. Die Wandmalereien des Altarraums und des Hauptschiffs der Klosterkirche wurden von Künstlern aus Galátista geschaffen. Der Klosterschatz umfasst u. a. das Kreuz der Pulcheria, zahlreiche Reliquienschreine und eine Bibliothek mit 2.000 gedruckten Büchern und fast 100 Pergamentmanuskripten.

> ### Eine moderne Revolte
> Am 23. Januar 2003 eskalierte im Kloster Esfigménou eine Revolte fanatischer Mönche. Schon seit Jahren war das Kloster mit Transparenten und der Losung „Orthodoxie oder Tod" aufgefallen, schwarze Fahnen schmückten die Klostermauern, weder Griechen noch andere Besucher waren in den Klostermauern willkommen. Nach Angaben des griechischen Fernsehens weigerten sich die rund 120 Mönche des radikal-orthodoxen Klosters trotz einer Weisung des Patriarchen von Konstantinopel (Istanbul), Bartholomaios I., die autonome Mönchsrepublik zu verlassen und verbarrikadierten sich hinter den festungsartigen Klostermauern. Hintergrund war, dass die religiösen Eiferer jeglichen Kontakt mit anderen Religionen strikt ablehnten, dem Patriarchen als ihrem geistigen Oberhaupt sogar „Verrat an der Orthodoxie" vorwarfen, weil er den Dialog mit der römisch-katholischen Kirche aufnahm. Bartholomaios I. und die Gemeinschaft der anderen Klöster erklärten daraufhin die Mönche von Esfigménou zu religiösen Irrlehrern und ordneten deren Ausweisung aus der Mönchsrepublik an. Die griechische Regierung in Athen hatte bis dahin das Thema als innere Angelegenheit der autonomen Republik betrachtet, bis sich am 30. Januar 2003 die 19 Äbte der übrigen Athos-Klöster für eine Intervention des griechischen Staates aussprachen. Daraufhin wurde das Kloster von Polizeieinheiten umstellt und „belagert". Der Abt des Klosters ließ hierauf verlauten, man habe Vorräte für zwei Jahre und er und seine Mitbrüder würden das Kloster auf keinen Fall verlassen. Die Mönche wurden daraufhin festgenommen, das Kloster wurde geräumt. Es wird seitdem von gemäßigten griechisch-orthodoxen Mönchen bewohnt.

▸ **Moní Zográfou, gegr. im 9. Jh.:** Im Norden der Mönchsrepublik im Inselinneren gelegen und von dichten Wäldern umgeben. Eine mächtige mehrstöckige Klosteranlage mit einigen hundert Bogenfenstern und zierlichen Kuppeln. Gegründet von den Brüdern Aaron, Johannes und Moses aus Ochrid, wurde dieses Kloster dem Heiligen Georgios geweiht. Der Legende zufolge konnten sich die Gründer nicht über den Namenspatron des neuen Klosters einigen und sperrten sich deshalb in der Kirche ein, um für ein Zeichen zu beten. Als dem Klostergut und dessen Ikonen kurz darauf Gefahr durch einen Überfall drohte, habe die Ikone des Hl. Georg, die angeblich nicht von Menschenhand geschaffen wurde, zu leuchten begonnen und sei für kurze Zeit dem Áthos entschwunden. So wurde das Kloster nach *Zografou*, dem *himmlischen Maler*, benannt. Die Klosterkirche des bulgarisch-orthodoxen Klosters ist mit 200 Jahren vergleichsweise jung. Ein Denkmal in der Mitte des Klosterhofs erinnert an das Martyrium von Mönchen, die hier von unitarischen Mönchen (sie traten für eine Vereinigung der beiden Kirchen ein) verbrannt wurden.

▸ **Moní Konstamonítou (auch: Kastamonítou), gegr. im 4. Jh.:** Halb verdeckt inmitten eines Waldes liegt das Kloster im Landesinneren an der Westküste. In der Rangfolge der Áthos-Klöster nimmt es den letzten Platz ein. Der Namensgeber ist ungewiss: War es Konstantin der Große oder ein Mönch aus Kastamone in Kleinasien? Vorsichtshalber trägt das in einer Bergsenke gelegene Kloster deshalb zwei Namen. Im 14. Jh. wurde das Anwesen von den Katalanen zerstört und anschließend auf den alten Fundamenten wieder aufgebaut. Die Klosterkirche ist ca. 100 Jahre alt und damit die jüngste auf dem Áthos.

▸ **Moní Vatopedíou, gegr. um 972:** Das Kloster liegt an der oberen Ostküste und ist durch einen Fußmarsch von Kariés in nördliche Richtung zu erreichen. Es zählt zu den wohlhabendsten und aufgeschlossensten Klöstern auf Áthos. Im Gegensatz zu den anderen Klöstern richtet man sich hier nicht nach dem Julianischen Kalender, sondern nach dem westlichen (römischen) Gregorianischen Kalender, der 13 Tage voraus ist. Vatopediou zählt sicher zu den imposantesten Anwesen des Áthos. Nicht nur die wuchtige Klosterkirche mit dem zierlichen überdachten Weihwasserbehälter im Vorhof und dem filigranen Glockenturm von 1425 sind sehenswert. Einen lebhaften Einblick in die typische Bauweise der Klosteranlagen vermittelt auch der Südostflügel mit seinen zahlreichen bunten Balkonanbauten und Kaminen. In Erinnerung wird Ihnen sicher auch das Refektorium mit seinen riesigen Ausmaßen bleiben. Die Tischplatten sind aus schwerem weißen Porphyrit, und die Fresken aus dem 19. Jh. lenken allzu sehr vom Essen ab. Zu den außergewöhnlichen Reliquien des Kirchenschatzes zählt zudem ein wollenes Tuch (der sogenannte „Gürtel Marias"), das die Gottesmutter vor ihrer Himmelfahrt den Aposteln übergeben haben soll.

▸ **Moní Dochiaríou, gegr. um 950:** Ursprünglich dem Hl. Nikolaus aus Myra, später jedoch den Erzengeln Michael und Gabriel geweiht. Der Überlieferung nach von Evthimios, dem Mitasketen und Schüler des Hl. Athanasios gegründet. 1821 wurde das Kloster, das mit den umliegenden Häusern mehr einer Stadt auf engem Raum gleicht, verwüstet und geplündert. Dennoch besitzt der Klosterschatz immer noch ein Stück vom Heiligen Kreuz, Messgewänder, golddurchwirkte Stoffe sowie zahlreiche Bücher und die besonders wertvolle Ikone Panajia Gorgoepikoos. Achten Sie beim Bootsausflug darauf: Dochariou ist, von Norden aus gesehen, das erste Kloster nach den Landestegen der Klöster Zográfou und Konstamonítou direkt an der Westküste. Ein traumhaft schönes Klosterensemble, das mit seinen Balkonen und Balkönchen, seinen Schieferdächern, schlanken Kaminen und dem alles überragenden Festungsturm wie ein Märchenschloss vom Ufer aufragt. Áthos-Besucher können nen bereits hier aussteigen und ihre Wanderung beginnen.

Architektonische Meisterleistung, die auch von Ausflugsbooten aus bestaunt werden kann: Kloster Dochiaríou

▶ **Moní Xenofóndos, gegr. um 1083**: Den schönsten Blick auf die Anlage hat man vom Meer aus: strahlend weiße Mauern und ein breiter Kiesstrand „direkt vor der Haustür", überragt von drei byzantinischen Kuppeltürmen, hinter denen der Hügel sanft ansteigt. Vom Kloster Dochiaríou ist es nach etwa 30 Min. zu Fuß zu erreichen. Das 16. Kloster in der Áthos-Rangfolge war durch Brände, die Franken und die Seeräuber stark in Mitleidenschaft gezogen, wurde aber mit großem finanziellen Einsatz wieder aufgebaut. Die *neue* Klosterkirche (1817–1838) ist übrigens die größte griechisch-orthodoxe Kirche auf dem gesamten Áthos und kann bis zu 2000 Besucher aufnehmen. Die *alte* Klosterkirche am Eingang ist mit Wandmalereien des kretischen Malers Antonios geschmückt.

▶ **Moní Pandokrátoros, gegr. 14. Jh.**: Das filigran wirkende Kloster befindet sich an der felsigen Ostküste und wurde von den Brüdern Johannes und Alexios Stratego-poulos gegründet. Es ist der Metamorphose des Herrn (6. August) geweiht. Besonderes Prunkstück des Klosters ist die Ikone Panagía Gerotissa, die die aufrecht stehende Gottesmutter mit dem Kind darstellt. Die Bibliothek umfasst 400 Handschriften und rund 3500 Bücher. Das Kloster Pandokrátoros bietet für Wanderer den schönsten Anblick, wenn man von Kariés oder Moní Stavronikíta kommt. Das nächste Kloster (Stavronikíta) liegt etwa zwei Stunden Fußweg weiter südlich in Sichtweite der Küste.

▶ **Moní Stavronikíta, gegr. im 10. Jh.**: Liegt auf einer felsigen Landnase, direkt über dem Meer. Wurde als eine der ersten Anlagen in der Anfangsphase des organisierten Klosterlebens auf Áthos gegründet. Die Mönche Stavrós und Nikítas, die als Einsiedler in dieser Gegend lebten, sind seine Namenspatrone. Im Kloster arbeitete der berühmte kretische Maler Theophanes. Nach fünf schweren Bränden im Lauf von rund 250 Jahren drohte es bereits zu veröden, als umfassende Renovierungsarbeiten eingeleitet wurden. Vor kurzer Zeit wurden am Fuß der Klostermauern künstliche Terrassen angelegt, die die Anbauflächen erweitern sollen. Bei der Ankunft gelangt man an einem Aquädukt und dem großen Wasserbecken vorbei unter Weinranken zum Haupteingang. Gäste werden in den alles überragenden Turmzimmern einquartiert, die einen wunderbaren Ausblick auf die Marmorspitze des Áthos-Gipfels und entlang der gesamten Ostküste bieten. Unübertroffen ist auch der Blick aus dem gemütlichen Empfangsraum in luftiger Höhe.

▸ **Kariés (auch Karyés)**: Die kleine Stadt, ungefähr in der Mitte der Áthos-Republik gelegen, ist Sitz des **Protos** (des „Ersten"), des geistigen Führers aller Klöster. Er wird von der Versammlung der Äbte auf Lebenszeit gewählt – und der jetzige Träger dieser Würde sprüht geradezu vor Geschichten und metaphorischer Sprache. Karyés stand lange Zeit im Schatten der drei führenden Klöster Megístis Lávras, Vatopedíou und Ivíron und wurde in byzantinischer Zeit durch kaiserliche Goldene Bullen in seiner Position gestärkt, bevor es als Sitz der „Heiligen Gemeinschaft" und des Protos anerkannt wurde. Berühmtestes Gebäude ist die Kirche Protaton aus dem 10. Jh., die der Entschlafung Marias geweiht ist. Als besondere Sehenswürdigkeit gilt die wundertätige Ikone Axion Esti.

▸ **Moní Panteleímonos, gegr. um 1030**: Liegt unmittelbar an der Westküste und ist über einen bequemen Fußweg etwa in einer Stunde vom Hafenort Daphní zu erreichen. Es ist ein russisch-orthodoxes Kloster, bis zur Oktoberrevolution 1917 wohnten in dem Klosterdorf allein 2000 russische Mönche. Das Geld floss reichlich aus Russland, und der Orden erfuhr nicht nur eine finanzielle, sondern auch eine religiöse Blüte. Nachdem sich die politischen Verhältnisse jedoch geändert hatten, versiegte die finanzielle Unterstützung. Heute erlebt das Kloster nach den Umwälzungen in der ehemaligen Sowjetunion eine neue Renaissance.

Aus Angst vor Überfremdung betreibt die griechische Regierung jedoch eine restriktive Politik und bremst den Zuzug russischer Mönche.

Von allen Klöstern ist dieses mit seinen grünen Zwiebeltürmen und den goldgelb leuchtenden Kreuzen das auffälligste. Rings um den bestens restaurierten Kern der Anlage zieht sich ein Mantel von dicken, fensterlosen Wohntrakten, die einst bis zu 1500 Pilger beherbergen konnten, nach Bränden aber völlig leer stehen. In den letzten Jahren scheint man diese Gebäudeflügel wieder aufzubauen, man erblickt vereinzelt Gerüste an der Fassade. Mit etwas Glück können Besucher die Reliquienschreine in einer Nebenkammer besichtigen oder den gewaltigen, fast 15 m hohen Goldaltar in der Hauptkirche ansehen. Über Leitern und Trittbretter gelangt man auf die Dächer des Klosters und bis hinüber zum Glockenturm mit der gewaltigen 13 Tonnen schweren und im Durchmesser 2,70 m messenden „Zarenglocke".

▸ **Moní Koutloumousíou, gegr. um 1150**: Nur etwa fünf Gehminuten von der Hauptstadt Kariés am Hang mit Obstbäumen und Weinreben gelegen. Das Refektorium stammt aus dem 18. Jh., der freistehende Glockenturm wurde im 19. Jh. angefügt. Sein Patron war aller Wahrscheinlichkeit nach ein afrikanischer Mönch („Koutloumous" = der Heilige aus Äthiopien). Andere Forschungen sehen in der alttürkischen Seldschukendynastie Kutlumus die Namensgeber. „Dann schon lieber ein Mönch aus Afrika", haben sich vermutlich die Griechen gedacht. Das Kloster, nur wenig südlich von Kariés, ist mit Wandmalereien aus dem 16. Jh. verziert und besitzt einen schönen aus Holz geschnitzten Altar.

▸ **Moní Xiropotámou, gegr. im 10. Jh.**: Das Kloster auf der Hochebene nördlich von Daphní an der Westküste der Halbinsel macht fast einen venezianischen Eindruck, ist weniger Befestigung als Wohnung. Leider führte gerade dieser Baustil im 16.

und 17. Jh. mehrfach zu Raubüberfällen und Bränden. Vermutlich wurde Xiropotamou vom Seligen Pavlos Xeropotamenos gegründet, der als Konkurrent des Heiligen Athanasios hier ein „Gegengewicht" zum Kloster Megistis Lavras errichtete. Das Kloster am Abhang und mit Sicht auf die Bucht Singitikos erreicht man zu Fuß vom Kloster Panteleímonos in nur gut 45 Min. Sehenswert ist insbesondere das Katholikon mit reichen Freskenmalereien der Maler Naoum aus Korítsa, Konstantinos und Athanasios.

Weinanbau auf dem Áthos – auch für weltliche Weinregale

Áthoswein dank Perestroika

Die russischen Zaren hatten das Kloster Panteleímonos reich beschenkt. 2000 russische Mönche und fast ebenso viele Pilger konnte das Areal aufnehmen, und sogar für seine Kranken wurde bestens gesorgt. Ein eigenes Filialkloster, **Chromitsa**, und ein Spital wurden auf den abgelegenen Hügeln am Nordrand der Mönchsrepublik eingerichtet, wo das milde Klima der Westküste zu schneller Genesung beitragen sollte. Mit zum Kloster gehörten seinerzeit **Weinberge**, die – unter dem Schutz des *Heiligen Tryphon*, Schutzpatron des Weinbaus und Namensgeber des Spitals – Bewohner und Gäste des Russenklosters mit köstlichem Rebensaft versorgten. Der Weinanbau hatte hier bereits eine lange Tradition: Panteleímon war im 4. Jahrhundert ein heiliger Arzt, dessen Ikone das Allerheiligste des Klosters ziert und zu dem die Gläubigen aus aller Welt pilgerten. In seinem Gefolge zogen zahlreiche Gelehrte und Ärzte auf den Heiligen Berg, die das Zusammenwirken der Medizin und des Weinbaus an den sonnenbestrahlten Hängen um das Spital förderten und kultivierten. Mit dem Niedergang des Klosters kam auch der Weinanbau zum Erliegen.

Erneute Zuwendung und finanzielle Unterstützung und dadurch eine Wende im Schicksal erfuhr das Kloster Panteleímonos durch Gorbatschow und seine Perestroika, dem Weinanbau des Klosteranwesens kam ein glücklicher

Zufall der besonderen Art zugute. Ein Pilger namens Evangelos Tsántali suchte eines Tages im Jahr 1971 Zuflucht vor einem Regenschauer in dem Russenkloster und wurde von den Mönchen in ihrer ureigenen gastfreundlichen Art beherbergt. Tsántali, der bis dahin als Ouzoproduzent sein Auskommen hatte, wurde auf den maroden Zustand der Weinberge aufmerksam und machte den Mönchen den Vorschlag, die Weinberge zu pachten und sie zu pflegen. Dass sich das Abkommen für beide Seiten gelohnt hat, zeigen die vielen Sorten, die seither auf den mittlerweile 90 ha Weinbergen auf tiefgründigen Sandböden gedeihen, darunter Roditis, Limnio, Xinomavro, Chardonnay, Cabernet Sauvignon, Sauvignon blanc, Grenache und Merlot. Wer wie ich das Glück hat, von Dr. Georg Tsántali, dem Neffen des 1996 verstorbenen Evangelios, zu einem Besuch der Athos-Weinberge des Klosters Chromitsa eingeladen zu werden, verspürt nicht nur die Professionalität, mit der der Anbau streng biologisch betrieben wird, sondern vor allem die besondere Passion. Sozusagen durch einen Geheimeingang, der von innen für die Arbeiter der Weinfelder geöffnet wird, gelangt man auf das Mönchsterritorium. Ein moderner vierradgetriebener Transporter bringt uns hinauf auf die etwa 200 bis 250 m über dem Meer gelegenen Hänge. Es bietet sich ein Traumblick hinunter nach Ouranoúpoli und Amolianí mit seinen versprengten Inselchen, die fleißigen Erntehelfer haben sich an diesen Anblick freilich längst gewöhnt. Die geschnittenen Trauben werden in Plastikkisten geladen und per Schiff abtransportiert. Sie werden später im Hauptwerk von Tsántali in Ágios Pávlos (siehe S. 120) zu Wein und Ouzo weiterverarbeitet. Ein besonderer Tropfen verbleibt jedoch am Berg – eingelagert in riesige Holzfässer in den eigens wieder hergerichteten Kellergewölben des Spitals: der Rotwein *Metochi Chromitsa*, benannt nach seinem Anbaugebiet am Heiligen Berg.

▸ **Daphní**: Der Haupthafen des „Heiligen Berges". Etwa in der Mitte der Westküste legen die Schiffe aus Ouranoúpoli an, die täglich bis zu 100 Griechen und 10 Nichtorthodoxe zur Mönchsrepublik bringen. In Daphní gibt es ein Restaurant und eine Polizeistation, einen kleinen Lebensmittelladen und eine Poststation. Wirklich belebt ist der Hafen eigentlich nur am Morgen und am frühen Nachmittag, wenn die Pilgerboote anlegen. Eigentümliche Atmosphäre, wenn man sich nach langer Wanderung plötzlich wieder einer „weltlichen" Taverne und einem Souvenirladen gegenüber sieht, in dem Kassetten mit Chormusik und kleine Plastikbeutel mit Weihrauchtabletten, Plastikkreuzen und Dochten für Ölkerzen verkauft werden.

▸ **Moní Ivíron (Iberer-Kloster), gegr. 980**: Das südlich von Kariés an der Ostküste gelegene Kloster wurde 1865 durch einen Großbrand bis auf die Grundmauern zerstört, aber in den folgenden Jahren wieder aufgebaut. Das heute ausschließlich von griechischen Mönchen bewohnte Kloster verfügt über die vielleicht bedeutendste **Bibliothek** von Áthos. Sie enthält Handschriften aus dem 13. Jh., kirchliche und kaiserliche Urkunden sowie venezianische Erstdrucke griechischer Klassiker (15. Jh.), insgesamt 2000 Manuskripte und über 20.000 Bücher. Unter den Ornaten sticht vor allem der Zeremonienumhang von Gregor V. hervor. Die Klosteranlage umfasst 16 Kapellen, von denen eine die Reliquien von 145 Heiligen (!) beherbergt sowie Werkzeuge, die bei der Kreuzigung Christi verwendet worden sein sollen.
Von allen Klöstern wirkt Iviron mit seiner breiten gepflasterten Auffahrt vom Hafen aus und wegen seiner Lage inmitten fruchtbarer Felder ausgesprochen wuchtig.

Der Besucher gelangt auf einer Steigung bequem bis zum Fuß der gewaltigen Befestigungsmauer mit ihren überbauten Balkonen.

▶ **Moní Filothéou, gegr. um 1015:** Das Kloster steht an 12. Stelle in der Rangfolge der Mönchsgemeinden auf Áthos, erbaut wurde es auf einer in 325 m Höhe gelegenen Hochebene auf der nordöstlichen Seite des Áthos-Gipfels. Besonders eindrucksvoll ist das 1752 erbaute Katholikon des Klosters, ein verschachtelter Bau aus zwei Kapellen mit Rundkuppel und Spitzturm. Filothéou ist Mariä Verkündigung geweiht und feiert sein Kirchenfest am 25. März. Bemerkenswerter Kirchenschatz ist die Ikone Panagía Glykofilousa im Katholikon, die zu den am meisten verehrten Ikonen des „Heiligen Berges" gezählt wird. Von der Ikone, die Maria zärtlich mit dem Jesuskind darstellt, wird berichtet, dass sie zur Zeit des Bilderstreites ins Meer geworfen wurde und schwimmend die Küste des Athos erreichte, wo sie vom Kirchengründer Filothéou gefunden wurde. Vom Meer liegt das Kloster Filothéou etwa 40 Min. entfernt.

▶ **Moní Karakálou, gegr. im 11. Jh.:** Ein kleines Kloster, das zu Beginn des 11. Jh. von einem Mönch namens Nikólaos Karakalas an der Ostküste errichtet wurde. Einer anderen Version zufolge stammt der Name von *kara kale*, der *Schwarzen Festung*, ab. Die verwaschenen Mauern der kleinen Anlage gehen zwischen Pappeln, Ölbäumen und dichtem Wald beinahe unter. Man geht davon aus, dass die heutige Form einst nur den Kern einer größeren Klosteranlage bildete. Der Turm und die Festungsmauern sind jedenfalls Bauwerke des 16. Jh. Zum Kirchenschatz gehören einige tragbare Ikonen, darunter die der Apostel Petrus und Paulus, denen das Kloster geweiht ist.

▶ **Moní Símonos Pétras (auch Simonopetra), gegr. um 1350:** Das siebengeschossige Kloster wurde auf einem 200 m steilen Felsen über dem Meer erbaut und beeindruckt sowohl von der Landseite als auch vom Meer aus. Hinter ihm erhebt sich das grau-blaue Massiv des Áthos-Berges. Die Gründung des Klosters, das der Geburt Christi geweiht ist, geht auf den Seligen Simon zurück, der als Asket auf den Felsen („Petra") des Áthos lebte und einen gleißenden Stern sah, den er als Auftrag deutete, an dieser Stelle ein Kloster zu bauen. Weil er es nicht wagte, das Kloster auf den steilen Felsen zu errichten, fing er mit dem Bau neben seiner Höhle an. Nacht für Nacht stürzte das Bauwerk jedoch wieder ein, bis er schließlich die ersten Steine doch in die Steilwand setzte. Símonos Pétras ist das erste Kloster südlich vom Hafenort Daphní, verglichen mit manch anderem ist es außen nicht farbenfroh, seine Lage dafür umso spektakulärer. Einige Gebäudeteile wurden 1999 nach Restaurierungsarbeiten wieder auf Hochglanz gebracht und erweitert.

▶ **Moní Osíou Grigoríou, gegr. im 14. Jh.:** Eines der farbenprächtigsten Klöster. Es wurde zwischen Símonos Pétras und Ágios Dionysíou direkt auf eine Klippe an der Westküste gebaut, von beiden zu Fuß jeweils eine gute Stunde entfernt. Das Katholikon ist dem Hl. Nikolaus geweiht und feiert demnach sein Kirchenfest am 6. Dezember. Osíou Grigoríou wurde entweder vom Hl. Gregorios oder von dessen Lehrer, Gregorios dem Sinaiten, gegründet. Besonderes Schmuckstück ist die Ikone der Panagia Galaktotrophousa, die von einem Betstuhl im Katholikon umbaut ist. Tadelloser Anblick vom Meer aus: Die kargen Felsen steigen hinter der Klosteranlage steil an, doch im Klostergarten wachsen sogar Palmen.

▶ **Moní Dionysíou, gegr. um 1366:** Beeindruckend auf einer Felsspitze an der südlichen Westküste zwischen den Klöstern Grigoríou und Ágiou Pávlou gelegen. In der Bibliothek des Klosters befindet sich die Goldene Bulle des Kaisers Alexios III. mit der Klosterstiftung von 1374. Nicht zu verwechseln mit der Goldenen Bulle von Kaiser Konstantin Monomachos aus dem Jahr 1060, in der die Rechte der Mönchsrepublik festgelegt wurden. Charakteristisch ist der hohe und starke Turm im rückwärtigen Teil der Klosteranlage. Zu den wertvollsten Schätzen des Klosters gehören Wandmalereien des kretischen Malers Tzortzis, ein mit Blattgold überzogenes Altargitter aus dem 18. Jh. sowie ein Evangeliar aus dem 13. Jh., das den Evangelisten Matthäus beim Schreiben zeigt.

▸ **Moní Ágiou Pávlou, gegr. im 8./9. Jh.:** Inmitten einer tiefen Senke an den Ausläufern des 2033 m hohen Gipfels gelegen. Die grauen Mauern mit dem alles überragenden Turm beherbergen den wohl **kostbarsten Schatz der Mönchsrepublik**: die „Geschenke der drei Heiligen an Jesus". Serbische Krale sorgten im 14. Jh. durch großzügige Schenkungen für die Vergrößerung des Klosterkomplexes. In den Jahren des Befreiungskriegs war das Kloster verlassen, die russischen Zaren finanzierten jedoch die Renovierung. Besonders stolz sind die Mönche auf 500 Schriftstücke und die stattliche Zahl von über 12.000 Büchern. Ágiou Pávlou ist von seinem Hafen aus in etwa 20 Min. entweder über einen schmalen Pfad oder eine breite Schotterstraße zu Fuß bequem zu erreichen.

▸ **Weiter auf den heiligen Gipfel:** Rechnet man die gesamte Strecke von der rumänischen Großskite Timiou Prodromou im Südosten der Halbinsel (Kap Akráthos) bis Ágiou Pávlou, so ist man ohne größeren Unterbrechungen acht bis zehn Stunden unterwegs. Zählt man die kräftezehrenden Anstiege am Nordwestkap und Südwestkap nicht dazu, so ist man größtenteils inmitten schattiger Wälder und auf gut begehbaren Pfaden auf einer Höhenlinie um den Áthos-Berg unterwegs. Südlich zweigen zwischen Felsen und Geröllhängen einige Steilabstiege von 800 m bis auf Meeresniveau ab, die nur geübte Wanderer gehen sollten. Zudem sollte man die Wanderung auf keinen Fall ohne detaillierte Karte (→ S. 220) unternehmen. Wichtigster Knotenpunkt ist die Áthos-Kreuzung, wo ohne große Atempause der Trampelpfad über weitere 1230 m Höhendifferenz zum berühmten Marmorgipfel führt.

▸ **Moní Megístis Lávras, gegr. 963:** Das älteste und ranghöchste Kloster, im Süden der Ostküste gelegen, zählt heute zu den beliebtesten Pilgerzielen auf Áthos. Megístis Lávras ist das erste Kloster, das der Hl. Athanasios gründete, als er im Jahr 963 hierher gelangte. Der Überlieferung nach starb er beim Bau der Kirche. Sein Sarkophag befindet sich in der Seitenkapelle, die den 40 Märtyrern geweiht ist. Das gesamte Kloster wurde mit prächtigen Wandmalereien der kretischen Maler Theophanes (1535) und Phrangos Katelanos (1560) verziert. Die Kirche mit ihrer Hauptkuppel diente den später erbauten Klöstern als Vorbild. Gegenüber des Kircheneingangs befindet sich das Refektorium, das ebenfalls kunstvoll mit Fresken kretischer Maler ausgestaltet ist. An der Westseite der Anlage ragt stolz der Nikiforos-Fokas-Turm empor. Fokas, byzantinischer Kaiser, war einer der Hauptförderer und Finanziers. Unter den Kirchenschätzen befinden sich deshalb auch heute die Krone und der Ornat des Nikiforos Fokas sowie Reliquienbehälter und kunstvoll gestaltete Evangelienbücher, deren Wert vermutlich nicht in Zahlen ausgedrückt werden kann.

> **Ein ganz besonderer Dank** gilt an dieser Stelle meinen beiden österreichischen Reisebegleitern Fritz Joast und Karl Leiner, die mich vor Jahren bei meiner ersten Áthos-Tour unter ihre Fittiche nahmen und mich auf kaum bekannten Wegen durch die Mönchsrepublik führten. Ohne ihre Mithilfe wäre diese Beschreibung wohl nie zustande gekommen.

Urlauber sind gerne gesehen, aber selten in den entlegenen Bergdörfern

Das Gebirgsland der Chalkidikí

Wenig bekannt ist bei Badeurlaubern die nördliche Region der Chalkidikí, die den gebirgigen Teil der Halbinsel bildet. Dabei bleiben die Bergdörfer ganz zu Unrecht unbeachtet: An der Verbindungsstrecke zwischen Stratóni an der Ostküste und Thessaloníki an der Westküste liegen traditionelle Siedlungen aus dem 17. Jh., byzantinische Windmühlen, Burgen und malerische Kapellen.

Wie Perlen auf einer Kette reihen sich zahlreiche Orte entlang der gut befahrbaren Bergstrecke im Norden des **Holomont-Gebirges** auf. Auf der 117 km langen Strecke zwischen Stratóni an der Ostküste und Thessaloníki im Westen wechseln sich üppig-grüne Olivenhaine, Walnussbäume und schattenspendende Platanen mit kargen Bergrücken, spärlich bewachsenen Geröllfeldern und hüfthoher Macchia ab. Dazwischen liegen fruchtbare Getreidefelder und die weite Tiefebene um die Metropole Thessaloníki. Besonders sportliche Urlauber kamen uns mit ihren Mountainbikes entgegen. Wer nicht über ein eigenes Fahrzeug verfügt, hält sich an die Überlandbusse zwischen Saloníki und Ouranoúpoli, die hier regelmäßig verkehren. Auch der Hauptort der Chalkidikí, Polígiros, wird auf dieser Strecke angefahren, bevor es weiter geht nach Sithonía.

• *Übernachten* höchstens bei einigen Privatleuten; Tavernen, Bars und Läden finden Sie dagegen in jeder größeren Ortschaft.

• *Ausflüge* Findige Agenturen bieten übrigens **Holomontas-Touren** mit umfangreichem Programm und zu Preisen von rund 40–45 € pro Person an. Abfahrt an den Hotels ist jeweils am frühen Morgen. Feste Bestandteile des Ausflugs sind der Besuch des **Kanals von Potidea**, **Alt-Olinth**, Frühstück in **Polígiros**, Führung durch den Geburtsort des **Aristoteles**, „Bergwandern" auf den **Holomont**, Pause für **Radtouren** und ein Mittagessen. Rückkehr gegen 16 Uhr, kurz: die halbe Chalkidikí in gerade mal 7,5 Std.! Lieber Geld und Stress sparen und individuelle Routen planen. Die Touristengruppen, die mir begegnet sind, wurden mehr oder weniger durch die Programmpunkte geschleust.

• *Anfahrt* Im Osten zweigt kurz hinter Olimbiáda/Olympias eine gut asphaltierte Gebirgsstraße ab, die über Neohóri nach Arnéa führt. Sie windet sich durch dichten Mischwald hoch in die Berge. An einem Rastplatz frisches Wasser, das aus fünf Speiern schießt. Schönes Gelände für einen Ausflug und zum Wandern. Das letzte Teilstück der Straße besteht allerdings aus altem, mehrfach geflicktem und an den Rändern bröckelndem Asphalt.

Deutlich besser ausgebaut ist die Strecke weiter südlich, die an der Küste bei Stratóni abzweigt und von dort über mehrere Windungen bis zum Gebirgsort Stratoníki führt.

Stratoníki und Stágira

Über eine kurvenreiche Gebirgsstraße erreicht man vom Küstenort Stratóni nach 8 km das erste aus einer Reihe freundlicher Gebirgsdörfer. Fast übergangslos liegen die beiden Gemeinden Stratoníki und Stágira Seite an Seite an einer spärlich bewachsenen Bergflanke.

Stratoníki und Stágira präsentieren sich dem Besucher zwar bescheiden, aber blitzblank. Viele schmale Gassen zwängen sich zwischen der gelungenen Mischung aus alten Häusern und Neubauten. Überall wird gemauert, repariert, gehämmert und gestrichen.

Inmitten eines weitläufigen Parks mit viel Rasen, üppigen grünen Büschen und alten Bäumen, zahlreichen Bänken und einer alten Turmruine (Kastell) hat man zum Andenken an Aristoteles, den man lange Zeit für den berühmtesten Sohn Stágiras hielt, ein überlebensgroßes Denkmal aus weißem Marmor errichtet. Von hier oben genießt man eine schöne Aussicht auf die Hänge und bis hinüber zum Berg Áthos.

Die Dorfjugend von Stratoníki vertreibt sich die Zeit auf dem Platz vor der Kirche unter einer Schatten spendenden Platane. Die **Gemeindekirche** selbst wirkt innen alles andere als ärmlich: ein prächtiger Altar mit zahllosen Ikonen, allein 39 hängen direkt darüber, Standuhren (!) und üppige Schmuckgehänge, die Öllichter sind auf Hochglanz geputzt, und die Bänke für die Kirchengemeinde filigran aus Holz geschnitzt. Die griechische Flagge hängt demonstrativ von der Kanzel. Im hinteren Teil der Kirche das eindrucksvolle Gemälde von der „Kreuzigung Christi". Wer das Glück hat, am 15. August die Feierlichkeiten zu Maria Himmelfahrt mitzuerleben, sollte die Einladung der Dorfbewohner keinesfalls ausschlagen!

• *Adressen* Gegenüber der Kirche befindet sich eine kleine **Poststation**, in der Nähe zwei **Minimärkte**. Vor dem Gotteshaus ein Brunnen. **Apotheke**, 100 m von der Kirche entfernt (über die Brücke)

• *Busverbindungen* tägl. bis zu 7-mal Haltepunkt auf der Strecke von Saloníki nach Ouranoúpoli. Fahrtdauer bis Stratoníki knappe 2 Std.

Geschichtliches: Die Reste der antiken Ansiedlung **Stagiros** liegen übrigens 27 km nordöstlich an der Küste bei Olimbiáda (→ S. 242). Philipp II. ließ 348 v. Chr. die unbedeutende Polis zerstören, danach jedoch aus Respekt vor dem Philosophen, der später Lehrer seines Sohnes Alexander (der Große) wurde, wieder aufbauen. Erhalten sind Überreste der antiken Stätte, Ruinen einer Ansiedlung aus byzantinischer Zeit und einer Festung aus dem 11. Jh. Neben Ólinthos die sehenswerteste archäologische Ausgrabungsstätte der Chalkidikí.

Megáli Panagía

Ein Abstecher, den wir Ihnen ans Herz legen möchten: Das kleine Dorf, 8 km von Arnéa entfernt und über eine neu gebaute Straße bequem zu erreichen, strahlt Ruhe aus. Am Hauptplatz sprudelt ein kleiner Brunnen unter hohen Bäumen, und in den engen Gassen zwischen alten und z. T. schon verfallenen Häusern fallen einem aufmerksamen Betrachter die exotischen Früchte auf. Zitronen wachsen auf schmalen Balkonen, aber auch Quitten und sogar Kiwis haben wir in dem Gassengewirr entdecken können! Die Tavernenbesitzer sind freundlich, man freut sich über die wenigen Besucher. In den kleinen Vorgärten und auf den Balkonen blüht es in sämtlichen Farben. Stellen Sie Ihr Fahrzeug am besten am Brunnen ab und erkunden Sie das Dorf zu Fuß.

Geschichtliches/Sehenswertes: Überlieferungen zufolge war das Dorf im 10. Jh. als **Kastelli von Rewenika** bekannt und trug diesen Namen bis Mitte des 19. Jh. 1821 wurde es von den Türken zerstört. Etwa 1500 m nördlich von Megáli Panagía liegt die Kirche der Panagía (1863 erbaut), die dem Ort seinen heutigen Namen gab. Hier wurde die wundertätige Ikone gefunden und aufbewahrt. Sehenswert ist die aus Holz geschnitzte Verzierung der Kirche – die Marien-Ikone wurde leider gestohlen!

• _Anfahrt_ Von Paleohóri aus ist Megáli Panagía über eine gut asphaltierte Straße zu erreichen, die nach Ágios Ioánnis Prodromou führt, wo sie auf die Strecke Sithonía–Áthos trifft.
Von Megáli Panagía aus geht es über 23 km nach Ierissós und von dort weiter nach Ouranoúpoli.

Aristoteles steht in der philosophischen Tradition von Sokrates und Platon. Die drei werden gerne, trotz ihrer z. T. erheblich voneinander abweichenden Ideen, in einem Atemzug genannt und sind wohl die bedeutendsten Philosophen der Antike.

Aristoteles wurde im Jahre 384 v. Chr. als Sohn eines Arztes geboren. Schon mit 18 Jahren verließ er Makedónien, um in Athen an der Akademie Platons zu studieren. Dort blieb er 20 Jahre, bis zum Tod Platons. Wenig später rief ihn König Philipp II. von Makedónien als Lehrer seines Sohnes Alexander nach Pélla. Als Alexander nach Philipps Tod König wurde und 335 v. Chr. das aufständische Theben zerstörte, kam Aristoteles mit den makedonischen Besatzern wieder nach Athen. Dort gründete er seine berühmte **Philosophenschule**. Nach Alexanders Tod wurde die anti-makedonische Stimmung in Athen so stark, dass der Makedonier Aristoteles 322 zum zweiten Mal Athen verlassen musste – um, wie er angeblich gesagt haben soll, den Athenern zu ersparen, sich das zweite Mal (nach Sokrates) zu versündigen. Noch im selben Jahr starb er in Chalkís auf Euböa.

Arnéa

Dem Ort fällt als Zentrum eines wichtigen Obst- und Weinbaugebiets vor allem wirtschaftliche Bedeutung zu. Bei den Urlaubern ist Arnéa aber aus einem ganz anderen Grund bekannt: Die Einwohner haben sich auf die Herstellung und den Verkauf von Schafwollteppichen („Flokati") spezialisiert.

Überall im Dorf, sei es auf dem Dach, dem Balkon oder im Garten, liegt die Wolle zum Trocknen aus. Nicht selten kann man Frauen zusehen, wie sie unter freiem

Arnéa 237

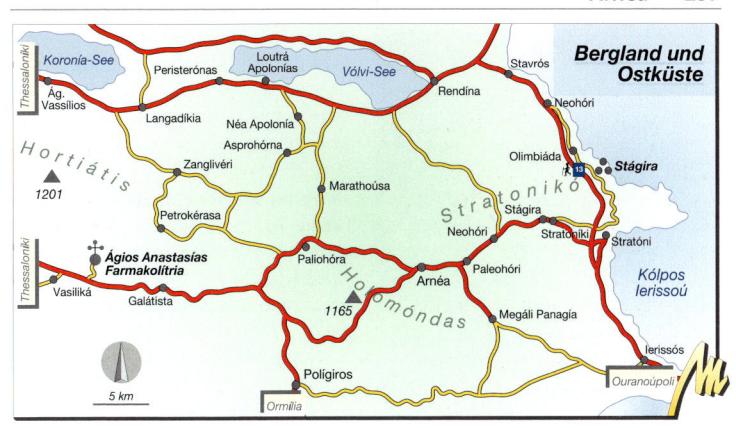

Himmel spinnen oder damit beschäftigt sind, einen Teppich, eine Decke oder einen Pullover herzustellen. Die Preise für die Wollprodukte sind nicht gerade niedrig, aber durchaus angemessen. Günstig dagegen sind Wein und Honig aus der Umgebung.

In Arnéa gibt es etliche traditionelle Häuser, darunter das Archontiko, ein Herrenhaus vom Anfang des 18. Jh., die alte Schule von 1872 und den nahe gelegenen Glockenturm. Gut gefallen hat uns der kleine Hauptplatz, der trotz der durchführenden Hauptstraße Gemütlichkeit ausstrahlt. Hier geht es nach ein paar Treppenstufen (50 m, beschildert) zum 1999 eröffneten **Folkloremuseum**, das in einem Haus im traditionellen Baustil untergebracht wurde.

- *Übernachten* „Seit Mitte 2002 ist in Arnéa das **IKIA Alexandrou** (Traditional Inn) offen, in einem wunderschön restaurierten Gebäude aus dem Jahr 1812 gegenüber der Kirche. Ein Café-Restaurant mit einigen schönen Plätzen draußen gehört dazu. Alles sehr schick und gediegen eingerichtet (Zimmer mit Kamin) und angesichts der stilvollen Einrichtung preislich sehr in Ordnung. DZ montags bis freitags 100 €, am Wochenende 146 € inkl. Frühstück. Die Bedienung sagte uns, unter der Woche seien meist keine Gäste da, nur an den Wochenenden Besucher aus Thessaloníki. ✆/✆ 23720/-23210, www.oikia-alexandrou.gr", Lesertipp von Eva Schultheis, Frankfurt.

- *Busverbindungen* Arnéa ist 38 km von Polígiros und rund 80 km von Saloníki entfernt. Tägl. bis zu 7-mal nach Saloníki und nach Ouranoúpoli.

- *Adressen* Im Ort gibt es eine Filiale der **Nationalbank** mit Geldautomat. **Polizei**, ✆ 2372/22205.

- *Feste & Veranstaltungen* Am Namenstag der Ortspatronin **Agia Paraskeví**, dem 26. Juli, finden bei der kleinen Waldkirche von Arnéa (s. u.) jedes Jahr religiöse und feuchtfröhliche Festivitäten statt.

- *Einkaufen* Ein **Flokati** kostet etwa zwischen 20 und 25 €.

▸ **Wandern**: Wer den Ausblick von der kleinen weißen **Wallfahrtskirche Prophitis Elias** auf dem „Hügel des Heiligen" genießen will, kann etwa eine Stunde dort hinaufsteigen. Am Bürgerhaus in der Mitte des Orts geht es links vorbei bis zu einer Tafel, die erneut nach links weist. Nach kurzer Zeit geht es rechts auf einer geteerten Straße leicht abwärts bis zu einer Kirche im Wald (Kinderspielplatz, Taverne).
Vom Eingang eines Parks aus wandert man auf der Hauptstraße weiter, bis rechts ein Schotterweg abzweigt, der sich in einigen Windungen bis zum „Hügel des Propheten" hinaufschraubt. Lohnender Blick auf knorrige Bäume und die weite Landschaft. Auf diesem Hügel entdeckte man übrigens Mauerreste, die mit dem **antiken**

Ikone im Kloster Farmakolítrias

Arnäa in Verbindung gebracht werden. Dass die Gegend schon in frühgeschichtlicher Zeit besiedelt war, schließen Wissenschaftler auch aus der Existenz von Erzbergwerken, die hier Jahrhunderte lang bestanden.

▸ **Weiter in Richtung Westen**: 18 km hinter Arnéa führt eine Nebenstraße nach **Toúmba** (9 km), das für seine Heilquellen bekannt ist.

25 km von Arnéa entfernt zweigt hinter **Ágios Pródromos** die Straße links in Richtung Políġiros (→ S. 163) ab. Ágios Pródromos selbst (400 Einwohner) ist vor allem für seine Souvlaki zu loben! Ein Straßenort mit zahlreichen gemütlichen Tavernen und Cafés, sogar ein paar „Biergärten" unter Bäumen konnten wir entdecken. Ein Zwischenstopp lohnt sich.

Galátista

Größere Ortschaft, rund 40 km südöstlich von Thessaloníki, die sich an einen spärlich bewachsenen Hügel schmiegt. Etliche Neubauten zwischen sehenswerten alten Gebäuden deuten auf den Zuzug besonders von Thessalonikern hin.

Sehenswert sind vor allem der etwas kariöse byzantinische Turm (14. Jh.) im Zentrum des Ortes und die nahe gelegenen Wassermühlen, die etwa aus der gleichen Zeit stammen dürften. Dass Galátista im 18. Jh. und 19. Jh. eine Hochburg der Heiligenbildmalerei war, lässt sich an der Dichte seiner Kirchen unschwer erkennen: Ágios Geórgios (1813), Ágios Dimitrios (1830), Panagía (1835), Ágios Ioánnis (1928) und Ágios Nikólaos (1942).

Kloster Ágios Anastasías Farmakolítrias

Ein Ort der Stille mit eindrucksvollen Kirchenornamenten, dessen Besuch ich Ihnen sehr empfehlen möchte.

Die Namenspatronin des Klosters, die **Hl. Anastasía**, sorgte sich den größten Teil ihres Lebens um verfolgte Christen. Geboren und aufgewachsen ist sie Ende des 3. Jh. in Rom. Sie wird nicht nur „Großzeugin" genannt, wegen der Bezeugung der Jahre 303–304, während der Christenverfolgung des Diokletian, sie überstand auch mit eisernem Willen die Quälereien, die an ihr selbst durchgeführt wurden. Farmakolítria („die Giftlöserin") nannte man sie, weil sie Menschen, die sie um Rat baten, von schwarzer Magie erlöste und sie körperlich und seelisch heilte.

Thessaloníkis Bewohner widmeten ihr deshalb eine kleine Kapelle (die es nicht mehr gibt) und auch das Kloster. Anfangs nur ein schlichter Ort der Anbetung, wurde es durch die finanzielle Unterstützung der byzantinischen Königin Theophano (888 n. Chr.) und der Heiligen Theona (1522) zum größten königlichen Kloster mit 150 Mönchen ausgebaut. Die Reliquien der Heiligen Anastasia (ihr Schädel und ein Teil des rechten Fußes) befinden sich heute in der Klosterkirche. Die Überreste der Kaiserin Theophano wurden hingegen nach der Trennung der Kirchen nach Konstantinopel überführt. 1821 wurde das Kloster durch die Türken vollständig zerstört, auch die wertvolle Bibliothek, Dokumente und zahlreiche Kirchenschätze gingen dabei verloren. Somit ist auch das Wissen um die Geschehnisse zwischen dem 9. und dem 16. Jh. nahezu ausgelöscht worden. Heute bietet die weiße Fassade mit breiten, zugemauerten Torbögen, auf denen zwei weitere Stockwerke thronen, wieder einen imposanten Anblick. Oben ein winziger runder Balkon, der mit Blumentöpfen voll gehängt ist. Besonders herzlich ist der Empfang durch den Mönch, der die Gäste bereitwillig in die Vorhalle der Kirche führt und alle Fragen geduldig beantwortet. 1999 wurde der gesamte Wohntrakt gegenüber der Kirche renoviert. Agios Triada, Agios Kiriku und Agios Theonas sind drei Kapellen, die ebenfalls zum Klosterbezirk gehören. Von hier aus genießt man einen schönen Blick über die Tiefebene von Vassiliká, die vor den Toren Saloníkis liegt.

Anfahrt 8 km westlich von Galátista stößt man auf eine Weggabelung. Die südlich abzweigende Straße geht nach Galarinos, rechts dagegen führt eine inzwischen einwandfrei geteerte Straße zum Kloster hinauf (✆ 23960/31341).

13 km nordwestlich von Vassilika befindet sich der Verkehrsknotenpunkt mit den Straßen nach **Thessaloníki** (→ S. 84) bzw. entlang der Westküste in Richtung Kassándra und zur **Höhle von Petrálona** (→ S. 123).

Die Ostküste der Chalkidikí

Sowohl touristisch als auch verkehrstechnisch noch wenig erschlossen. Vorbei an langen Kiesstränden, einigen einsam in der Landschaft stehenden Windmühlen, wildem Rhododendron, Walnuss- und Kastanienbäumen am Straßenrand, führt die Küstenstraße von Ierissós nach Stratóni. Und obwohl in den letzten Jahren die Straße von Stratóni über Olimbiáda nach Stavrós fertig gestellt wurde, ist doch der große Urlauber-Run bislang ausgeblieben.

Wer einsame Buchten sucht, kann hier fündig werden. Von der Küstenstraße aus sind wiederholt abgelegene, teilweise nur schwer erreichbare Strände auszumachen. Mehrere staubige Schotterstraßen zweigen ab, aber fast ausnahmslos ohne Beschilderung. Das Wasser ist an den meisten Stellen glasklar und lässt auch bei größerer Tiefe ohne Probleme den Grund erkennen. Ausgezeichnete Fotomotive und immer wieder gute Schnorchel-Spots mit Felsen.

Stratóni

Größerer Küstenort mit langer Hafenpromenade, der einen reichlich verschlafenen Eindruck macht. Von der erhöht liegenden Dorfkirche schmettert der Pfarrer per Lautsprecher seine Predigt über die Gläubigen, die die Messe bei leiser gestelltem Fernseher von den Balkonen aus verfolgen.

In den Seitenstraßen spielen Kinder, Hunde liegen zusammengerollt in der Abendsonne. Ein Spaziergang durch die ruhigen Gassen, vorbei an Pfirsichbäumen und

Tomatenstauden, lohnt sich. Und weil die Hauptstraße in einem Bogen um den Ort herumführt, findet man hier noch fast keinen Tourismus.

In einer schön angelegten Parkanlage mit Parkbänken am Ufer ein Kinderspielplatz mit modernen Spielgeräten und mehrere Springbrunnen. An der Uferpromenade einige prächtige Dattelpalmen.

Ein langer, feiner und sehr sauberer **Sandstrand** mit wenigen Steinen, schließt sich direkt unterhalb des Dorfes an. Sportliche finden auch ein Beachvolleyballfeld. Das Wasser ist ebenfalls sauber, an manchen Tagen mit langer Dünung. Schattige Plätze gibt es keine, deshalb den Sonnenschirm oder ein Sonnensegel nicht vergessen. Fest installiert steht am Strand ein Kantinenwagen. Freies Campen ist hier übrigens ausdrücklich erlaubt, denn die Gemeinde trägt sich mit dem Gedanken, hier irgendwann einen Campingplatz einzurichten (Duschen am Strand, Toiletten in der nahe gelegenen Taverne). Und besonders Wohnmobilisten freuen sich über gute, harte und ebene Stellplätze. Ein paar Zelte stehen auch im angrenzenden Pinienwald. (Hier streunen manchmal nachts einige Hunde aus dem Ort herum.)

Auf der linken Seite des Dorfes klebt förmlich an einem Hügel eine Fabrik zur Metallgewinnung, die aber einen äußerst verlassenen Eindruck macht. Davor plante die kanadische Firma „TVX Gold" bis vor wenigen Jahren ein Bergbauprojekt, das nach Meinung der Bewohner die historischen Stätten der Region bedroht hätte. Zahlreiche Proteste führten jedoch inzwischen zur Verlegung der Mine.

Von einer Aussichtsplattform an der Straße oberhalb der Ortschaft hat man einen schönen Blick auf Stratóni, endlos grün bewaldete Hügel und das Meer. Am Straßenrand werden in kleinen Kiosken frische Muscheln aus eigenen Muschelfarmen verkauft.

- *Anfahrt & Verbindungen* Stratóni ist 116 km von Saloníki und 88 km von Políros entfernt. Tägl. 7-mal **Busse** von und nach Saloníki.
- *Adressen & Telefonnummern* **Hafenpolizei**, ℡ 23760/22210. **Polizei**, ℡ 23760/22253. **Tankstelle** im Ort (BP); ein **Supermarkt** an der Uferpromenade, ein zweiter nur zwei Parallelstraßen dahinter.
- *Übernachten* Pensionen und Privatunterkünfte (DZ etwa ab 25 €). Das **Hotel Angelika** (E-Kat.), DZ ab 33 €, ist das einzige Hotel im Ort. Liegt allerdings wenig idyllisch direkt an der Hauptstraße.
- *Essen & Trinken* Empfehlenswert ist die von der Gemeinde am Strand eingerichtete **Edeltaverne Alexandros** mit Strandbar und freundlichem Personal. Gutes Essen zu vernünftigen Preisen. Bier vom Fass! **Icecream-House**, mit Toasts, Sandwiches, Drinks und Kaffee an der Uferpromenade, unweit des „Campingplatzes". Leicht zu erkennen am neuen Ziegeldach.
Abends steht ein **Kantinenwagen** mit Souvlaki-Pitta am Strand.

Zwischen Stratóni und Olimbiáda/das antike Stágira

Während der Hochsaison ist die Region um den Golf von Orfanoú fest in der Hand von Touristen. Übernachten kann man vor allem in Privatpensionen und auf zahlreichen Zeltplätzen. Abwechslungsreiche Landschaft, bewaldete Hügel und von der Küstenstraße aus immer wieder schöne Ausblicke auf die Felsenküste mit einigen Strandabschnitten.

Wenig aufregend dagegen die Küste nördlich von Stavrós: Das Ufer fällt flach ab, nur vereinzelt sind Bäume auszumachen, hinter dem Strand liegen die Hotels und (an manchen Stellen nur 100 m vom Meer entfernt) die Hauptstraße von Thessaloníki nach Kavála.

Zwischen Stratóni und Olimbiáda/das antike Stágira

Küstenlandschaft bei Olimbiáda

Hier ein kurzer Überblick über Buchten, die man von der Verbindungsstraße zwischen Stratóni und Olimbiáda aus ansteuern kann. Daneben gibt es eine Reihe von versteckten Schnorchelbuchten, die meist nur über Trampelpfade zu erreichen sind.

▶ **Dioktikos Choros**: Schöner Sandbadestrand mit lang auslaufenden Wellen und Schatten spendenden Pinien. Sauberes Wasser. Einige Zelte standen in Ufernähe, wenngleich ein Schild offiziell auf das Campingverbot hinweist. Auch unter der Woche treffen sich hier Erholungssuchende aus aller Herren Länder.

▶ **Baden/Umgebung**: Nur gut 1 km weiter erstreckt sich ein schmaler, namenloser, bei der Recherche blitzsauberer Sandstrand. Die Zufahrt ist von der Hauptstraße aus leicht zu erkennen: Nach einem Olivenverkaufsstand mit Ziegeldach kommt ein Parkplatz; einige kleine Wege und eine Sandpiste führen hinunter zum Meer.
Nicht stören lassen darf man sich von den Fischfarmen, die als große Reusen im Meeresboden verankert sind. Vom Ufer aus sieht man nur große schwimmende Ringe, die das Badevergnügen keineswegs beeinträchtigen. Ebenfalls gute Schnorchelmöglichkeiten. Am Strand ein paar kleine Zelte.

▶ **Olimbiáda Beach**: Die erste der frequentierten Badebuchten kurz vor der Ortschaft Olimbiáda („Community of Olimbiáda Controlled Beach Area"). Am Strand stehen Duschen und ein Volleyballfeld lädt zu sportlicher Betätigung ein. Eine kleine Taverne und die Café-Bar „Bina" sorgen für Erfrischungen; im hinteren Teil des Strandes einige Schattenplätze unter Platanen und Strohdächern. Abends wird auf Campinggrills Mais oder Fisch zubereitet.
Auch die **angrenzenden Badestrände** sind gut besucht. Je näher sie an Olimbiáda heranreichen, desto enger liegen die Badetücher der Urlauber – darunter viele Ungarn – aneinander. Volleyballfelder, Tavernen und Duschen gehören zur Standardausstattung.

Olimbiáda (Olympias)

Das 1922 gegründete Flüchtlingsdorf mutet etwas verschlafen an, und man hat das Gefühl, dass sich hier jeder langsamer bewegt. Das liegt vermutlich daran, dass Olimbiáda als Badeort mit gediegenem Publikum gilt, und die Gäste den Tag vornehmlich am Strand verbringen.

Wie es in dem heute 700 Einwohner zählenden Fischerdorf vor knapp 80 Jahren ausgesehen haben mag, veranschaulichen sehr schön die alten, kleinen Häuschen, in denen z. B. Bäckerei und Metzgerei untergebracht sind. In zweiter Reihe haben sich freilich inzwischen einige Läden angesiedelt, die den umsorgten Urlaubern alle Annehmlichkeiten bieten sollen. Vor allem um den Hauptplatz an der Ortskirche findet man Supermärkte, Tavernen, Pizzerien, Fischtavernen und -läden. Auch wer sich mit Obst und Ansichtskarten versorgen will, wird hier fündig.

Geschichtliches: Auf der kleinen **Halbinsel Liotópi** (→ Wanderung 10, S. 243), die sich an den Ort anschließt, bewegt man sich auf historisch bedeutendem Boden. Gegen Mitte des 7. Jh. v. Chr. waren es Kolonisten von der Insel Andros, die diese Gegend urbar machten. Olympias, die Mutter Alexanders des Großen, soll hierher verbannt worden sein – was lag da näher, als dem Küstenabschnitt den Namen Olimbiáda zu geben? Und außerdem herrscht aufgrund der jüngsten Untersuchungen in Expertenkreisen inzwischen Einigkeit darüber, dass der alte Philosoph Aristoteles tatsächlich hier im antiken **Stagiros** geboren wurde, das oberhalb der Ortschaft zwischen Olivenbäumen auf einem Hügel liegt.

- *Anfahrt & Verbindungen* Olimbiáda ist 95 km von Thessaloníki und 70 km (über Arnéa) von Polígiros entfernt. **Busse** fahren von und nach Thessaloníki bis zu 16-mal täglich. (Achtung: Abfahrt in Saloníki nicht am Chalkidikí-Busbahnhof, sondern in der Polizoidis-Str.!).
- *Adressen & Telefonnummern* **Polizei**, ✆ 23710/51233. **Tankstelle**, am zentralen Platz bei der Kirche. Aufgefallen sind uns vier **öffentliche Toiletten** am Park im Ortszentrum (eine Seltenheit in Griechenland).
- *Übernachten* Zahlreiche **Privatunterkünfte** (DZ ab 25 €) und die drei Hotels (C-Klasse) **Germany** (✆ 23760/51362, DZ ab 38 €), **Liotópi** (✆ 23760/51361, DZ ab 38 €) und **Olympic** (✆ 23760/51210, DZ ab 32 €).
- *Camping* **Camping Olympias**, etwa 1 km nördlich von Olimbiáda und 200 m vom Strand entfernt, sehr ruhige Umgebung. Die Zufahrt geht durch ein ausgetrocknetes Flussbett (gut beschildert). Die weitläufige Anlage befindet sich in einem sehr gepflegten Zustand, besonders was die Toiletten und Duschen betrifft. Die Besitzerin, eine Deutsche aus dem Ruhrgebiet, beherrscht fünf Sprachen fließend. Der Platz verfügt über eine Bar, einen kleinen Laden, ein einfaches Volley- und Basketballfeld. 6 €/Person, Zelt und Auto je 4,50 €, geöffnet 1.5.–30.9., ✆ 23760/51384.

Camping Corali, etwa weitere 150 m landeinwärts, ebenfalls am Flussbett gelegen. Im Vergleich zum Camping Olympias macht alles einen moderneren Eindruck. Kartentelefon und Briefkasten an der Rezeption. Restaurant und Pool wurden im Sommer 1995 neu eroffnet; seit 1996 ein Supermarkt. Wer keine eigene Kochmöglichkeit hat, findet hier Herdplatten zur Benutzung. Und sogar Zelte können ausgeliehen werden. Harte Stellplätze im Schatten. In den Toiletten (mit Toilettenpapier!) nisten die Schwalben, dennoch tipptopp sauber, ebenso wie die Duschen. Ab 20.5. geöffnet. Günstige Preise (dafür allerdings auch ein gutes Stück vom Meer entfernt): 5,50 €/Person, Kinder (4–10 Jahre) 3 €, Zelt je nach Größe 3,50–4,50 €, Auto 3 €, ✆/✉ 23760/51304.

- *Essen & Trinken* Die **Tequila Bar Mexiko** am Ortseingang (Richtung Stratóni) ist der In-Treff für Strand-Promis.

Das **Café Relax** liegt in der Nähe des Sandstrandes von Olimbiáda. Hauptsächlich von Griechen besucht.

- *Sport & Freizeit* Direkt im Ort ein wenig gepflegter **Sandstrand** ohne nennenswerten Schatten. Das Badevergnügen wird durch große Steine im Wasser getrübt. Besser, aber nicht weniger überlaufen, die Strände südlich von Olimbiáda. Viele Grie-

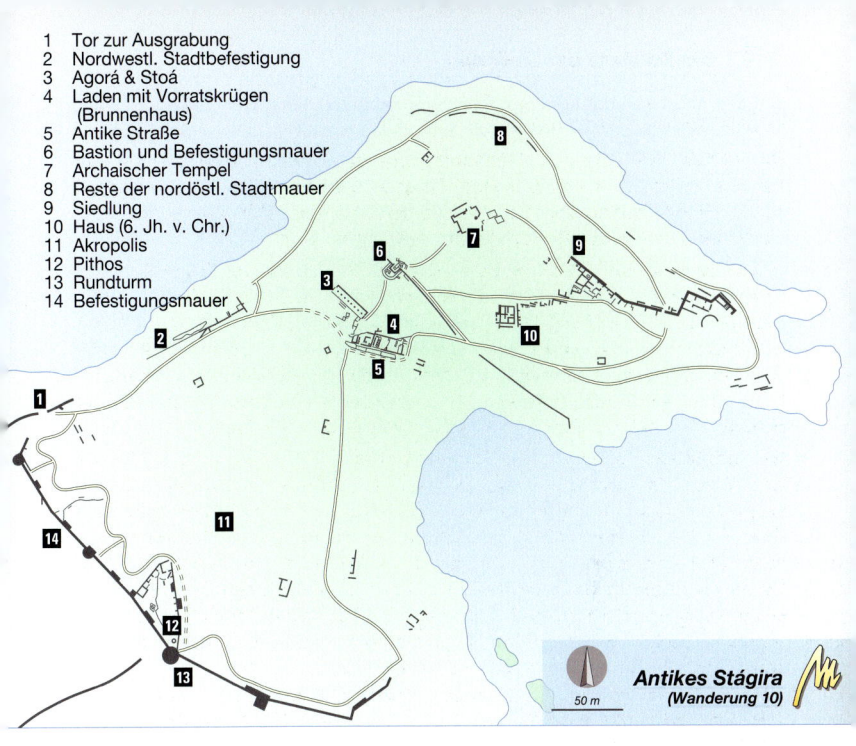

1 Tor zur Ausgrabung
2 Nordwestl. Stadtbefestigung
3 Agorá & Stoá
4 Laden mit Vorratskrügen
  (Brunnenhaus)
5 Antike Straße
6 Bastion und Befestigungsmauer
7 Archaischer Tempel
8 Reste der nordöstl. Stadtmauer
9 Siedlung
10 Haus (6. Jh. v. Chr.)
11 Akropolis
12 Pithos
13 Rundturm
14 Befestigungsmauer

Antikes Stágira (Wanderung 10)

chen verbringen hier ihren Urlaub. Eine kleine **Badebucht** (Sand) liegt unterhalb der Zufahrt zum Ausgrabungsgelände (steiler Pfad).

Wanderung 10 – Rundweg auf der Halbinsel Liotópi/ das antike Stágira

Vom Ort Olimbiáda auf einer gut beschilderten Schotterstraße den Hügel des antiken Stagiros entlang zum Ausgrabungsgelände.

Distanz: gesamter Rundweg auf der Halbinsel ca. 3 km inkl. der Abstecher zu den Ausgrabungen. **Wanderzeit**: etwa 1–1 ½ Std. **Besonderes**: Ein paar Badebuchten finden Sie entlang der Küste, unterhalb der nordöstlichen Grabung bestehen außerdem gute Schnorchelmöglichkeiten. An vielen Stellen liegen Keramikscherben scheinbar wild verstreut am Boden. Bitte nehmen Sie keine derartigen Souvenirs mit nach Hause – schöne Fotos reichen auch!

> **Letzte Meldung:** Das antike Stágira ist nicht mehr frei zugänglich, inzwischen wurde das gesamte Areal mit einem festen Maschendraht eingezäunt. Bisher gibt es jedoch keine kommerziellen Absichten, Besucher gelangen durch ein Tor zu den Ausgrabungen, das für Fußgänger geöffnet ist.

Geschichtliches: Nach ihrer Gründung als Kolonie der Insel Andros um 650 v. Chr. gelangte die antike Stadt Stagiros nach den Perserkriegen unter das Joch des Attischen Seebundes. Wie die meisten Städte der Chalkidikí verließ sie aber den Bund

Die Ostküste der Chalkidikí

mit den Athenern und lief 424 v. Chr. zu Sparta über. 348 v. Chr. zerstörte Philipp II., Vater Alexanders des Großen, die Ansiedlung, um sie freilich wenige Jahre später aus Respekt vor dem Geburtsort Aristoteles neu zu gründen. Nach seinem Freitod in Chalkís wurden die sterblichen Überreste des Philosophen ins antike Stágira überführt und neben seinem Grab ein Altar erbaut. Erst im 10. und 11. Jh. entwickelte sich auf der Halbinsel eine kleine Ansiedlung auf den antiken Resten, deren Befestigungswall zum Festland hin deutlich zu erkennen ist.

Routenbeschreibung: Nach Erreichen des Ausgrabungsgeländes können Sie Ihr Programm je nach Gusto selbst zusammenstellen: links inmitten eines Olivenhains einige gut erkennbare Gebäudegrundrisse – zwischen 1997 und 1999 wurden weitere Grundmauern freigelegt, darunter auch Rundtürme bis auf 2 m Tiefe – und gegenüber die Ruinen der alten Polis auf dem Hügel. In jedem Fall genießt man einen traumhaften Blick entlang der Küste! An mehreren Stellen wurde inzwischen weiter gegraben, die wenigsten Leute interessieren sich allerdings dafür, sondern mehr für die Badestrände.

Über eine verhältnismäßig breite Staubstraße geht es stetig leicht bergauf. Vom Ort aus führt sie zunächst um einen Hügel herum und macht dann einen scharfen Bogen nach rechts. Eine lange Autoschlange verrät es bereits: Der Trampelpfad nach der Kehre führt hinunter zu einer kleinen **Sand-Kies-Bucht**, die alles andere als unbekannt ist. Die Schotterstrecke steigt nochmals leicht an und führt geradewegs zum **Eingang** des Ausgrabungsgeländes.

Rechts von Ihnen liegt ein Schacht, den man beinahe übersieht, weil der Blick auf die laufenden Ausgrabungen gerichtet ist. Wie ein Flaschenhals schnürt das Meer hier einen dünnen Landstreifen ab. Auf der linken Seite eine **Empore**, die wie eine Bühne am Hang klebt. Die Einwohner der Stadt kamen hier für Versammlungen zusammen. Ein gut erkennbarer, gepflasterter Weg verbindet diese Stelle mit einem Grabungsabschnitt, der ebenfalls eine Straße freilegte. Sie scheint geradewegs auf das Meer zuzuführen, vermutlich ein Aufgang vom Hafen der ehemaligen Polis. Der breite Platz vor der Empore war ehemals die **Agorá** (Marktplatz). Von hier aus sehen Sie auf den beiden Hügeln, rechts und links von Ihnen, die Ausgrabung von 1997–99. Zu ihrer eigenen Überraschung stellten die Archäologen bald fest, dass der Fundort wesentlich reicher ist als zunächst angenommen. Allerorten wurden Probestiche durchgeführt und die Spuren davon sind heute überall zu erkennen.

Ebenfalls leicht zu erkennen ist eine lange **Mauer**, die linker Hand zwischen Ölbäumen hindurch verläuft. An einer Stelle führt durch einen Mauerdurchbruch ein Trampelpfad in den östlichen Teil der Anlage. Es ist empfehlenswert, zunächst diesen Teil zu besichtigen, damit man sich im Schatten der Olivenbäume vom Fußmarsch aus Olimbiáda etwas erholen kann.

Etwa nach fünf Minuten treffen Sie auf eine schattige Ausgrabung. Der Grundriss einiger **Wohnhäuser** aus dem 5. und 6. Jh. ist deutlich erkennbar, die Mauerreste erreichen Kniehöhe. Tiefe Gräben machen das Ganze noch plastischer – und was mich persönlich fasziniert: die feine Lage, die die Bewohner der antiken Stadt genießen konnten! Traumhaft der Blick hinunter aufs tiefblaue Meer, das trotz der Nähe kaum zu hören ist. An einigen Stellen brechen sich die Wellen an vorgelagerten Felsen und ziehen lange weiße Schaumstreifen hinter sich her. Achten Sie auch auf den knorrigen *Ölbaum*, der oberhalb der Ausgrabungsstelle wächst. Was könnte er wohl erzählen?

Weiter geht es über einen gut eingelaufenen Trampelpfad hinüber zur Spitze der Halbinsel, wo 1999 ein großflächiges Fundament freigelegt wurde, das sich in Schräglage direkt auf dem felsigen Untergrund der Halbinsel befindet. Welche Funktion diese Gebäude erfüllten ist bisher nicht vollständig geklärt, mit ein wenig Phantasie kann der Besucher jedoch von einem erhöhten Standpunkt die Raumaufteilung leicht nachvollziehen.

An der Spitze des Hügels stoßen Sie bei Ihrem Rundgang schließlich auf einen weiteren **quadratischen Grundriss** und einige Schritte weiter unterhalb in Richtung der Empore auf einen **Rundbau**. Vermutlich stand hier ein dorischer Tempel, auch der Rundbau könnte eine Kultstätte gewesen sein. Einige Skulpturen sind jedenfalls schon längst zur Restaurierung abtransportiert worden. Auf dem schmalen Pfad geht es nun zurück zur Agorá, es sei denn, Sie legen unten an den Felsen eine Schnorchel-Pause ein.

Erkennen Sie auf halber Strecke die Ausgrabung unterhalb der Straße? Die ist leicht zu übersehen, wenn es anschließend rechts ab geht: Ein steiler Trampelpfad (beschildert) führt über wenige Meter zur antiken **Akrópolis von Stágira**. Einige Bänke laden hier zu einer Pause ein, die meisten Besucher zieht es aber gleich hinein. Gut erkennbar ist die breite, mit schweren Holzbalken abgestützte **Stadtmauer**, die zwischen 2003 und 2005 weitläufig freigelegt wurde; durch das (vermutliche) ehemalige Stadttor geht es weiter nach oben. Der Grundriss der Akrópolis ist

Auf den Spuren von Aristoteles – antikes Stágira

ein rechtwinkliges Dreieck. Unschwer sind die Strukturen des antiken Orts auszumachen – und verirren kann man sich höchstens in den schmalen Korridoren, die parallel zur Umfriedung verlaufen. Die freigelegten Böden einiger Pithos-Krüge (Amphoren) deuten auf Lagerräume hin, entdeckt wurde auch eine Zisterne. Bestechend auch hier oben wieder die Ruhe – und der tadellose Blick auf die satten Grüntöne der Wälder, die kleine gegenüberliegende Insel Kafkanas und das tiefe Blau des Golfs von Orfanou. Noch ein großer Vorteil ist offensichtlich: Sie können sich jetzt bereits einen der vier Strände aussuchen, an dem Sie sich nach dieser Tour erholen.

Zurück nach Olimbiáda geht es auf dem gleichen Weg, auf dem Sie heraufgekommen sind.

Weiter nach Norden und in Richtung Thessaloníki

Die beiden folgenden Ortschaften Neohóri und Stavrós liegen offiziell bereits außerhalb des Nomos der Chalkidikí. Die Fahrt nach Saloníki über diese beiden Ortschaften bietet, zusammen mit der landschaftlich ebenfalls ansprechenden **Nordstrecke** an den Seen Vólvi und Koronia entlang, die Alternative zur **Bergroute** über Arnéa und Ágios Pródromos. (→ S. 238). Unterwegs zwar kaum Sehenswürdigkeiten, die Strecke südlich bzw. die nördliche Egnatía-Straße sind für Autofahrer aber wesentlich angenehmer zu fahren.

Etwas Griechisch

Keine Panik: Neugriechisch ist zwar nicht die leichteste Sprache, lassen Sie sich jedoch nicht von der fremdartig wirkenden Schrift abschrecken – oft erhalten Sie Informationen auf Wegweisern, Schildern, Speisekarten usw. auch in lateinischer Schrift, zum anderen wollen Sie ja erstmal verstehen und sprechen, aber nicht lesen und schreiben lernen. Dazu hilft Ihnen unser „kleiner Sprachführer", den wir für Sie nach dem Baukastenprinzip konstruiert haben: Jedes der folgenden Kapitel bietet Ihnen Bausteine, die Sie einfach aneinander reihen können, sodass einfache Sätze entstehen. So finden Sie sich im Handumdrehen in den wichtigsten Alltagssituationen zurecht, entwickeln ein praktisches Sprachgefühl und können sich so nach Lust und Notwendigkeit Ihren eigenen Minimalwortschatz aufbauen und erweitern.

- Wichtiger als die richtige Aussprache ist übrigens die Betonung! Ein falsch betontes Wort versteht ein Grieche schwerer als ein falsch oder undeutlich ausgesprochenes. Deshalb finden Sie im folgenden jedes Wort in Lautschrift und (außer den einsilbigen) mit Betonungszeichen.
  Viel Spaß beim Ausprobieren und Lernen!

© Michael Müller Verlag GmbH. Vielen Dank für die Hilfe Herrn Dimitrios Maniatoglou!

Das griechische Alphabet

Buchstabe		Name	Lautzeichen	Aussprache
groß	klein			
Α	α	Alpha	a	kurzes a wie in Anna
Β	β	Witta	w	w wie warten
Γ	γ	Gámma	g	g wie Garten (j vor Vokalen e und i)
Δ	δ	Delta	d	stimmhaft wie das englische „th" in the
Ε	ε	Epsilon	e	kurzes e wie in Elle
Ζ	ζ	Síta	s	stimmhaftes s wie in reisen
Η	η	Ita	i	i wie in Termin
Θ	θ	Thíta	th	stimmloses wie englisches „th" in think
Ι	ι	Jóta	j	j wie jagen
Κ	κ	Kápa	k	k wie kann
Λ	λ	Lámbda	l	l wie Lamm
Μ	μ	Mi	m	m wie Mund
Ν	ν	Ni	n	n wie Natur
Ξ	ξ	Xi	x	x wie Xaver
Ο	ο	Omikron	o	o wie offen
Π	π	Pi	p	p wie Papier
Ρ	ρ	Ro	r	gerolltes r
Σ	ς/σ	Sígma	ss	ss wie lassen
Τ	τ	Taf	t	t wie Tag
Υ	φ	Ipsilon	j	j wie jeder
Φ	w	Fi	f	f wie Fach
Χ	χ	Chi	ch	ch wie ich
Ψ	ψ	Psi	ps	ps wie Kapsel
Ω	ω	Omega	o	o wie Ohr

Etwas Griechisch 247

GRÜSSE

Guten Morgen/ Guten Tag	kaliméra
Guten Abend	kalispéra
Gute Nacht (zum Abschied)	kaliníchta
Hallo!	jassoú! oder jássas!
Tschüß	adío

MINIMAL WORTSCHATZ

Ja	nä
Nein	óchi
Nicht	dén
Danke (vielen Dank)	efcharistó (polí)
Bitte(!)	parakaló(!)
Entschuldigung	sinjómi
Links/rechts/ geradeaus	aristerá/dexiá/ ísja
hier/dort	edó/ekí
groß/klein	megálo/mikró
gut/schlecht	kaló/kakó
viel/wenig	polí/lígo
heiß/kalt	sässtó/krío
oben/unten	epáno/káto
Ich/Du	egó/ essí
er/sie/es	aftós/aftí/aftó
das (da)	aftó
(ein) anderes	állo
welche(r), welches?	tí?

FRAGEN & ANTWORTEN

Wann?	póte?
Wo (ist ...) ?	pu (ine ...)?
Von wo ...	ápo pu
Wohin ...	jia pu ...
Gibt es (hier) ... ?	ipárchi (edó) ... ?
Ich möchte (nach) ...	thelo (stin) ...
Wieviel(e)...	pósso (póssa) ...
Wie viel Uhr (ist es)?	tí óra (íne)?
Um wie viel Uhr?	ti óra?
Wann geht (fährt, fliegt)?	pote féwgi?
Wann kommt ... an?	póte ftáni ...?
Wie viel kostet es?	póso káni?
Wissen Sie ... ?	xérete ... ?
Haben Sie ... ?	échete ... ?
Wie geht es Ihnen/Dir?	ti kánete/ kánis?
(Sehr) gut	(polí) kalá
Wie heißt Du?	pos se léne?
ich heiße ...	to ónoma mou íne ...
Woher kommst du?	apo pu ísse?
Ich komme aus ... Deutschland/ Österreich/ Schweiz	íme apo ... jermanía/ afstría/ elwetía
Sprechen Sie Englisch (Deutsch)?	mílate angliká (jermaniká)?
Ich spreche nicht Griechisch	den miló eliniká
Wie heißt das auf Griechisch?	pos légete aftó sta eliniká?
Ich verstehe (nicht)	(dén) katalawéno
Ich weiß nicht	dén xéro
In Ordnung (o.k.)	endáxi

ZEIT

Morgen(s)	proí
Mittag(s)	messiméri
Nachmittag(s)	apógewma
Abend(s)	wrádi
heute	ssímera
morgen	áwrio
gestern	chtés
Tag	méra
Woche	ewdomáda
Monat	mínas
Jahr	chrónos
Stündlich	aná óra

WOCHENTAGE

Sonntag	kiriakí
Montag	deftéra
Dienstag	tríti
Mittwoch	tetárti
Donnerstag	pémpti
Freitag	paraskewí
Samstag	sáwato

MONATE

Ganz einfach: fast wie im Deutschen + Endung „-ios"! (z.B. April = Aprílios). Ianuários, Fewruários, Mártios, Aprílios, Máios, Iúnios, Iúlios, 'Awgustos, Septémwrios, Októwrios, Noémwrios, Dekémwrios.

Etwas Griechisch

Zahlen

½	misó	9	ennéa	60	exínda
1	éna	10	déka	70	efdomínda
2	dío	11	éndeka	80	ogdónda
3	tría	12	dódeka	90	enenínda
4	téssera	13	dekatría	100	ekató
5	pénde	20	íkosi	200	diakósia
6	éxi	30	triánda	300	trakósia
7	eftá	40	sarránda	1000	chília
8	ochtó	50	penínda	2000	dio chiliádes

UNTERWEGS

(Tourist-) Information	(turistikés-) plirofories
Bank	trápesa
Geld	ta leftá, ta chrímata
Postamt	tachidromío
Briefmarke	grammatósima
Telefonamt	O. T. E.
Telefon	tiléfono
Abfahrt	anachórisis
Ankunft	áfixis
Straße	drómos
Fußweg	monopáti
Telefon	tiléfono
Ticket	isitírio
Reservierung	fílaxi
Flughafen	aerodrómio
Hafen	limáni
Schiff	karáwi
Bahnhof	stathmós
(der nächste) Bus	(to epómene) leoforío
Benzin (super/ normal/bleifrei)	wensíni (súper/ apli/amóliwdi)
Diesel	petréleo
1 Liter	éna lítro
20 Liter	íkosi lítra
Auto	aftokínito
Motorrad	motossikléta
Öl	ládi
Reifen	lásticho
Reparatur	episkewí
Werkstatt	sinergíon

ÜBERNACHTEN

Zimmer	domátio
ein Doppelzimmer	éna dipló domátio
Einzelzimmer	domátio me éna krewáti
mit Dusche/Bad	me dous/bánjo
mit Frühstück	pronió
Bett	krewáti
Wie viel kostet es (das Zimmer)?	póso kani (to domátio)?
Ich möchte mieten (...) für 5 Tage	thélo na nikásso (...) jia pénde méres
Kann ich sehen ... ?	bóro na do ...?
Kann ich haben ... ?	bóro na écho ... ?
ein (billiges/gutes) Hotel	éna (ftinó/kaló) xenodochío
Pension	pansión
Haus	spíti
Küche	kusína
Toilette	tualétta
Reservierung	enikiási
Wasser (heiß/kalt)	neró (sässtó/krió)

HILFE/KRANKHEIT

Arzt	jatrós
Apotheke	**farmakío**
Zahnarzt	odontíatros
Krankenhaus	nossokomío
Polizei	astinomía
Unfall	atíchima
Deutsche/Österr./ Schweizer. Botschaft	presvía jermanikí/ afstriakí/ elwetikí

ESSEN & TRINKEN

Haben Sie?	échete?
Ich möchte ...	thélo ...
Wieviel kostet es?	póso káni?
Ich möchte zahlen	thélo na plilóso
Die Rechnung (bitte)	to logariasmó (parakaló)
Speisekarte	katálogos

GETRÄNKE

Glas/Flasche	potíri/boukáli
ein Bier	mía bíra
(ein) Mineralwasser	(mia) sóda
Wasser	neró
(ein) Rotwein	(éna) kókkino krassí
(ein) Weißwein	(éna) áspro krassí
... süß/herb	glikós/imíglikos
(eine) Limonade (Zitrone)	(mia) lemonáda
(eine) Limonade (Orange)	(mia) portokaláda
(ein) Kaffee	(éna) néskafe
(ein) Mokka	(éna) kafedáki
... sehr süß	... varí glikó
... mittel	... métrio
... rein (ohne Z.)	skéto
Tee	sái
Milch	gála

GRIECH. SPEZIALITÄTEN

Fischsuppe	psaróssupa
Suppe	ssúpa
Garnelen	garídes
Kalamaris („Tintenfischchen")	kalamarákia
Fleischklößchen	keftédes
Hackfleischauflauf mit Gemüse	musakás
Mandelkuchen mit Honig	baklawás
Gefüllter Blätterteig	buréki
Gefüllte Weinblätter (mit Reis & Fleisch)	dolmádes
Nudelauflauf mit Hackfleisch	pastítsio
Fleischspießchen	suwlákia

SONSTIGES

Hähnchen	kotópulo
Kartoffeln	patátes
Spaghetti (mit Hackfleisch)	makarónia (me kimá)
Hammelfleisch	kimás
Kotelett	brísola
Bohnen	fasólia
Gemüse	lachaniká

EINKAUFEN

Haben Sie?	échete?
Kann ich haben?	bóro na écho?
Geben Sie mir	dóste mou
klein/groß	mikró/megálo
1 Pfund (= 1/2 Kilo)	misó kiló
1 Kilo/Liter	éna kiló/lítro
100 Gramm	ekató gramárja
Apfel	mílo
Brot	psomí
Butter	wútiro
Ei(er)	awgó (awgá)
Essig	xídi
Gurke	angúri
Honig	méli
Joghurt	jaoúrti
Käse/Schafskäse	tirí/féta
Kuchen	glikó
Marmelade	marmeláda
Milch	gála
Öl	ládi
Orange	portokáli
Pfeffer	pipéri
Salz	aláti
Tomaten	domátes
Wurst	salámi
Zucker	sáchari
Klopapier	hartí igías
Seife	sapúni
Shampoo	sambuán
Sonnenöl	ládi jia ton íljon
Streichhölzer	spírta

Verlagsprogramm

Ägypten
- Ägypten
- Sinai & Rotes Meer

- **Baltische Länder**

Belgien
- *MM-City* Brüssel

- **Bulgarien** – Schwarzmeerküste

- **Dominikanische Republik**

Deutschland
- Allgäu
- Altmühltal & Fränk. Seenland
- Berlin & Umgebung
- *MM-City* Berlin
- Bodensee
- Franken
- Fränkische Schweiz
- Mainfranken
- Nürnberg, Fürth, Erlangen
- Oberbayerische Seen
- Ostseeküste – von Lübeck bis Kiel
- Ostseeküste – Mecklenburg-Vorpommern
- Rügen, Stralsund, Hiddensee
- Schwäbische Alb
- Usedom

- **Ecuador**

Frankreich
- Bretagne
- Côte d'Azur
- Elsass
- Haute-Provence
- Korsika
- Languedoc-Roussillon
- *MM-City* Paris
- Provence & Côte d'Azur
- Südfrankreich
- Südwestfrankreich

Griechenland
- Athen & Attika
- Chalkidiki
- Griechenland gesamt
- Griechische Inseln
- Karpathos
- Kefalonia & Ithaka
- Korfu
- Kos
- Kreta
- Kykladen
- Lesbos
- Naxos
- Nord- u. Mittelgriechenland
- Peloponnes
- Rhodos
- Samos
- Santorini
- Skiathos, Skopelos, Alonnisos, Skyros – Nördl. Sporaden
- Thassos, Samothraki
- Zakynthos

Großbritannien
- Cornwall & Devon
- England
- *MM-City* London
- Südengland
- Schottland

- **Irland**

- **Island**

Italien
- Abruzzen
- Apulien
- Chianti – Florenz, Siena
- Dolomiten – Südtirol Ost
- Elba
- Friaul-Julisch Venetien
- Gardasee
- Golf von Neapel
- Italien
- Italienische Riviera & Cinque Terre
- Kalabrien & Basilikata
- Liparische Inseln
- Marken
- Mittelitalien
- Oberitalien
- Oberitalienische Seen
- Piemont & Aostatal
- *MM-City* Rom
- Rom & Latium
- Sardinien
- Sizilien
- Südtirol
- Südtoscana
- Toscana
- Umbrien
- *MM-City* Venedig
- Venetien

Kroatien
- Istrien
- Kroatische Inseln & Küste
- Mittel- und Süddalmatien
- Nordkroatien – Kvarner Bucht

- **Malta**, Gozo, Comino

Niederlande
- *MM-City* Amsterdam
- Niederlande

Norwegen
- Norwegen
- Südnorwegen

Österreich
- *MM-City* Wien
- Wachau, Wald- u. Weinviertel
- Salzburg & Salzkammergut

Polen
- Polen
- Polnische Ostseeküste

Portugal
- Algarve
- Azoren
- *MM-City* Lissabon
- Lissabon & Umgebung
- Madeira
- Nordportugal
- Portugal – gesamt

Schweden
- Südschweden

Schweiz
- Genferseeregion
- Graubünden
- Tessin

Serbien und Montenegro
- Montenegro

- **Slowenien**

Spanien
- Andalusien
- *MM-City* Barcelona
- Costa Brava
- Costa de la Luz
- Gomera
- Gran Canaria
- *MM-Touring* Gran Canaria
- Ibiza
- Katalonien
- Lanzarote
- La Palma
- *MM-Touring* La Palma
- Madrid & Umgebung
- Mallorca
- Nordspanien
- Spanien – gesamt
- Teneriffa
- *MM-Touring* Teneriffa

Tschechien
- *MM-City* Prag
- Südböhmen
- Tschechien – gesamt
- Westböhmen & Bäderdreieck

- **Tunesien**

Türkei
- *MM-City* Istanbul
- Türkei – gesamt
- Türkei – Lykische Küste
- Türkei – Mittelmeerküste
- Türkei – Westküste
- Türkische Riviera – Kappadokien

- **Ungarn**

- **Zypern**

Aktuelle Informationen zu allen Reiseführern finden Sie im Internet unter www.michael-mueller-verlag.de

Michael Müller Verlag GmbH, Gerberei 19, 91054 Erlangen, Tel. 0 91 31 / 81 28 08-0; Fax 0 91 31 / 20 75 41; E-Mail: mmv@michael-mueller-verlag.de

Sach- und Personenregister

Abfälle 22
ADAC-Notrufarzt 57
Aegean Cronus Airlines 39
Agave 24
Aleppokiefer 23
Alexander der Große 32
Andronikos, Manolis 111
Anreise 38
Antiquitäten 64
Apartments 62
Apotheken 53
Arbeitslosigkeit 20
Aris Thessaloníki (Basketball-Team) 91
Aristoteles 134, 235, 236
Ärzteverzeichnis 54
Atatürk, Kemal (türk. Staatsmann) 110
Athanasios (Heiliger und Áthos-Gründer) 34, 223
Áthos-Besiedlung 34
Áthos-Einreiseformalitäten 218
Attisch-Delischer Seebund 31
Ausgrabungsstätten (Öffnungszeiten) 58
Außenhandel 20
Ausweis 59
Auto (Anreise) 40
Autofahren (in Griechenland) 44
Automobilclub, griech. 58
Autoreisezüge 41
Autoverleih 56

Baden 47
Bahn (Anreise) 41
Bahn (Griechenland) 41
Baklavá 70
Balkan (Anreise) 40
Balkankriege 35
Banken 50
Barbóuni (Rotbarbe) 68
Bauernsalat, griech. 69
Baumarten 23
Baumwolle 25

Befreiungskampf 35
Beilagen 69
Benzin 44
Besatzung, dt. 36
Bier 72
Bifteki 68
Billigflüge 39
Bonifaz (Kreuzfahrer und König von Thessaloníki) 34
Botschaften 49
Briám (Eintopf) 69
Briefmarken 58
Bronzezeit 30
Brot 70
Bulgarisches Reich 34
Bürgerkrieg 36
Bus (Anreise) 42
Busfahren (in Griechenland) 44
Busfahrplan 45
Byzantinische Epoche 33

Camping 48
Caravanverleih 57
Chalkidikí Health Service 54
Chalkidischer Bund 31
Charterflüge 38
Choriátiki (Bauernsalat) 69
Choriátiko (Bauernbrot) 70
Chórta (Gemüse) 69
Christentum 33
Chtapódi 69

Deutschsprachiger Notrufdienst 57
Diadochenkämpfe 33
Diebstahl 41, 49
Diplomatische Vertretungen 49, 88
Dousan, Stefanos (Serbenführer) 35
Dressings 69

E.O.T. (Griech. Zentrale für Fremdenverkehr) 51
EHIC (European Health Insurance Card) 53

ELPA (griech. Automobilclub) 41, 58
Emigration 36
Epiphanie (Erscheinungsfest) 17
Erkrankung 53
Ersatzteile, Motorrad 41
Essen 66, 67
Essenszeit 67
Esskastanien 23
Estiatório (Restaurant) 67
Eukalyptus 23
Europabusse 42
Europäische Gemeinschaft 37

Fahrkarten (Bus) 45
Fahrplan (Bus) 45
Fahrplan (griech. Fährverbindungen) 43
Fahrrad 45
Fahrradtransport (Flugzeug) 38
Fahrradverleih 56
Fährverbindungen 42
Fahrzeugdokumente 41
Falsch parken 58
Familie 15
Fassoláda (Bohnensuppe) 69
Fassólia (Bohnen) 69
Fastfood 67
Feiertage, landesweite 17
Feigenbaum 25
Feigenkaktus 24
Ferienwohnung 62
Feste 17
Féta (Käse) 70
Feuerwehr (Notruf) 57
FFK 148
Filme 49
Fische 29
Fischgerichte 68
FKK 48, 192
Fleischgerichte 68
Flugzeug 38
Fotografieren 49
Frühgeschichte 30
Frühlingsfest 17
Frühstück 70

Sach- und Personenregister

G.Z.F. (Griech. Zentrale für Fremdenverkehr) 51
Galatoboúreko (Gebäck) 70
Galis, Nikos (Basketballspieler) 148
Garídes (Scampi) 68
Gelbgrüne Zornnatter 28
Geld 50
Geldanweisung, telegrafische 51
Gemüse 69
Geografie 21
Geologie 21

Geschichte 30
   Alexander der Große 32
   Áthos-Besiedlung 34
   Attisch-Delischer Seebund 31
   Balkankriege 35
   Befreiungskampf 35
   Berg Áthos 223
   Bulgarisches Reich 34
   Bürgerkrieg 36
   Byzantinisches Reich 33
   Chalkidischer Bund 31
   Christentum 33
   deutsche Invasion 36
   Diadochenkämpfe 33
   EG 37
   griech. Monarchie 35
   Griechisch-türkischer Krieg 36
   Hellenismus (Antike) 32
   Hellenismus (Neuzeit) 35
   indogermanische Wanderungen 30
   Kassándra 128
   Kirchenspaltung (Schisma) 34
   Kolonisierung d. Chalkidikí 30
   Königreich Thessaloníki 34
   Korinthischer Bund 32
   Kreuzfahrer 34
   Lausanner Vertrag 36
   Makedónien 32
   Makedonische Kriege 33
   Metaxas-Diktatur 36
   NATO 37
   neue Republik 37
   Normannen 34
   Ochi-Tag 36
   Osmanisches Reich 35
   Papadopulos-Diktatur 37
   Peloponnesische Kriege 31
   Perserkriege 31
   Philipp II. 32
   Reichsteilung 33
   Römisches Reich 33
   Schisma 34
   Thessaloníki 85
   türk. Herrschaft 35
   Venezianer 35
   Vor- und Frühgeschichte 30
   Zweiter Weltkrieg 36

Geschwindigkeitsregelung 44
Gesten 51
Gesundheitsvorsorge 54
Getränke 71
Gewürze 69
Gigantomachie 140
Ginster 24
Gíros 68
Glaube 16
Goethe-Institut (Thessaloníki) 88
Gópa (Fischgericht) 68
Granatapfel 25
Griechische Landschildkröte 28
Griechisch-türkischer Krieg 36
Grußworte 51
Guiscard, Robert (Normannenführer) 34

Hellenismus (Antike) 32
Hellenismus (Neuzeit) 35
Helmpflicht 44, 56
Höchstgeschwindigkeit, zulässige 44
Hufeisennatter 28

Imkerei 27
indogermanische Wanderungen 30
Information 51
Insekten 27
Integrationsprobleme 36
Internetangebot (Flüge) 40
Ion Jánnis Karrás (Reeder) 179

Jahreszeiten 21
Janitscharen 96
Jemistá (gefülltes Gemüse) 69
Joghurt, griech. 70

Kafenión 16, 67
Kaffee, griech. 71
Kalamarári 69
Kalyves 224
Kapodistrias, Johannes (griech. Politiker und Regent) 35
Käse 70
Kassándria (antike Stadt) 129
Kasséri 70
Kathísmata 224
Kefalotíri 70
Keftédes 68
Kelia 224
Kelifos (= Insel Hiélona) 183
Kinderausweis 59
Kirche 16
Kirchenarchitektur 16
Klima 21
Kolonisierung, griech. 30
Kondome 55
Konsulate 49
Kontaktlinsen 53
Korinthischer Bund 32
Kotosoúvli 68
Krankenhaus 57
Krankenhäuser 54
Krankenschein 53
Krankheit 53
Krankheit (Notruf) 57
Kreditkarte 50
Kreditkarten 51
Kreuzfahrer 34
Kreuzottern 29
Kulturpflanzen 25

Sach- und Personenregister

Halligalli auf Griechisch: Badeboot vor der Küste Sithonías

Ladenöffnungszeiten 58
Landkarten 52
Landschaft 21
Landwirtschaft 19, 26
Last-Minute-Flüge 39
Lausanner Vertrag 36
Limonade 72
Lokale 67
Lukoumádes (Gebäck) 70
Lurche 27

Macchiagewächse 24
Mademochoria 35
Magnesit 19
Mailbox 60
Makarónia me kíma 68
Makedonische Kriege 33
Mandelbaum 25
Mariä Entschlafung 17
Mariä Himmelfahrt 17
Medikamente 53
Medizinische Versorgung 53
Meeresfrüchte 68
Meeresschildkröten 29
Meerestiere 29

Melitzánes (Auberginengericht) 69
Mensch von Petrálona 123
Metaxas, Ioannis (griech. General und Politiker) 36
Mezédes 67
Mietfahrzeuge 55
Mietwagen 88
Militärdiktatur 36
Mittelmeermönchsrobben 29
Mizíthra 70
Mobiltelefonieren 60
Mofaverleih 56
Monarchie, griech. 35
Mönche 224
Mopedverleih 56
Motorrad (Anreise) 40
Motorradfahren (in Griechenland) 44
Motorradverleih 56
Mountainbike 45
Moussaká 68
Müll 22
Museen (Öffnungszeiten) 58
Müsli 71
Mussolini-Ultimatum 36

Nachspeisen 70
Nationalfeiertag 17

NATO 37
Naturschutzgebiet 75
Neujahr 17
Notdienst, medizin. (24 Std.) 54
Notfall 53
Notruf 57
Notrufarzt 57

Obst 70
Ochi-Tag 17
Öffnungszeiten 58
Ökra (Gemüse) 69
Oktapódi 69
Oleander 24
Olivenbaum 26
Olivenernte 26
Olivenöl 69
Olympic Airways 39
Olympischen Spiele (Antike) 33
Orthodoxe Kirche 16
Osmanisches Reich 35
Ostern 17
Ouzerí 67

Paidákia 68
Paläologen (byzant. Dynastie) 104
Panigiri-Feste 17
Pannenhilfe 57

Sach- und Personenregister

Papadopulos, Georgios (griech. Offizier und Diktator) 37
Papiere 59
Parken 58
Pastítsio 68
Paulus (Apostel) 33, 100
Pauschalreisen 38
Peloponnesische Kriege 31
Perdikkas II. (makedon. König) 31
Perserkriege 31
Pfingsten 17
Pflanzenwelt 23
Philipp II. (makedon. König) 32, 111
Piloros (antike Stadt) 203
Platanen 24
Polis 30
Polizei 57, 58
Porto 58
Post 58
Postbank Sparcard 51
Preise (Essen) 67
Preise (Fisch) 68
Preise (Übernachtung) 62
Prepaid Calling Cards 60
Presse 63
Privatzimmer 63
Psárosoupa (Fischsuppe) 69
Psarotavérna 67
Psistariá 67

Radarkontrollen 44
Radfahren 45
Reisedokumente 59
Reisegepäckversicherung 49
Reisepapiere 41
Reisesaison 21
Reiseschecks 50
Reptilien 27
Restaurant 67
Retsina 23, 72
Rettungsdienst 57
Ringelnattern 28
Römische Epoche 33

Sacharoplastíon (Konditorei) 67
Saganáki 70
Salate 69
Sandviper 28
Sanitätsstationen 57
Sardélles 69
Säugetiere 26
Scampi 68
Schisma 34
Schlangen 28
Silber 31
Skiten 223
Skorpione 27
Sofritó 68
Sommerzeit 63
Souvláki 68
Souzoukákia 68
Sportgerätetransport (Flugzeug) 38
Steinzeit 30
Stifádo 68
Strände 47
Straßenkarten 52
Straßenzustand 44
Studios 62
Suppen 69
Süßes 70

Tabak 26
Tag der Arbeit 17
Tanken 44
Tauchen 146, 181, 191, 196
Tavérna 67
Tavli 16
Taxi 60
Tee 72
Telefonieren 60
Telefonkarten 60
Theodosius I. (röm. Kaiser) 33
Thermalquelle 149
Thessaloníki (Königreich) 34
Tierwelt 26
Toiletten 61
Toróni (mytholog. Figur) 187
Tourismus 19
Touristenpolizei 57
Traditionen 15
Travellerschecks 50
Trinkgeld 67
Tropfsteinhöhle von Petrálona 123
Tsántali, Evangelos (gr. Wein- und Ouzoproduzent) 230
Türkenherrschaft 35

Überlandbusse 45
Übernachten (Apartment) 62
Übernachten (Camping) 48
Übernachten (Ferienwohnung) 62
Uhrzeit 63
Umweltflagge 48
Umweltschutz 22
Unabhängigkeitstag 17
Unfall (Notruf) 57
Urlaubssaison 21

Veranstaltungskalender 64
Verlust der Maestro-Karte 51
Versicherungen 41
Videofilmen 49
Vögel 27
Vólta 16
Vorgeschichte 30
Vorspeisen 67
Vorwahlen, internationale 61

Währung 50
Waldbrände 24
Walnussbaum 25
Wandern 46
Wasser 71
Wassertemperaturen 48
Weihnachten 17
Wein 72
Wetter 21
Wild zelten 48
Wirtschaft 18
Wohnmobilverleih 57
Würfelnattern 28

Xifías (Schwertfisch) 69

Zeitungen 64
Zelten 48
Zimmerpreisen 62
Zoll 64
Zornnattern 28
Zweiradverleih 56
Zweiter Weltkrieg 36
Zypressen 24

Geographisches Register

Áfitos 134
Ágia Triáda 116
Agiasma des Ágios Pávlos (Néa Fokéa) 132
Agion Mama 126
Ágion Óros (Halbinsel) 206
Ágios Anastasías Pharmakolítrias (Kloster) 238
Ágios Arsénios (Erimitage bei Vatopédi) 165
Ágios Geórgios (Bucht auf Amolianí) 216
Ágios Ioánnis (Strand bei Nikíti) 172
Ágios Ioánnis Pródromos 204
Ágios Mámas 159
Ágios Nikólaos 120, 201
Ágios Nikólaos (= Kanistro) 149
Agios Paraskeví 149
Ágios Pávlos 120
Ágios Pródromos 238
Ahláda Beach 196
Aigaí 111
Akanthos (antike Stadt) 205
Aktí Sáni 130
Alikés 216
Ámbelos (Bucht) 190
Amolianí (Insel) 214
Amolianí-Ort 215
Ánemi Beach 153
Angelohóri 116
Angelohóri Beach 116
Áphitos (Áfitos) 134
Aretés Beach (Bucht) 186
Armenistís Beach 197
Arnéa 236
Áthitos (Áfitos) 134
Áthos, Berg und Mönchsrepublik 217
Áthos-Klöster 225
  Moní Ágiou Pávlou 233
  Moni Chelandariou 225
  Moní Dionysíou 232
  Moní Dochiaríou 227
  Moni Esfigmenou 226
  Moní Filothéou 231
  Moní Ivíron 231
  Moní Karakálou 232
  Moní Kastamonítou 227
  Moní Konstamonítou 227
  Moní Koutloumousíou 229
  Moní Megístis Lávras 233
  Moní Osíou Grigoríou 232
  Moní Pandokrátoros 228
  Moní Panteleímonos 229
  Moní Símonos Pétras 232
  Moní Stavronikíta 228
  Moní Vatopedíou 227
  Moní Xenofóndos 228
  Moní Xiropotámou 229
  Moní Zográfou 226
Azapico Beach (Bucht) 185, 186

Chaniótis (Haniótis) 144

Daphní 231
Diáporos (Insel) 200
Díon 83
Dodóna (Ausgrabung) 76

Eliá Beach 174
Elias (Insel) 217
Epanomí 118
Evangelismós (Kloster bei Vatopédi) 165

Foúrka 154

Galátista 238
Galipsos (antike Stadt) 169
Gerakiní 164
Glarókavos Beach 147
Golden Beach (Kassándra) 148
Golf von Orfanoú 240
Gomáti 204
Gomatios (byzant. Dorf) 203

Haniótis 144
Hiélona (= Insel Kelifos) 183
Holomont-Gebirge 234
Hroússou 147

Iera Moni Ósios Ioannoú (Kloster) 147
Ierissós 204
Igoumenítsa 74
Ioánina 77

Kalambáka 82
Kalamítsi 191
Kalándra 153
Kallithéa 136
Kalogría Beach 173
Kanistro 149
Kap Kassándra 154
Kap Palioúri 149
Karagatsi (Bucht auf Amolianí) 217
Kariés 220, 229
Kassándra (Halbinsel) 126
Kassándria 158
Kassandrinó 140
Kastelli von Rewenika (= Megáli Panagía) 236
Kastrí Beach (Strand bei Nikíti) 173
Katára–Pass 75, 77
Kavourótripes Beach 196
Kelifos 148
Klimatária Beach 192
Kókkines Pétres (Tropfsteinhöhle von Petrálona) 123
Koronia-See 245
Koutloumoússi Beach 197
Kovioú Beach 173
Kriarítsi Beach 192
Kriopigí 138

Geographisches Register

Lagómandra
  Beach 175
Levthonia
  (Festungsruine) 188
Liotópi 242
Litóhoro 83
Loutra Ágios
  Paraskevís 149
Megali Ammos (Bucht
  auf Amolianí) 217
Megáli Panagía 236
Mende (antike
  Stadt) 154
Metamórfosi 166
Metamórfosi Beach 166
Metéora–Klöster 78
Móla Kalíva 153

Néa Fokéa 132
Nea Iráklia 121
Néa Kallikratía 122
Nea Michanióna 117
Néa Moudaniá 124
Nea Ólinthos 159
Néa Potídea 126
Néa Róda 206
Néa Skióni 152
Néos Marmarás 176
Nikíti 169
Nymphen-Grotte
  (Kallithéa) 137

Olimbiáda 242
Olimbiáda Beach 241
Ólinthos 159
Olymp (Bergmassiv) 83
Órmos Epanomí 118
Órmos Panagiás 200

Ouranoúpoli 208
  Kloster Zygos 211
  Prosphorios-
    Turm 210

Ouzouni 125

Páliouras 118
Palioúri 147
Palioúri Beach 148
Panagía Faneroméni
  (Wallfahrtskirche) 152
Parthenónas 176
Pazarakia (Kriopigí) 138
Pefkochóri
  (Pefkohóri) 146

Pélla 112
Petrálona (Tropf-
  steinhöhle) 123
Pieria 83
Pigadáki Beach 193
Pirgadíkia 203
Planá 204
Platanítsi Beach 196
Políchrono
  (Políhrono) 141
Polígiros 163
Pontikonissi (Insel) 217
Pórto Karrás 179
Pórto Koufó 189
Poseidontempel
  (Posídi/Kap
  Kassándra) 154
Posídi 154
Potídea (Potidéa,
  antike Stadt) 128
Prespa, Psakoúdia
  Beach 165

Sárti 195
Sikiá 194
Sithonía (Halbinsel) 167
Sivíri 156
Skála Foúrkas 155
Skála Sikiás 193
Skioni (antike Stadt) 152
Sparmeno (Insel) 217
Spathiés Beach 173
Stágira 235
Stagiros 242
Stagiros (antike
  Stadt) 235
Stili tou Dios
  (Bucht) 184
Stratóni 239
Stratoníki 235

Thessaloníki 84
  Agía Ekateríni-
    Kirche 104
  Agía Sofía-Kirche 105
  Ágios Dimítrios-
    Kathedrale 101
  Ágios Nikólaos Or-
    phanós-Kirche 104
  Altstadt (Áno Póli) 98
  Archäologisches
    Museum 107
  Bey Hamami (Türki-
    sches Bad) 106

  Dódeka Apóstoli
    Kirche (Ágii
    Apóstoli) 104
  Kamára
    (Triumphbogen d.
    Galerius) 103
  Kloster Vlatádon 99
  Klosterkirche
    Taxiarchon 100
  Lefkou Pirgou
    (Weißer Turm) 96
  Markt 107
  Moni Lazariston
    (Kulturzentrum) 105
  Museum der
    Byzantinischen
    Kultur 108
  Museum des
    Makedonischen
    Kampfes 110
  Ósios Davíd-Kapelle
    (Latomos) 100
  Panagía Chalkéon-
    Kirche 105
  Profítis Ilías-Kirche 105
  Römische Agorá
    (Forum) 104
  Rotonda (Ágios
    Geórgios) 103
  Stadtmauer 97
  Türkische Botschaft
    110
  Volkskundcmu-
    seum von Make-
    donien und
    Thrakien 110
  Weißer Turm
    (Lefkou Pirgou) 96

Toróni 187
Toúmba 238
Tripití 207
Tristínika 187

Valtí Beach 193
Vatopédi 165
Vergiá/Veriá 121
Vergína 111
Vólvi-See 245
Vourvouroú 198

Walta (= Kas-
  sándria) 158

Zeus Ammon-
  Heiligtum 137